市场营销实战系列教材

市场营销原理与实务

文腊梅 主 编
王秋林 邓永亮 副主编
马 丽 陈 花

——任务导向教程

（第 2 版）

电子工业出版社
Publishing House of Electronics Industry
北京·BEIJING

内 容 简 介

本教材以市场营销活动流程为导向，以产品营销计划为主线，将市场营销活动划分为 11 个任务：任务一为树立现代市场营销观念，任务二为把握公司战略与营销战略的关系，任务三为分析市场营销环境，任务四为管理市场营销信息，任务五为分析消费者市场与组织市场购买行为，任务六为制定市场营销战略，任务七为制定产品策略，任务八为制定价格策略，任务九为制定分销渠道策略，任务十为制定整合营销沟通策略，任务十一为制定直复与数字营销策略。

本教材既适合作为高职院校营销类、商务类专业及其他相关专业的教材，也适合作为企业营销与推广人员、产品销售人员和管理人员的培训教材和参考读物。

未经许可，不得以任何方式复制或抄袭本书之部分或全部内容。
版权所有，侵权必究。

图书在版编目（CIP）数据

市场营销原理与实务：任务导向教程 / 文腊梅主编. —2 版. —北京：电子工业出版社，2024.1
ISBN 978-7-121-47190-2

Ⅰ．①市… Ⅱ．①文… Ⅲ．①市场营销学－教材 Ⅳ．①F713.50

中国国家版本馆 CIP 数据核字（2024）第 018132 号

责任编辑：朱干支
印　　刷：大厂回族自治县聚鑫印刷有限责任公司
装　　订：大厂回族自治县聚鑫印刷有限责任公司
出版发行：电子工业出版社
　　　　　北京市海淀区万寿路 173 信箱　　邮编：100036
开　　本：787×1092　1/16　　印张：22.5　　字数：630 千字
版　　次：2015 年 6 月第 1 版
　　　　　2024 年 1 月第 2 版
印　　次：2024 年 1 月第 1 次印刷
定　　价：67.00 元

凡所购买电子工业出版社图书有缺损问题，请向购买书店调换。若书店售缺，请与本社发行部联系，联系及邮购电话：（010）88254888，88258888。
质量投诉请发邮件至 zlts@phei.com.cn，盗版侵权举报请发邮件至 dbqq@phei.com.cn。
本书咨询联系方式：（010）88254573，zyy@phei.com.cn。

前 言

《市场营销原理与实务——任务导向教程》是一本基于营销工作过程的任务导向式教材,旨在为高职高专工商管理类专业提供一本知识新、实践指导性强的市场营销基础教学用书。本教材自2015年出版以来,受到国内同行认可,多次加印。但随着数字时代的到来,市场营销的理论和方法不断创新,大量有效的、新的营销工具不断涌现,如网络、移动和社交媒体工具被广泛应用。首先,教材中的知识与原理需要更新,引进前沿的、创新的理论成果。其次,教材中的案例需要更新,原有的一些营销案例年代久远,与营销实践脱节,不能满足学习者的需要。基于以上原因,教材编写团队花了近一年时间对教材进行了全面修改。前期,教材编写团队开展了大量的市场调研,深入与学校合作的企业,了解营销岗位的新变化与新发展,分析营销岗位对应用型人才所需知识、能力和素质的要求,解构营销活动流程,分析营销活动中的典型工作任务,重构教材内容。

在确定教材的编写体例、内容选取、营销案例采用的过程中,我们通过实地研讨、专家座谈和院校走访等多种形式,听取了学习者的意见,力求打造一本"校企合作、工学结合"的特色教材。新版教材具有以下特点。

第一,在教材体例上,深耕校企合作,突出产教融合、工学结合的特色。以营销活动流程为主线,创造性地构思了1个目标、3个步骤和1个结果的逻辑框架:以"建立盈利性的关系和创造顾客愉悦"为目标,通过"步骤一 理解市场与顾客需求和欲望,步骤二 设计顾客价值导向的市场营销战略,步骤三 构建和传递卓越价值的整合营销计划",最终实现"从顾客处获得利润和终身价值"的结果。教材体例的逻辑框架如下表所示。

1个目标	建立盈利性的关系和创造顾客愉悦		
3个步骤	步骤一 理解市场与顾客需求和欲望	任务一	树立现代市场营销观念
		任务二	把握公司战略与营销战略的关系
	步骤二 设计顾客价值导向的市场营销战略	任务三	分析市场营销环境
		任务四	管理市场营销信息
		任务五	分析消费者市场与组织市场购买行为
		任务六	制定市场营销战略
	步骤三 构建和传递卓越价值的整合营销计划	任务七	制定产品策略
		任务八	制定价格策略
		任务九	制定分销渠道策略
		任务十	制定整合营销沟通策略
		任务十一	制定直复与数字营销策略
1个结果	从顾客处获得利润和终身价值		

第二,在教材内容的组织上,按照项目化教学的思路,以完成"产品营销计划"这一项目

为主线，采取任务方式编排内容。每项任务由任务目标、理论指导、实训操练 3 部分组成。突出教材的思政功能，强调思政目标、知识目标和能力目标的统一。案例在更新时，更多考虑选用国内先进企业营销案例，如安踏、华为、格力、海尔等，以及与学院长期合作的湖南本地企业的案例，如陈克明食品股份有限公司、湖南兴盛优选电子商务有限公司（以下简称"兴盛优选"）、可孚医疗科技股份有限公司（以下简称"可孚医疗"）等，强调案例的真实性和可读性，增强学习者的民族自信心并提高其服务社会经济的能力。任务目标中的知识目标、能力目标对应理论指导和实训操练，以确保项目总目标的达成。我们密切关注营销发展动态，通过理论指导部分将先进的营销理论与创新的营销工具引入教材。例如，增加了消费者参与营销、内容营销、营销道德和社会责任、高价值定价、价值增值定价等前沿理论，以及网络、社交媒体和移动营销等创新营销工具。这些均体现了高职教材的高等性和职业性的双重特点。

第三，在教材的编写方法上，充分考虑教育对象的知识与能力结构，强调内容的通俗与生动：每项任务均设有"案例导入"，核心理论辅以"案例启示"，项目实训注重"案例分析"；借助案例引起学习者的兴趣，从而引导学习者轻松、牢固地掌握市场营销的基本知识与基本原理。教材提供了大量深入和真实的案例，介绍现代市场营销实践的发展。例如，安踏以顾客价值来驱动营销，建立品牌形象；海尔创造全球引领的生态物联网品牌发展战略；京东以信赖为基础，以顾客为中心，为顾客创造价值，保持长期高速发展；华为作为高科技企业的典型代表，倡导终端电子废弃物的回收利用，带头践行社会营销理念；小米，为"发烧友而生"，针对年轻消费者的需求制定产品策略，推出科技、潮流、时尚的智能产品，并通过社群营销获得成功；以移动应用程序为基础的网约车，彻底颠覆了城市交通渠道，运用数字工具带来渠道创新；蒙牛，"不是所有牛奶都叫特仑苏"，采用整合营销沟通策略，建立强势品牌形象；美团，直复与数字营销的典范，利用移动和社交媒体，打造分类 App，创造更好的用户体验。

第四，本教材最突出的特点就是对营销实践活动的指导具有可操作性。每项任务都有一个实训操练模块，该模块包括两个实训项目：案例分析和营销实践。每个营销实践项目都设计了实训内容、实训准备、实训组织和实训评价 4 个部分，为案例分析提供了参考资料，为营销实践成果提供了参考范例，使得学习者更容易进入职业角色。

第五，本教材配套了立体化教学资源，在国家职业教育智慧教育平台建立了相应的资源库课程，上传了以知识点为单元的电子课件。这些资源能够满足学习者随时随地使用智能手机、iPad 等移动工具进行碎片化学习的需要，也为教学者提供了资源。

本教材通过校企合作共同研发，长沙民政职业技术学院和湖南竞网智赢网络技术有限公司组成的教材编写团队共同研讨了教材编写理念、整体框架、体例设计、教学内容的甄选原则及具体要求。长沙民政职业技术学院文腊梅担任主编，负责任务一、二、三、四、九理论指导模块的编写；湖南竞网智赢网络技术有限公司陈花担任副主编，负责整个教材实训操练模块的编写并对教材中的案例进行审核；长沙民政职业技术学院的王秋林老师担任副主编，负责任务十、十一理论指导模块的编写；长沙民政职业技术学院的邓永亮老师担任副主编，负责任务五、六理论指导模块的编写；长沙民政职业技术学院的马丽老师担任副主编，负责任务七、八理论指导模块的编写。

本教材的再版，得到了电子工业出版社张云怡老师的大力支持与帮助，在此表示由衷的感谢！

高职教育的不断发展，对课程教学和教材建设不断提出新的要求，教材改革日新月异。由于作者的水平和能力有限，本教材中尚有许多不足之处，恳请读者不吝赐教。

此教材是湖南省教育科研项目：产教融合背景下高水平专业群建设路径研究的成果之一，项目编号：20C0093。

文腊梅
2023 年 7 月
于长沙民政职业技术学院

目 录

任务一 树立现代市场营销观念 ·················1
 模块一 理论指导 ····································2
  一、市场营销与营销活动过程 ··········4
  二、市场与顾客需求 ··························5
  三、设计顾客价值导向的市场营销
    战略和计划 ································10
  四、管理顾客关系与获取顾客价值 ..15
  五、市场营销的新趋势 ····················20
 模块二 实训操练 ··································24
  实训一：案例分析 ····························24
  实训二：体验营销 ····························25

任务二 把握公司战略与营销战略的关系 ······27
 模块一 理论指导 ··································28
  一、公司整体战略规划 ····················30
  二、营销战略与营销组合 ················36
  三、管理市场营销活动 ····················41
 模块二 实训操练 ··································45
  实训一：案例分析 ····························45
  实训二：设计"产品营销计划"
     项目 ··································46

任务三 分析市场营销环境 ·················48
 模块一 理论指导 ··································49
  一、分析市场营销环境的意义 ········51
  二、市场营销微观环境分析 ············51
  三、市场营销宏观环境分析 ············58
  四、市场营销环境综合分析 ············74
 模块二 实训操练 ··································83
  实训一：案例分析 ····························83
  实训二：分析企业营销环境 ············84

任务四 管理市场营销信息 ················· 86
 模块一 理论指导 ··································87
  一、市场营销信息的作用 ················88
  二、建立市场营销信息系统 ············91
  三、组织市场营销调研 ····················93
  四、分析和运用市场营销信息 ······104
 模块二 实训操练 ································106
  实训一：案例分析 ··························106
  实训二：收集企业产品营销信息 ..107

**任务五 分析消费者市场与组织市场购买
　　　　行为** ··109
 模块一 理论指导 ································110
  一、消费者市场的特点 ··················111
  二、分析影响消费者购买行为的
    因素 ··112
  三、购买决策行为和购买决策
    过程 ··121
  四、组织市场与组织购买者行为 ...127
 模块二 实训操练 ································139
  实训一：案例分析 ··························139
  实训二：观察消费者购买行为 ·······140

任务六 制定市场营销战略 ··············142
 模块一 理论指导 ································143
  一、市场营销战略 ··························144
  二、市场细分 ··································144

三、目标市场选择 153
四、差异化与产品定位 159
模块二 实训操练 168
实训一：案例分析 168
实训二：产品市场定位 169

任务七 制定产品策略 172
模块一 理论指导 173
一、产品的概念 175
二、产品和服务决策 180
三、产品生命周期策略 186
四、新产品开发策略 192
五、建立强势品牌策略 200
模块二 实训操练 208
实训一：案例分析 208
实训二：产品和服务策略 209

任务八 制定价格策略 211
模块一 理论指导 212
一、企业定价的目标和程序 214
二、分析影响产品定价的主要
因素 217
三、确定产品定价的一般方法 225
四、制定产品价格的基本策略 231
模块二 实训操练 244
实训一：案例分析 244
实训二：产品定价策划 245

任务九 制定分销渠道策略 247
模块一 理论指导 248
一、分销渠道的作用与类型 249
二、分销渠道行为和组织 253

三、分销渠道设计与管理决策 258
四、典型中间商——零售商与
批发商 264
五、营销物流的基本内容 274
模块二 实训操练 278
实训一：案例分析 278
实训二：分销渠道设计 279

任务十 制定整合营销沟通策略 281
模块一 理论指导 282
一、促销组合的工具 284
二、整合营销沟通的步骤 284
三、制定总促销预算和组合 290
四、人员销售的基本内容 294
五、销售促进的基本内容 304
六、广告的基本内容 309
七、公共关系的基本内容 318
模块二 实训操练 322
实训一：案例分析 322
实训二：制定整合营销沟通方案 ... 323

任务十一 制定直复与数字营销策略 325
模块一 理论指导 326
一、直复与数字营销 327
二、直复与数字营销的形式 329
三、直复与数字营销中的公共
政策问题 344
模块二 实训操练 347
实训一：案例分析 347
实训二：制订产品营销计划 348

参考文献 350

任务一 树立现代市场营销观念

任务目标

思政目标

1. 树立社会主义核心价值观；
2. 培养市场营销的道德意识和社会责任。

知识目标

1. 了解市场营销的定义及营销过程；
2. 理解市场营销的核心概念；
3. 认识市场营销观念发展的过程；
4. 把握市场营销观念的新发展。

能力目标

1. 树立现代市场营销观念；
2. 能运用营销理论进行案例分析。

模块一　理论指导

 案例导入

安踏：顾客价值驱动营销，建立品牌形象

安踏集团于1994年正式推出安踏品牌。安踏集团是一家专门从事设计、生产、销售运动鞋服、配饰等运动装备的综合性体育用品公司。近年来安踏经过不断创新，加强品牌打造，已经成为国内体育用品知名品牌之一。

安踏以拼音字母"ANTA"+飞翔的动感标识不断出现在电视、户外广告、新媒体平台、系列重大体育比赛的赛场上，冲击人们视线，特别是在2020年东京奥运会上惊艳亮相后，让国人产生了强烈的民族自豪感。

安踏与奥运结缘，提升品牌形象。在2020年东京奥运会上，象征中国体育最高荣誉的奥运领奖装备就是由安踏精心设计的。这次的"冠军龙服"是由安踏与奥斯卡最佳美术设计奖得主、著名视觉艺术家叶锦添联手打造的，对中国传统的东方美学文化进行了新的演绎。叶锦添先生在设计的"龙服"中创新性地加入了小立领和一字扣等中式元素，充分融入传统文化理念，彰显出高雅大气的东方风范。再配上祥云瑞兽纹样的领奖鞋，当奥运健儿站上领奖台的那一刻，世界一眼就能看懂中国，也记住了安踏闪耀的标志。而此次领奖装备的惊艳亮相，也让世界能够充分领略中国文化和中国体育精神。在体育实力之外，安踏还将向世界展现中国的东方美学和文化实力。

产品创新，科技引领。作为连续10年销量第一的中国体育用品品牌，安踏为中国出征奥运的贡献不仅仅停留于视觉上的惊艳。除了拥有超过1400项产品专利，安踏打造的领奖装备在科技配置上也是行业领先的。领奖服采用高针高密复合材料，有着抗菌、抗静电的功能；领奖鞋也采用两项顶尖的科学融合，实现回弹吸震二合一，在匠心工艺的基础上对质量做出了保证。

在为国争光的道路上，安踏坚持"永不止步"的理念。安踏近年来在运动科技研发方面已累计投入约30亿元人民币，只为让中国奥运健儿和广大运动爱好者们能享受到更好的科技助力。作为连续8届合作中国奥委会（中国奥林匹克委员会）的体育用品品牌，除了领奖装备，安踏还累计为28支中国国家队打造奥运装备，安踏为2020年东京奥运会共打造32个品类的参赛装备和领奖装备，涉及举重、摔跤、拳击、体操、游泳等冠军项目。有了安踏顶尖科技的护航，中国奥运健儿可以心无旁骛地征战赛场，每次发力、每次起跳和每次出拳都有安踏的陪伴和保护。

关注普通消费者，树立大众体育用品品牌形象。奥运会是全球顶尖的体育盛宴，而在祖国的每一片运动场上还有许多民众同样热爱运动。随着国民对运动健康的逐渐重视，对运动装备的要求也逐渐提高，安踏更专注于为广大的普通消费者提供高性价比的专业体育用品。安踏陆续推出与国家队比赛服同款科技、面料的产品，把奥运科技运用到大众产品中。用保护国家队队员的先进科技保护每一个爱运动、爱生活的普通消费者。这些产品中还有限量版的叶锦添联

任务一 树立现代市场营销观念

名款,兼顾了科技与时尚,吸引了更多年轻的品牌忠诚者。

安踏不仅出售产品,还在宣传一种健康向上的生活方式和生活态度。2021年9月,安踏为推广新产品——C202 GT马拉松竞速跑鞋,选定年轻偶像代言,利用电视广告、微信公众号、微博、快手等全媒体推送广告,吸引无数年轻消费者加入安踏跑步、安踏体育等微信公众号。9月30日65 563名跑者逐路北京,安踏推出"站上赛道那一刻,你会坚信,路未尽,逐不止"的宣传口号,激发运动爱好者的激情;10月12日,安踏推出用145.6千米拼出一颗跑者之心的活动;10月18日,安踏开启以"路未尽,逐不止"的安踏"逐路"城市挑战赛;10月25日,安踏跑步微信公众号向人们发来邀请,一起迈开步子跑出软弹;10月30日—11月7日,北京共产生了430 515条跑步记录;11月7日,安踏推出"安踏逐路,不止于京城"的跑步运动,向全国多个省会城市发出邀请,在全国掀起了一次跑步运动热潮。一个半月内轰炸式的推广宣传,一浪高过一浪的推广活动,不仅激发了运动爱好者的热情,而且强化了品牌意识,建立了与顾客间的紧密联系。

安踏在线上与线下开展全渠道营销,线下各体育用品专卖店为安踏打造体验专区,为顾客创造优质服务,线上开发了天猫、京东旗舰店,还有安踏云店。2021年11月11日,安踏电商累计成交额为46.5亿元,同比增长61%,运动鞋服市场份额占比超22%,达到历史最佳数据。截至2021年11月12日零点,2021年"双十一"期间天猫总交易额为5403亿元,同比增长8.45%。安踏增速远超过平台量级,安踏集团成交额行业第一。

安踏品牌文化为:树立公众形象,承担社会责任。2017年,安踏携手中国青少年发展基金会、上海真爱梦想公益基金会,启动"安踏茁壮成长公益计划",将从捐建梦想中心、打造梦想课程、提供梦想装备三大策略入手,持续投入5亿元,从"扶体"和"扶智"双向推动"精准扶贫",帮助贫困地区超过1000万名青少年获得身体和心智素养的提高。

安踏针对欠发达地区体育教育枯燥及缺乏促进心智发展作用的多种问题,为当地青少年打造运动梦想课程,并计划对1万名乡村体育教师进行培训。此外,安踏专为欠发达地区青少年打造了以"乐动汇"命名的趣味运动会,践行"让中国欠发达地区每一个有需求的青少年都能穿上安踏运动装备"的公益目标,让每一个怀揣运动梦想的青少年都能找到自己的发力点,获得运动所带来的纯粹和美妙。

截至2019年年底,安踏累计向全国欠发达地区中小学生捐赠1.7亿元,"乐动汇"运动会进入105所希望小学,捐建83家安踏梦想中心,培训乡村体育教师超过400人,覆盖全国30个省1500所学校的40万名青少年。安踏集团让国人感到它不仅是一家有高度的企业,更是一家有温度的企业。

资料来源:安踏集团官网的品牌故事,有改写

思考:

1. 市场营销的核心是什么?
2. 安踏是如何为顾客创造价值,并建立品牌联系的?

如今成功的企业都有一个共同的特点:它们与安踏一样,严格地遵守以顾客为中心的理念,并且非常重视市场营销。以顾客为中心始终是市场营销的核心,这些企业都有理解和满足精准定位的目标顾客需求的激情,通过开发满足顾客需求的产品,选择有效的定价、方便顾客购买的渠道和整合沟通方式,为顾客创造价值和建立持久的顾客关系,最终从顾客身上获得价值回报。

顾客关系和顾客价值在今天尤为重要。面对巨大的技术变革，以及来自经济、社会和环境的严峻挑战，如今顾客与企业及与其他顾客之间的联系日益数字化，顾客花钱也更加谨慎，并且会重新评价自己与品牌的关系。数字、移动和社交媒体的新发展彻底改变了顾客购物和互动的方式，因此，企业必须采用新的营销战略和策略。

我们将在本任务中重点向大家介绍市场营销的基本概念。首先，从了解市场营销入手；其次了解营销活动的 3 个步骤，其中包括理解市场与顾客需求、设计顾客价值导向的市场营销战略和计划、管理顾客关系与获取顾客价值；最后，了解在新的数字、移动和社交媒体时代影响下市场营销的新趋势。学生应理解这些基本概念并形成自己的认识，为后续学习打下基础。

一、市场营销与营销活动过程

（一）市场营销

什么是市场营销？许多人认为市场营销就是推销、广告和销售。这是因为我们每天都受到电视广告、海报、网络广告、电话推销、电子邮件的信息影响，以及公众号推文、快手、抖音和其他社交媒体的影响。然而，推销、广告和销售仅仅是市场营销的一部分而已。

今天，不应该再以陈旧的营销观念"劝说和推销"，而要以满足顾客需求的新观念来理解市场营销。如果市场营销人员可以很好地理解顾客需求，开发并提供高价值的产品、有效的定价、便利渠道和促销，这些产品就很容易售出。正如管理大师彼得·德鲁克（Peter F. Drucker）所说，"市场营销的目的在于使推销成为多余。"

从广义角度来讲，菲利普·科特勒（Philip Kotler）的《市场营销原理与实践》（第 17 版）中给出市场营销的定义：市场营销是一种通过创造和他人交换价值，来实现个人和组织的需要和欲望的社会和管理过程。这是一个相对宽泛的定义，没有具体描述市场营销的目的和核心。从狭义角度来讲，市场营销的定义：企业为获得利益回报而为顾客创造价值并与之建立稳固关系的过程。由此可见，市场营销的核心就是以顾客为中心，为顾客创造价值，并实现价值交换。市场营销的目的：其一，企业向顾客承诺高价值来吸引新顾客；其二，让顾客满意，留住现有顾客与发展新顾客。

安踏通过科技创新提供高品质的体育用品和装备，为顾客创造物质方面的价值，不仅吸引专业的运动人群，也吸引了普通的体育爱好者。安踏选定年轻偶像代言，体现出体育的时尚精神；为奥运会提供服装和装备，体现的是民族自豪感。安踏这样做为顾客创造了精神方面的价值，在顾客心目中树立了强势品牌形象。安踏通过安踏跑步、安踏体育、安踏小程序等新媒体及电视广告、户外移动广告等传统媒体宣传，加深了品牌在广大顾客心目中的印象，通过实体专卖店、安踏云店、天猫、京东旗舰店与顾客互动，体验营销，与顾客建立稳定联系。

（二）营销活动过程

营销活动过程依据"目标明确、步骤具体、结果必然"的原则，可概括为"1 个目标、3 个步骤、1 个结果"，如表 1-1 所示。

表 1-1　营销活动过程

1 个目标	建立盈利性的关系和创造顾客愉悦		
3 个步骤	步骤一　理解市场与顾客需求和欲望	任务一	树立现代市场营销观念
		任务二	把握公司战略与营销战略的关系
	步骤二　设计顾客价值导向的市场营销战略	任务三	分析市场营销环境
		任务四	管理市场营销信息
		任务五	分析消费者市场和组织市场购买行为
		任务六	制定市场营销战略
	步骤三　构建和传递卓越价值的整合营销计划	任务七	制定产品策略
		任务八	制定价格策略
		任务九	制定分销渠道策略
		任务十	制定整合营销沟通策略
		任务十一	制定直复与数字营销策略
1 个结果	从顾客处获得利润和终身价值		

营销活动过程的简单模型如图 1-1 所示，5 个方框分别对应课程教学的 5 个单元，涵盖了营销活动所要完成的 11 项任务。本教材正是依照营销活动过程的这一基本流程精心设计了课程教学的整体框架，同时按照工学结合的指导思想选择了相应的教学内容。

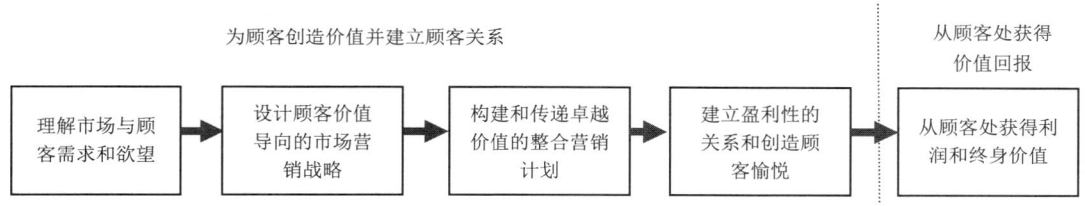

图 1-1　营销活动过程的简单模型

资料来源：《市场营销原理与实践》（第 17 版）菲利普·科特勒，加里·阿姆斯特朗著，楼尊译

二、市场与顾客需求

作为市场营销人员，首要任务就是了解顾客的需要、欲望和需求及他们所要面对的市场，下面介绍关于顾客与市场的 5 组核心概念：需要、欲望和需求，市场提供物——产品、服务和体验，顾客感知价值和顾客满意，交换和关系，市场。

（一）需要、欲望和需求

人们的需要、欲望和需求是市场营销的出发点。所谓需要，是人们感受到缺乏的一种状态，包括人们为了生存，对食物、衣服、温暖和安全的基本生理需要，人们在满足了生存的基本需要后，又会有更高级的需要，如归属感、尊重和自我价值实现等心理需要，这些需要并不是由市场营销人员创造的，而是人所固有的。

所谓欲望，是需要的表现形式，是指人们想得到某种东西或想达到某种目的的要求。欲望受到文化和个性的影响。一个饥饿的美国人可能想要一个汉堡包、一袋炸薯条和一杯可口可乐；而一个饥饿的中国北方人可能想要一碗饺子、一碟醋、一头大蒜。欲望会随着社会条件的变化而变化，如科技的进步、新产品的不断涌现，使人们的欲望开始升级。在过去，天气炎热时人们想拥有一台电风扇，而现在人们更希望拥有一台空调。市场营销人员能够影响顾客的欲望，如建议顾客购买某种可以满足其特定需要的产品。

所谓需求，是指人们有能力购买并且愿意购买某个具体产品的欲望。当顾客具有购买力时，欲望便转化成需求。人们就是依据他们的欲望和支付能力来选择并购买最大限度满足其欲望的产品的。

将需要、欲望和需求加以区别，其重要意义在于阐明这样一些事实，即市场营销人员并不能创造需要，需要是早于市场营销活动而存在的；市场营销人员及社会上的其他因素只能影响人们的欲望，并向人们提供满足需要的各种特定产品，企业通过提供富有吸引力的产品、制定适应顾客支付能力的价格和选择使之容易得到的渠道来影响需求。

杰出的市场营销公司竭尽全力地了解顾客的需要、欲望和需求。它们往往会进行认真的市场调查，分析大量的顾客数据，努力接近顾客，包括高层管理者在内的不同层级的员工都要努力建立与顾客的紧密联系。

长沙友阿百货股份有限公司总经理胡子敬先生会定期陪同当地的忠诚顾客和金卡顾客突然造访门店。胡总在门店内到处看看，真实体验消费环境，与顾客交流，获得可靠、真实的反馈。他和其他管理人员甚至到顾客家中拜访，打开他们的衣柜，了解他们的产品选择和购买习惯。无独有偶，华天大酒店的总经理也经常巡视酒店，在酒店餐厅用餐，与顾客交谈，观察顾客喜欢什么、讨厌什么。该酒店总经理还通过查阅客房意见簿和酒店网站上的留言与顾客保持联系，甚至随机给顾客打电话询问看法。这两家公司的总经理一致认为"接近顾客非常重要，只有这样，才能了解顾客真正的需求。"

（二）市场提供物——产品、服务和体验

顾客的各种需要和欲望通过市场提供物得到满足。市场提供物是指提供给某个市场来满足顾客某种需要或欲望的任何东西，包括产品、服务、信息或体验的组合。人们通常用产品和服务这两个词来区分有形物品和无形物品。产品是有形的，是为顾客提供服务的载体，人们可以拥有它，如顾客购买的化妆品就可以带回家；服务是无形的，它是一种劳务或一个过程，人们不可以拥有它，如医院、银行、饭店等提供的服务，顾客就不可以将其带回家。

从广义的角度来讲，市场提供物还包括其他元素，如人员、场所、组织、信息和创意等。由湖南卫视打造、澳牧进口儿童牛奶独家冠名播出的原创育儿观察类电视节目《谁知盘中餐》赋予了孩子更多的成长空间，以劳动为介质，让孩子从体验中获得成长和收获。这档节目影响了"80后""90后"的年轻父母，获得了极高的收视率，它营销的是一种价值观和现代育儿理念。

市场营销人员经常犯的错误就是关注自己提供的特定产品甚于关注这些产品提供的利益和体验。这些市场营销人员受到"**营销近视症**"的困扰。他们过于关注自己为了满足顾客现有欲望而开发出来的产品，却忽视顾客需求的变化。他们忘记了产品只是顾客解决问题的工具而已。

柯达胶片制造商认为顾客需要更好的胶片，因此，在胶片生产技术和胶片冲洗技术，甚至照相机技术方面进行大力投入。其实顾客真正需要的不是胶片，而是能够记录生活中美好时刻的产品。当数码相机、具有拍照功能的手机出现时，胶片生产商就遇到了麻烦。顾客可能有相同的需要，但想要不同的产品。

精明的市场营销人员不仅可以看到自己所出售的产品和服务的属性，还可以通过精心整合一些服务，为顾客创造品牌体验。例如，慕思寝具用品专卖店，它不仅是一个展示床铺和床垫及床上用品的场所，更给人一种家的温馨感觉，顾客可以随意触摸床上用品，试睡床垫，空间非常私密，让人觉得特别舒服。

长沙的网红奶茶店——茶颜悦色，开遍了长沙的大街小巷，吸引了无数粉丝，成为长沙街头的一道风景。它卖的不仅是奶茶，更是一种时尚和文化。茶颜悦色的理念是顾客至上，顾客在排队购买奶茶时，每隔几分钟就会有服务员对他们说"后面的顾客稍等一会儿""天气炎热，要多吃瓜果蔬菜"，让顾客感觉被重视。茶颜悦色每个门店门口都备有共享雨伞和医药箱，不消费也可以使用，它的产品定位是中国风，但又融入了西方元素，口感独特，还有每杯奶茶上的小贴士，都迎合了年轻顾客的心，在奶茶与喜欢奶茶的年轻顾客之间创造了一种情感联系与特殊体验。

（三）顾客感知价值和顾客满意

当顾客面对众多可以满足其某种特定欲望的产品和服务时，他们如何在这些产品和服务中做出选择呢？顾客一般会根据自己对产品和服务的感知价值和较高的满意度形成预期，并做出相应的购买决定。顾客总是选择能提供给他最高感知价值的产品，如果对自己选择的产品和服务满意，就会重复购买，还会将其对产品和服务的美好体验告诉其他人；不满意的顾客则会转向竞争对手，并且向其他人抱怨或贬低这种产品和服务。

市场营销人员必须谨慎设定恰当的预期水平。如果设定的预期水平过低，或许可以让某些顾客满意，但无法吸引足够的顾客；如果设定的预期水平过高，而最终又无法实现承诺，顾客就会失望。

顾客感知价值（又称顾客让渡价值），是指顾客将拥有或使用某种产品的总利益与为之付出的总成本进行衡量后所得的差额价值。有些顾客以价格来判定产品和服务的价值，认为价格越高的产品价值越高，所以许多人喜欢购买高价格的名牌产品，而对于那些经济承受能力有限的顾客来说，他们认为性价比高的产品价值高，特别是在经济不景气的情况下，价值意味着以可承受的价格购买到优质产品。在苹果推出iPhone智能手机后，受到了我国国内众多高消费群体，特别是年轻白领的青睐。它功能强大、外形特别，让购买得起的顾客感受到其使用价值；同时，其品牌知名，非普通顾客能购买得起，可获得某种精神价值。

iPhone价格昂贵，使许多年轻的顾客无法承受，小米手机的出现正好填补了这一市场空隙。小米手机，模仿了苹果手机时尚的外形，具有与苹果手机相近的功能，价格却只有苹果手机的30%～40%，这对于那些追求时尚而经济承受能力有限的年轻顾客来说，小米手机带给他们的就是超值享受。因此，小米手机一经上市，就受到众多年轻顾客的热捧。

同样功能的不同产品，都受到了各自目标顾客的青睐，如果你要问苹果手机与小米手机哪种更物有所值？对于很多顾客来说，这是很难回答的问题，也没有统一的答案，完全是个人感知价值的体现。需要指出的是，顾客通常并不能很精确地分析出某种产品的价值和成本，他们一般根据他们对某一产品的感知价值行事。

现在企业面临的挑战就是如何改变顾客对自己产品的感知价值，我们可以从以下两个方面着手：一是提高顾客感知的总利益，提高产品带给顾客的使用效果；提高附加服务；改善企业员工，特别是市场营销人员和管理人员的营销理念，提高员工素质；开展公关活动，建立企业品牌，提高企业整体的形象。二是降低顾客感知付出的总成本，可以降低产品价格，直接减少顾客支付的货币成本；开辟适当的营销渠道方便顾客购买，减少时间成本；做好营销沟通，让营销信息准确地传播给顾客，确保营销信息的对称性，降低精力成本；做好售后服务，减少体力成本。图 1-2 所示为顾客感知价值的构成。

图 1-2　顾客感知价值的构成

顾客满意取决于产品的感知使用效果，这种感知使用效果与顾客的期望密切相关。如果产品的感知使用效果低于顾客的期望，他们就不满意；如果产品的感知使用效果与顾客的期望一致，他们就满意；如果产品的感知使用效果高于顾客的期望，他们就非常满意。企业总是努力使顾客满意，因为较高的顾客满意度能够取得较高的顾客忠诚度，进而使企业取得更好的业绩。企业究竟怎样做才能让顾客满意呢？

优秀的企业总是在宣传产品功能或在服务上有所保留，仅向顾客承诺它们能够保证的基本服务，而实际却向顾客提供更多、更好的服务，让顾客在使用产品或接受服务中获得意外的惊喜，这样就可以让顾客非常满意。满意的顾客不仅会重复购买，而且会成为营销伙伴和"顾客传道者"，顾客会把这种良好的体验通过口碑宣传告诉其他顾客。

致力于使顾客满意，为顾客创造额外的价值和良好的服务，已经成为一些企业整体文化的一部分。例如，瑞士酒店，现已在遍布五大洲的 17 个国家开设了分店，在中国的北京市、上海市、深圳市等国际化都市都有开设。瑞士酒店处于世界酒店行业顾客满意度排名前列。企业信条高度概括了企业使顾客满意的理念。酒店承诺为顾客提供"鲜活灵动的视觉感受，臻于佳境的体验，即使顾客尚未表达的要求和愿望也要予以满足"。这家酒店经常会让入住的顾客得到意想不到的服务，他们的细心会让人惊讶和感动，不需要任何询问，他们会知道顾客早餐时需要点辣椒酱，睡觉时需要加长型睡床和特殊的枕头。当顾客抵达房间时，透气窗已经为其开好。每一天，从前台员工到维修员和保洁员，都细致观察和记录顾客的习惯和偏好，然后准备一张能够满足每一位顾客额外需求的清单，以便给顾客提供个性化服务。

（四）交换和关系

市场营销发生在人们决定通过交换关系来满足需要和欲望之时。交换是指通过提供某种东西作为回报，从别人那儿取得所需所欲之物的行为。交换的发生必须具备 5 个条件：①至少有两方；②每一方都有被对方认为有价值的东西；③每一方都能沟通信息和传送物品；④每一方都可以自由接受或拒绝对方的产品；⑤每一方都认为与另一方进行交换是适当的或称心如意的。具备了以上 5 个条件，就有可能发生交换行为。

市场营销人员的目的就是让人们对市场提供物做出理想的反应，这种反应不局限于购买或交换某种物品或服务。例如，候选人想要的反应是选票；慈善组织想要的反应是捐款、捐物；

学校想要的反应是良好的招生和就业；社会团体想要的反应是得到成员对活动的支持等。

市场营销包括与需要产品、服务、创意或其他事物的目标人群建立和维持合理交换关系的所有活动。营销目标除了吸引新顾客和创造新的交易，还要保持老顾客，并通过他们使公司的业务有所增长。因此，市场营销人员必须保证传递优质的顾客价值，从而建立牢固的顾客关系。

（五）市场

市场，指某种产品或服务的实际购买者和潜在购买者的集合。这些购买者都具有某种需要和欲望，并且能够通过交换得到满足。因此，市场包含3个基本因素，即有某种需要的人、满足这种需要的购买力和购买欲望。用公式来表示就是：

$$市场 = 人口 + 购买力 + 购买欲望$$

市场的这3个因素是相互制约、缺一不可的，只有三者结合起来才能构成现实的市场，才能决定市场的规模和容量。例如，一个国家或地区人口众多，但经济不发达，居民收入很低，购买力有限，则不能构成容量很大的市场；相反，经济十分发达，居民购买力很强，但人口极少的区域，也不能形成大规模市场。只有当人口既多，购买力又强时，才能成为一个有潜力的大市场。中国改革开放40多年来，经济迅速发展，国民收入稳步上升，居民购买力显著提高，已经成为名副其实的世界级大市场，吸引着全世界投资者和企业家的目光。

市场营销人员为建立有利可图的顾客关系而管理市场。然而，建立这些关系需要大量的努力。市场营销人员必须锁定购买者，确认他们的需要和欲望，设计优秀的市场提供物，并制定价格、进行促销、储存和递送。诸如市场调查、产品研发、分销、定价、促销及售后服务等活动构成了市场营销的核心内容。

人们通常认为市场营销是卖方的行为，和购买者关系不大，但事实并非如此。当消费者按其支付能力寻找所需产品，与企业互动以获取信息并做出购买决策时，消费者就是在进行市场营销。实际上，今天的数字技术，从网站和智能手机再到社交网络，赋予了消费者能力并使市场营销成为一种真正互动的活动。购买者可以根据自己的喜好来设计个性化产品，并自己定价，通过网络发布信息寻找制造商或卖家，购买者也可以通过网络进行团购，向卖方展示规模与实力。市场营销人员不仅需要考虑"怎样能够影响我们的顾客"，还需要考虑"顾客如何影响我们"，甚至需要考虑"我们的顾客如何彼此影响"。

图1-3展示了现代营销系统的主要参与者。现代营销系统展示了某企业在面对竞争者的情况下为市场和最终消费者提供服务的整个流程。此企业和竞争者都在研究市场，把产品信息直接或通过营销中介间接地传送给最终消费者，同时与顾客互动以了解他们的需求，通过满足顾客需求和建立顾客关系，获得顾客价值回报。在这个系统中，所有成员又都受到市场环境因素的影响。系统中的每一个参与者都为下一个参与者创造价值。因此，一家企业成功与否不仅取决于自己的工作，还取决于整个价值链满足最终消费者需要的程度。例如，苏宁易购不可能单独保证出售低价格的电器，除非供应商也提供低成本的货物。同样，宝马的制造

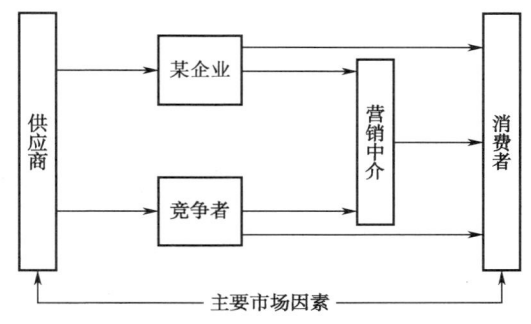

图1-3 现代营销系统的主要参与者

商也无法单独为汽车购买者提供高质量的汽车拥有体验，除非它的经销商也能提供优质的销售服务。

三、设计顾客价值导向的市场营销战略和计划

（一）顾客价值导向的市场营销战略

在制定市场营销战略前，市场营销经理必须回答两个问题：第一，我们将为哪些顾客服务，即我们的目标顾客是谁？第二，我们怎样才能更好地为这些顾客服务，即我们的价值主张是什么？或者称我们的市场定位是什么？

市场营销战略是明确企业的目标顾客及为顾客提供产品和服务的价值主张。

1. 目标顾客

企业必须首先通过将市场划分为一个个具有相似需求的顾客群体，即市场细分，然后根据企业自身优势和特点选择追随的细分市场，即目标市场，将决定为谁提供产品和服务。任何一家企业都不可能为所有人服务。如果尝试为所有人服务，那么最终任何顾客都服务不好。相反，企业应该只选择那些自己能够服务好并有利可图的顾客。拼多多就瞄准了工薪家庭和学生群体，提供普通、廉价的快消品；而上海百货商场则瞄准了白领和高收入阶层人群，为其提供名牌产品和奢侈品。可见，任何企业都应该有自己服务的特定目标人群，并且能够为这一特定目标人群提供独特的价值。

2. 价值主张

企业必须决定如何为目标顾客提供产品和服务，在市场中怎样将自己与竞争对手有效地区分开来。一个品牌的价值主张是它承诺带给顾客以满足其需要的所有利益或价值的组合。兴盛优选承诺"送货最快"。它建立了自己的物流系统，当日下单，隔日提货，为家庭主妇带来了方便的购物体验。山姆会员店承诺"只收会员费，不赚利润"，它提供平价且高质量的产品，大量进口水果、进口化妆品和进口食品，采取会员制销售模式，瞄准消费能力强的白领和高收入家庭生活消费需要。

这些价值主张使得品牌具有明显的差异性，并清晰地回答了顾客的问题：为什么我们应该购买你的产品而不是其他品牌的产品？企业必须设计强有力的价值主张，进行明确的市场定位，使自己在目标市场上有较强的竞争优势。

（二）营销管理观念

市场营销经理希望能够设计与目标顾客建立盈利性关系的战略。但是，应该以什么营销观念指导营销战略？如何平衡顾客、企业和社会的利益呢？通常这三者的利益是相互冲突的。

在设计与执行市场营销战略时，有5种可供选择的观念：生产观念、产品观念、推销观念、市场营销观念和社会市场营销观念。这5种观念是随着市场经济环境的变化而发展的，大致可以划分为两个阶段，即传统营销观念阶段（包括生产观念、产品观念、推销观念）和现代营销观念阶段（包括市场营销观念、社会市场营销观念）。

任务一 树立现代市场营销观念

1. 传统营销观念阶段

（1）生产观念（Production Concept）。

生产观念是指导市场营销人员行为的最古老的观念之一，这种观念产生于20世纪20年代之前。生产观念不是从顾客需求出发，而是从企业生产出发的。其主要表现是"企业生产什么，就卖什么"。生产观念认为，顾客喜欢那些可以随处买得到而且价格低廉的产品。生产观念导向的企业致力于提高生产效率和广泛的分销覆盖面，扩大生产，降低成本以扩大市场。例如，美国汽车大王亨利·福特曾傲慢地宣称："不管顾客需要什么颜色的汽车，我只有一种黑色的。"显然，生产观念是一种重生产而不考虑顾客需求差异的传统的营销观念。

生产观念是在卖方市场条件下产生的。在资本主义工业化初期、第二次世界大战末期和战后一段时期内，由于物资短缺，市场产品供不应求，生产观念在企业经营管理中颇为流行。生产观念的具体表现为：工业企业集中力量发展生产，不需要考虑市场需求，实行以产定销；商业企业集中力量抓货源，工业企业生产什么就收购什么，工业企业生产多少就收购多少，也不重视收购的产品是否完全满足顾客需求。这种观念在短缺经济时代是适宜的，并且企业通过单一产品生产可以扩大生产规模，提高产品质量，降低单位产品成本，使企业处于市场垄断地位，最大限度地获得利润。可见，生产观念在一定条件下是合理的，有指导作用。然而，一旦市场形势发生变化，当卖方市场条件向买方市场条件转变后，生产观念显然就不合时宜了，它容易导致企业过度集中于自身运作，而失去了对真正目标——满足顾客需求和建立顾客关系的把握，成为企业发展的严重阻碍。因此，在新形势下必须用新的观念来指导企业。

 案例启示

联想营销观念的转变

计算机生产商联想在20世纪90年代开始通过低劳动力成本、高生产效率和广泛分销，在竞争白热化、价格敏感的国内计算机市场占据领导地位。其创始人柳传志在企业经营管理上总结了许多成功的经验，诸如"搭班子、定战略、带队伍"等，论述非常精辟且实用。

2005年5月，联想以"蛇吞象"的方式兼并IBM的计算机部门，经过几年的整合后，成为当时中国第一家真正意义上的世界500强企业。但在2009年一季度出现了巨额亏损，使得联想步入巨大的发展危机之中。已经退隐多年的柳传志不得不再次出山并成为联想的董事局主席，而杨元庆再次转任CEO。联想的巨额亏损原因有很多方面，诸如外部需求紧缩，成本上升等。联想由于长期以来在国内市场处于领导地位，过度集中自身运作，只注重企业内部的经营管理，忽视了对市场与竞争的研究，没有对满足顾客需求和建立顾客关系进行很好的把握。

现在，联想已经度过了危机，回到了产品与技术创新的路线上来，回到了满足顾客需求的本质上来。联想公司及员工郑重承诺，以下4个核心价值观是他们一切工作的基础。

成就客户——致力于客户的满意与成功；

创业创新——追求速度和效率，专注于对客户和公司有影响的创新；

精准求实——基于事实的决策与业务管理；

诚信正直——建立信任与负责任的人际关系。

从案例中可以看出，联想已经把成就客户放在了企业核心价值观的首位，这标志着企业开始从长期的生产观念向市场营销观念转变，企业已经了解为顾客创造价值和建立良好的顾客关系的重要意义。

（2）产品观念（Product Concept）。

产品观念也是一种古老的指导企业市场营销的思想。这种观念认为，顾客最喜欢高质量、多功能和具有某些创新特色的产品。在这种观念下，企业总是致力于生产优质的产品，并不断加以改进，使之日臻完善。

他们认为，顾客欣赏精心制作的产品，能够鉴别产品的质量和功能，并愿意花较多的钱买质量上乘的产品。因此，许多企业的工程师关起门来设计出自认为是无可挑剔的高质量产品，没有去分析它是否能够迎合市场需要。产品观念最容易造成"营销近视症"，铁路管理局认为乘客需要火车而非运输，忽略了飞机、公共汽车、轿车的数量日益增长带来的挑战；实体零售书店不断增加书架，改善购书环境，提供迅速查阅书名等附加服务，却忽视了网络书店带来的冲击。这些组织只将注意力放在自己的产品上，而不是放在市场需要上，在市场营销管理中缺乏远见，只看到自己的产品质量好，看不到市场需求在变化，致使企业经营陷入困境。

 案例启示

柯达："营销近视症"

北京时间2012年1月19日下午，"黄色巨人"柯达在纽约申请破产保护，这一消息让许多出生于20世纪50~60年代的摄影爱好者感到震惊。曾经，柯达在营销、品牌方面的建树是业界的经典案例，那时，人们可以从电视、电台和平面广告上看到或听到"这是柯达一刻，别让它溜走""柯达串起每一刻"等广告词，被深深刻进了脑海。柯达曾经统领了摄影行业，却未能及时赶上数码相机等现代技术的潮流。如今逼迫柯达走向绝路的数码相机，还是由柯达发明的。当佳能公司运用现代数码技术将不需要胶片的数码照相机产品推向市场时，柯达仍不舍其在胶片领域的霸主地位，沉浸在如何生产出更好的胶片上，将竞争对手局限为日本富士和中国乐凯等同类产品生产者，而忽视了数码照相产品生产者，患上了典型的"营销近视症"。人们将柯达今天的衰落，归咎于其在胶片领域所取得的巨大成功。在历史的变革中，成功者为光环所累，容易缺乏改革创新的动力和勇气。"柯达害怕放弃传统的胶片市场导致短期利润下滑，迟迟没有下决心进行转型。"李开复曾评论，"有远见的领导应知如果自己不蚕食自己，就会被别人蚕食。"当柯达意识到企业面临危机时，已经失去了进入数码领域的最佳时机。虽然，柯达CEO佩雷斯将重心更多地转向了消费产品和商业打印机，但仍然未能重建柯达自2007年来就丢失的年盈利能力，也没有阻止公司的现金流失，甚至无法向其员工和退休员工支付大量的退休金和其他社会福利。"黄色巨人"曾经辉煌的历史，致使柯达面对产业技术革新和营销模式改变仍然无动于衷，最终埋葬在自己编织的"帝国梦"中。虽然，柯达经过了近15年的努力，不断扩展数码领域产品线，柯达数码相机、扫描仪等相继问世，但一步错失，难以再续辉煌。

（3）推销观念（Selling Concept）。

推销观念，产生于20世纪20年代末至50年代初，是为许多企业所采用的另一种传统的营销观念，表现为"企业卖什么，顾客就买什么"。这种观念认为，顾客通常表现出一种购买惰性或抗衡心理，如果让其自行抉择，他们不会足量购买某一企业的产品。因此，企业必须主动推销和积极促销，利用一系列有效的推销手段和促销组合工具去刺激顾客大量购买。推销观念在现代市场经济条件下被大量用于推销那些非渴求产品，即顾客一般不会想到要去购买的产品或

服务，如保险或献血。在这类行业中，企业必须善于追踪潜在的顾客，向他们宣传灌输产品的利益。这种观念虽然比前两种观念前进了一步，开始重视广告及销售技巧，但其实质仍然是以生产为中心的，因为它更关注促成交易而非建立长期获利的顾客关系，建立在强力推销基础上的营销有着高度的风险。这种观念假定顾客是情感型的，只要听了推销人员的几句介绍，就会喜欢上这种产品，并且经不住诱惑而购买产品；即使不喜欢，他们也不会在朋友面前说产品的坏话，或者向消费者协会抱怨。他们甚至会忘记对曾经购买过的产品的种种不满意，不久后又会去购买这种产品。这种假设是站不住脚的。有一项研究报告指出，对产品不满意的顾客会对10个或更多的朋友讲该产品的坏话，而且坏消息总会传得很快。

2. 现代营销观念阶段

（1）市场营销观念（Marketing Concept）。

市场营销观念认为，实现企业目标的关键在于比竞争对手更好地满足目标顾客的需要和欲望，并使顾客感到满意。在市场营销观念指导下，顾客价值导向和创造价值是通往销售和利润的必由之路。与以产品为中心的"生产—销售"观念不同，市场营销观念是以顾客为中心的"感知—反应"观念，即"顾客需要什么，企业就生产什么"。其任务不是为企业的产品找到合适的顾客，而是为顾客生产恰当的产品。市场营销观念是作为对上述观念的挑战而出现的一种新型的企业经营理念。

这种观念在 20 世纪 50 年代中期，商品经济十分发达的资本主义社会出现并基本定型。随着社会生产力的迅速发展，市场状况表现为供过于求的买方市场，同时广大居民个人收入迅速提高，有可能对产品进行选择，企业之间为实现产品的销售致使竞争加剧，许多企业开始认识到，必须转变经营观念才能求得生存和发展，市场营销观念正是在这种市场形势下应运而生的，成为新形势下企业营销活动的指导思想。市场营销观念的出现，是企业营销观念发展史上的一次革命，它不仅从形式上，更从本质上改变了企业营销活动的指导原则，使企业经营从以产定销转变为以销定产，第一次摆正了企业与顾客的位置。

推销观念与营销观念对比，如图 1-4 所示。推销观念是由内而外的视角。它起始于工厂，强调企业当前的产品，进行大量的推销和促销以便获利。它主要着眼于征服顾客，追求短期利益，从而忽视了谁是顾客及为什么购买的问题。

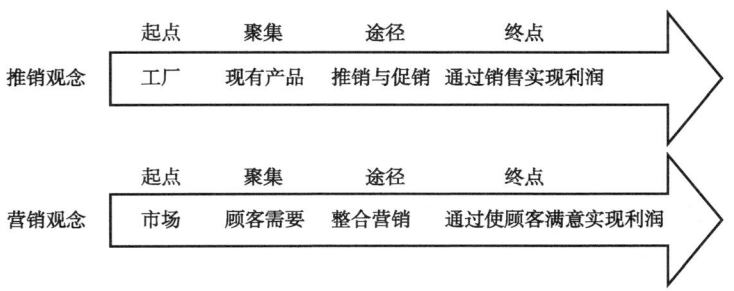

图 1-4 推销观念与营销观念对比

与此相反，市场营销观念是由外而内的视角。正如美国西南航空公司首席执行官所说："我们没有营销部，只有顾客部。"市场营销观念以市场为起点，关注顾客需要，整合所有影响顾客的市场营销活动，通过创造顾客价值和满意，与合适的顾客建立持久的关系来获利。

市场营销观念并不是简单地对顾客已经表达的愿望和明显的需要做出响应，而是通过对现有顾客进行调查，了解他们的愿望和潜在的需求，收集顾客意见和建议，寻找开发新产品和服务的创意，测试和改善产品。当市场上存在很清晰的需要，或顾客知道自己想要什么的时候，这种顾客价值导向的市场营销通常是很有效的。

但许多情况下，顾客并不清楚自己到底想要什么，或者什么方面需要满足。例如，30年前，有多少顾客想得到诸如智能手机、数码相机、平板电脑、车载卫星导航系统、24小时网络购物等现在非常流行的产品和服务？这些情境要求顾客价值导向的市场营销人员甚至比顾客自己要更好地理解顾客需要，并创造产品和服务满足现存和潜在需要。我们把这种情况称为驱动顾客的营销，驱动营销的目标是在顾客知道他们想去哪里之前引导顾客走向那里。

 案例启示

海尔：从市场出发开发产品

海尔在20世纪90年代推出了两款非常有特色的洗衣机，一款命名为"小小灵童"，另一款则命名为"大地瓜"。在设计这两款新洗衣机之前，海尔洗衣机在国内市场的销量已名列前茅，但唯独上海市场情况不是很好，市场占有率排在国内一般品牌之后，海尔的市场营销人员注意到了这一细节，于是组织了专门的用户"咨询问卷"调查，收到5万份回信。他们从中发现了上海用户大多不购买海尔的原因，不是质量问题，也不是价格问题和服务问题，而是由于上海的家庭规模小，且大部分家庭住房面积较小，海尔的洗衣机规格太大，占用空间太多，造成使用成本太高。市场营销人员将收集的信息反馈给产品开发部门，引起了海尔总部的重视，经过几年的开发，海尔于1996年推出了"小小灵童"，现在这款小型洗衣机不仅满足了上海市民的需要，而且在南方其他城市也深得用户欢迎。另一款"大地瓜"洗衣机的产生也是顾客与维修人员反馈信息的结果。当年，海尔大功率的洗衣机在西南农村市场销售较好，但维修率很高。据维修人员反映，西南农民用大功率洗衣机洗番薯，大量的泥沙导致排水口堵塞，造成洗衣机故障。为此，海尔从农民用户的实用需求出发，加大了出水口，专门开发了一款"大地瓜"洗衣机。

（2）社会市场营销观念（Societal Marketing Concept）。

社会市场营销观念产生于20世纪70年代后期，是对市场营销观念的修正和补充。一方面在资源短缺、环境恶化、人口爆发性增长、世界性饥荒和贫困、社会价值被忽视的年代，单纯的市场营销观念忽略了顾客短期欲望与长期福利之间可能存在的冲突。另一方面，是对以保护消费者权益为目的的消费者主义运动的反思，单纯的市场营销观念提高了人们对需求满足的期望，顾客眼下的过度消费是对将来可持续消费的威胁和对子孙后代消费的掠夺。想一想如今的瓶装水行业，人们可能认为瓶装水公司是方便、美味、健康产品的提供商。它的包装上还印有天然湖泊或冰山"绿色"标志。然而，在制造、灌装、运输塑料瓶的过程中会造成二氧化物的排放，导致全球气候变暖进程加快。而且，塑料瓶也产生了极大的回收和垃圾处理问题。可见，瓶装水行业虽然满足了顾客的短期需要，却产生了环境污染问题，从而违背了社会长远发展的原则。

社会市场营销观念认为，企业的任务是确定各个目标市场的需要、欲望和利益，并以保护或提高顾客和社会福利的方式，比竞争者更有效、更有力地向目标市场提供能够满足其需要、欲望和利益的产品或服务。社会市场营销观念要求市场营销人员在制定市场营销政策时，要统筹兼顾企业利润、顾客需求和社会利益，在三者之间寻求重合与平衡，如图1-5所示。

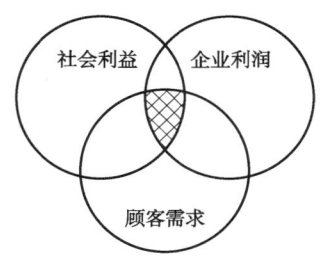

图1-5　社会市场营销观念的基本要素

社会市场营销观念，既能发挥企业特长，在满足顾客需求的基础上获取经济效益，又符合社会整体的利益，因而具有强大的生命力。不少企业通过采用和实践社会市场营销观念，获得了可观的社会效益和经济效益。随着全球保护环境大趋势的到来，海尔的市场营销观念已经不再适合，于是海尔积极开发绿色家电，不断推出环保产品，发展绿色销售通路，推出了无氟冰箱、节电冰箱等产品。早在2000年，海尔依托海尔网站，整合物流、商流、资金流成立了电子商务公司，在产品上实现量身定做。顾客可以在网上定做自己喜欢的样式。海尔在继续坚持通过满足顾客需求及欲望而获取利润的同时，更加合理地兼顾顾客的眼前利益与长远利益，更加注重解决满足顾客需求与社会公众利益之间的矛盾。海尔的这种经营理念也得到了社会的普遍认同，其品牌资产价值不断升值。2019年世界著名品牌机构首推生态品牌最具价值的中国品牌100强中，海尔以唯一物联网生态品牌入榜，其品牌价值达到了162.77亿美元。2021年"中国500最具价值品牌"揭晓，海尔以4575.29亿元价值排名第三。

（三）制订整合的市场营销计划和方案

企业的市场营销战略明确了企业的目标顾客，以及如何为这些顾客创造价值。下一步，市场营销计划将市场营销战略转化为建立顾客关系的行动方案，而这些行动方案往往要用到市场营销组合，即执行市场营销战略的一整套工具。市场营销组合包括四大要素，称为4P组合：产品（Product）、定价（Price）、分销渠道（Place）和促销（Promotion）。为传递自己的价值主张，即市场定位，企业必须首先创造能够满足市场需要的产品和服务，然后，确定合适的价格，以及方便目标顾客获得产品和服务的渠道，最后必须选择恰当的媒体进行沟通，说服目标顾客相信并购买产品和服务。企业必须综合运用这些营销组合工具，制订细致、周到的整合营销计划，向选定的顾客沟通和递送既定的价值。关于市场营销计划和市场营销组合的内容将在任务二中详细介绍。

四、管理顾客关系与获取顾客价值

市场营销过程的前三步：理解市场与顾客需求、设计顾价值客导向的市场营销战略及构建和传递卓越价值的整合营销计划，都是为了第四步，也是最重要的一步：建立盈利性的关系和创造顾客愉悦。下面，我们先来了解顾客关系管理的基础，再考察如何在数字和社交营销时代更深层次地吸引顾客。

（一）吸引顾客与管理顾客关系

1. 顾客关系管理

顾客关系管理，或称客户关系管理，是指通过递送卓越的顾客价值和顾客满意，来建立和维护盈利性的顾客关系的整个过程。

顾客关系管理的基础：顾客价值和满意。建立持久顾客关系的基础是创造卓越的顾客价值和满意。满意的顾客更容易成为忠诚的顾客，并为企业带来更大的生意份额。

吸引和留住顾客是一项艰巨的任务。顾客经常面对大量可供选择的产品和服务，他们会选择能提供最高顾客感知价值的产品。而顾客常常不能准确或客观地判断价值，他们依照感知价值行事。因此，市场营销人员要根据不同顾客对价值的评价因素来提供感知内容。对有些顾客而言，价值可能意味着以实惠的价格买到质量不错的产品；对另一些顾客而言，价值却意味着以较高的价格换得优质产品。

如果说让顾客感知价值是为了吸引新顾客，那么，让顾客满意就是为了留住老顾客，这是顾客关系管理的重要内容。如何让顾客感知价值和满意在前面已经提到，这里不再重复。

2. 顾客关系等级与工具

企业可以根据目标市场的特点，将顾客关系划分为不同的等级。①基本关系顾客，对于提供低毛利的众多顾客，企业与之建立基本关系，提供普通服务。例如，安踏并不联系其所有顾客以获得个人信息，而是通过品牌广告、公共关系及各类公众号、安踏云店、京东旗舰店、天猫旗舰店和应用程序培育顾客关系。②紧密关系顾客，对于数量少但毛利高的顾客，企业与之建立紧密关系。例如，安踏的销售代表与各地运动用品专卖店、国内外知名的运动团队和冠军运动员及其他大型零售商密切合作。除了上面提到的这两种顾客关系，企业还可以与一些学校、大型企业工会等建立关系。

除了提供高价值和满意度，市场营销人员还可以运用特殊的营销工具与顾客建立牢固的关系。例如，许多公司办理会员卡，回报那些经常购买和大量购买的顾客。湖南友谊集团办理白金卡、金卡和银卡，不同等级的会员享受不同的优惠和服务，会员经常会在生日或节庆日收到各种礼物和活动邀请函。酒店和航空公司办理常客计划，为常客提供升级客房和舱位的服务。

3. 顾客参与营销

数字时代涌现出许多有助于建立顾客关系的新工具，从网站、网络广告和视频、移动广告和应用程序、博客，到微信、抖音、小红书、快手等重要网络社群和社交媒体。

以往企业主要集中面向广大细分市场的大众营销。如今许多企业运用网络、移动通信和社交媒体精确地瞄准并吸引顾客深度参与和互动。传统营销涉及向顾客推广品牌，新营销则注重顾客参与营销，在形成品牌对话、品牌体验和品牌社群中培养直接和持续的顾客参与。顾客参与营销不仅仅是向顾客推广品牌，其目标是使品牌成为顾客生活的重要组成部分。

在互联网和社交媒体如此发达的时代，顾客获得信息比以往更加便捷，他们的联系更加紧密，也更加强势。他们通过大量的数字平台更便捷地发布信息并与其他顾客分享对品牌的看法。因此，市场营销人员现在不仅要进行顾客关系管理，而且涉及顾客管理关系，即顾客与企业和其他顾客联系以形成他们自己的品牌体验。

顾客控制能力的提高，意味着企业在建立顾客关系时不能再仅仅依赖灌输式的市场营销，而必须加强吸引式营销——创造市场提供物和信息吸引顾客主动参与，切忌一味地解释和灌输。大多数市场营销人员现在用网络、移动和社交媒体营销组合来拓展自己在大众媒体上的营销努力，以促进品牌与顾客之间的密切联系和沟通。

以微信为例，从国家电网、自来水公司、医院和百货商场，再到航空公司等各种组织，如今都创建了自己的公众号或小程序。它们运用公众号与广大顾客交流，提供信息和各种咨询、交费服务，处理顾客的问题，研究顾客反映，引流至相关文章、网络和移动营销网站，开展竞赛，发布视频及其他品牌活动。

还有抖音、快手等短视频工具，现在的企业运用这些社交媒体发布最新的品牌广告和其他娱乐或信息视频，通过多条途径吸引顾客参与评论品牌和互动。

有些企业邀请顾客在广告和品牌内容的创作中发挥积极作用。例如，整整10年，百事公司的立体脆品牌每年都会举办"冲击超级碗"广告竞赛，邀请顾客创作时长为30秒的广告，从中挑选最优秀的作品在"冲击超级碗"期间播出。该竞赛在全球吸引了数千万名参加者，最受欢迎的顾客生成广告常常跻身《今日美国》广告排行榜前五。在"冲击超级碗"取得巨大成功的基础上，立体脆现在开展了一项新运动，全年创造粉丝制作的趣味广告和其他营销内容。

安踏抖音助力，拼抢"6.18"新商机！曾经安踏抖音播出一条广告语"哥哥，能帮我把鞋换成37码吗？买大一码的话，妈妈就能和我一起穿了"。@安踏体育在抖音上播出这样一条视频：一对母女来到安踏专卖店购买运动鞋，付款前，身穿校服的女儿支开了母亲，并将36码的运动鞋换成了37码，说出开头那句暖心的话。这条视频一发布，在抖音上的点赞数就超过了10万次。安踏从2020年开始入驻抖音以来，类似的作品，@安踏体育已经在"是TA让我这么穿的"合集中发布了40集，而视频中的同款安踏鞋也被带火，一天销量超1000件。安踏之所以获得如此销量，与粉丝互动、顾客参与营销是分不开的。安踏用兴趣打开了"种草"新窗口，2021年3月8日，安踏携品牌代言人，自由式滑雪运动员谷爱凌在抖音小店上架"美力实验室"系列产品。谷爱凌同款速干健身衣、运动内衣、女士紧身裤和运动女跑鞋等品类，吸引众多女性关注，安踏的内容营销，更是唤醒了女性参与运动的热情和兴趣。通过兴趣来吸引顾客参与，传播品牌，转化为销量。

随着数字和社交媒体技术的持续发展，顾客变得更具联系性和影响力，无论市场营销人员是否邀请，顾客参与营销已成为一种重要的营销力量。借助大量顾客生成的视频、评论、博客、移动应用程序和网站，顾客在形成自己和他人的品牌体验中发挥着越来越重要的作用。除了引发品牌讨论，顾客在从产品设计、用途、包装到品牌信息、定价和分销等各个方面的影响日益加强。企业必须善于利用顾客参与营销来创造品牌体验，建立持久的顾客关系。

4. 伙伴关系管理

市场营销人员认识到在创造顾客价值和建立牢固的顾客关系时，不能孤军奋战，必须与各市场营销伙伴密切合作。市场营销除了管理好顾客关系，还要与企业内部和外部其他人员紧密合作，共同为顾客创造和递送更多的价值，即做好伙伴关系管理。

在企业内部，市场营销并不只是营销部门的事，每个职能部门都可能与顾客互动。顾客的意见可能是技术部门开发新产品的创意来源；财务部门在接听顾客电话时的良好态度和高效处理能力正好代表企业形象；生产部门不断改进工艺以满足顾客对高质量产品的需要。无论你在企业从事什么岗位，都必须理解市场营销并以顾客为中心。企业不再让每个部门各自为战，而是将所有的部门整合到创造顾客价值的事业中来。

市场营销人员还必须与供应商、渠道伙伴及外部成员建立伙伴关系。营销渠道由分销商、零售商及其他在企业与顾客之间起到媒介作用的组织构成。供应链指从原材料延展到零部件，再到向最终顾客提供产品的过程，是一条长长的通路。如今许多企业正通过供应链管理，强化自己与供应链中各个伙伴之间的联系。它们明白，自己的财富不仅仅取决于自己的优良业绩，要想成功地建立顾客关系，还必须依赖整条供应链，企业之间的竞争实质是供应链的竞争。

（二）获取顾客价值

市场营销活动过程的前四步都是围绕通过创造卓越的顾客价值和建立持久的顾客关系而开展的，最后一步则是获得顾客的价值回报，以市场份额、销售和利润的形式来体现。通过创造卓越的顾客价值，企业赢得高度满意的顾客，他们会保持忠诚和重复购买。对于企业而言，意味着长期回报，获得顾客终身价值。接下来，我们将介绍创造卓越顾客价值的结果：顾客忠诚和维持、顾客份额、顾客终身价值。

1. 建立顾客忠诚和维持

良好的顾客关系管理会产生顾客愉悦。反过来，愉悦的顾客保持忠诚，并向其他人积极地介绍企业及其产品。实践表明，不太满意、基本满意和非常满意的顾客在忠诚度上存在较大差异。不太满意的顾客会选择投向竞争产品，不会重复购买，而且还会将自己对企业及其产品的不满向他人倾诉和抱怨；基本满意的顾客可能会选择重复购买，但比例较低，不会向他人做正面宣传；只有非常满意的顾客才会重复购买，而且向他人介绍个人美好的体验，推荐企业及其产品，成为品牌的忠诚者。由此可见，顾客关系管理的目标不仅是创造顾客满意，更重要的是让顾客愉悦。

维持顾客忠诚的经济意义在于：忠诚的顾客会购买更多，停留时间更长，为企业带来的利益更大。研究显示，争取一位新顾客与保留一位老顾客相比，前者的成本要高 5 倍。失去一位顾客的后果远不止损失一笔订单那样简单，而意味着失去这位顾客一生中可能购买的总量，即顾客终身价值。以下是一个关于忠诚顾客终身价值的经典案例。

 **案例启示**

步步高：创造顾客满意、培养顾客忠诚

步步高连锁超市是步步高集团旗下的主力商业板块，1995 年在湖南省湘潭市解放南路开了湖南第一家超市。2019 年全国超市百强排名中，步步高超市居第十位。二十多年来，通过在物流建设、信息建设、生鲜经营、自有品牌等方面的探索与开发，逐步发展成为目前集全球供应链、信息化发展、物流配送、食品加工于一体的大型快消品连锁企业。

步步高集团董事长王填先生是连锁超市的创始人，从经营小店到如今的商业集团，他一直以来对顾客关系和顾客维护非常重视。每当他巡察超市时，若看到一位生气的顾客，就好像看到 5 万元从他的店里飞走了。为什么呢？因为社区超市顾客平均每周消费约 100 元，一年按照 50 周计算，一般顾客可以保持 10 年左右。如果这个顾客因为不愉快的购物体验而转向其他超市，步步高超市就会损失总计 5 万元收入。而且，这位失望的顾客一旦与其他邻里分享他不愉快的经历而造成其他人也选择离开，超市的损失将更大。

为了保持顾客的回头率，董事长亲自抓超市服务质量，建立步步高服务人员培训体系，新入职员工通过师父带徒弟的方式进行轮岗，自我学习；对于熟练员工，为提高其服务水平，公司专门开设了网络学院，提供免费课程和参考书籍。公司内部定期进行交流，向先进员工学习，对于管理层人员，经常外派进修，提升其管理水平。

引进零售新技术，让顾客拥有良好的购物体验，开发全球供应链，提高产品的品质与品类，满足顾客不同层次的需要。截至2020年年底，超市事业部拥有门店近400家，分布在湘、桂、赣、川四个省份。2016年之后，步步高先后推出自主研发的第三代、第四代门店，采用"场景化+体验+智慧零售"集合模式，领创轻生活购物新体验。正是这种以顾客为中心的理念，使得公司发展壮大，现在的步步高连锁超市已经发展为商业集团，2019年营业收入为430亿元人民币，2020年有所下降，但在零售行业仍处领先地位，一大批忠诚的顾客是步步高为其提供优质购物体验的结果。王填先生奉行的顾客关系管理的两条原则是："原则1——顾客永远是对的；原则2——如果顾客错了，参见原则1！"

2. 提高顾客份额

好的顾客关系管理不仅能够留住老顾客以获得其终身价值，而且有助于市场营销人员提高他们的顾客份额——顾客所购买的某公司产品占其同类产品购买量的比重。例如，超市希望获得更多的"生活用品份额"，而航空公司则希望获得更多的"旅行份额"，百货商场服装部则希望获得更多"服装份额"。为了提高顾客份额，公司就要设法为现有的顾客提供多样化的产品和服务，或者通过交叉销售和增值销售向现有顾客营销更多的产品和服务。例如，京东原本是一家销售家电的网络商城，可它现在的经营领域远远不止家电，它利用与4.7亿多位顾客的关系来提高自己在每位顾客的支出预算中所占的份额。只要顾客登录京东官网，其购物数量常常超出计划。京东会竭尽全力达到这种效果。京东不断扩大产品种类，创造理想的一站式购买体验，并根据每位顾客以往的购买和搜索记录，推荐其可能感兴趣的相关产品。这种推荐系统的开发对提高整个网店的销售额贡献很大。京东还推出了PLUS会员服务，会员等级与购物积分成正比，不同等级的会员享受的优惠不同，一些会员为了凑积分而升级，从偶然随意逛店顾客转变为京东购物成瘾的人，据大数据分析，一名超级会员在京东上的花费比非超级会员多了近两倍。

3. 获取顾客终身价值

我们已经理解获得顾客很重要，但维持和发展顾客更重要。企业的价值来自其当前顾客和未来顾客。企业需要从长计议，不仅需要获得有价值的顾客，同时，希望能够一直拥有他们，争取他们更大的购买份额，获得他们的终身价值。顾客终身价值是企业拥有顾客现有价值和潜在价值贴现的总和。怎样才能获得顾客终身价值呢？

与恰当的顾客建立恰当的关系。企业应该谨慎管理顾客关系，重点经营有价值的顾客关系。正如管理的原则，20%的人可能为企业创造80%的利润。并非所有顾客都是好的投资对象，即使忠诚的顾客也不例外。一些忠诚的顾客可能是无利可图的，而一些不忠诚的顾客则可能是很有价值的。例如，超市不喜欢那些每天来店购买特价产品，而很少购买其他产品的人，但对于饭店采购食材的采购人员特别对待，将其列入常客计划，还可以提供送货上门服务。

企业究竟应该争取和留住哪些顾客呢？企业可以根据潜在盈利性和忠诚度将顾客分类并采取相应的顾客关系管理战略。根据顾客的潜在盈利性和忠诚度将顾客划分为四类：①陌生人，代表低潜在盈利性和低忠诚度。企业的提供物不符合他们的需要。对这些人的关系管理战略就是：停止投资，在每笔交易上挣钱。②蝴蝶，具有高潜在盈利性但不够忠诚。在企业的提供物和他们的需要之间存在很好的适配性。但是，就像生活中的蝴蝶一样，我们只能欣赏一小会儿，它很快就会飞走。就像股市的投资者，经常会寻找更好的交易对象，不会与任何一家经纪公司建立稳固的关系。将蝴蝶转化为忠诚顾客很难，相反，可以利用促销手段吸引他们，达成有利可图的交易，即充分获取其价值，然后停止投资，直至下一次循环开始。③挚友，是指既有较高潜在价值又忠诚的顾客。他们的需要和企业的提供物之间有很强的适配性。企业希望进行持续的关系投资来取悦这些顾客，并培育、留住他们和增加他们的顾客份额。企业还希望将真正的朋友转换为"真正的信仰者"，后者经常惠顾并将自己的良好体验告诉他人。④藤壶，非常忠诚，却不能为企业带来盈利。他们的需要与企业的提供物之间的适配性有限。银行的小型客户就是一个例子。他们经常去银行，但产生的回报不足以弥补维持和管理其账户的成本。就像吸附在船身上的藤壶，对船的行进是一种拖累。这类顾客也许是最有争议的，通过向他们出售更多的产品、提高费用或减少服务，企业也许能够提高他们的盈利性。关键问题，企业是以盈利为目的的，必须考虑与恰当的顾客建立恰当的关系。

五、市场营销的新趋势

市场每天都在发生变化，惠普公司的理查德·洛夫（Richard Love）评论说："变化的速度如此之快，以至于能根据变化做出改变的能力已经成为一种竞争优势。"市场的变化要求为其提供产品和服务的企业的营销战略和策略也必须随之改变。下面我们重点介绍随市场变化而发展的4种市场营销新趋势：数字时代、迅速全球化、可持续市场营销、非营利性组织的市场营销。

（一）数字时代

数字技术的迅猛发展彻底改变了人们的生活方式，无论是交流沟通、分享信息、娱乐和购物，所有事和人都可以通过数字化的网络联系起来。相关统计报告显示，截至2021年1月，全球手机用户数量为52.2亿，互联网用户数量为46.6亿，而社交媒体用户数量为42亿，此时世界人口数量为78.3亿，意味着互联网用户数量占世界人口数量的近60%，拥有手机用户比例更高，社交媒体用户数量也在持续上升。截至2020年12月，中国网民规模达到9.89亿，占全球网民规模的五分之一多，互联网普及率达到70.4%，网民中使用移动手机上网比例为99.7%，中国近10亿的网民构成了全球最庞大的数字社会。

中国人对数字媒体的喜爱脱颖而出。2021年，中国成年人平均每天花4小时46分收看数字媒体，占每天娱乐时间的63.9%，上网时间已经大大超过看电视时间。数字技术在中国的主导地位在很大程度上是由中国人花在移动终端设备上的大量时间推动的，包括智能手机和平板电脑。表1-2是2021年8月中国互联网络信息中心（CNNIC）对于中国网民使用网络情况的数据统计。

表1-2　2020年12月—2021年6月各类互联网应用用户规模和网民使用率

应　用	2020年12月 用户规模（万）	2020年12月 网民使用率	2021年6月 用户规模（万）	2021年6月 网民使用率	用户增长率
即时通信	98111	99.2%	98330	97.3%	0.2%

任务一 树立现代市场营销观念

续表

应用	2020年12月 用户规模（万）	2020年12月 网民使用率	2021年6月 用户规模（万）	2021年6月 网民使用率	用户增长率
网络视频（含短视频）	92677	93.7%	94384	93.4%	1.8%
短视频	87335	88.3%	88775	87.8%	1.6%
网络支付	85434	86.4%	87221	86.3%	2.1%
网络购物	78241	79.1%	81206	80.3%	3.8%
搜索引擎	76977	77.8%	79544	78.7%	3.3%
网络新闻	74274	75.1%	75987	75.2%	2.3%
网络音乐	65825	66.6%	68098	67.4%	3.5%
网络直播	61685	62.4%	63769	63.1%	3.4%
网络游戏	51793	52.4%	50925	50.4%	-1.7%
网上外卖	41883	42.3%	46859	46.4%	11.9%
网络文学	46013	46.5%	46127	45.6%	0.2%
网约车	36528	36.9%	39651	39.2%	8.5%
在线办公	34560	34.9%	38065	37.7%	10.1%
在线旅行预订	34244	34.6%	36655	36.3%	7.0%
在线教育	34171	34.6%	32493	32.1%	-4.9%
在线医疗	21480	21.7%	23933	23.7%	11.4%
互联网理财	16988	17.2%	16623	16.4%	-2.1%

资料来源：中国互联网络发展状况统计报告 2021年8月

顾客对数字和移动技术的热爱和追逐为市场营销人员吸引顾客参与提供了应用场景。互联网、数字技术和社交媒体的进步给营销界带来了巨大的改变。数字和社交媒体营销涉及数字工具，诸如网站、社交媒体、移动广告和移动应用程序、网络视频、电子邮件、博客、微博、微信、论坛和播客等，随时随地吸引顾客借助电脑、智能手机和网络电视及其他移动终端设备参与和互动。今天，几乎所有企业都在运用网站、微信公众号、微信小程序、抖音、快手、小红书及淘宝直播等新媒体工具来影响顾客，解决顾客的问题，帮助他们购物。

宝洁是一家传统的日用品提供商，过去在为顾客创造价值和建立顾客关系方面做出许多努力，其品牌成为全球日用品最知名品牌，其销量也占世界第一，特别是在中国日化的市场份额中达到了近70%。可从2012年开始这种情况有所转变，宝洁传统的营销模式已经不适合数字时代顾客的购买特点。正如宝洁前CEO雷富礼所说"消费者在哪里，我们就必须在哪里"。既然顾客现在都在网络、社交媒体上交流与分享信息，即大家都在移动端购物，那么宝洁就应该与新媒体合作，开启数字营销模式。2017年宝洁海外旗舰店联合天猫国际于4月发起了"宝洁全球寻奇记"营销项目。移动端和电脑端的网页上出现了一些奇怪的提问："阳光的味道是什么？""怎样洗净央视大裤衩？""什么可以吸干黄浦江？"宝洁这次采用的营销手段与以往不同，没有明星代言，而是以"脑洞"式提问吸引着新一代的家庭主妇们。

2017年4月19日晚8点，宝洁通过"神奇博士"的直播，以新产品+真人实验的形式，回答了这3个问题。以往，只能在电视广告中出现的"夸张"去污实验，这一次则以一种更为真实的形式，出现在了顾客的移动端和电脑端。直播开始30分钟内便收获了超过30万次的点赞。

2017年之后，宝洁开始拥抱新媒体，宝洁开通了公众号、小程序，宝洁中国公众号内有几十个原创故事，都是宝洁高管讲述的宝洁和旗下品牌的故事。宝洁中国还发布与顾客沟通的互动视频，其中一则"惊喜打开感恩节"的视频，其推文这样写道：这个感恩节送所爱之人一份贴心的生活小惊喜，上美团买宝洁生活好礼物，让你的心意不止一句"感恩"，随时随地让心意速达#惊喜打开感恩节。画面温馨又亲切、产品自然植入，吸引了4万次的点赞，有2009条评论。有的评论这样写道：感恩节快到了，宝洁做了许多良心活动，快买点儿送给父母，表达对他们的爱吧！还有评论写道：在家不出门可以买到，很方便。宝洁通过抖音进行品牌宣传，产品促销，与顾客互动，建立品牌关系。抖音中的宝洁旗舰店粉丝有47.5万人。宝洁改变传统营销模式，开始与网络、社交媒体合作，与顾客互动和建立良好关系，已经有了成效，2020年宝洁实现净销售收入710亿美元，创造了2015年以来的最佳业绩。

（二）迅速全球化

今天，几乎所有的企业，无论大小，都在以某种程度参与全球竞争。例如，社区里一家水果专卖店，它出售的红富士苹果可能是从日本进口的，而红心猕猴桃则是从新西兰进口的，国产水果面临来自全球其他国家水果的激烈竞争。这种竞争还体现在网上零售商发现自己收到了来自世界各地的订单，而我国的消费品制造商可以通过网络将新产品推广到国外新兴的市场，跨境电子商务已经成为目前开拓国际市场的新营销战略。

我国企业在国内面临着来自跨国公司高超的营销策略的挑战。沃尔玛、家乐福、必胜客等跨国零售商在我国市场上比其对手做得更好。同时，我国许多企业也开始了全球化运作，在世界各地生产并销售它们的产品，海尔、联想、华为都在海外有研究中心并设立生产基地，产品销往全世界。如今，许多企业不仅在国际市场上卖力推销它们在本土制造的产品，也从国外采购原材料和零部件。

因此，世界各地的管理者越来越习惯于用全球化而非本土的视角看待自己所处的行业、竞争对手和市场机会。他们不断质疑：什么是全球营销？它与本土营销有什么差别？全球竞争者和其他环境力量如何影响到我们的生意？我们应该"全球化"到什么程度？这些问题涉及国际贸易和国际市场营销，本书暂不展开叙述。

（三）可持续市场营销

市场营销人员必须重新考虑企业与社会价值观、社会责任及我们生活的地球的关系。随着全球消费者权益保护运动和环保运动的兴起，今天的市场营销人员需要践行可持续性营销活动。企业的道德观和社会责任几乎是每家企业都在讨论的热门话题。现在很少有企业会忽视日益高涨，同时要求越来越苛刻的环保运动。企业的任何行为都会影响顾客关系，如今，顾客希望企业以对社会和环境负责任的方式传递价值。

在未来，社会责任和环保运动对企业的要求将越来越严格。有些企业抵制这些运动，只有在法律强制或顾客大声疾呼的情况下才予以考虑。许多有远见的企业已经开始践行它们对周围世界的职责，并把对社会负责的行动看作一个机会，将可持续性营销视为谋求企业更好发展的途径。它们通过服务于顾客和社区的当前需求和长期利益来获利。

如今，一些企业通过公民意识和责任使得自己与众不同。它们在企业的价值观和使命陈述中明确所承担的社会责任和采取的行为。华为作为全球领先的ICT（信息和通信）基础设施和智能终端提供商，其愿景与使命是把数字世界带入每个人、每个家庭、每个组织，构建万物互联的智能世界。2020年华为制定了可持续发展战略，其战略中有一个重要的内容就是数字包容。它的目标是让全世界的人都能分享数字技术带来的红利，不让任何一个人在数字世界掉队，特别是贫困地区和国家。在全世界持续推进TECH4ALL数字包容倡议。华为与联合国组织、NGOs（非政府组织）、科研机构、政府及顾客等全球合作伙伴一起努力，围绕公平优质教育、保护脆弱环境、促进健康福祉、推进均衡发展四大方向积极开展合作。全球200多所学校、逾6万名师生从TECH4ALL项目中受益。华为运用数字技术，帮助18个国家的22个自然保护地提升资源管理和生物多样性保护效率。华为智能手机涵盖15种无障碍功能，全场景覆盖有需要的终端用户，每月约有1000万人次使用。RuralStar系列解决方案累计为超过60个国家和地区提供移动互联网服务，覆盖5000多万偏远区域人口。2020年年初，我国学校开学时间延期，国家下达了"停课不停学"的通知，面向全国亿万名学生开展大规模在线教育，这对教育系统是一项史无前例的挑战。为此，华为联合百余家教育伙伴发起了"随时学教育联盟"，为我国中小学、高等教育、教培机构等提供差异化的在线教学服务，将"连接学校"的应用场景从校内扩展到校外等，支持师生们在各种场景下随时随地接入课堂，开展线上教学。华为累计服务20 000余家客户，免费为5000多家学校和企业提供了应急教学直播，课程总量达24万节，线上学员数量超过5000万，峰值时超过1100万人同时在线。华为还在绿色环保、和谐生态、安全信息等领域做出了巨大贡献，真正成为一家有社会责任的现代公司，也成为广大用户信赖的公司。

（四）非营利性组织的市场营销

近年来，市场营销也成为许多非营利性组织的主要战略之一，如学校、医院、博物馆、政府机构、文化娱乐团体、体育组织、慈善机构等。全球的非营利性组织在寻求社会支持和发展成员方面面临激烈竞争。优质的市场营销可以帮助它们吸引成员、募集资金和争取社会各方支持。

我们先来看看高考后各所大学的招生宣传，有的大学宣传在招生前就开始了，通过开放校园，接待家长参访，设立招生宣传网站，到各省、市高中学校进行填报志愿及专业宣讲等；有的大学向高考成绩好的学生提供全额奖学金，为困难学生开辟绿色通道。这一系列方式都是在营销大学，希望在生源竞争激烈的招生环境下，能够吸引成绩优秀的学生，提升大学声誉。

另一个例子是世界野生动物基金会，它是一家致力于保护自然环境和野生动物的全球非营利性保护组织。该组织在100个国家和地区开展活动，资金来自政府、基金会、公司和个人，全球有500万名会员。该公司运用娴熟的营销技巧筹集可观的资源，保证宏大使命的实现。曾经推出主题为：#最后的自拍（#Lastlife）的Snapchat（快照软件）运动，这个运动成本低，但效果显著。"#最后的自拍"运动的创意是世界濒危野生动物物种正在从地球上永远消失，犹如发一条Snapchat一样快。为了突出这一点，世界野生动物基金会通过Snapchat向全球的粉丝发送这些濒危动物的9秒图片，并附上信息："不要让这成为我最后的自拍"，鼓励接收信息者截屏转发。8 小时之内，该运动产生了 5000 条推特，阅读量达到 600 万次。一周之内，4 万条推特到达 1.2 亿名用户。总之，这次"#最后的自拍"运动影响了一半以上的推特用户，仅用 3 天就帮助世界野生动物基金会完成了月度筹款目标，通过网站收养动物的数量也破了纪录。

 小结

扫描二维码获得内容

任务一：小结

扫描二维码获得内容

任务一：复习与思考

模块二　实训操练

实训一：案例分析

一、实训内容

通过案例分析，融会贯通所学市场营销的基本理论，树立现代市场营销观念。

二、实训准备

1. 提供案例资料，可以采用本书的案例或其他案例资料；
2. 分组开展案例讨论，以 4～5 人为一个小组；
3. 熟悉案例资料内容及案例背景，并通过网络和课外阅读扩展内容；
4. 准备一张 A3 的白纸，将讨论的问题填写在纸张左边。

三、实训组织

1. 采用头脑风暴的讨论形式；

2. 安排独立讨论场地，每个小组分开讨论；
3. 问题讨论，尽量多地提出不同观点；
4. 整理结果，将所有观点进行归类、整理；
5. 提炼核心，把一致认定的观点作为核心观点提炼出来；
6. 汇报结果，每个小组派一名代表陈述讨论结果，其他成员补充；
7. 小组辩论，引导旁听组提出问题，开展辩论，激发创新思维。

四、实训评价

单位：分

评价对象	评价项目	内容描述	评价要求	分 值	得 分
团队 （60%）	讨论组织	无领导小组	由学生积极承担组织	10	
	讨论参与	自由发言	小组成员积极主动	10	
	讨论结果	开放式回答案例问题	观点新颖、突出主题、思路清晰	20	
	汇报成果	课堂汇报	表述流畅、配合默契	20	
个人 （40%）	小组考勤	组长考勤	按时参加讨论，主动积极	20	
	小组贡献	小组评分	提出独特观点和新思想	20	
最终评分					

参考资料

扫描二维码获得内容

京东零售：以信赖为基础、以客户为中心

实训二：体验营销

一、实训内容

观察实体零售店与电商平台，理解顾客价值和满意的意义和作用。

二、实训准备

1. 授课老师联系周边几家有影响力的实体零售店；
2. 学生先进入零售店网站了解其基本情况，包括线上销售情况；
3. 选择不同的时间去参观，并通过购物来体验服务；
4. 将观察与体验到的零售店经营服务的感受记录下来；
5. 授课老师再选择几家品牌电商平台供学生浏览；
6. 将网上购物体验记录下来、用户评论收集汇总。

三、实训组织

1. 成员分组，以 4～5 人为一个小组，每班 8～10 个小组为宜；
2. 小组计划，明确参观实体零售店、浏览电商平台的时间、考察的内容；
3. 实训实施，根据小组计划，利用课余时间开展实体零售店考察和电商平台浏览；
4. 实训管理，指导老师加强外出考察的安全教育，通过手机定位进行管理；
5. 成果总结，每组围绕顾客价值和满意两个概念，对考察的零售店、浏览的网站进行深入分析，提出结论和观点，制作成 PPT 演示文稿；
6. 课堂汇报，每组派出两位代表汇报，时间限定为 8 分钟。

四、实训评价

单位：分

评价对象	评价项目	内容描述	评价要求	分 值	得 分
团队 （60%）	实训准备	制订计划	时间、内容、要求明确	10	
	实训实施	组织实施	有图有真相、时间有保障、与计划一致	10	
	实训成果	汇总 PPT	图文并茂，数据真实，条理清晰，观点独特	20	
	团队协作	课堂汇报	分工明确、表述流畅、配合默契	20	
个人 （40%）	小组考勤	组长考勤	按时参加考察 主动积极	20	
	小组贡献	小组评分	完成分配任务 具有良好协作精神	20	
最终评分					

任务二 把握公司战略与营销战略的关系

任务目标

思政目标

1. 树立公司发展服务国家战略的意识；
2. 培养市场营销人员的团队协作精神。

知识目标

1. 学会以市场导向定义公司使命的陈述；
2. 掌握市场营销战略与营销组合；
3. 具备设计"产品营销计划"项目的能力。

能力目标

1. 了解公司战略规划及制定的步骤；
2. 理解市场营销战略和营销组合的关系；
3. 掌握市场营销计划的内容。

模块一 理论指导

 案例导入

海尔：创全球引领的生态物联网品牌

海尔集团创立于 1984 年，是全球领先的美好生活和数字化转型解决方案服务商。海尔始终以用户为中心，连续 5 年作为全球唯一物联网生态品牌蝉联"BrandZ 最具价值全球品牌 100 强"，连续 14 年稳居"欧睿国际全球大型家电品牌零售量"第一名，2022 年全球营业收入达 3506 亿元，品牌价值达 4739.65 亿元。集团旗下有 4 家上市公司，子公司海尔智家位列《财富》世界 500 强。海尔集团拥有海尔（Haier）、卡萨帝（Casarte）、Leader、GE Appliances、Fisher & Paykel、AQUA、Candy 七大全球化高端品牌和全球首个智慧家庭场景品牌三翼鸟，构建了全球引领的工业互联网平台卡奥斯（COSMOPlat），成功孵化了 7 家独角兽企业、107 家瞪羚企业和 122 家专精特新"小巨人"企业。

海尔作为实体经济的代表，持续聚焦实业，布局智慧住居和产业互联网两大领域，建设高端品牌、场景品牌与生态品牌，以科技创新为全球用户定制个性化智慧生活。海尔的成功与其可持续发展战略密切相关。

海尔从 1984 年创立至今已有近 40 年的历史，在此期间海尔不断调整发展战略，不断创新，不断为全球用户创造更高价值。

第一阶段（1984—1990 年）名牌战略阶段，提出高品质产品出自高素质的人的经营理念。1984 年张瑞敏接手了一家濒临倒闭的企业——青岛电冰箱总厂，要扭转亏损局面，必须有好产品，这样才有好的销路，于是提出名牌战略。海尔向社会承诺："出厂产品零缺陷"。1985 年，海尔销售服务中心接到用户投诉，该用户称自己刚购买的冰箱有瑕疵，这个信息反馈到了厂长张瑞敏那里，他高度重视，要求质检部门全面清查库存，决不放过任何一台有瑕疵的冰箱。结果共有 76 台不合格冰箱被清查出来。为了唤醒员工的质量意识，张瑞敏亲自带头砸毁了这 76 台冰箱，《青岛晚报》还对"砸冰箱"事件进行了报道，在山东乃至全国引起了很大的反响。这一砸警醒了员工，强化了质量意识，砸出了产品质量；这一砸表明了高层管理的决心，增强了用户的信心，砸出了品牌形象。1988 年海尔生产的琴岛—利勃海尔牌四星级 BCD-212 升双门电冰箱获得中国电冰箱行业第一块"国家优质产品"金牌，通过电视新闻传播，在全国用户心目中强化了海尔品牌形象。1989 年国内消费市场波动，许多冰箱厂家降价销售，唯有海尔提价 12%，用户仍然抢购。

第二阶段（1991—1997 年）多元化战略阶段，海尔提出盘活资产前先盘活人的经营理念。海尔通过冰箱创立了品牌之后，开始了品牌拓展，由冰箱拓展至洗衣机、空调，最终由白色家电到黑色家电，采取"吃休克鱼"的扩张战略，即通过收购或兼并一些经营困难的企业，再注入海尔的文化，盘活被兼并企业资产，使企业规模扩大。海尔非常重视员工的培训和创新，每年员工分层进入海尔大学轮训。鼓励员工创新，将技术创新成果以员工名字命名，并在企业报《海尔人》上进行宣传。20 世纪 90 年代初，海尔就开始探索员工自主管理。冰箱二分厂门封条班组从全厂第一个"免检班组"升级为全厂第一个"自主管理班组"，时任二分厂厂长，现任海

尔集团董事局主席、首席执行官的周云杰亲自鼓励员工创新。

海尔品牌不仅被国人喜爱，还得到了国外用户的认可。1996 年，海尔获得美国优质科学协会颁发的"五星钻石奖"，张瑞敏个人获得"五星钻石"终身荣誉。因此，海尔在全国首次提出了"星级服务"概念。1997 年海尔参加了在德国科隆举行的世界家电博览会，海尔首次在博览会上向外商颁发了产品经销证书，这一消息不仅让中国人在国际市场扬眉吐气，更标志着海尔品牌已经在国际市场开始崭露头角，莱茵河畔掀起了海尔潮。

第三阶段（1998—2005 年）国际化战略阶段，海尔提出欲创国际品牌先创人的国际化思路。海尔的掌舵人张瑞敏经常受邀出席各种国内国际的重要场合，为企业品牌代言。20 世纪 90 年代末，中央电视台曾有一档综艺节目《赢在中国》，张瑞敏被邀担当节目评委，同时被邀请的还有联想董事长柳传志、蒙牛董事长牛根生。张瑞敏在节目中的睿智和独树一帜的观点，给全国观众留下了深刻印象。1998 年张瑞敏还应邀登上了哈佛讲坛，海尔"激活休克鱼"的成功案例，被收入哈佛案例库中。

海尔在国际化战略中采取"先易后难"策略。先在欧洲、美国这些发达国家和地区打响品牌知名度，再以高屋建瓴之势打开发展中国家市场。1999 年，海尔在美国南卡罗来纳州建立了海尔工厂，这是海尔国际化战略迈出的关键一步；2001 年海尔并购了意大利迈尼盖蒂冰箱厂；2002 年海尔在北美设立海尔总部；2003 年，海尔在日本银座广场亮起了海尔霓虹灯广告，这是中国企业在东京银座竖起的第一个广告牌。海尔的努力终于获得用户回报，2004 年 7 月 1 日，在与海尔美国总部仅隔三条街区的曼哈顿广场用户排起了长队，最终 7000 台海尔空调在 7 小时内销售一空。

第四阶段（2006—2011 年）全球化品牌战略阶段，提出以海尔人的本土化创全球化本土品牌的战略思想。2006 年在巴基斯坦建立了第一批工业园区，海尔向全球本土化品牌发展迈出了坚实的一步。2008 年北京奥运会，海尔推出了"一枚金牌，一所希望小学"计划，一方面激励运动员为国争光，另一方面，海尔以金牌得主名义，捐建一所希望小学，承担社会责任。海尔作为 2008 年北京奥运会全球唯一白色家电赞助商，为 37 所奥运竞赛场馆提供了 56 万件绿色节能创新产品。2009 年欧睿国际官网发布数据，海尔作为中国白色家电首次成为全球第一品牌。随着海尔不断创新和发展，其实力越来越雄厚，品牌的国际影响力也越来越大，在欧美发达地区站稳了脚，之后，开始向发展中地区扩张，顺势而为。2011 年海尔收购了日本三洋电机株式会社，其范围包括印度尼西亚、马来西亚、菲律宾和越南的洗衣机、冰箱和其他家用电器业务，标志着海尔在日本及东南亚地区形成了本土化架构，此举成为海尔全球化战略的重要一步。

第五阶段（2012—2018 年）网络化战略阶段，海尔提出以链群（生态链上的小微群）创用户体验场景。海尔不断利用现代信息技术来改造管理流程和生产工艺，创造新的用户与企业交互模式。2012 年张瑞敏应邀赴欧洲顶级商学院瑞士 IDM，西班牙 IESE 商学院演讲海尔"人单合一双赢模式"，海尔"人单合一跨文化融合"案例被收入 IESE 商学院案例库，IDM 授予张瑞敏 "IDM 管理思想领袖奖"。2013 年海尔与阿里巴巴达成战略合作伙伴，联手打造全新的家电及大件商品物流配送、安装服务等整套体系及标准，而且向全社会开放系统。2015 年，海尔在中国家电世界博览会期间，发布了七大智慧生态圈及每个生态圈里的多个网器新品，并成功上线了用户定制交互平台，卡奥斯（COSMOPlat）工业互联网平台被 ISO、IEEE、IEC 三大国际权威机构指定来主导制定大规模定制的国际标准。

第六阶段（2019 年至今）生态品牌战略阶段，海尔不断创新，拥抱互联网和数字技术，为人类创造智慧的生活方式。2019—2021 年，海尔连续 3 年蝉联 "BrandZ 最具价值全球品牌 100 强"中的"物联网生态"奖。而且品牌资产价值不断提升，全球知名洞察和咨询机构凯度集团权威发布这份榜单,其已经在全球 51 个市场调查了 400 多万名用户,涉及 1.8 万种品牌,是全球唯一一个将用户意见囊括在内的品牌价值榜单。2021 年时任海尔集团董事会主席、首席执行官的张瑞敏荣膺了 BrandZ 首次颁发给个人的"物联网生态品牌创立者"称号。

资料来源:根据海尔官网公开资料整理,数据截至 2023 年 11 月

思考:
1. 海尔集团营销战略各个阶段的目标分别是什么?
2. 海尔集团制定营销战略的依据是什么?
3. 海尔集团的使命是如何体现在营销战略中的?

在任务一中,我们已经介绍了公司如何为顾客创造价值,以期获得顾客回报的市场营销过程。现在我们要更深入地认识市场营销过程的第二步和第三步,即如何设计顾客价值导向的市场营销战略和制订市场营销计划。首先,我们来考察组织的整体战略规划,它指导市场营销战略和计划。其次了解在整体战略规划的指导下,市场营销人员如何与公司内、外部人员紧密合作为顾客创造价值。最后,考察市场营销战略和计划,即市场营销人员如何选择目标市场,明确目标市场的定位,制定市场营销组合决策,以及管理市场营销方案。

一家杰出公司的整体战略规划能够起到对外树立公司形象、对内激励员工的作用,并为公司发展明确航向。就像知名的家电制造商海尔集团,它在每个发展阶段都有清晰的战略规划和发展总目标,围绕实现总目标而不断调整业务结构,以适应市场需求的变化,确保公司在复杂多变的营销环境中能够保持可持续发展。

一、公司整体战略规划

为公司的长期生存和发展选择公司整体战略这项艰巨的工作被称为战略规划。制定战略规划的核心就是根据公司自身特定的竞争优势、机会、目标和资源寻求最合理的策略,使组织的目标和能力与组织面临不断变化的营销环境之间保持平衡。

战略规划为公司中的其他计划工作指明了方向和目标。一般来说,公司通常会制订年度计划、长期计划,也会制定战略规划。年度计划和长期计划安排公司当前的业务,并指导公司如何使这些业务保持良好的增长。与此相反,战略规划涉及通过整合公司资源,利用环境变化中蕴含的机会。

在公司层级上,战略规划的制定首先必须界定其整体目标和使命(见图 2-1)。公司使命接下来就被转化为详尽的支持性目标以指导整个公司的发展。然后,公司高层管理人员决定什么样的业务组合和产品最适合公司,以及给予每种业务或产品多大支持。与此同时,各个业务单位和产品都要制订详尽的市场营销计划及其他职能部门计划,以支持公司的整体战略规划。因而,市场营销计划是在业务单位、产品和市场层面上的。公司针对特定的市场营销机会制订更加详细的计划,有力地支持整个公司的战略规划。

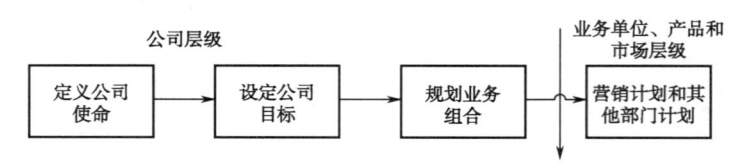

图 2-1 战略规划的步骤

任务二 把握公司战略与营销战略的关系

（一）确立以市场为导向的公司使命

一个组织的存在是为了完成某些特定的事情，这一目标应该被清晰地陈述出来。可以借助以下问题形成清晰的公司使命：我们公司是做什么的？谁是我们的顾客？顾客看重什么？我们应该成为什么样的公司？这些貌似显而易见的问题是公司不得不回答的最困难的问题。成功的公司总是不断地提出这些问题，并且认真地回答这些问题。

对这些问题的正式回答被称为公司的使命陈述。使命陈述，是对公司目标的表述，即公司在大环境中想要完成的事情。清晰的使命陈述能够起到"看不见的手"的作用，指引公司员工行动。

在传统营销观念时代，公司总是用产品或技术来定义其使命。例如，我们是家具制造商、我们是化学加工厂。在现代营销观念时代，许多公司是以市场为导向并且从顾客需求角度来定义公司业务、陈述公司使命的。

下面是一些通过对比产品导向定义和市场导向定义来陈述公司使命的案例，如表2-1所示。

表2-1 产品导向定义和市场导向定义陈述公司使命的对比

公　司	产品导向定义	市场导向定义
华为	我们是通信产品和技术供应商	把数字世界带入每个人、每个家庭、每个组织，构建万物互联的智能世界
联想	我们生产电脑	为用户与全行业提供整合了应用、服务和最佳体验的智能终端，以及强大的云基础设施与行业智能解决方案。"智能，为每一个可能"
京东	我们提供网络购物平台	我们让购物变得简单、快乐，带给顾客美好体验，"多快好省"，只为品质生活
海尔	我们生产家电	全球领先的美好生活和数字化转型解决方案服务商
安踏	我们是一家运动用品生产商	我们致力于为专业运动员及喜爱运动的人提供品质服饰和装备，"安心创业，脚踏实地"
耐克	我们出售运动鞋和服装	我们带给世界上每一个运动员灵感和创新（如果你有身体，你就是运动员）
沃尔玛	我们经营折扣店	我们提供每日低价，让普通人有机会买到与有钱人相同的东西，"省钱，生活更美好"
星巴克	我们出售咖啡和小零食	我们出售"星巴克体验"，通过一杯品质非凡的咖啡、一个人、一段时光让生活丰富起来

表2-1中对同一公司使命的不同陈述给员工、顾客和广大公众的感觉是迥然不同的。以市场为导向陈述公司使命不仅给员工带来一种使命感和自豪感，能激励员工努力工作，还让顾客和广大公众认识到公司的社会责任和价值所在。产品和技术终将过时，但基本的市场需要会永远延续下去，以市场为导向定义公司使命，便于公司在更宽的范围内调整业务单位、保证公司的持续发展。

管理人员应当避免将组织的使命定义得过于狭窄或过于宽泛。一个铅笔制造商如果说自己在从事通信交流工具的生产，那么它的使命陈述就太宽泛了。使命应当有弹性，符合组织的目标，假如我国某所高职院校把自己的使命说成是为国家培养高科技的研究型人才，那么它就是在自欺欺人。使命应当明确而有针对性，许多使命陈述就是为了公关的目的而写的，不仅针对性差，而且缺乏对实践切实可行的指导性。

组织的使命应当与其市场环境相适应。如果现在的快餐厅还强调其使命是能够让顾客省时、省力，那就不能完全满足现代顾客的要求。随着经济的发展和人们生活水平的不断提升，人们在外出用餐时除注重省时、省力之外，更注重卫生和健康。由此可见，人们越来越重视生活的品质。组织应当将其使命建立在自己独特能力的基础上。当然，使命陈述应当有鼓舞力。一家公司的使命不应该仅仅被陈述为提高销量、赚取更多的利润，利润只是从事有益活动的回报。相反，使命应该关注顾客和公司为顾客所创造的体验。所以，正如我们本任务的案例导入——海尔营销战略故事所了解的海尔不是一家单纯的"家电生产商"，其使命是"全球领先的美好生活和数字化转型解决方案服务商"。海尔始终强调以用户体验为中心，不同阶段的营销战略都是为了满足不同时代用户的需求变化而调整和制定的，紧跟时代科技进步的步伐，不断创新产品和服务，为全球家庭打造智慧生活方案，满足人们对美好生活的追求。公司的使命还要有激励作用，让员工感到他们的工作是重要的，而且对人们的生活有贡献。例如，京东的使命："让购物变得简单、快乐，带给顾客美好体验"；华为的使命："把数字世界带入每个人、每个家庭、每个组织，构建万物互联的智能世界"。这些使命多么宏大而有意义，员工觉得自己所从事的工作对社会和人类都有贡献，能够激发工作的斗志和热情。

（二）设定公司目标

公司必须将其宏大的使命转化为各管理层的具体支持性目标。每一个管理人员都应该有相应的目标和实现它们的责任。使命是一个长远的、方向性的东西，使命只有转化成各个管理层具体支持性的目标，各部门才能开始制定行动方案。例如，东北一农产品开发与生产公司把使命定义为创造"丰富的食品和健康的环境"，它寻找一种在保护环境的同时有助于养活全世界快速增加的人口的方法。

公司的使命引出了不同级别的目标，包括业务目标和营销目标。这一农产品开发与生产公司的整体目标就是创造更有利于环保的产品，并且使它们以更低的成本更快地投放市场。对于公司的各个组成部分而言，农业部门的目标是提高农业生产率，通过研究新的无须喷施化学药品的抗虫、抗病的农作物来减少化学污染。但是，研究花费高昂而且需要有越来越多的利润再投资到研究计划中，所以提高利润就成了另一个重要的业务目标。利润可以通过增加销售额或降低成本的方式来提高，也可以通过提高市场份额、开发新市场，或者双管齐下来提高。于是，这些目标成为公司当前的营销目标。

为了实现既定的市场营销目标，公司必须制定市场营销战略和项目计划。为了增加销售额和提高市场份额，这一农产品开发与生产公司打算在国内开发南方市场，将东北大米卖给南方顾客，并且开展促销活动来增加老市场的市场份额与新市场的销量。打开南方市场先从寻找大型的经销商入手，因为这一农产品开发与生产公司的产品定位是为注重品质生活的人提供健康环保的食品。其目标顾客是受教育程度相对较高、收入较高、注重养生的群体。公司的产品先在全国的省会城市推广，选择与全国27家山姆会员店及当地高端超市合作。大力开展某某稻香大米推广活动，传统媒体与新媒体整合推广，利用抖音直播带货，增加大米销售额。公司着手建立和扩大其产品线和服务范围。这一农产品开发与生产公司准备开发东北特色产品线，如东北坚果产品线（银杏、榛子、松子、北杏仁、野黑桃等）；东北特产线（人参、鹿茸、天麻、灵芝等）；东北水果产品线（蓝莓、五味子、菇娘、龙葵、樱桃、山里红、山葡萄、野酸枣等）。这些是这一农产品开发与生产公司的总体营销战略。例如，利用抖音直播带货，主播的选择，直播活动的策划，销售目标、品牌传播目标、具体活动安排、费用预算。而关于开发东北特色产品线，产品的生产或采购，特色产品年销售目标、特色产品的推广宣传、促销、年营销费用预算等，都必须通过翔实的市场营销计划才能落实。综上，这一农产品开发与生产公司的宏大使命需要通过一系列具体的短期目标和营销计划才能达成。

（三）规划业务组合

在确定了公司的任务和目标之后，公司的管理人员就要开始对业务组合（Business Portfolio），即构成公司的业务和产品的集合，做出安排和规划。最佳的业务组合规划是充分发挥公司的优势，规避劣势，以便更好地适应环境中的有利机会。大多数公司有复杂的业务和品牌组合。这些业务组合制定战略计划和营销计划，是十分令人头痛而又非常重要的任务。例如，华为的品牌组合包括两大业务单位，即个人及家庭产品（toC）和商用产品及方案（toB）。个人及家庭产品包括家电、数码、AI 等大类；商用产品及方案包括连接类、云计算类、运营商和各行业智慧物联解决方案等。华为通过高超的业务组合管理，在两大业务领域都创立了整体品牌形象，各项业务在其使命的引导下为用户服务，真正做到"把数字世界带入每个人、每个家庭、每个组织，构建万物互联的智能世界"。

公司业务组合规划涉及两个步骤：其一，公司应对当前的业务组合进行分析，并决定哪些业务应该得到更多支持，哪些业务应该减少投入或停止投入；其二，必须制定增长和精简战略，构建未来的业务组合。

1. 当前业务组合分析

公司总是希望向盈利水平高的业务投入更多的资源，逐步减少或停止对盈利水平低甚至开始亏损的业务的投入。

如何对当前公司的关键业务进行分析和评估呢？我们可以采用波士顿咨询集团分析法。波士顿咨询集团是美国一家著名的管理咨询公司，该公司建议建立"增长—份额矩阵"，对公司所有战略业务进行分类，如图 2-2 所示。

矩阵的纵轴表示市场增长率，用来衡量市场吸引力；横轴表示相对市场份额，用来衡量公司在市场中的实力和竞争地位。相对市场份额，以 1.0 为分界线，分为高低两部分，1.0 以上表示相对市场份额大，1.0 以下表示相对市场份额小。如果相对市场份额为 0.2，则表示其市场份额为最大竞争对手市场份额的 20%；如果相对市场份额为 3.0，则表示其市场份额为最大竞争对手市场份额的 3 倍。图中的 10 个圆圈代表公司的 10 个业务单位，圆圈的位置表示各业务单位市场增长率和相对市场份额的高低，圆圈的大小表示该业务单位的销售额的大小。

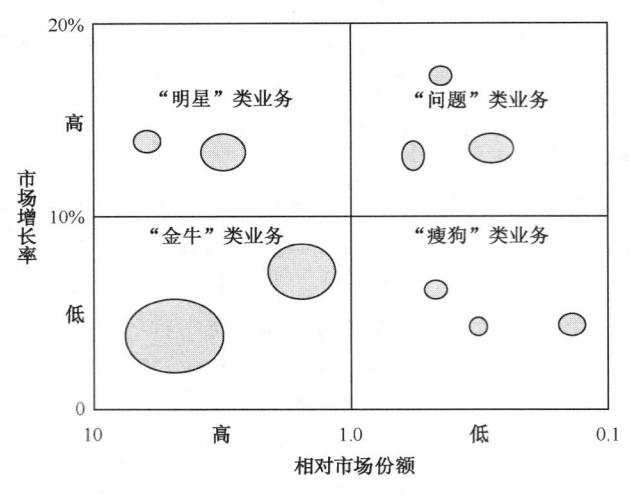

图 2-2 波士顿矩阵

波士顿矩阵按市场增长率和相对市场份额两个指标把公司当前业务分为以下四大类。

（1）"明星"类业务。这类业务增长率和相对市场份额都比较高，公司需要经常给予大量的资金投入以支持其发展。当市场增长率开始下降时，"明星"类业务就由现金投入者转变为现金收入的"金牛"类业务了。

（2）"金牛"类业务。这类业务市场增长率相对较低，但相对市场份额高，公司在此时已经站稳市场，不需要多少资金投入就能维持其市场份额。"金牛"类业务产生大量现金，供公司支付各种费用并支持其他业务单位需要的资金投入。

（3）"问题"类业务。这类业务市场增长率高，但相对市场份额低，属于前途命运未卜、发展前景不明确的业务。"问题"类业务又分两种情况：一种情况是新业务，有发展前途，需要大量投入使之迅速成长为"明星"类业务；另一种情况是处于衰退期的业务，公司可以采取放弃、淘汰策略。管理部门需要通过周密考虑来确定哪些问题业务应当加以扶持，使之转变为"明星"类业务，而哪些业务应当放弃、淘汰。

（4）"瘦狗"类业务。这类业务市场增长率和相对市场份额都低，它可能产生足够的现金来满足自身的需要，但不足以成为大量现金的源泉。公司让其保持现状，不再追加投入。

从图 2-2 中可以看出，在该公司 10 项业务单位中，有 2 项"明星"类业务、2 项"金牛"类业务、3 项"问题"类业务和 3 项"瘦狗"类业务。圆圈的面积与战略业务单位的销售额成正比。该公司目前经营状况良好，公司有 2 项规模较大的"金牛"类业务保证了"明星"类业务和"问题"类业务的投资来源；公司应该在有前途的"明星"类业务上进行投资，使之转化为"金牛"类业务；对于"问题"类业务要分析其具体情况，如果是处于衰退期的业务，则果断放弃、淘汰，如果是处于导入期的业务，发展前景好，公司有实力，则可追加投入，使之成长为"明星"类业务；而对于"瘦狗"类业务应果断放弃、淘汰。

一旦公司明确了战略业务单位的类型，就要确定各业务在公司中扮演的角色，并对各业务单位的发展采取相应的战略。这里主要有 4 种战略可供选择：①公司可以增加对业务的投资，发展其市场份额；②保持当前的投入水平，维持战略业务单位的市场份额；③收缩投资，不考虑长期效果，尽量榨取短期现金流；④公司可以通过出售、淘汰或将资源转移来放弃某些业务单位。

公司战略业务单位在"增长—份额矩阵"中的位置是会随时间的推移而发生变化的。一些"问题"类业务,通过成功追加投入就会转化成"明星"类业务,然后当市场增长率下降时,又变成"金牛"类业务,最后会慢慢衰退变成"瘦狗"类业务,走向其市场生命周期的终点。因此,公司需要不断开发新产品,发展新的战略业务单位为"明星"类业务,使"明星"类业务不断成长为"金牛"类业务,确保公司有源源不断的现金流入。

"增长—份额矩阵"虽然给公司业务分析带来了革命性的指导,但其也有局限性。这种方法实施起来费力、费时、成本昂贵;管理部门可能发现要确定公司的哪些业务是战略性业务,测量其相对市场份额和增长率非常困难;这种分类仅针对现有业务,对于未来业务发展方向很难预见。因此,仅供公司管理部门和营销机构参考。

2. 制定成长和精简战略

除了评价当前的业务,规划业务组合还涉及寻找公司未来要考虑的业务和产品。想要更有效地竞争、满足利益相关者的需要、吸引人才,公司业务就要不断发展和增长。公司业务发展战备,或称公司成长战略变得非常重要。营销对于公司实现有利可图的成长负有主要责任,营销必须识别、评价和选择市场机会,并且为捕捉这些市场机会制定战略。确定成长机会的一种有效工具就是"产品—市场扩展方格"理论,如图 2-3 所示。这里我们以海尔为例进行分析。

	现有产品	新产品
现有市场	市场渗透	产品开发
新市场	市场开发	多元化

图 2-3 "产品—市场扩展方格"理论

现在从"产品—市场扩展方格"理论来看,海尔的管理层应在公司将来的成长中采取怎样的策略呢?

一是市场渗透策略。这是在无须改变公司现有产品的情况下,从当前顾客那里,通过提高销售额来实现公司成长的一种策略。公司可以通过营销组合策略的优化促进增长,即调整其产品设计、广告、定价和分销渠道策略。海尔在现有产品线之下不断增加新的款式、规格,增加新的销售渠道,采取线上与线下全渠道销售,加大线上销售渠道投入,在海尔官网——海尔智家,天猫、京东、苏宁易购等的海尔旗舰店内,运用 AI 技术来增强用户体验,打造海尔智慧之家品牌概念。海尔要发展线上渠道销售,必须配套物流运送,保证配送时效。与大型物流公司合作建立海尔家电物流系统,全国设置多处家电云仓。整合传播,除传统电视广告外,海尔公众号、小程序、大众点评及其他社交媒体,以适应"90 后""00 后"新生代的媒体习惯。开展各类促销活动,如采取以旧换新策略,吸引一批老顾客重新购买,增加现有顾客的购买量。海尔白色家电近年来市场份额持续排在全球家电市场前列。

二是市场开发策略。海尔从 20 世纪 90 年代末至 21 世纪初成功实施国际化战略和全球化战略,在全球布局了 10+N 创新生态体系、28 个工业园、122 个制造中心和 24 万个销售网络,深入全球 160 个国家和地区,服务全球 10 亿+用户家庭。海尔家电最初卖到德国、美国、意大利,之后便长驱直入东亚市场。海尔开发海外市场之时，也没有放弃对国内市场的开发。2007年，海尔响应国家号召实施"家电下乡"政策，下乡家电项目中海尔家电是中标品类最多的。这次下乡活动无疑帮海尔全面打开农村家电市场做了很好的铺垫，随着我国乡村经济的不断发展，农村家电需求潜力巨大，海尔自然成了农村老百姓的首选品牌。

三是产品开发策略。海尔不断开发新产品，满足消费者不断变化的需求，与竞争对手差异化竞争，如电视机从直角平面、高清数字电视、液晶电视、等离子电视到今天的智能电视，每次产品更新换代，海尔都走在行业前列，引领市场潮流。从2017年起，连续5年，海尔大家电全球市场份额排名第一，其中冰箱占比16.8%，洗衣机占比13.3%，冷柜占比19.9%，酒柜占比15.5%。

四是多元化发展策略。海尔从1995年之后不断涉足新的领域，个人及家庭业务单位从最初的白色家电到黑色家电，再到全屋家电，最后进入3C领域。海尔还在生物制药和地产领域、家电物流领域进行投入。商用解决方案，为地产、酒店、公寓和教育提供智慧生活场景。不过海尔在多元化发展中一定要谨慎，必须考虑公司的使命，否则会损害现有品牌的形象，而且会分散资金，失去核心竞争力。

公司不仅要为它们的业务组合制定增长战略，还要制定精简战略。一家公司要放弃产品或市场的原因有很多种，有可能是营销环境发生变化使得公司的部分产品或市场利润减少，也有可能是公司增长太快，或者进入了它缺少经验的领域。当公司不经过适当的调研就进入多个海外市场，或者当公司引入了一个并不能提供优质的顾客价值的新产品时，也可能发生上述情况。

当公司发现旗下品牌或业务无法盈利或不再适合公司的整体战略时，就应该对其谨慎地调整、回收或去除。例如，过去几年间，宝洁公司出售了10多个重要品牌，如品客、金霸王电池、伊卡璐等，这一举措使得公司更加聚焦于家庭护理与美容产品。处于劣势的业务通常会分散管理层过多的精力，管理人员必须将精力集中在有前途的增长机会上，而不是为挽救已经衰弱的业务花费太多精力。

二、营销战略与营销组合

公司的战略规划明确了公司将要从事哪些业务及各项业务将要达到的目标，接着，在各个业务单位内必须进行更细致的计划。每个业务单位中的主要职能部门包括营销战略、财务、生产、采购、运营、信息系统和人力资源等部门，部门之间必须紧密合作、齐心协力才能实现战略目标。

在各个业务单位中，营销战略在帮助公司实现整体战略目标方面起着重要的作用。首先，营销战略提供正确的经营管理理念，公司的战略应该围绕与目标顾客群建立有价值的顾客关系而展开。其次，营销战略通过帮助识别有吸引力的市场机会和评价公司利用这些机会的能力，为制定战略规划提供依据。最后，在单个业务单位层面，营销战略为实现其目标而设计营销战略方案。战略业务单位的目标一经确定，营销战略的任务就是以有利可图的方式去实现目标。图2-4展示了营销战略在公司中的职能和活动，也表明了营销战略管理的主要内容和营销组合。

任务二 把握公司战略与营销战略的关系

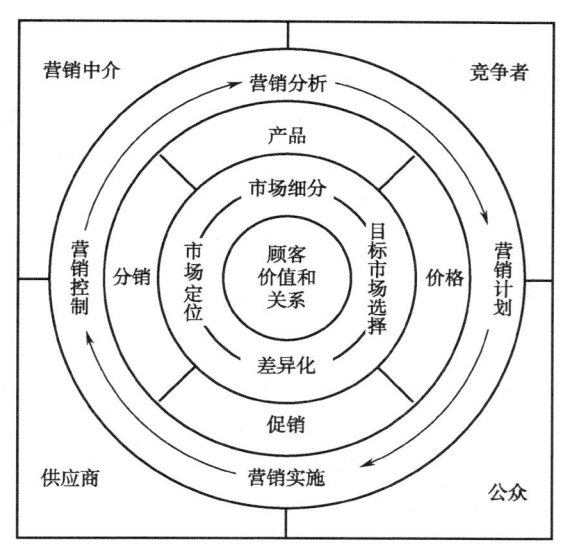

图2-4 营销战略和营销组合

从图2-4中可以看出公司的目标是以顾客为中心的,为顾客创造价值,并建立有利可图的顾客关系。如何才能实现这一目标呢?那就必须通过市场细分、目标市场选择、差异化和市场定位来制定公司的市场营销战略。

在营销战略的指导下,公司通过产品、价格、促销和分销形成营销组合战略。为了寻找最好的营销组合战略并付诸实施,公司开展营销分析、制订营销计划、组织营销实施、进行营销控制,并通过对这一系列营销活动管理,最终实现公司的营销战略目标。

公司在开展系列营销活动中,必须考虑外部环境因素,要以内部可控的营销组合去适应外部环境的变化和把握市场机会。

(一)确定顾客价值导向的营销战略——目标市场定位

公司要想在竞争激烈的市场中取胜,必须提供比竞争对手更好的产品和服务、让渡更多的价值、让顾客满意,才能从竞争对手那里赢得顾客。

但任何公司都不可能使所有的顾客需求得到满足,同时不可能满足某类顾客在一定时期内所有的需要。因此,营销战略必须明确目标顾客在哪里,明确他们的消费特点是什么。

每家公司都必须先面对整个市场进行细分,从中选择公司最有优势的细分市场作为目标,然后制定具体营销战略,使自己能够比竞争对手更有利可图地为选定的目标市场服务。下面对制定市场营销战略的过程进行详细的介绍。

1. 市场细分介绍

市场由各种各样的顾客、产品和需求构成,市场营销人员必须决定哪些细分市场能为自己提供最好的机会。公司可以根据地理、人口统计、心理和行为因素对顾客进行分组,有针对性地提供产品。将市场划分为独特的购买者群体,这一过程被称为市场细分。划分出的各个群体之间在需要、特征或行为上存在明显的差异,需要不同的产品或市场营销计划来满足各细分市场的需求。

每个市场都可以细分，但并不是所有的细分方式都有效。例如，男性和女性患者对感冒药生产厂家的各种营销努力都有相同的反应，感冒药制造商根据性别进行市场细分就没有意义。细分市场是由对某种产品具有相似需求的顾客构成的。例如，在汽车市场，想要最大的、最舒适的汽车而不在乎价格的顾客组成一个细分市场，关心价格和使用经济性的顾客构成另一个细分市场。公司通过制造一种型号的汽车在这两个细分市场中同时成为顾客的首选是极其困难的。明智的做法是，公司将注意力集中于满足某个细分市场的独特需求。

2. 目标市场选择介绍

公司完成市场细分之后，可以进入一个或多个细分市场。目标市场选择涉及评估各个细分市场的吸引力并进入其中的一个或几个细分市场提供产品和服务。公司应该瞄准自己能够通过创造最大化顾客价值而盈利，并长期保持竞争优势的细分市场。

资源有限的公司可以采取集中目标市场营销战略，考虑进入一个或少数几个特别的细分市场，或做市场的补缺者，进入一些大公司忽视的目标市场。这种战略可能会限制销售额，但是利润可能很可观。长沙的爱尔眼科医院占据了湖南的眼科医疗市场，它在与省级大型综合医院和全国其他地区眼科医院的竞争中取得了优势地位。百度专注于搜索引擎市场，而腾讯则专注于即时通信市场，阿里巴巴专注于电子商务市场。而在电子商务领域，进一步细分，淘宝专注商品交易、当当网专注图书业务、58同城专业提供求职服务、携程则以旅游服务为主，而猪八戒网则为众包服务搭建平台。

一家公司也可以选择几个相关的细分市场，针对每个市场的顾客需求的特点，提供不同的产品、价格、分销和促销组合，即采取差异化的目标市场营销战略。例如，宝洁公司在洗发水市场开发了多个品牌，分别满足了不同发质和不同消费水平的细分市场需求。而实力更雄厚的公司，可能采取定制服务，以每位大客户为目标市场，谋求覆盖整个市场。它们希望自己能够成为所在产业中的"通用汽车公司"。通用汽车公司声称，为每一种"人、钱包和个性"制造汽车。

案例启示

猪八戒网：一家不同于淘宝的电商平台

猪八戒网是中国领先的服务众包平台，由《重庆晚报》原记者朱明跃于2006年创办，服务交易品类涵盖创意设计、网站建设、网络营销、文案策划、生活服务等多种行业。其使命为"连接天下人才，服务全世界"，其平台定位为"中国领先的人才共享平台"。

许多中小型企业、公共机构和个人通过猪八戒网发布需求信息，诸多服务类公司和自由职业者通过猪八戒App接单和出售自己的智慧。截至2020年年底，猪八戒网已经为25个国家和地区的1000万余家企业提供了1000多种企业服务，240多万次解决方案，已经累计在线上为1400万人才提供创业服务，将创意智慧、技能转化为商业价值和社会价值。

猪八戒网创立初期，创意并不新鲜，就是一类为初创企业和SOHO族提供服务的网站，被统称为"威客"公司。简单来讲就是谁需要为自己的公司设计Logo，或者搭建简易网站，都可以在这个平台上发布需求。在理想情况下，会有一些SOHO族来接单，最后由买家择优录用，支付报酬，而网站则从中提取大约20%的佣金。当时全国已经有三四十家类似的创业公司，如K68、威客中国等，猪八戒网并不起眼，交易量在整个圈内排第六七名。当时线上服务交易还没有形成气候，每年整体交易量都很低，许多公司前期投入了很多钱，可业务量还是没有上来，因为人们对服务众包的线上交易意识还没形成，许多初创公司顶不住压力，自然淘汰。

猪八戒网走得也很艰难，朱明跃开始琢磨，淘宝和当当网已经很火了，估计自己无法进入。他突发奇想，商品交易需要平台，服务交易是不是也需要平台呢，而且不用操心仓储和物流，于是开始尝试，做一个有别于淘宝和当当网的服务类电子商务平台。从 2007 年开始，平台上的服务项目增加，业务范围扩大。由原来的设计 Logo 和搭建简易网站，扩展到工商财税、知识产权、营销推广、品牌设计、咨询培训、科技服务、国际服务、文案/翻译、IT/软件、动画影音等。服务项目的增加和业务范围的扩大，使平台上的人流量增加、交易量加大、交易额增加、平台影响力扩大、知名度提高。从 2007 年开始，每年交易额呈千万级上升，到 2010 年，猪八戒网的总交易额突破 1 亿元，成为国内首家突破亿元大关的威客网站，互联网的独角兽企业，吸引了众多风投。2011 年猪八戒网获 IDG 千万美元投资，2014 年猪八戒网获 IDG 和重庆文投集团 1750 万美元 B 轮投资，2015 年猪八戒网分别获得来自重庆北部新区下属某国有公司和赛伯乐集团的 10 亿元与 16 亿元融资。猪八戒网吸引了大量投资，开始提升网站的服务水平，开发了天蓬网，提供更高端的服务项目。猪八戒网起步于一个小小的威客公司，由于目标市场选择准确，创业团队执着，仅用了 15 年的时间，如今成长为万亿级企业。

资料来源：华龙网——《重庆日报》，有改写

3. **差异化和市场定位介绍**

公司在决定进入哪些细分市场之后，必须明白它如何为每个细分市场提供差异化的产品和服务，以及自己在这些细分市场中要占据什么位置。产品的定位是与竞争对手相比，自己的产品在顾客的心目中所处的位置。市场营销人员希望自己的产品树立独特的市场定位。如果人们感觉某家公司提供的产品与市场上另一家公司提供的产品十分相像，就没有理由一定要购买前者提供的产品。

定位是相对于竞争对手的产品而言的，设法使自己的产品在目标顾客的心目中占据一个清晰、独特而且理想的位置。因此，市场营销人员应该对定位进行策划，使他们的产品与竞争对手的产品相区别，并且在其目标市场中具有最大竞争优势的定位。例如，海尔提供的质量是"零缺陷"，但当家电产品同质化现象越来越严重时，公司就从服务方面进行差异化设计，定位为"真诚到永远"。可口可乐的定位是"欢乐无限"，而百事可乐则定位为"活在当下"。

公司在进行产品市场定位时，首先要明确可能的顾客价值差异，为定位找出竞争优势。为了获得竞争优势，公司就必须为选定的细分市场提供更大的价值，要么把价格降得比竞争对手低，要么为顾客提供更多的利益以使更高的价格物有所值。总之，公司有效的营销活动必须从差异化开始，与竞争对手相比要能够向顾客提供更多的价值。公司一旦选择了理想的定位，就必须采取强有力的措施与顾客沟通，向他们传达这种定位。公司整体营销方案应当为选定的定位战略提供支持。

（二）制定营销组合策略

公司确定了营销战略，即明确目标市场和市场定位之后，接下来的任务就是思考如何比竞争对手更好地满足目标顾客的需要，以占领目标市场。影响目标市场的营销因素有许多，但把其整合起来，可以归纳为四组变量，即"4P"营销组合策略：产品（Product）、价格（Price）、分销渠道（Place）和促销（Promotion）。将"4P"进行有效整合，可形成不同的营销组合策略，因此，也称"4P"营销组合。如图 2-5 所示，每个"P"中又包含了一系列要素。

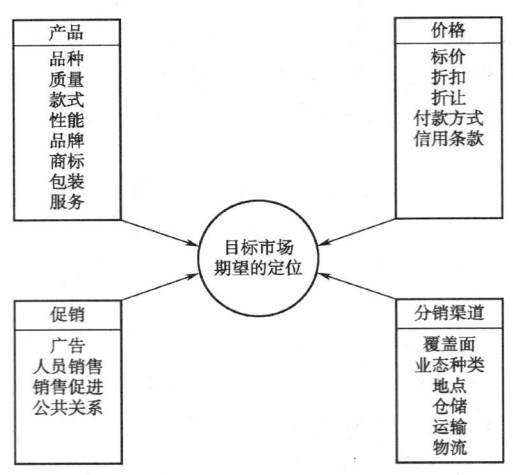

```
         产品                         价格
         品种                         标价
         质量                         折扣
         款式                         折让
         性能                        付款方式
         品牌                        信用条款
         商标
         包装
         服务
                        目标市场
                        期望的定位
         促销                       分销渠道
         广告                        覆盖面
        人员销售                     业态种类
        销售促进                      地点
        公共关系                      仓储
                                      运输
                                      物流
```

图 2-5 "4P"营销组合

产品是指公司向目标市场提供的物品和服务的组合。海尔的"小王子"冰箱提供了为食物保鲜的核心功能，以及送货上门和"真诚到永远"的服务。

价格是顾客获得产品所需支付的货币数量。海尔根据"小王子"的产品定位、制造成本、同类产品的竞争价格，为家电超市或批发商提供了一个销售参考价格。海尔为了提高产品竞争力，有时会制定一些季节性的促销价格，或鼓励经销商采取一些数量折扣或销量返点的价格策略，或根据经济环境变化采取提价或降价的价格调整策略。

分销渠道是指公司为使产品从生产地迅速转移到目标顾客手中而选择的销售途径和路线。海尔拥有庞大的经销体系，主要依靠省级代理、批发和零售，以及海尔的直接专营店。海尔现在已经开通了线上销售渠道，线上、线下销售渠道的结合，使得海尔产品在全球范围内顺利销售，为海尔获得全球家电销售市场份额排名第一提供了一个畅通的平台。

促销的实质就是与顾客进行充分的沟通，一方面传达产品的价值和利益，另一方面传达产品的市场定位，最终说服目标顾客购买。有时促销活动并不能立竿见影，达到提高销售额的目的，但对树立公司形象，与顾客建立长期的关系十分重要。如海尔除了在电视上做广告，广泛采用新媒体进行沟通，还有大量的开支用于赞助体育比赛和其他一些重要公关活动。

有效的营销计划将所有的营销组合要素整合成为一个协调一致的计划，通过向顾客让渡价值来实现公司的营销目标。如果说选定目标市场、进行市场定位是营销战略，那么制定营销组合方案便构成了公司的营销战术，而这些组合因素就是实现目标市场定位的工具。

有的市场营销人员对"4P"营销组合的观念提出了批评，他们认为强调产品、价格、分销渠道和促销，仅仅站在卖方的角度，而没有站在买方的角度来看市场。在这个强调顾客价值和关系的时代，站在买方的角度，营销理论研究者提出了"4A"营销组合概念。"4P"与"4A"营销组合对比的具体内容如表 2-2 所示。

表 2-2 "4P"与"4A"营销组合对比

"4P"营销组合	"4A"营销组合
产品（Product）	可接受性（Acceptability）
价格（Price）	可负担性（Affordability）
分销渠道（Place）	可达到性（Accessibility）
促销（Promotion）	知晓度（Awareness）

在以顾客为中心的理论指导下，可接受性是指产品超过预期的程度；可负担性是指顾客愿意和能够支付产品价格的程度；可达到性是指顾客可以方便购买产品的程度；知晓度是指顾客了解产品特征、被说服使用和提醒重购的程度。

"4A"与"4P"营销组合其实是紧密相连的。产品设计影响可接受性；价格影响可负担性；分销渠道影响可达到性，而促销影响知晓度。市场营销人员首先应该从顾客角度思考"4A"营销组合，然后以此为基础制定公司的"4P"营销组合。

三、管理市场营销活动

公司市场营销工作包括两个方面的内容，一是开展营销活动，二是对营销活动过程的管理。在任务一中我们明确了营销活动过程的 5 个步骤，而管理营销活动过程需要 4 种职能，即市场营销分析、计划、控制和实施，如图 2-6 所示。

公司首先制订整体战略计划，然后将公司范围的战略计划转化为部门、产品或品牌的营销计划或其他计划。通过市场营销实施，公司将市场营销计划转化为行动。市场营销控制就是对执行计划的情况做出评价。最终，通过市场营销分析为其他营销活动提供信息和评估。

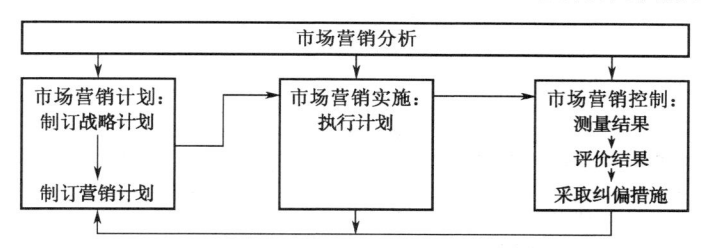

图 2-6 营销活动管理职能

（一）市场营销分析

市场营销职能的管理始于对公司环境的全面分析。市场营销人员应该进行 SWOT 分析，即评价公司的优势（S）、劣势（W）、机会（O）、和威胁（T）（见图 2-7）。优势包括有助于为目标顾客提供服务并实现目标的内在能力、资源及积极的环境因素；劣势包括损害公司业绩的内部局限性和负面的环境因素；机会是公司能够利用其优势的外部环境中的有利因素或趋势；威胁是对公司业绩构成挑战的不利的外部因素或趋势。

	优势（S） 可以帮助公司实现 其目标的内在能力	劣势（W） 可能损害公司实现 其目标的能力局限性
内在的		
外部的	机会（O） 公司可以利用其 优势的外部因素	威胁（T） 可能影响公司业绩的当前 或即将出现的外部因素
	积极的	消极的

图 2-7 市场营销环境 SWOT 分析

公司应该仔细地分析市场和营销环境，以发现有吸引力的机会并识别环境中的威胁。公司还必须分析自身的优势和劣势及当前或可能的营销行动，借此判断自己能够把握哪些机会并实现。市场营销分析的目的是将公司的优势与环境中有吸引力的机会相匹配，消除或克服自身的劣势以使威胁的影响降到最低。市场营销环境分析为其他营销管理职能提供基础，我们将在任务三中更加系统地介绍。

（二）市场营销计划

通过战略计划，公司可确定各个业务单位所从事的活动。市场营销计划所涉及的是制定有助于公司实现整体战略目标的市场营销战略。每项业务、每个产品或品牌都需要详尽的市场营销计划，以便有规划地实现它的目标。市场营销计划是营销过程中最重要的产出之一。然而，市场营销计划是怎样编制的呢？应该怎样对它加以控制？现在我们站在产品经理的角度来了解集中于产品或品牌的市场营销计划。表 2-3 总结了一份典型的产品或品牌市场营销计划应该包含的主要内容。市场营销计划的第一部分是概述，简要地阐述当前的营销环境和发展趋势、关键问题、目标和建议。市场营销计划的主体部分是对当前的营销环境及潜在机会和威胁的详尽 SWOT 分析。然后，市场营销计划阐述品牌的主要目标，并说明为实现目标应该采取的具体市场营销战略。

表 2-3 市场营销计划包含的主要内容

构成要素	内容描述
执行概述	对计划的主要目标和建议进行简要的总结，便于高层管理人员对计划进行评价，帮助高层管理人员迅速把握计划的要点。执行概述之后应紧跟内容目录
当前的营销环境	描述目标市场及公司在其中的定位，包括市场、产品偏好、竞争和分销方面的信息。这些数据来自产品经理手中的产品事实报告。这部分内容包括以下几个方面。 市场描述：界定市场和主要的细分市场，进而评价营销环境中可能影响顾客购买行为的顾客需求和其他因素。 产品评价：显示产品线中主要产品的销售额、价格和毛利。 竞争评价：确定公司的主要竞争对手，并评估它们的市场定位及为产品质量、定价、分销和促销所制定的战略。 渠道评价：评价近期的销售趋势和主要分销渠道的其他发展动态
机会和威胁分析	在总结当前的营销环境后，帮助高层管理人员预测公司及其战略可能产生影响的重要的积极和消极的动态。即公司业务所面临的主要威胁和机会，自身的优势和劣势
目标和问题	陈述公司在计划期间要实现的营销目标，讨论可能影响目标实现的关键问题，如计划目标是获得15%的市场份额，那就要考察如何使这一目标得以实现，明确主要阻力在哪里
市场营销战略	简述业务单位为实现营销目标的总体营销思路，以及目标市场定位和营销费用水平的具体情况，市场营销战略还要说明营销组合各个要素的具体战略，以及每项战略如何应对计划中已经指出的威胁、机会和关键问题
行动计划	清晰地说明将营销战略转化为具体的行动计划，必须回答以下问题：将要做什么？什么时候做？谁来负责做？费用是多少

续表

构成要素	内容描述
营销预算	详细说明支持市场营销计划执行的营销预算，实质上就是预计的损益表。预算要列明预期收益（预测的销量和平均净价）与预期成本（生产、分销和营销费用）。二者之差就是预计利润。营销预算一经高层管理人员批准，就是采购计划、生产计划、人员计划和营销运作的基础
营销控制	简要说明用于监控计划进展的控制措施，使高层管理人员能够评估实施结果并发现未能实现目标的产品。包括测量市场营销投资回报

市场营销战略由目标市场选择、定位和市场营销组合及市场营销费用水平等具体战略要素构成。它说明公司为了获得利益回报，准备如何为目标顾客创造价值。在这一部分，市场营销计划制订者解释各项战略如何应对计划中已经指明的威胁、机会和关键问题。市场营销计划的其他部分根据支持性营销预算的细节，为执行营销战略安排行动方案。最后一部分阐述控制活动，用于控制进程、衡量市场营销投资回报和采取必要的纠偏措施。

（三）市场营销实施

制定好的战略只是成功营销的开端。如果不能得到恰当的实施，再出色的营销战略也没有意义。市场营销实施是为实现营销战略目标而将市场营销计划转化为营销活动的过程。市场营销实施包括日复一日、年复一年地将市场营销计划有效付诸执行的活动。市场营销计划解决的是实施营销活动的理由和营销活动的内容问题，而市场营销实施解决的是由谁、在何时、何地、如何做的问题。

许多管理者认为，"把事情做好"（实施）与"做正确的事"（战略）是同样重要的，甚至是更重要的事。事实上，二者对于成功同样重要。公司可以通过有效的实施获得竞争优势。一家公司的战略可能与另一家公司基本相同，但要是能够在市场上更快、更好地实施，就能尽快取胜。然而，实施工作还是比较难做的——想出好的营销战略经常要比把这些战略付诸实施更容易。

在这个联系日益增强的世界，营销系统中各个层次上的人们必须通力合作来实施市场营销计划和战略。例如，在舒比奇婴儿用品公司，纸尿裤产品的市场营销实施需要组织内外成千上万人日复一日地决策和行动。市场营销经理对目标市场、品牌、包装、定价、促销和分销进行决策。他们与产品开发部门人员探讨产品设计，与生产部门人员讨论生产和存货水平，与财务部门人员商讨融资和现金流。他们还与外部人员合作，如与广告代理商策划广告活动，制定媒体方案以寻求公众支持。销售人员敦促婴儿用品连锁店、大型超市和其他零售商为其产品做促销广告，提供充足的货架空间，并且做好产品展示。

成功的市场营销实施取决于公司是否能将其员工、组织结构、决策和薪酬系统、公司文化等很好地融合到一起并形成有凝聚力的行动项目来支持其战略执行。公司在所有层级上都必须配备那些具有所需能力、激情和个性特征的人员，公司的正式组织结构在营销战略实施中具有重要的作用，它的决策和薪酬系统也很重要。如果公司的薪酬体系会因为短期利润成果给经理报酬，那么他们就不会再有什么动力朝着长远营销目标的方向而努力工作了。

最后，公司的营销战略要成功实施，就必须与公司文化、员工共享的价值观和信念相适应。

一项对国内外成功公司的研究发现，这些公司都有以市场导向的强烈使命感为基础的组织文化。在海尔、华为、腾讯、沃尔玛、宝洁和迪士尼这样的公司，员工共享着一个强烈的愿景，他们非常清楚什么对公司才是有利的。

（四）市场营销控制

由于在营销计划实施的过程中会发生许多意想不到的情况，营销部门必须经常进行营销控制。营销控制包括评估营销战略和计划的实施结果，并采取纠偏措施确保目标实现。管理部门首先设定特定的营销目标；然后测量其在市场上的绩效，并评价造成期望绩效与实际绩效有差距的原因；管理部门最后采取纠偏措施，缩小实际绩效与目标的差距。这可能需要修改行动计划，甚至变更目标。

运行控制就是依据年度计划检查当前的绩效，并在必要时采取纠偏措施。其目的在于确保公司实现其在年度计划中设定的销售、利润和其他目标。运行控制还要确定不同产品、地域、市场和渠道的盈利水平。

战略控制就是检查公司的基本战略是否与公司的机会相匹配。营销战略和计划会过时，每家公司都应当定期重新评价其整体市场战略，这种战略控制的主要工具是营销审计。营销审计是对公司的环境、目标、战略和活动进行全面的、系统的、独立的和定期的考察，以确定存在问题的领域和机会。营销审计为行动计划提供了有益信息，从而提高了公司的营销绩效。

营销实施、营销控制和营销审计的具体内容将在任务十中进行详细的分析和实训操练。

小结

扫描二维码获得内容

任务二：小结

复习与思考

扫描二维码获得内容

任务二：复习与思考

模块二　实训操练

实训一：案例分析

一、实训内容

通过公司战略计划认识营销的地位，认识公司战略与营销战略的关系。

二、实训准备

1．授课老师提前布置案例；
2．学生熟悉案例资料及案例的背景；
3．个人独立思考，分析案例。

三、实训组织

1．以 4～5 人为一个小组，开展课堂讨论；
2．组长组织讨论并记录其他学生的发言；
3．每个小组由一名代表陈述小组讨论的结果；
4．授课老师及时引导小组间不同观点的辩论；
5．授课老师进行最后的点评。

四、实训评价

单位：分

评价对象	评价项目	内容描述	评价要求	分　值	得　分
团　队（60%）	讨论组织	组长负责	组织有序 时间管理 效率较高	10	
	讨论参与	围绕案例 讨论问题 自由发言	讨论热烈 紧扣问题 参与度高	10	
	讨论结果	总结归纳 形成结论	对营销战略有清晰的认识，观点独特	20	
	汇报成果	课堂汇报	表述流畅、配合默契	20	
个　人（40%）	小组考勤	组长考勤	按时参加讨论，主动积极	20	
	小组贡献	小组评分	提出独特观点和新思想	20	
			最终评分		

参考资料

扫描二维码获得内容

星巴克的营销战略：递送"星巴克体验"

实训二：设计"产品营销计划"项目

一、实训内容

首先明确产品营销计划的构成要素，将产品营销计划作为本学期学习的整体项目，将这一整体项目按构成要素分解成相应的任务，然后按理论学习的推进，平行完成各项任务，最终形成完整的产品营销计划书。

二、实训准备

1．在授课老师指导下选定一家真实企业进行研究；
2．明确制订产品营销计划必要的资料和数据；
3．有计划地开展资料收集和数据分析。

三、实训组织

1．授课老师明确制订产品营销计划是本课程的学习项目；
2．分解制订产品营销计划的所有任务；
3．成立项目学习小组，以4～5人为一个小组；
4．明确组内学习任务的分工协作、任务组织安排；
5．设计好企业需要了解的情况和问题。

四、实训评价

单位：分

评价对象	评价项目	内容描述	评价要求	分值	得分
团 队（60%）	任务布置	列出分工表	时间、任务、责任人	10	
	实训实施	联系企业	约定访问时间、访问的组织、负责人	10	
	实训成果	获得一手资料	数据具体、真实，有利于产品营销计划的制订	20	
	团队协作	课堂汇报	分工明确、表述流畅、配合默契	20	
个 人（40%）	小组考勤	组长考勤	听从小组统一安排 积极参加企业访问	20	
	小组贡献	小组评分	完成分配任务 具有良好协作精神	20	
			最终评分		

任务二　把握公司战略与营销战略的关系

【附件1】2020年上学期"市场营销基础"课程实训任务布置（仅供参考）

扫描二维码获得内容

2020年上学期"市场营销基础"课程实训任务布置（仅供参考）

【附件2】你是营销人员：大自然饮料公司的新产品营销计划（1）

扫描二维码获得内容

你是营销人员：大自然饮料公司的新产品营销计划（1）

备注：

1. 本教材实训二部分以制订"大自然饮料公司的新产品市场营销计划"为主线。
2. 每个任务的理论模块学习之后，为"大自然饮料公司的新产品市场营销计划"制订相应内容。
3. 将任务三、四、五的实训二部分形成市场营销环境分析报告。
4. 将任务六、七、八、九、十、十一实训二部分形成市场营销战略与组合策略方案。
5. 依据市场营销环境分析和营销战略和策略，明确目标和问题，制订行动计划。
6. 制订新产品营销计划，整合市场营销环境分析、市场营销战略和组合策略、行动计划，进行营销预算和营销控制设计。

任务三 分析市场营销环境

任务目标

思政目标

1. 树立中国特色社会主义市场经济理念；
2. 培养市场营销人员遵纪守法的职业道德。

知识目标

1. 理解市场营销环境的概念；
2. 掌握市场营销微观和宏观环境的构成要素；
3. 认识营销环境中存在的机会、挑战及企业的优势与劣势。

能力目标

1. 能分析不同时期市场营销环境的发展趋势；
2. 能运用 SWOT 分析法进行市场营销环境分析。

任务三 分析市场营销环境

模块一 理论指导

案例导入

旺旺还能再"旺"吗

说到旺旺,"90后""00后"的朋友不仅能够想起小时候喝的旺仔牛奶、吃的旺仔小馒头和旺旺雪饼,还能想起"李子明同学"和"人旺财旺运道旺,你旺我旺大家旺"的广告语。在那时,旺旺是很受孩子喜爱的零食,也是大人们逢年过节经常赠送的礼品,广受大家的欢迎。但随着一代人的成长,旺旺在生活中似乎变得越来越没有存在感了,在零食种类丰富多彩的今天,旺旺已经不知不觉地变成了边缘化的冷门食品。

旺旺这个品牌1983年创立。1992年,当时中国台湾的宜兰食品工业股份有限公司开始发展其子公司旺旺公司的业务,并正式投资大陆市场,是中国台湾第一个在大陆注册公司并且拥有最多注册商标的公司。自此,旺旺开始在中国大陆,甚至新加坡、日本等国家的某些地区"旺"了起来。

到2006年,旺旺公司已经在国内开办工厂110多家,打造生产线200余条,经销合作伙伴超万家,业务范围横跨六大洲的40多个国家和地区。当时旺旺公司主要生产罐头食品,并以出口外销业务。2008年,旺旺公司在中国香港上市,股价的一路上涨反映出当时的旺旺公司占据着儿童零食市场的大部分份额。到2014年,旺旺公司的市值由200亿港元涨到了1400多亿港元,成为港股市值最高的公司之一,缔造了"中国零食龙头企业"的神话。然而,2014年也同时是旺旺公司"神话"破灭的一年,所谓的盛极而衰正是如此。从2014年开始,旺旺公司的营收额和净利润连续3年下滑,营收减少了16.53%。2015年,旺旺公司在乳品和饮料类产品的总收入为120亿元左右,到了2017年,这个数字变成了80亿元。而截至2018年10月,旺旺公司的市值已经缩水了一半。

业绩滑坡、市值缩水的背后,实际上是旺旺品牌影响力的衰退。随着互联网的发展,品牌的传播渠道得到进一步拓宽,食品行业中也涌现出了大量的竞争对手,面对时代的发展和消费市场的变化,很多新生代快消食品品牌开始打出一片天地,将原本独占鳌头的旺旺公司挤下了"神坛"。与之相反的是,旺旺公司无论是在品牌升级、产品更新还是在营销渠道上,都明显落后于迅速发展的同行。

事实上,旺旺公司走向衰落的根源可以追溯到三鹿奶粉的"三聚氰胺"事件。此前,在乳制品这一类别上,旺旺公司打造的旺仔牛奶开辟出了一个广阔的新市场,在产品的口味和外包装上取得了巨大的优势,深受家长和孩子们的喜爱。但在这一事件之后,家长们意识到了乳制品品质的重要性,对于国产的乳制品选择也更加谨慎了。另外,随着近年来新生儿数量的下降,旺仔牛奶在儿童市场上的需求也大幅度下滑,不仅是旺旺,其他乳制品品牌也同样遭遇了销量上的滑坡。众所周知,旺仔牛奶是旺旺公司最受欢迎的单品,它承担着旺旺公司营收的重头,盈利主力受挫,旺旺公司自然开始走下坡路。

旺旺黄金时代的那批小朋友已经长大，面对更加丰富的零食品牌，长大的一代更加追求口味的多样性和食品的健康性，而旺旺的大多数产品都有着高热量、高糖分的特点，对于这一代年轻人来说并不是其最佳的零食选择。原有消费群体的流失，新的消费群体难以形成规模，青黄不接的市场使旺旺公司面临着品牌危机。

面对产品的落后和其他零食品牌的迅速成长，旺旺公司做出了品牌升级的努力，不断推出新的产品。仅仅在2017年，旺旺公司就推出了50多款新的产品，但这些新产品多数都是在旧产品的基础上进行了新的包装，以及对原有的明星产品的升级，如口味上增加更多选择、外观上进行改变等，像苦味旺仔牛奶、方形的旺旺雪饼，但这些难以引起消费者兴趣的改变，根本就是徒劳无益。包括在其他零食品类上的新产品，和那些已经抢占市场先机的同类产品相比，旺旺根本没有还手之力，故而这些新产品最后都没有出现知名度高的爆款，不了了之，自然也并没有扭转其不断下滑的营收。

在以前，旺旺公司的营销方式主要是电视广告，通过浮夸的情节和个性的广告语来达到推广的效果，虽然它的广告在当时也引起了争议，但至少很有效地让大众记住了旺旺这个品牌。然而，进入互联网时代，旺旺公司却明显后知后觉，依然"沉迷"于电视广告，并没有在网络营销这片营销主阵地上发力。竞争对手早已凭借多种多样的网络营销实现了弯道超越，旺旺公司却想在"情怀"上打主意，拍摄"李子明长大了"这一令人感到尴尬的广告。电视受众基数逐渐减少，广告内容浮夸幼稚，旺旺公司在广告营销上进入了误区。

产品落后被市场淘汰，品牌效应削弱难以得到升级，营销思维跟不上市场变化，等等，这些都是旺旺公司不再"旺"的重要原因。

面对这一局面，旺旺公司不断探索，寻求破局之道。旺旺公司近年针对不同年龄、不同诉求的特点，持续打造多元化品牌、采取差异化产品策略，旗下品牌覆盖全龄顾客。一方面，旺旺公司持续推进渠道改革和多元化。2020年公司采取了优化供应链管理、优化激励政策、推动供应商数字化转型等改革措施。利用直播、线上与线下结合的方式，扩大覆盖面，加快产品流通速度。新兴渠道带动集团整体业绩增长。旺旺公司采用生态的数字行销方法推荐新产品，使品牌不断在顾客心中年轻化。另一方面，借助多元化的新兴渠道（包括电商、自动售货机、主题商店等B2C模式），补充线下终端销售网点覆盖，带动整体业务增长，2020年旺旺公司实现营业收入220亿元，同比增长9.5%。

案例来源：中国公关行业门户网站——公关之家

思考：
1. 影响旺旺公司市场营销的环境因素主要有哪些？
2. 旺旺公司从兴盛到衰落的主要原因是什么？

在任务一和任务二中，我们已经学习了市场营销的基本概念，了解了与目标顾客建立价值关系的市场营销过程及其步骤。现在，我们开始深入讨论市场营销过程的第一步：了解市场与顾客需求。在任务三中，我们将介绍复杂多变的市场营销环境。

任何一家企业都在不断变化的外部环境中寻求生存与发展，其营销活动必然受到环境的影响和制约。外部环境的变化既可能给企业带来机会，也可能给企业造成威胁。企业的市场营销管理人员必须全面、准确地认识市场营销环境及其变化趋势，把握市场机会，防范威胁，及时调整市场营销战略和策略，确保企业在激烈竞争中能够可持续发展。

任务三 分析市场营销环境

旺旺公司在20世纪90年代从台湾来到大陆，推出有特色的儿童零食和营养食品，正是抓住了我国改革开放、经济发展初期顾客需求上升的机会。随着儿童食品市场大量竞争对手的涌入、新产品不断推出，国产奶粉质量事件及顾客消费观念的改变，儿童零食和儿童牛奶市场营销环境发生了较大的变化。可旺旺公司仍然停留在老产品、传统渠道和单一广告宣传上，未能及时调整营销策略来适应市场营销环境的变化，导致其品牌衰落成为必然。随后旺旺公司的成功破局，正是其重新认识市场营销环境变化，调整营销战略和营销组合策略的结果。

一、分析市场营销环境的意义

公司的营销环境是指影响市场营销管理人员与其目标顾客建立和维持牢固关系的所有外部环境因素。营销环境由微观环境和宏观环境组成。微观环境是指与公司紧密相连并直接影响其营销能力的组织和个人，包括公司自身、供应商、中间商、顾客、竞争对手和公众。由于这些组织和个人的行为可能促进也可能阻碍公司发展，并直接影响和制约着公司的市场营销活动及生产经营决策，因此，微观环境又被称为直接营销环境。宏观环境是由一些影响公司市场营销活动，但公司本身又无法直接左右的巨大的社会力量组成的，包括人口、经济、自然、技术、政治和文化等。由于宏观环境因素主要以微观环境为媒介来间接影响和制约企业的市场营销活动，因此，宏观环境又被称为间接营销环境。

与公司的其他部门不同，市场营销部门必须对外部环境趋势和机会更加敏感。虽然公司所有的管理人员都应该关注外部环境，但是市场营销人员有两项专长：一是他们可以利用市场营销调研和市场营销情报，收集关于市场营销环境的信息；二是他们经常直接与顾客和竞争对手接触，并在顾客和竞争对手环境研究上投入更多的时间，以便获得顾客和竞争对手的信息。只有通过这些系统的环境研究，市场营销人员才能及时地调整营销战略，使公司适应新的市场机会和挑战。

虽然说市场营销环境具有客观性和不可控制性等特点，但公司在市场营销环境面前也并非无能为力。公司可以通过对宏观环境的分析，寻找市场营销的机会，发现可能面临的威胁；通过对微观环境的分析，挖掘公司的优势，找出公司存在的劣势。市场营销环境分析的意义就在于利用公司优势去把握市场机会，规避市场威胁，调整营销战略，以适应营销环境的变化。

二、市场营销微观环境分析

市场营销管理人员的工作就是通过为顾客创造价值和提高顾客满意度来建立良好的顾客关系，从而获得顾客回报。但是，建立良好的顾客关系光靠营销部门是无法独立完成任务的。公司营销成功与否，取决于营销部门与公司其他部门、供应商、中间商、顾客、竞争对手和公众共同作用的结果，它们共同组成了公司的价值传递系统。图3-1显示了公司在微观环境中的主要参与者与营销部门的关系。

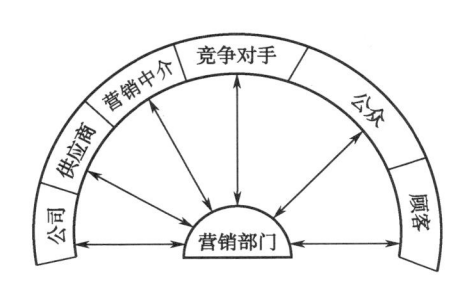

图3-1 公司在微观环境中的主要参与者与营销部门的关系

（一）公司

公司是一个复杂的整体，内部由各职能机构组成，包括高层管理部门、生产部门、财务部门、营销部门、研发部门、采购部门等，所有这些部门既相互独立，又与其他部门存在关系，这些相互联系的部门共同构成了公司的内部环境。营销部门在制订营销计划时，必须兼顾其他部门。高层管理人员确定公司的使命、目标，制定公司的总体战略和政策。市场营销经理必须在高层管理人员制定的战略指导下做出营销决策。正如我们在任务二中介绍的，市场营销经理必须与公司其他部门紧密合作。试想，如果没有高层管理人员的统一指挥协调，公司将是一盘散沙；如果没有采购部门的保障，公司就会变成"无米之妇"；如果没有生产部门，公司将无法"把米煮成饭"；如果没有财务部门的资金保障和核算，公司将会"心中无数"。能否和这些部门协调一致，配合默契，将会影响到公司的营销管理决策和营销方案实施结果的好坏。所以现代公司都强调团队合作精神，新的营销理论认为公司内部员工之间应互为顾客。首先，股东、员工是公司的基本顾客；其次，生产部门是采购部门的顾客，销售部门是生产部门的顾客；再次，公司各职能部门之间，总是相互提供服务，"提供"与"被提供"的事实构成了顾客关系；最后，在生产环节上，下一道工序是上一道工序的顾客。假如公司真正能做到员工之间互为顾客，那么公司内部各部门之间的各种矛盾和关系就容易处理了，公司就会有很强的凝聚力和市场竞争力。公司所有部门，从生产部门、财务部门到法律部门、人力资源部门共同负责理解顾客需求和创造顾客价值，建立内部整合营销理念。

（二）供应商

供应商是指公司组织活动所需各类资源和服务的供应者，是公司整个顾客价值传递系统中的纽带。供应商所提供的资源主要包括资金、设备、原材料、零部件、能源、劳务等。供应商和公司之间是一种协作关系，二者配合密切与否，对公司市场营销管理的绩效会产生很大的影响。如供应商提供的原材料质量会直接影响公司产品的质量；供应商提供的材料数量与及时性会影响公司生产的正常进行；供应商提供的材料价格会影响公司的生产成本，从而影响产品的价格。所以，公司要想做好市场营销就要慎重选择供应商，具体可以从以下几个方面进行综合评估。

1. 多方面选择供应商，不能依赖任何单一的供应商

公司与供应商的关系很微妙，在利益上既相互依存又相互冲突。供应商可以向多家公司供货，同一家公司也可以向不同的供应商订货。所以公司应与多家供应商建立联系，否则就会受制于某一家固定的供应商。同时，公司与多家供应商合作，可以从中选择最佳的供应商。如现在有一些大公司采用竞标形式确定几家供应商，与入围者保持业务往来，让这些入围者形成一种竞争关系。

2. 了解、分析供应商竞争状况，从中选择最佳供应商

公司在选择供应商时需要考察供应商的信誉、可供物资的规格标准、产品质量、交货及时性和准确性、价格、售后服务等。

3. 有区别地对待不同的供应商

公司应根据不同的供应商在物资、资金供应中的地位和作用，对供应商区别对待，对于那些为公司提供必需物资的极少数重点供应商，应特殊对待，以保证各类资源得到有效、及时的供应。

如今，大多数市场营销人员把供应商视为创造和传递顾客价值的合作伙伴。例如，丰田公司认识到与供应商紧密合作的重要性，它甚至将"赢得供应商满意"纳入了公司的使命中。

案例启示

丰田：掌握了一个完整的零部件供应链体系

作为一家行业内知名的车企，丰田在全世界范围内享有极高的声誉，众所周知，丰田的技术储备非常雄厚，对成本和品质有着极致的追求，这是丰田能够风靡全球的最主要原因。据说，丰田的供应商完成了50%以上的汽车设计，只有不到一半的设计是丰田自己完成的。丰田的强大，跟它背后强大的供应商体系密切相关，下面我们就来了解一下丰田旗下的那些供应商。

首先要说的就是爱信，爱信是全球最大的AT（Automatic Transmission，自动液力变速器）供应商，国内很多车企都高度依赖爱信的变速器，如吉利、广汽传祺、长安等，就连大众也非常青睐它。很多人或许不知道，丰田其实是爱信的最大股东，并掌握了爱信的实质控制权，丰田旗下车型所使用的AT和CVT（Continuously Variable Transmission，机械无极变速器）基本都是爱信提供的，爱信获取了丰厚的利润，丰田也赚得盆满钵满。

其次是电装公司，它是全球数一数二的汽车供应商，在2019年的全球汽车供应商百强榜单中，它位居第二，仅次于博世公司。电装曾经是丰田的电气配件部门，第二次世界大战以后丰田陷入经营困境，把电气配件部门剥离出去成立了电装公司。直到现在，电装公司依然是丰田旗下的子公司。电装公司的产品非常多，如汽车空调设备、电子控制单元、燃油管理系统、火花塞、过滤器等，质量极为稳定，为丰田的品质提供了最有力的保障。

还有丰田纺织，它是丰田集团的第一家公司，现在与爱信、电装组成了"丰田三驾马车"。丰田纺织早年间主要是从事纺织行业的，而随着丰田进入汽车行业之后，丰田纺织也开始涉及汽车零部件生产，目前主要负责汽车座椅、座椅骨架、滤清器及发动机周边器件的研发和生产。丰田纺织不光为丰田汽车服务，同时与通用、宝马等车企合作，是全球知名的汽车供应商之一。

另外还有雅马哈，雅马哈虽然不造汽车，但它跟丰田交叉持股，并为丰田提供发动机技术，是丰田的发动机供应商。雅马哈曾为丰田旗下的很多车型提供过发动机，如早期的皇冠、第五代卡罗拉AE86、雷克萨斯LFA等。直到今天，雅马哈仍然在丰田发动机研发的过程中扮演着重要角色。

除了上面这几家主要供应商，丰田控股的供应商还有很多，如捷太格特、丰田住宅、爱知制钢等，它们都是丰田生态链中的成员，其中捷太格特是全球顶级轴承、机床及托森差速器供应商和生产商，爱知制钢也是丰田汽车的核心配套企业。此外，丰田还控股了大发汽车和日野汽车，并持有铃木、斯巴鲁、马自达等车企的股权，整合各大车企的技术和资源，共同抢占全球乘用车市场高地。

不难看出，丰田已经掌握了一个完整的零部件供应链体系，将汽车生产中各个环节的主动权牢牢把握在自己手中，从而实现利益最大化和品质最优化，纵观整个汽车行业，没有一家车企能够像丰田这样做到高度一体化。有人说丰田就像一只无形的手，操控着全球半个汽车产业链，这种说法真的一点儿也不夸张。

资料来源：搜狐网，有改写

（三）营销中介

营销中介帮助公司销售和配送商品给顾客。营销中介包括经销商、实体分销公司、营销服务机构及金融中介。

1. 经销商

经销商是介于生产者和顾客之间，专门从事商品由生产领域向消费领域转移业务的经济组织，主要包括批发商和零售商，它们一般先购买商品，再转卖出去。经销商的主要任务是帮助公司（生产者）寻找顾客，为公司的商品打开销路，并为顾客创造时间效用、地点效用和持有效用。在与经销商建立合作关系后，公司要对经销商的工作、渠道结构系统不断地进行监督管理，激励经销商更出色地完成任务。如今公司选择经销商时不能再像以往那样从许多小型的、独立的经销商中任意挑选，它们面对的是大型的且不断发展的零售商组织，如沃尔玛、家乐福、苏宁易购、京东商城、天猫商城。这些组织往往具有足够的力量操纵合作条款，甚至能将较小型的公司拒之门外。

因此，公司必须与经销商建立良好的合作伙伴关系，为经销商提供各种销售服务，与经销商共同为顾客提供价值。例如，当可口可乐签约成为麦当劳、必胜客等快餐连锁店的独家饮料供应商时，它不仅提供软饮料，还保证给予强有力的营销支持。

可口可乐公司组建了一支跨职能团队，致力于满足合作伙伴的需求和了解业务发展的每个细微之处。公司针对软饮料顾客开展大量的市场调研，并将收集的资料、研究成果与合作伙伴分享，帮助合作伙伴判断所在区域的顾客更偏好哪种口味的可乐。可口可乐公司甚至研究快餐店的价目牌的设计，以便更好地了解什么样的排版、字体、颜色和视觉效果能诱导顾客购买更多的食物和饮料。可口可乐对其合作伙伴承诺："我们愿意不遗余力地为你们提供帮助。"这种紧密的伙伴关系使可口可乐成为碳酸饮料市场中的领导者。

2. 实体分销公司

实体分销公司是协助公司储存商品和把商品从原产地运往销售目的地的公司，如仓储公司、运输公司等。仓储公司是在货物运往下一个目的地前专门承担储存和保管职责的机构，它所提供的服务可以针对公司生产出来的商品，也可以针对原材料及零部件。一般来说，公司只有在建立自己的销售渠道时，才会更多地依靠仓储公司。在委托经销商销售商品的场合，仓储服务往往由经销商提供，仓储公司储存并保管要运送到下一个目的地的货物。运输公司包括通过铁路、公路、货轮及其他方式搬运货物的公司，它们负责把货物从一地运往另一地。公司主要通过权衡成本、速度、安全和方便性等因素，来选择成本效益最佳的运输方式。

3. 营销服务机构

营销服务机构涉及的范围比较广，包括市场调研公司、广告代理商、媒体公司及市场营销咨询公司等，它们能够帮助公司确定目标市场并促销商品。在营销活动中，公司面对众多的服务机构，要对其进行比较，看它们之间谁最具创造性、谁的服务质量最好、谁的服务价格最适合等，从中选择最适合本公司，并能有效提供本公司所需服务的机构。

4. 金融中介

金融中介主要帮助公司融资或抵御与交易相关联的风险。金融中介主要包括银行、信贷公司、保险公司和其他协助融资或保障货物的购买与规避交易风险的公司。在现代经济生活中，公司和金融中介有着不可分割的联系，如公司的财产和货物要通过保险公司进行保险；公司间的财务往来要通过银行账户进行结算等。贷款成本的上升或信贷来源的限制会使公司的营销活动受到严重的影响。所以，公司必须和金融中介建立密切的关系，以保障资金渠道的畅通。

与供应商类似，营销中介也是公司整个价值传递系统中的重要组成部分。为建立令人满意的顾客关系，公司不能仅仅优化自己的业绩，还必须与营销中介紧密合作，优化整个价值链传递系统的业绩。

因此，今天的市场营销人员不仅应清楚地意识到出售其商品的渠道商非常重要，而且必须将整个营销中介当成合作伙伴。

（四）竞争对手

竞争对手是指与本组织存在利益争夺关系的其他经济主体。存在商品生产与商品交换的地方就存在竞争。公司要想在竞争中取得成功，就必须为顾客提供比竞争对手更高的价值和满意度。因此，市场营销人员不能仅仅适应目标顾客的需求，还必须通过有效的市场定位，使公司的商品与竞争对手的商品在顾客心目中形成明显差异，从而取得竞争优势。公司的竞争对手包括生产和销售与本公司相同商品或服务的公司，潜在的进入者及替代品生产者等。一般来说，公司在市场上面临 4 种类型的竞争对手。

1. 欲望竞争对手

欲望竞争对手即提供不同商品，以满足顾客当前欲望的不同需求的竞争对手。顾客的需求是多方面的，但购买力总是有限的，所以顾客就会有自己的消费预算。公司必须考虑如何促使顾客更多地选购自己的商品而非其他商品，这就和其他公司形成了一种竞争关系。例如，汽车制造商和房地产开发商，面对达到结婚年龄的年轻一族，就先买房还是先买车之间存在竞争。

2. 类别竞争对手

类别竞争对手即能同时满足顾客某种愿望的不同品牌之间的竞争对手。如为了满足自身娱乐的愿望，顾客可以购买录像机、音响、彩电或电子琴等；如顾客想吃东西，他们可选择水果、零食、饮料等不同类别的商品。能提供不同类别商品的厂商就是类别竞争对手。

3. 商品形式竞争对手

商品形式竞争对手即能满足顾客某种愿望的同类商品的不同形式的竞争对手。如顾客想用饮料来满足目前的欲望，他可以选择可乐、果汁或纯净水等。这些饮料生产厂商就是商品形式竞争对手。

4. 品牌竞争对手

品牌竞争对手即能满足顾客某种愿望的同类商品的不同品牌之间的竞争对手。如顾客决定购买智能手机，可以选择的品牌有华为、苹果、三星、OPPO、小米、vivo等，这些品牌之间就存在竞争。

没有一种营销战略对所有公司都适用，每家公司都应当根据自己的规模，以及与竞争对手相比在行业中的地位来制定恰当的营销战略。

（五）公众

公众是指对公司实现其目标的能力有实际或潜在的利益关系或影响的任何群体。每家公司的周围都有7类公众。

1. 金融公众

金融公众是影响公司的融资能力及对交易风险抵御的金融组织和社会集团，如银行、保险公司、投资公司和证券交易所等。

2. 媒体公众

媒体公众是掌控新闻、报道、社会舆论的机构和团体，主要包括电视台、报社、杂志社、网站、微信及其他新媒体平台，它们对公司的声誉有着举足轻重的作用。

3. 政府公众

政府公众是指对公司市场营销活动有影响作用的相关政府机构。公司在制订营销计划时，必须认真研究与考虑政府政策、措施的发展变化，还必须遵守相关的法律法规和政策制度，与公安、税务、环保等政府机构处理好关系。

4. 民间团体公众

民间团体公众是指各种保护消费者权益的组织、环境保护组织、少数民族团体及其他群众团体。公司的营销决策可能会受到各种民间组织的影响，所以公司要建立专门的公关部门，经常保持与民间组织、顾客的接触。

5. 一般公众

一般公众并不购买公司的商品，但深刻影响着顾客对公司及其商品的看法。公司需要关注一般公众对公司的商品及经营活动的态度，争取在一般公众心目中建立良好的公司形象。

6. 内部公众

内部公众是指公司内部从上到下的组织成员，包括董事会、经理、管理人员、一般职员等。内部公众对公司的影响有时很直接，而有时却是间接的、深远的。大公司通过新闻公告和其他方式向内部公众传递信息并给予激励。如果员工对自己所在的公司感觉良好，他们的积极态度也会影响外部公众对该公司的态度。

公司的经营活动会影响周围的各种公众的利益，而公众也能促进或妨碍公司实现其经营目标，这主要看公司在公众心目中的形象。良好的公众形象是公司的一种无形资产，有利于公司的发展，而不良的形象会导致公司的失败。因此，公司的营销活动不仅要针对目标市场的顾客，而且要考虑到有关公众，公司应采取适当措施和周围的公众保持良好关系。

7. 地方公众

地方公众是指公司营业场所附近的居民和社区组织。地方公众对公司的态度可以影响公司的营销活动。大公司通常任命社区关系专员专门打理社区事务、参加会议、回答问题，以及参与一些有意义的社区活动。如社区大学应该为社区提供培训、开展各类活动集会的场所，一些体育设施可以向社区居民开放，树立良好的公众形象，做一个有社会责任的组织。

长沙民政职业技术学院多年来坚持为社区提供专业性服务，成立了社区服务志愿者协会，协会由师生自愿组成，志愿者根据自己的专业，结合社区居民的需要，利用课余时间为社区居民提供专业服务。健康服务组主要由医学院师生组成，定期定点到社区为居民提供健康咨询和简易体检服务；家政服务组由民政与社会工作学院师生组成，联系社区老人，帮助他们打扫卫生、代购生活用品；维修服务组由软件学院和电子信息工程学院师生组成，定期定点在社区为居民提供电器免费维修服务；心理咨询组则由医学院和民政与社会工作学院师生组成，为社区居民提供专业的心理辅导。社区服务志愿者协会受到学校高度重视，直接由学生工作处指导。师生共同践行"爱众亲仁、博学笃行"的校训，利用专业技能为民服务，让学校在社区公众心目中树立起良好的社会公民形象。

（六）顾客

顾客是公司微观环境中最重要的行为者。整个价值传递系统的最终目的就是服务目标顾客并与他们建立牢固的关系。公司可以选择以下任意几类或全部 5 类顾客市场。

1. **消费者市场**

消费者市场是由个人和家庭组成的，他们购买产品和服务是为了满足个人或家庭需要。

2. **生产者市场**

生产者市场是由那些购买产品和服务用于生产其他产品或服务以供出售、出租，从而取得利润的个人和公司所构成的市场，如生产、制造型公司购买原材料，酒店采购日用品。

3. **中间商市场**

中间商市场是指由为了转卖、出租、取得利润而购买产品或服务的批发商和零售商所构成的市场。

4. **政府机构市场**

政府机构市场是指由为了提供公共服务和履行政府职责而购买产品或服务的政府和非营利性机构所构成的市场。

5. **国际市场**

国际市场是指由国外的顾客、生产者、经销商、政府机构等所构成的市场。

每种类型的顾客市场都有其特殊性，市场营销人员必须深入研究，去发现公司有竞争优势的市场机会。

三、市场营销宏观环境分析

企业和微观环境中的其他所有行为者在一个更大的宏观环境中活动。市场营销的宏观环境通常反映一个国家的经济、社会及其发展变化的状况。它对企业的影响是全面的、共同的，不会因为企业使命不同而有所不同。一般来讲，企业只有通过调整内部的可控因素，适应企业宏观环境的发展变化，才能在复杂的营销环境中求得生存与发展。宏观环境因素既能给企业带来机遇，也能给企业带来威胁。图3-2列出了企业宏观环境中的六大因素。

（一）人口环境

人口环境是指人口规模、人口密度、地理位置、年龄、性别、民族、职业和其他一些统计变量。由于人是构成市场的关键因素，因此市场营销人员对人口环境有特别的兴趣，时刻关注人口特征及其变化发展趋势。

世界人口呈爆发式增长，联合国曾宣布，2022年11月15日世界人口已达80亿人。大规模和多样化的

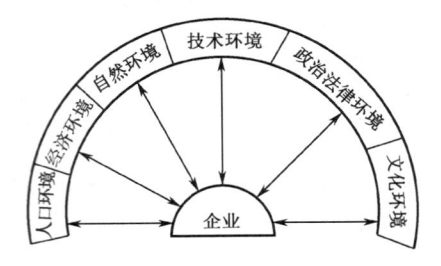

图3-2 企业宏观环境中的六大因素

人口既带来机会，也构成挑战。一方面，人口数量与国民收入一样，是决定市场容量的重要因素。如果收入水平不变，人口越多，则对食物、衣着、日用品的需求量越大，那么市场就越大。另一方面，人口的过快增长，也会给企业的营销活动带来不利影响。资源短缺，企业经营成本上升，环境承载压力加大，传统产业会受到限制。

世界人口环境的变化对企业有着重要的意义。因此，市场营销人员必须密切关注国内外市场中的人口变化趋势和动向，关注不断变化的人口年龄结构和家庭结构、性别结构、社会结构、民族结构，以及人口流动情况、人口受教育程度等。

1. 人口年龄结构的变化

第七次全国人口普查结果显示，我国约有14.11亿人，占当时世界总人口的18%，预计到2030年将达到14.5亿人。我国最重要的人口统计变化趋势是人口年龄结构的变化。由于出生率降低和平均寿命提高等原因，我国人口正迅速老龄化。

2020年人口统计数据显示，我国60岁及以上人口数量已达2.64亿人，占总人口的18.70%；65岁及以上人口数量为1.91亿人，占总人口的13.50%。根据世界卫生组织关于老龄化社会各阶段的划分标准，我国已经进入中度老龄化社会，并加速向深度老龄化社会发展。人口迅速老龄化对市场及为市场提供服务的市场营销人员将产生重大影响。

市场营销人员习惯按世代来划分人口群体，所谓按世代划分是指不从消费者的生理年龄差异来划分，而是从社会角度，以及消费者出生的年代与成长经历来划分。按世代来划分的基本假设是出生于同一时代的人经历过共同的社会、经济、政治和历史时期，有着相似的价值观和行为。

从解放初期开始，我国人口包含七代人。我们重点介绍其中4个最大的群体，即"婴儿潮"一代，"主力婴儿潮"一代，"独生子女"一代和"2000年"后一代的规模及他们对当今市场营销战略的影响。

（1）"婴儿潮"一代（1949—1958年）。中华人民共和国成立后不久就出现了第一次"婴儿

潮"。那时一个家庭大概有四五个孩子，人口增长率将近300%。但是当时中国人口基数小，"婴儿潮"人口的绝对数并不大。"婴儿潮"一代到2023年最小年龄为65岁、最大年龄为74岁，其规模大约为1.75亿人，他们已经退休，构成规模庞大的老年市场。他们出生在中华人民共和国成立初期，见证了中国发展的历史，具有强烈的爱国情怀。他们中的许多人曾经参与过"上山下乡"运动，到农村劳动。当他们人到中年时，又面临着国企改革的机会与挑战，有的成了下岗工人，而有的抓住机遇，创造了巨大财富，成为商人和企业家。他们经历了社会洗礼，是人生经历丰富的一代人。他们做事谨慎、理性、讲究实效，在市场营销人员看来"婴儿潮"一代是更加谨慎的群体。他们在购买产品和服务之前要经过认真的调查，了解产品背后的企业和产品的评论。他们是传统媒体时代过来的人，对于互联网、社交媒体不太习惯。一些市场营销人员认为他们的消费观念比较保守，他们宁愿将钱存入银行，也不愿意消费。他们对未来期望不高，但他们仍然有较强的消费支出能力，不应被市场营销人员忽视。他们中的许多人有退休金，加上退休前积累的财富，他们有足够的消费支出能力。他们注重健康，希望退休生活丰富多彩。因此，他们对老年保健产品、家用医疗器械、家政服务、老年旅游、老年文化娱乐及养老服务有较大需求。

市场营销人员应激发"婴儿潮"一代的活力，让他们意识到自己正步入人生的新阶段。例如，一家婚纱摄影公司与某老年协会共同组织了一场"夕阳无限好"活动，告诉步入老年的"婴儿潮"一代消费者如何"抓住现在，活出精彩"；借助抖音将"老年时装秀""老年交谊舞""老年合唱团"等活动的精彩片段发到社交媒体上，吸引了大量粉丝观看；通过举办"金婚纪念"专题，将金婚夫妇的纪念视频在网络上传播，引起了众多子女的关注。一时间为父母的生日、结婚纪念日举办浪漫纪念活动成了一种时尚和孝心表达方式。

1959—1961年，三年困难时期为低生育阶段，出生人数大约为5800万人。虽然这部分人出生在三年困难时期，但他们的经历与成长介于"婴儿潮"一代与"主力婴儿潮"一代之间，他们正步入退休年龄，子女已经长大，因此，他们同样会为子女成家提供经济上的支持与体力上的帮助。同时，考虑退休后的生活，他们是老龄金融服务，包括债券投资、理财项目、健康产品、老年娱乐、老年旅游等的需求者。

（2）"主力婴儿潮"一代（1962—1973年）。自1962年三年困难时期结束后开始，这一波生育高峰在1965年，持续至1973年，这个时期是我国历史上出生人口最多、对后来经济影响最大的"主力婴儿潮"时期。这一时期，国民经济情况逐渐好转，补偿性生育来势汹汹，人口出生率为30‰~40‰，平均达到33‰，10年全国共出生近2.6亿人，约占当时全国总人口数的19%。他们已成为社会的中坚力量。到2023年，这个群体中年龄最小的为50岁，最大的为61岁，正值年富力强的人生黄金期。"主力婴儿潮"是中国历史上最富有的一代，被称为"市场营销人员的梦想"。

他们是国家恢复高考后的第一批受益者，许多人接受过高等教育。他们是改革开放的直接参与者和红利获得者，有的人是大型国有企业高管、民营企业创始人，在福布斯《财富》榜单上占有一席之地。这19%的人口掌握着整个国家60%以上的可自由支配的消费支出。这一代人成为金融投资、子女教育、新住房和房屋装修、新汽车、旅游和娱乐、外出就餐、品牌服饰等众多产品市场的中流砥柱。

因其具有如此高的潜力，许多品牌和组织将"主力婴儿潮"一代视为主要的目标市场。例如，"主力婴儿潮"一代80%以上拥有自己的住房，这使他们成为家装市场中备受市场营销人员青睐的重要细分市场。湖南某知名家装公司以"主力婴儿潮"一代为目标市场，敦促他们"不要停止改善"，通过电视广告、网络视频和大量社交媒体展示精美的装修设计和高品质的装修质量。该公司针对各种室内和室外家装项目和问题提供创意和建议，为繁忙的"主力婴儿潮"一代提供使生活更简单的解决方案。同时，该公司利用公众号发布许多装修方面的资讯，上传一些经典的装修设计方案、公司已完成的装修视频，分享装修经验和装修知识，吸引顾客参与讨论。该公司还一对一搭建微信群，提供定制服务，通过微信群，把所有与装修有关的施工、装修材料、家装器具和用品供应商拉进群内。公司安排项目负责人统一协调和控制装修过程，建立分段验收和总体验收制度，施工有严格的标准和规范的流程。装修的日常进度和质量通过微信群随时反馈，顾客只需要在关键节点参与验收即可，省时、省力又省心。

1974—1977年我国出现"生育低潮"。在"主力婴儿潮"之后，我国在1973年推出了"晚、稀、少"的计划生育政策，但并没有强制执行，而1978年《中华人民共和国宪法》规定"国家提倡和推行计划生育"。因此，这一阶段的出生率开始下降，是一个"生育低潮"期，但由于人口基数较大，出生人口的绝对数并不低，大约有8200万人。到2023年，46～49岁的人群正好是这一代。他们同"主力婴儿潮"一代一样，正赶上我国经济高速发展的大好时期，家里子女少，经济条件好，接受了良好的教育，消费观念比"主力婴儿潮"一代更前卫，他们最早接触互联网，愿意接受新事物。他们步入中年，精力旺盛，工作压力大，需要抚养孩子，对于个人培训、子女教育、家庭旅游、家用电器和家具、汽车和数码产品有较大需求。

（3）"独生子女"一代（1978—1999年）。这一阶段实行独生子女政策，所以将"80后"和"90后"统称为"独生子女"一代。这一代人延续周期较长，人口规模较大，大约有4.2亿人。这一阶段正好遇上"主力婴儿潮"一代新增人口已经成家立业，进入生育年龄，又产生了第三次"婴儿潮"，即"回声婴儿潮"。如果把1978—1989年出生的人口统计一下大约有2.2亿人。作为"主力婴儿潮"的下一代，"回声婴儿潮"亦撑起了一个代表性的名词——"80后"一代。到2023年，"80后"一代的人年龄最小为34岁、最大为45岁，正值中青年，处于成家立业和养育子女阶段。他们是网络时代的原住民，智能手机、游戏、网购是他们生活中不可或缺的一部分。他们是"独生子女"一代，集全家宠爱于一身，自我意识强。他们对于职业培训、单身公寓、租房、租车及结婚用品、游戏等有需求。已经结婚的人对于婴幼儿用品、儿童智力玩具、乳制品等需求较大。"独生子女"一代还包括从1990—1999年出生的一代，这一代人的规模大约为2亿，到2023年他们的年龄最小为24岁、最大为33岁。正处于青年时期，有的刚步入社会参加工作，有的还在大学学习。他们精力旺盛，消费需求较大，但消费能力不是特别强。虽然与"80后"一样都是独生子女，但他们也有自己的特点，20世纪90年代出生的人自我意识更强，在消费方面敢于标新立异，他们是在数字时代下长大的，对于网络、移动智能手机和社交媒体非常熟悉。习惯网络购物、虚拟世界和在线交流与沟通，喜欢"手机游戏""剧本杀"之类，对于传统媒体已经不感兴趣，平时很少看电视和纸质媒体广告。由于生活成本提高及观念变化，这一代人的结婚和生育年龄推迟，大龄单身人群规模扩大，对于单身公寓、租车、租房、游戏、职业培训、网络相亲服务等有大量需求。

（4）"2000年"后一代。这里是指2000年之后出生的人群，即"00后"，规模大约为2.7亿人，这一代人构成了儿童和青少年市场，他们每年的消费主要在教育、服饰、智力开发产品、特长培养等方面，他们也会影响父母的消费决策。而且这个群体代表了明天的市场，他们现有形成的品牌关系会影响未来的购买行为决策。这一代人最主要的特点是他们比"80后""90后"

更加热衷于数字技术,他们自如地使用智能手机、平板电脑进行网络游戏和媒体社交。有分析家调侃道:"只要他们醒着,他们就在网上。"他们偏爱网络购物,购买的产品多种多样,从食品、电器、书籍、音乐、运动用品、美容产品到时装、鞋和时尚配饰等。有许多公司针对这一代人推出产品和服务,如小米和华为都专门为儿童开发了智能电话手表,这些公司希望较早开始与他们建立联系,培养品牌情感。

2. 家庭结构的变化

家庭是购买、消费的重要单位,家庭的数量直接影响某些商品的需求量。据人口学家预测,世界人口在今后相当长的一段时间内趋于增长,但家庭规模会趋小,这也就意味着家庭数量会增多。这种变化使较小的公寓、低价和体积小的电器、组装家具等的需求增加;人们有更多的时间和金钱用于娱乐、旅游和自身消费等方面;同时,一些涉老的服务需求日趋增多。据国家卫生健康委员会分析,我国家庭结构呈现以下五大变化趋势。

(1)家庭规模小型化。1982年,我国家庭平均每户4.43人;到2010年,我国家庭平均每户已下降至3.15人;2021年人口普查结果显示,我国家庭平均每户为2.62人,在2010年的基础上进一步下降。

(2)家庭结构核心化。家庭成员只有夫妻两人及未婚子女的"核心家庭"已经成为我国家庭的主要形式,目前"核心家庭"占我国全部家庭的比重超过70%。

(3)家庭类型多样化。非传统类型家庭在我国大量出现,特别是丁克家庭、单亲家庭及单人家庭数量增长尤为显著。其中,老龄化及预期寿命延长使得高龄独居户增加。另外,伴随着我国人口的大规模流动,还出现了大量的留守家庭和流动人口家庭。

(4)家庭关系松散化。家庭规模的缩小使家庭关系变得简单,家庭成员之间相互支持的力度减弱。

(5)家庭功能有所弱化。家庭的婚姻、生育、养老等传统功能有所弱化,抵御风险的能力下降。

这些变化给我国家庭发展带来了一些问题和挑战,也给商家和服务机构带来了商机。市场营销人员必须更多地考虑非传统家庭的特殊需求,因为现在这类家庭数量增长速度较快,每一种群体都有自己独特的需求和购买习惯。

单亲家庭数量增加,家政服务、看护孩子的服务需求增加;"空巢"家庭数量增加,对于休闲、老年娱乐、旅游的需求项目增加;失独家庭数量规模也在增加,传统的养儿防老的思想已经不再现实,因此,社会养老服务需求巨大。许多商家看好养老服务市场,正在开发各种养老设施,建设不同层次的养老场所。

3. 人口的地理分布特点及区间流动性

人口的地理分布指人口在不同地区的密集程度。人口的地理分布表现在市场上,就是人口集中程度不同,则市场规模大小不同;消费习惯不同,则市场需求特性不同。例如,居住在我国西北部地区的人会购买更多的冬装,他们喜欢吃面食。我国人口地理分布的特点:东南部地区人口密度大,西北部地区人口密度小。我国东部地区面积占全国总面积的43%,人口占总人口的94%;西部地区面积占全国总面积的57%,人口占总人口的6%。这种人口分布特征决定了各地区市场容量的大小、销售网络的布局及企业营销组合的方式。

自从我国实行改革开放以来,人口开始在国内大量地流动和迁移,主要是农村人口大量流入城市，尤其是大、中城市；经济不发达地区人口流向沿海发达地区。随着经济的不断发展，经商、学习、观光旅游等人口流动加速。人口的流动必然会引起购买力的变化、市场规模的变动和市场需求的变动。大量农村人口流向城市，并在那里定居，中、小城市人口流向大城市，使得近20年来房产市场发展迅速。大城市的优质教育资源供不应求，从幼儿园、小学、初中到高中阶段的教育都成为稀缺资源。大胆猜测，再过10~20年，就像一些发达的资本主义国家在20世纪50年代，人口大量从大城市离开，迁移到郊外一样，我国也会出现这种逆城市化现象。

市场营销人员应该具有前瞻性，一些大卖场可以提前在郊外布局，而对于一些移动办公软件开发公司，也可以开始研究小型办公室和家庭办公室市场，提供电子通勤方案（在家中或是在别处的办公室工作，通过电话、传真、调制调解器或互联网处理事务）。当城市交通越来越拥堵，大量的上班族居住到郊外或小镇时，越来越多的人会利用电子技术的便利性在家工作，使用个人电脑、智能手机、宽带网络接口处理工作事务。这种趋势将为互联网及通信商家创造巨大商机。不过，新冠疫情也让在线教育、远程办公、游戏等领域得以雄起。腾讯很好地把握了这次商机，成为疫情期间最大的赢家。2020年的1~3月，许多行业承受了连月冲击，伤痕累累。而腾讯发布的2020年第一季度财报显示，其业绩远超市场预期。腾讯Q1营收为1080.65亿元，同比增长26%；归属股东的净利润为288.96亿元，同比增长6%。

4. 更好的教育及更高的工资水平

随着经济的发展，我国公民接受高等教育的比例迅速提高，1999年我国高等教育实施扩招，2002年高等教育毛入学率达到15%，高等教育由精英教育进入大众化阶段，2010年高等教育毛入学率达到26.5%，2020年高等教育毛入学率达到54.4%。接受高等教育人口的数量不断提升，一方面对高品质产品、书籍、旅游、个人电脑和互联网服务的需求增加，另一方面消费者的观念不断进步，保护环境、维护自身权益的意识更强，他们更认同那些有社会责任和道德的企业。

近年来，我国工资水平每年以7%~10%的速度递增，特别是接受过高等教育的专业人员的工资水平上升最快，国家统计年鉴公布2020年就业人员年平均工资：国有单位为108 132元，城镇集体单位为68 590元。2021年，国有单位和城镇集体单位就业人员年平均工资分别增至115 583元和74 491元。工资水平提升，消费能力也得到普遍提高。

（二）经济环境

对于市场而言，购买力与人口同样重要，是市场形成并影响其规模大小的决定性因素。经济环境是由各种影响消费者购买和支出模式的因素构成的。经济因素对消费者的支出和购买行为有着巨大的影响。例如，我国改革开放40多年来，经济快速增长，国民收入水平不断提高，人们的消费支出能力稳步提升。

根据国际货币基金组织（IMF）公布的2020年各国国内生产总值（GDP）排名，美国以GDP总量209 366亿美元位居世界第一，中国GDP总量为147 227.3亿美元，居世界第二大经济体地位。GDP总量虽然无法代表人均消费水平，但至少可以推断，国内的整体市场容量不断扩大，国家经济内循环具有强劲动力，市场营销人员应该高度关注国内市场发展趋势。下面我们从消费者收入水平、消费支出情况分析国内经济环境变化的发展趋势。

1. 消费者收入水平

消费者收入，是指消费者从各种渠道获得的货币收入，通常包括工资、奖金、退休金、红利、利息、租金和馈赠等。消费者收入水平直接影响市场容量和消费者的支出模式，从而决定消费者购买力水平。但是，在实际生活中，消费者不可能也不会将所有的收入都用于个人消费支出，购买力可能只是收入的一部分。因此，在研究消费者购买力时，必须注意以下几个问题。

（1）人均收入。人均收入是反映消费者购买力的最重要的指标，是决定市场规模、商品消费档次的一个重要因素，在一定程度上反映了一个国家人民生活水平的高低，同时也在一定程度上反映了商品需求的构成。人均收入高的国家和地区与人均收入低的国家和地区，在购买力和消费结构上存在很大的差异。市场营销人员必须根据这种差异，制定出适合当地市场的营销策略。

2020年，我国人均GDP已达到了10 484美元，但跟世界发达国家相比，还有很大差距，如美国人均GDP达到了63 416美元，新加坡为58 902美元。从人均收入水平来看，我国的整体消费处于中等水平。但我国地区差别、城乡差别、贫富差距较大，因此，整体消费结构是高、中、低多层次并存。

（2）个人可支配收入。个人可支配收入，是指从个人收入中直接扣除个人所得税和个人的各项社会保障支出后的余额。这部分收入或用于消费支出，或用于储蓄，是影响消费者购买力和消费者支出模式的决定性因素。2020年，我国城镇居民人均消费支出为43 834元，农村居民人均消费支出为17 131元，较上年分别增长了3.5%和6.9%。近几年受某些因素的影响，居民消费支出增长放缓，实际购买力开始减弱，人们开始节约开支。另外，我国地区经济发展极不平衡，2020年东部地区可支配收入：城镇居民年均52 027元，农村居民年均21 286元；中部地区分别为37 548元、16 213元；西部地区分别为37 548元、14 110元；东北地区分别为35 700元、16 581元。2020年，衡量收入差距的基尼系数在我国已达到0.46。基尼系数最大值为1，最小值为0，国际上平均基尼系数为0.2~0.3，一些发达国家都低于这个数值，这说明我国社会贫富差距仍然较大，消费市场呈现多元层次结构。

（3）个人可任意支配收入。这是在个人可支配收入中扣除衣、食、住、行等基本生活开支后剩余的部分。这部分收入是消费需求变化中最活跃的因素，人们一般用于购买高档耐用消费品和奢侈品，如汽车、电器、珠宝、旅游等。这部分收入的数额越大，人们的消费水平越高，给那些生产非生活必需品的企业，尤其是那些生产高档产品和奢侈品的企业带来了很多机会。我国个人可任意支配收入占个人可支配收入的比例仍然较低，虽然恩格尔系数下降，但住房、教育、医疗这些刚性需求占据了个人支出的较大比重。

2. 消费者支出情况

（1）消费者支出模式。消费者支出模式受消费者收入变化的影响，进而会影响一个国家或地区的消费结构。一般用恩格尔系数来反映这种变化。恩格尔系数的计算公式如下：

恩格尔系数=（食物支出金额/家庭消费支出总额）×100%

一般说来，恩格尔系数越大，食物支出金额的比重就越大，则该国家或地区就越贫穷；反之，恩格尔系数越小，食物支出金额的比重就越小，则该国家或地区就越富裕。恩格尔系数是衡量一个国家、地区、城市、家庭生活水平高低的重要参数。联合国提出的恩格尔系数标准如表3-1所示。

表 3-1　恩格尔系数标准

绝对贫困	温　饱	小　康	富　裕	最富裕
60%以上	50%～59%	40%～49%	30%～39%	30%以下

根据国家统计局官方网站公布的数据，2020 年，我国城镇居民家庭恩格尔系数为 29.8%，农村居民家庭恩格尔系数为 32.7%。虽然不能据此简单地判断我国已经全面进入富裕社会阶段，但至少说明我国整体消费层次在提升。人们开始对健康、舒适、便捷、丰富等情感方面的元素更加关注，人们的需求也随之改变。饮食方面更讲究营养、绿色和就餐环境；穿着方面开始重视品牌，讲究款式、品质、时尚和个性；生活用品方面开始青睐科技含量高、时代感强的高档家电产品，智能手机、笔记本电脑的普及率提高；住宅档次和品位不断提升；汽车进入家庭并逐步普及。但恩格尔系数也有其缺陷，它并没有将文化因素、消费习惯考虑进去，我国地区文化差异较大，有些地区的人们喜欢美食，如经济发达之后，杭州人特别喜欢去饭店消费，所以这个地区的恩格尔系数不降反升。

（2）消费结构。消费结构是指人们的各种消费支出占总支出的比例关系，它的变化是企业开展营销活动的基本立足点。下面对 2020 年不同地区的消费结构进行对比，企业可以依据相应的统计数据预测行业发展的规模和市场机会。表 3-2 是 2020 年不同地区城镇居民人均消费支出构成表。

表 3-2　2020 年不同地区城镇居民人均消费支出构成表　　　　　　　　　　　　　　单位：元

地区	消费支出	食品烟酒	衣　着	居　住	生活用品及服务	交通通信	教育文化娱乐	医疗保健	其他用品及服务
全国	27007.4	7880.5	1644.8	6957.7	1640	3474.3	2591.7	2172.2	646.2
比例	100%	29.2%	6.1%	25.8%	6.1%	12.9%	9.6%	8%	2.4%
北京	41726.3	8751.4	1924	17163.1	2306.7	3925.2	3020.7	3755	880.0
比例	100%	21%	4.6%	41.1%	5.5%	9.4%	7.2%	9%	2.1%
上海	44839.3	11515.1	1763.5	16465.1	2177.5	4677.1	3962.6	3188.7	1089.9
比例	100%	25.7%	3.9%	36.7%	4.9%	10.4%	8.8%	7.1%	2.4%
湖南	26796.4	7807.1	1778.4	5465.5	1708.2	3722.5	3360.8	2350.5	602.8
比例	100%	29.1%	6.6%	20.4%	6.4%	13.9%	12.5%	8.8%	2.2%
辽宁	24849.1	7334	1717.8	5503.6	1372.7	3016.5	2371.4	2595.2	937.9
比例	100%	29.5%	6.9%	22.1%	5.5%	12.1%	9.5%	10.4%	3.8%
重庆	26464.4	8618.8	1918	4970.8	1897.3	3290.8	2648.3	2445.3	675.1
比例	100%	32.6%	7.2%	18.8%	7.2%	12.4%	10%	9.2%	2.6%
贵州	20587	6568.4	1436	3929.1	1319.5	3168.3	2001.3	1706.6	457.5
比例	100%	31.9%	7%	19.1%	6.4%	15.4%	9.7%	8.3%	2.2%
江西	22134.3	6949.1	1354.5	5315.6	1233.9	2856.8	2262.3	1724.3	437.9
比例	100%	31.4%	6.1%	24%	5.6%	12.9%	10.2%	7.8%	2%

注：此表中部分数据因四舍五入的原因，存在总计与分项合计不等的情况。

数据来源：2021 年国家统计年鉴，国家统计局官方网站从表 3-2 中可以看出，我国恩格尔系数下降的重要原因是居住、医疗保健、教育文化娱乐、交通及通信支出昂贵，而并非真正意义上用于食物的开支减少，许多人可能为了购买住房、支付孩子的教育费用及昂贵的医疗费用，而减少日常开支。而各地区的消费支出结构存在一定差异，市场营销人员在关注全国平均消费支出结构变化的同时，更要研究各地区的消费支出结构，进行区域市场细分。例如，上海的恩格尔系数为 25.7%、居住支出占比为 36.7%、衣着支出占比为 3.9%；北京的恩格尔系数为 21%、居住支出占比为 41.1%、衣着支出占比为 4.6%；湖南的恩格尔系数为 29.1%、居住支出占比为 20.4%、衣着支出占比为 6.6%。从而推断北京房价最高，其次是上海，居民的大部分支出都用在了购房上。大城市除了满足基本生活，对于衣着都越来越追求朴实，而把更多的钱投资在子女教育和养老保障上。湖南的恩格尔系数也属于富裕生活行列，但其消费结构与一线城市存在较大差异，例如，住房支出不到北京的一半，而教育文化娱乐支出占比高于北京和上海 3~6 个百分点，这意味着湖南地区的文化娱乐市场比较发达。而交通通信支出占比全国平均为 12.9%，虽然各地区比例不同，但绝大部分地区每年在 3000 元以上，仅上海就达到了 4677.1 元，这意味着上海的交通、通信网络更加发达。各区域市场消费结构的差异形成了区域细分市场。

诸如收入、生活成本、利率、储蓄与借贷模式等主要经济变量的变化，会对市场产生重大影响。企业应通过经济预测，时刻关注这些变量及其变化。企业在经济衰退时不一定会被淘汰，在经济繁荣时也不一定就能发展。企业唯有高度警觉，才能利用经济环境中的变化。

（三）自然环境

自然环境是指市场营销人员需要投入的或受到市场营销活动影响的物质环境和自然资源。自然资源是自然界提供给人类各种形式的物质财富，如土地资源、水力资源、森林资源和矿产资源等。自然环境中意想不到的事件或不可抗力因素，都可能影响企业及其营销战略。例如，2020 年新冠疫情发生，航空、旅游、餐饮、酒店等行业受挫严重。相反，对消毒酒精、医用口罩、疫苗、核酸检测试剂的需求量增大，疫情防控刺激电子商务、远程教育、"手机游戏"、网络办公软件及设备等需求量增长。

尽管企业不能避免这些意外情况，但应该及时制定应急方案从容应对。例如，医院可以利用现代信息和网络技术，建立预约挂号、远程就诊系统，以节省大量医疗资源，有效地应对疫情期间正常病患医治需求。

我国改革开放 40 多年，在经历了经济高速发展的同时，自然资源被过度开发和使用，产生了许多环境问题，如水土流失、空气和水污染等，人们越来越关注环境问题。市场营销人员应当注意自然环境变化的几个趋势。

1. 自然资源日趋短缺

自然资源是指自然界中人类可以直接获得用于生产和生活的物质。自然资源具体可分为三类：一是不可更新资源，如各种金属和非金属矿物、化石燃料等，需要经过很长时间才能形成；二是可更新资源，指生物、水、土地资源等，能在较短时间内再生产出来或循环再现；三是取之不尽的资源，如风力、太阳能等，被利用后不会导致贮存量减少。

空气和水似乎是取之不尽的资源，但人们已经看到了远期的危险。空气污染问题在世界许多大城市中非常严重，近年来，我国重视环境保护，但一些城市的雾霾现象仍然严重。水资源短缺也已成为全世界一些地区的严重问题，到 2030 年，全球超过 1/3 的人口可能没有充足的饮用水。

森林和食物这类可再生资源必须得到有效的利用。石油、煤和各种矿物等不可再生资源面临严峻的挑战，尽管这些资源仍然可得，但利用这些日渐稀缺的资源生产产品的企业已经面临成本大幅提升的巨大压力。市场营销人员应该从危机中寻找机会，一方面，企业通过技术革新，开发新产品，降低对稀缺资源的消耗，如近几年出现的变频空调，因为省电而深受消费者喜欢；另一方面，开发可替代的原材料和能源产品，如一些企业开发太阳能、核能、风能和其他形式的能源，研发出生物可降解包装材料、可重复使用的购物袋等。

2. 自然环境污染加重

一些工业企业在生产过程中会破坏自然环境。例如，企业在生产过程中可能产生化学废料和核废料，也可能产生不能被土壤降解的瓶子、塑料袋和其他包装物等。

我国经济在高速发展的同时，也产生了许多环境问题。例如，汽车工业发展使国内汽车的拥有量直线上升，一方面造成了交通拥堵，另一方面大量汽车尾气的排放，使得空气污染加重；农业经济发展，大量农药、化肥的使用，不仅使得食物农药残留超标，而且导致农村水污染、土壤污染严重。

3. 政策干预日益加强

环境污染已成为举世瞩目的问题，各国政府对环境保护的关注和努力程度不同。一些国家的政府，如德国、中国的政府，正在努力保护环境，改善环境质量。其他一些国家，尤其是一些发展中国家，对污染听之任之，主要原因是缺少必要的资金或思想意识。即使较富裕的国家，也往往缺少足够的资金和一致的意见来支持世界范围内的环境保护运动。希望全世界的企业能够承担更多的社会责任，找到比较经济的方法来控制和减少污染。

习近平总书记对自然环境和环境保护高度重视，提出"绿水青山就是金山银山"的发展理念。2013 年 6 月 14 日，国务院召开常务会议确定部署大气污染防治十条措施，包括严控高耗能、高污染行业，强化节能环保指标约束，推行激励与约束并举的节能减排新机制，用法律、标准"倒逼"产业转型升级，建立京津冀、长三角、珠三角等区域联防联控机制，将重污染天气纳入地方政府突发事件应急管理等。2013 年 9 月被誉为"我国有史以来最为严格的大气治理行动计划"的《大气污染防治行动计划》（简称"大气十条"）正式发布，标志着我国环保治理新阶段的开始。随后《水污染防治行动计划》（简称"水十条"）和《土壤污染防治行动计划》（简称"土十条"）在 2015 年 4 月和 2016 年 5 月相继发布，自此我国按照大气、水和土壤构建了新一轮完整的环保治理路线图。

2014 年 4 月，修订后的《中华人民共和国环境保护法》（以下简称《环境保护法》），更加重视经济可持续发展，重视人与自然的和谐共生，对工业生产和农业生产的要求更加严格。

《环境保护法》第四十六条规定：国家对严重污染环境的工艺、设备和产品实行淘汰制度。任何单位和个人不得生产、销售或者转移、使用严重污染环境的工艺、设备和产品。禁止引进不符合我国环境保护规定的技术、设备、材料和产品。在中国创办的企业会受到来自政府和环境保护部门的更多制约。市场营销人员不应消极地对待这些管制，而应该协助寻求解决之道，以应对世界面临的资源短缺和环境恶化问题。

全球许多商业领袖已经意识到气候变化和环境退化为各自的企业发展带来了新的挑战和机

遇。不少企业已开始响应应对气候变化的倡议，并加入行动中。例如：签署"气候宣言"、提升能源效率、采购可再生能源、减少废弃物的产生，并分享相关的工具、方法和优秀实践等。产业各异，做法也有所不同，但负责任地消费和生产，已成为广大企业和消费者的共识。华为近年来制定可持续发展战略，倡导绿色环保经营理念，推出清洁高效、低碳循环的经营方式。2020年，华为推动 Top100 生产供应商中的 93 家完成碳减排目标设定，华为中国区使用可再生能源电力达 2.2 亿度，相当于减少二氧化碳排放约 18.8 万吨，华为单位销售收入二氧化碳排放量相比基准年（2012 年）下降 33.2%，超额达成 2016 年承诺的减排目标（30%），华为自有渠道全年收集并处理的终端电子废弃物超过 4500 吨。

我们来看看华为自有渠道全年收集并处理终端电子废弃物是如何变废为宝的。

案例启示

变废为宝：华为终端电子废弃物的回收利用

2020 年，华为通过自有渠道收集并处理的终端电子废弃物超过 4500 吨。回收后的终端设备会被华为分类处理，物尽其用，变废为宝。对于可以继续使用的电子设备，经过必要的维修和保养后，由华为的合作单位通过正规销售渠道，在二手电子产品交易市场流通；对于报废的电子设备，公司将其交给具有专业资质的企业进行拆解并以环保的方式处理，避免电子垃圾对环境产生污染。手机线路板含有黄金和铜在内的各类金属成分，经过脱镀、电解、精炼、熔炼的化学处理流程，就能提取出数量可观的黄金和铜。据统计，每拆解 1000 万台手机，可以回收超过 120 千克黄金，相当于 2.1 万枚 2008 年北京奥运会奖牌的含金量；同时可以回收 87 吨铜，相当于 19 万枚奥运会奖牌的含铜量。这些奖牌相当于 10 次 2008 年北京奥运会所需奖牌数量。在华为商城官网或华为商城 App "以旧换新"频道，按照图 3-3 的简单 4 步，用户就可以实现以旧换新，公司轻松回收。这一服务不仅为旧产品创造了新价值，而且提高了顾客的忠诚度，为企业树立了良好的品牌形象。

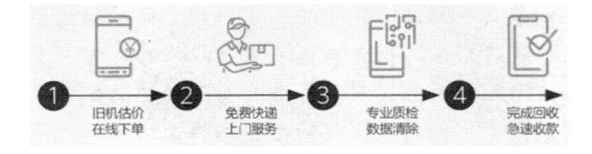

图 3-3 华以旧换新，简单 4 步，轻松回收

（四）技术环境

技术环境，是指影响企业生产经营活动的外部科学技术因素。科学技术是人类在长期社会实践中所积累的经验、知识和技能的总和。它是社会生产力中最活跃的因素，新技术使市场供求发生较大变化。一种新技术的出现会创造出一个新兴行业或一种新产品，也会取代一个旧行业或替代一种旧产品，会给某些企业带来市场机会，同时也会对其他一些企业造成严重威胁。网络技术的出现，给电子商务企业带来了市场机会，但对实体零售业造成巨大的冲击。后互联网时代，随着新媒体的发展，传统的广告公司受到极大威胁，"公司+雇员"的商业模式即将被"平台+个人"的商业模式取代。传统的广告公司的商业模式是雇佣一批善于做设计、文案的人员，

然后依靠创意和价格优势去承接广告主的订单。而后互联网时代，如果这批人能力足够强，他们不需要一家公司，只需要一个平台，就像猪八戒网站这样的众包服务平台，去平台认领广告主的任务，把能力发挥到极致，自然就有人与他们合作。"平台+个人"的商业模式更加灵活，运营成本更低，生存与发展机会更多，特别适合中小微企业广告主的需求。

假如你是一家小微企业主，你的产品需要做广告，但只有5万元的广告预算，那些传统的广告公司出于运营成本压力，就会将你拒之门外，但是现在不同了，微信朋友圈广告已经从50万元降到5万元，你可以做一次高大上的朋友圈广告，而且可以实现按区域、兴趣、个性、性别进行定制化投放，广告效果更加精准。

技术环境变化非常迅速。试想一下，今天看来最普通的产品在50年前可能无法预料到它会被开发出来，甚至在30年前，许多人对于数字通信、笔记本电脑、数码相机知之甚少，对云计算技术、智能手机、移动办公室更是闻所未闻。未来技术会怎样？我们都无法预料。

案例启示

无线射频识别技术带来的零售革命

几年前，人们无法想象国内超市无须收银员结账，利用人脸识别技术和智能手机自动收银，一切由顾客自己完成。可以预见在不久的将来，无线射频识别技术（RFID）可让你购买的每一件商品中都装有一个微型发送器，用来跟踪商品"生产—使用—废弃"的整个过程，这听起来有点儿不可思议，但确实已经实现了，沃尔玛和一些大型物流公司已经采用了这种技术。

当无线射频识别技术被全面投入使用时，每一件商品都内含一个微型发送器。当你在购物中心的商品过道里徘徊时，货架感应器会侦测出你的选择，并且在你所使用购物车的屏幕上播放广告，提供特价处理的相关商品信息。当你在购物车里放入了所购商品，感应器若侦测出你可能是为一个晚餐聚会购买商品时，屏幕上就会建议你为这次的晚餐搭配一瓶饮料。当你离开商店时，出口感应器会自动统计你的消费金额，并自动记入你的信用卡。在家里，读取器会跟踪你冰箱里的食物情况，当储存的东西变少时，会自动更新购物清单。为了计划周日的晚餐，你取出速食羊肉串放入智能烤箱，烤箱会根据芯片上储存的说明，烹饪出美味的羊肉串。

许多公司已经开始使用无线射频识别技术追踪商品经过的配送渠道的不同节点，现在物流公司普遍使用这一技术后，你可以通过网络随时查到网上购买的商品，或物流寄送的货物的确切位置。沃尔玛大力支持向其配送中心运货的供应商在它们的托盘上应用RFID标签，至今有超过600家的沃尔玛供应商已经应用RFID标签。也有服饰零售商应用RFID技术管理旗下大量零售店的库存。每一个库存商品带有一个RFID标签，该标签在货物入库时被扫描。零售店在同一时间内仅摆放一件商品在货架上，当商品被出售后，该店的RFID会通知库存系统，并督促员工新领取一件商品放到货架上，位于库房和货架之间的RFID会检测到这一过程。总之，这一技术创造了高效库存管理并能确保正确的商品总是在架。使用这种技术的服饰零售店比其他门店的平均销售额高14%，库存空间降低15%。由于每天无须花费5个小时或更多时间来人工查货，连锁店中使用这一系统的门店可以少雇用20%～30%的雇员。

技术环境给企业营销带来了许多机会，也带来了许多挑战。如果传统企业忽略或抵制新技术，它们自身就会衰弱。因此，市场营销人员应该密切关注技术环境变化，以免错失了新产品和市场机会。

同时，新技术的出现对营销理念和营销方法产生冲击。传统观念认为，营销就是市场营销人员向消费者传递产品或服务的信息，而网络技术的发展完全改变了这种观念，现在的营销是互动营销，有时候甚至是消费者主动营销，如通过网络寻找卖家，组织团购，进行反向定价。营销渠道由传统的实体店向实体店和网络虚拟店转化，线上、线下同时进行产品销售；沟通和促销的方式由传统的电视、广播、户外向网络、微信、社交网站、新浪播客等多媒体、自媒体转化。随着网络技术的发展，现在人人都成了营销人员，因此企业的市场营销人员面临更大的挑战。

（五）政治法律环境

政治法律环境是由在特定社会中影响或制约各种组织和个人的法律、政府机构及由这些政府机构制定的法律法规构成的。世界各国有着不同的政治制度和法律制度，国际上及国家间存在着各种各样的条约、公约和协定，这些都会直接或间接地影响企业的营销活动。因此，分析企业营销的政治法律环境，是企业制定市场营销决策的重要一环。

1. 政治环境

（1）政治的安定性。一个国家政治的安定性关系到该国政府政策的稳定性和持续性。在国际市场营销中，企业最关心的是东道国政府的政策是否明确、合理且长期保持不变。诸如政权更替、暴动、罢工、骚乱等事件的发生会给国际企业带来消极影响，甚至有时外国企业可能成为东道国社会不满情绪和国内危机的替罪羊。政权更替频繁，意味着一个国家的政策、法规会随着政权的更替做出相应的变化，从而造成政府政策的非持续性和不稳定性。企业在这类国家从事营销活动，就不得不频繁地调整自己的政策。我国实行对外开放政策后，引进大量外资，许多跨国企业来到我国，它们对我国的政治环境非常关注，而今天我国的许多企业开始走出去，开拓国际市场，它们同样开始关注世界各国政治的安定性。

（2）政府的政策。一个政府的政策不仅会影响本国企业的营销活动，还会影响外国企业在本国市场的营销活动。这些政策中除经济政策外，还有诸如人口政策、能源政策、物价政策、财政政策、金融与货币政策等，这些都是企业在确定营销目标、调整产品结构时必须考虑的。2021年5月31日，中共中央政治局召开会议审议了《关于优化生育政策促进人口长期均衡发展的决定》。会议指出，进一步优化生育政策，实施一对夫妻可以生育三个子女政策及配套支持措施，有利于改善我国人口结构、落实积极应对人口老龄化国家战略、保持我国人力资源禀赋优势。政策出台后，我国的人口出生率虽然没有达到预期的增长高峰，但至少减缓了出生率下降，保证了基本的生育率水平。我国长期保持0～3岁婴幼儿规模至少在5500万人，这对于从事婴幼儿用品和婴幼儿奶粉生产的企业是一个巨大的市场机会。

2. 法律环境

法律环境指国家主管部门及省、自治区、直辖市颁布的各项法规、法令、条例等。法律是评判企业营销活动的准则，只有依法进行的各种营销活动才能受到国家法律的保护。所以，企业在开展营销活动时必须了解并遵守国家或政府颁布的有关经营、贸易、投资等方面的法律、法规。如果企业从事国际营销活动，则既要遵守本国的法律制度，又要了解和遵守东道国的法律制度和有关的国际法规、国际惯例、国际准则。例如，德国禁止进口英国的割草机，因为英国的割草机噪声达不到德国的噪声标准；而英国禁止进口法国牛奶，原因是英国牛奶习惯上以品脱为单位，而法国则以公升为单位，这不符合英国人的习惯。无论市场所在国设定这些限制条件是出于何种目的、如何苛刻，企业都必须严格遵守。

随着我国经济体制改革的不断深入及对外开放程度的不断提高，我国对经济立法和执法日益重视。近年来，我国颁布与修订的法律主要有《中华人民共和国反垄断法》《中华人民共和国反不正当竞争法》《中华人民共和国价格法》《中华人民共和国食品安全法》《中华人民共和国产品质量法》《中华人民共和国消费者权益保护法》《中华人民共和国商标法》《中华人民共和国广告法》《中华人民共和国环境保护法》《中华人民共和国专利法》《中华人民共和国电子商务法》等。我国影响市场营销的重要立法如表 3-3 所示。企业必须对这些法律进行研究，才能保证自身严格按法律办事，同时又能运用法律的手段保护企业自身的权益。

表 3-3　我国影响市场营销的重要立法

立　　法	目　　的
《中华人民共和国反垄断法》 2022 年 6 月 24 日修正版	为了预防和制止垄断行为，保护市场公平竞争，鼓励创新，提高经济运行效率，维护消费者利益和社会公共利益，促进社会主义市场经济健康发展，制定本法
《中华人民共和国反不正当竞争法》 2019 年 4 月 23 日修正版	为了促进社会主义市场经济健康发展，鼓励和保护公平竞争，制止不正当竞争行为，保护经营者和消费者的合法权益，制定本法
《中华人民共和国价格法》 1997 年 12 月 29 日通过	为了规范价格行为，发挥价格合理配置资源的作用，稳定市场价格总水平，保护消费者和经营者的合法权益，促进社会主义市场经济健康发展，制定本法
《中华人民共和国食品安全法》 2021 年 4 月 29 日修正版	为了保证食品安全，保障公众身体健康和生命安全，制定本法
《中华人民共和国药品管理法》 2019 年 8 月 26 日修订版	为了加强药品管理，保证药品质量，保障公众用药安全和合法权益，保护和促进公众健康，制定本法
《中华人民共和国产品质量法》 2018 年 12 月 29 日修正版	为了加强对产品质量的监督管理，提高产品质量水平，明确产品质量责任，保护消费者的合法权益，维护社会经济秩序，制定本法
《中华人民共和国消费者权益保护法》 2013 年 10 月 25 日修正版	为保护消费者的合法权益，维护社会经济秩序，促进社会主义市场经济健康发展，制定本法
《中华人民共和国商标法》 2019 年 4 月 23 日修正版	为了加强商标管理，保护商标专用权，促使生产、经营者保证商品和服务质量，维护商标信誉，以保障消费者和生产、经营者的利益，促进社会主义市场经济的发展，特制定本法
《中华人民共和国广告法》 2021 年 4 月 29 日修正版	为了规范广告活动，保护消费者的合法权益，促进广告业的健康发展，维护社会经济秩序，制定本法
《中华人民共和国专利法》 2020 年 10 月 17 日修正版	为了保护专利权人的合法权益，鼓励发明创造，推动发明创造的应用，提高创新能力，促进科学技术进步和经济社会发展，制定本法
《中华人民共和国环境保护法》 2014 年 4 月 24 日修订版	为保护和改善环境，防治污染和其他公害，保障公众健康，推进生态文明建设，促进经济社会可持续发展，制定本法
《中华人民共和国未成年人保护法》 2020 年 10 月 17 日修订版	为了保护未成年人身心健康，保障未成年人合法权益，促进未成年人德智体美劳全面发展，培养有理想、有道德、有文化、有纪律的社会主义建设者和接班人，培养担当民族复兴大任的时代新人，根据宪法，制定本法
《中华人民共和国个人信息保护法》 2021 年 8 月 20 日通过	为了保护个人信息权益，规范个人信息处理活动，促进个人信息合理利用，根据宪法，制定本法

续表

立法	目的
《中华人民共和国电子商务法》2018年8月31日通过	为了保障电子商务各方主体的合法权益，规范电子商务行为，维护市场秩序，促进电子商务持续健康发展，制定本法
《中华人民共和国烟草专卖法》2015年4月24日修正版	为实行烟草专卖管理，有计划地组织烟草专卖品的生产和经营，提高烟草制品质量，维护消费者利益，保证国家财政收入，制定本法
《中华人民共和国民法典》（合同编）2020年5月28日通过	本编调整因合同产生的民事关系

市场营销人员不仅要深入研究现有公共政策和法律法规对于市场营销活动的约束和保护，还要及时了解法律法规的修订、废止，以及新法律法规的颁布和实施等。

有多种原因使得政府立法很有必要。首先，是保护企业的利益。企业经理都赞同竞争，政府也鼓励良性竞争，但当竞争威胁到自己的利益时，他们有时会破坏公平竞争。所以有必要通过法律限定和阻止不正当竞争的行为，保护企业的利益。例如，我国颁布的《中华人民共和国反不正当竞争法》《中华人民共和国反垄断法》《中华人民共和国商标法》《中华人民共和国价格法》等法律法规中均有保护企业利益的内容。

其次，立法的目的是保护消费者，避免他们的权益受到不正当商业活动的侵害。如果没有法律，有的企业就会制造劣质产品，发布虚假广告误导消费者，通过包装和价格欺骗消费者。这类不正当的商业活动已经被明确界定，并受到各种机构监控。例如，我国颁布的《中华人民共和国消费者权益保护法》《中华人民共和国广告法》《中华人民共和国个人信息保护法》等法律法规对相关不正当的商业活动均做出了处罚规定。

再次，立法的目的是保证全社会的共同利益不受到无规范商业活动的侵害，维护市场经济的正常秩序。以盈利为目的的企业行为并不总是能够提高生活质量，相关部门制定法律法规，以确保企业对其生产行为或产品带来的社会成本负责。例如，我国颁布的《中华人民共和国环境保护法》《中华人民共和国食品安全法》《中华人民共和国产品质量法》《中华人民共和国药品管理法》《中华人民共和国烟草专卖法》《中华人民共和国电子商务法》等法律法规在一定程度上保证了全社会的共同利益，维护了市场经济的正常秩序。

政府执法部门与企业营销活动有着密切的关系，市场营销人员要与众多的政府执法部门打交道。例如，我国有对外贸易部门，从事进出口贸易工作的市场营销人员就必须了解我国进出口的相关法律法规，并与对外贸易部门的人员（如海关人员）保持良好的工作关系。国内市场营销人员经常会与市场监督管理部门、卫生监督部门、食品安全检验部门、价格管理部门、消费者权益保护协会、环境保护部门等的人员打交道。

新的法律及执法部门还会继续出现，市场营销人员在策划其产品和营销方案时必须注意这些发展趋势。市场营销人员应当了解有关保护竞争、消费者和社会的主要法律，包括各地不同的行政管理制度条例。

（六）文化环境

文化环境由制度和影响社会的基础价值观、认知、偏好及行为等其他力量构成。人们在特定的社会中成长，逐渐形成自己的基本信念和价值观。以下文化特点可能影响市场营销决策的制定。

1. 价值观的一致性

价值观是指人们对社会生活中各种事物的态度和看法。价值观不同，则消费理念、生活方式不同，市场营销人员要深入了解不同价值观人群的特点，制定相应的营销组合策略。

核心价值观，核心价值观由父母传给孩子，并通过学校、企业和政府加以强化。因此，核心价值观持久而稳定，不容易改变。

特定社会中的人们持有多种价值观，但他们的核心价值观具有高度的一致性。例如，大多数人相信个人努力、重视家庭、喜欢储蓄、孝敬长辈等。这些价值观形成了日常生活中的具体态度和行为。

非核心价值观是指受到周围环境影响而形成的观念，相对容易改变。市场营销人员要想改变人们的核心价值观几乎不可能，但可以影响人们的非核心价值观。例如，信奉婚姻是核心价值观，而信奉早婚是非核心价值观。做家庭规划的市场营销人员说服人们应该晚婚比说服人们不要结婚更有效。

2. 次价值观的变化

尽管核心价值观非常稳定，但文化的确也会变化。试想流行音乐组合、电影明星及其他名人对年轻人的发型和着装的影响。市场营销人员希望预测文化的变化，以识别新的机会或威胁。社会的次价值观通过人们对自己和他人的看法，以及对组织、社会、自然和宇宙的看法表现出来。

（1）人们对待自己的看法。人们在对待自己和他人的态度上存在很大差异。一些人追求个人生活的快乐、多变、无负担；另一些人则通过参加各种社会团体、娱乐及对事业或其他生活目标的追求来实现自我。一些人认为自己是分享者和组织者，而另一些人则视自己为个人主义者。人们把产品和服务作为自我表达的方式，购买与自己的观点相匹配的产品和服务。

商家可以把他们的产品和服务定位在对这些自我表达的认同上。移动通信的校园品牌"动感地带"就是为了吸引那些刚脱离家长管束、渴望独立自主的大学生，"我的地盘我做主"喊出了他们的心声，引起了他们的共鸣；而面对追求工作效率和通信质量的商务人士及公务人员，移动通信则将其产品定位为"信道好，才是真的好"。

（2）人们对待他人的看法。人们对待他人的态度和交往的方式在不断变化。近年来，一些分析人士对互联网时代可能造成人际交往减少而深感忧虑，人们埋头于电子产品，通过移动QQ、微信等联系而不是面对面交往。而另一些分析人士认为，如今数字技术似乎已经开启了一个"大众交往"的时代。人们非但没有减少互动，反而借助社交媒体和移动通信增加了彼此的联系。而且，网络和移动互动的增加常常引发更多的线下交往。事实上，人们越是通过微信等平台聊天、建立社交圈子，就越可能最终在真实世界中与朋友、关注者见面。

但是，现在即使人们聚到一起，也常常"共同孤独"。一群人坐在一起，可能只顾各自摆弄手机或键盘，沉浸在个人世界中。一位分析人士这样描述最新的沟通技巧："与某人保持目光接触，同时给另一个人发送短信。这听上去很难，但的确可以办到。"她说："凭借技术，我们能够与远方的人联系和交流。"于是，人们对由技术驱动的新沟通技巧是好是坏争论不休。这种新的交往方式对企业如何营销自己的品牌及怎样与消费者沟通产生了极大的影响。消费者越来越多地建立由自己的朋友、粉丝和关注者构成的关系网络及参与品牌社群，以了解和购买产品、形成和分享品牌体验。所以，对品牌而言至关重要的是确保自己也能参与其中。

（3）人们对待组织的看法。人们对企业、政府机构、行业协会、大学和其他组织的态度各异。一般来说，人们愿意为重要的组织工作，并希望其履行对社会的责任。

　　国内就业形势依然严峻，人们期待稳定的工作和美好的生活，普遍对国企及政府机构和大型民营企业充满信任和忠诚。近年来，政府机制和体制改革，改变了传统官僚作风，办事过程简化、办事效率提升，真正体现"一切为了人民"的思想，老百姓对政府的信任度提高。而国企雄厚的实力、稳定的待遇和良好的福利给员工安全感，给消费者信任感。大型民营企业具有创新精神，吸引了一大批高技术高文化层次的人才，产品质量有保障，品牌形象好，给消费者和员工创造了价值。但一些中小型企业，缺乏长远发展的战略眼光，经常性裁员和较低的社会保障，让消费者和员工都失去忠诚。许多人并不把工作当成事业，认为这仅是挣钱谋生的手段。这表明我国中小型企业要生存和发展必须寻求新的方法来赢得员工和消费者的信任。

　　（4）人们对待社会的看法。人们对所处的社会持不同的态度。爱国者捍卫它，改革者希望变革它，不满者想逃离它。人们对于社会的看法会影响他们的消费模式和对市场的态度。

　　中国人具有强烈的爱国情结和民族自豪感，这在大量购买国货、支持民族品牌方面体现得淋漓尽致。2020年4月，市场调研机构 Counterpoint 公布的一份报告显示，2020年4月全球智能手机出货量为6937万台，同比减少41%，其中，三星的市场占有率约为19.1%，华为则达到了21.4%，华为历史上首次超越三星，成功登顶全球第一的位置。现在许多企业推出了表达爱国主义情怀的主题促销活动，如格力推出"中国智造"的广告宣传，有一些品牌和企业直接用"爱国者"命名。有些企业赞助国家举办重大国际赛事，安踏为我们的奥运健儿提供领奖装备和比赛装备，赞助2022年在我国举办的冬季奥运会。2020年，我国企业积极参与抗疫，腾讯以15亿元高居捐赠榜首，紧随其后的阿里巴巴捐赠10亿元、蒙牛捐赠7.4亿元、百度捐赠3亿元、浙江吉利捐赠2亿元，充分彰显了企业的社会责任与担当，树立了民族品牌形象。

　　尽管这些营销努力大部分效果不错，反映良好，但是高调的爱国主义也可能招来公众怀疑，以爱国主义为主题的促销活动可能被视为利用胜利或悲剧赚钱，除非企业将产品销售收入真正捐赠给慈善事业和国家重大项目。进行爱国主义和强烈民族情结诉求的市场营销人员应把握好营销的度。

　　（5）人们对待自然和宇宙的看法。人们对大自然的态度各不相同，有人认为大自然有巨大的力量，有人与其相处融洽，还有人在寻求如何控制大自然。长期以来，人们一直以为自然资源是取之不竭的，并通过技术不断对自然资源肆意攫取。然而，随着自然环境的恶化，人们开始认识到自然资源是有限的、脆弱的，人类的活动可能损害它，无节制地消耗自然资源，可能会给地球带来毁灭性的灾难。人们开始追求健康可持续的生活方式，消费自然的、有机的、营养的产品，对低碳环保产品的需求日益增加。2020年9月《中国有机产品认证与有机产业发展报告》披露，截至2019年12月31日，按照中国有机产品标准进行生产有机作物的种植面积为220.2万公顷，有机植物总产量为1245.1万吨，畜禽及其动物产品产量为294.8万吨，有机水产品为56.12吨，有机加工类产品总量为550.64万吨。我国有机食品的消费额正以每年30%~50%的速度增长，常年缺货达30%。许多有战略眼光的企业和个人正在积极投入有机产品的研究和开发，把握这一巨大潜在市场机会。

　　2022年3月14日，中央电视台科教频道的《创新进行时》栏目报道了"80后"小伙徐丹工厂化种植有机西红柿的事迹，在观众中产生了强烈反响，人们看到了有机农业的发展趋势和机会。

在北京密云水库旁边，一座占地面积为 3.3 万平方米的连栋玻璃温室正在守护着一片"番茄丛林"。这里的番茄年产量可达 700 吨，是传统土栽番茄产量的几十倍，而且这么大的种植面积和产能输出却只需要 50 名工人，而这些工人的领头人则是一位从荷兰留学归国的"80 后"现代"农民"。他们工厂化种植番茄，不需要土壤，将废弃椰壳击碎后制作成基质包代替土壤，对番茄不施农药、让其生长在无菌温室中，科学配制番茄生长过程中所需的各种营养液、采取智能灌溉，人工嫁接育苗，确保产量和营养、口感。有机番茄，在北京很多超市供不应求，深受消费者喜欢。

四、市场营销环境综合分析

按系统论的观点可知，企业与外部环境共同形成一个大系统。企业与外部环境是这一大系统中的两个子系统，两者必须相互配合才能产生系统效应。而从企业角度来看，外部环境这一子系统是企业不能控制的客观条件，它处于不断变化之中。所以，企业必须经常对自身系统进行调整才能适应外部环境的变化。

外部环境的变化对任何一家企业产生的影响都可以从两个方面进行分析：一是对企业市场营销有利的因素，即它对企业来说是环境机会；二是对企业市场营销不利的因素，即它对企业来说是环境威胁。

进行市场营销环境分析的目的就是通过搜集大量的有关环境信息，并结合企业自身的优势和劣势，从中判定出企业面临的机遇和挑战，从而为企业营销战略和战术的制定、实施、调整提供依据。市场营销环境综合分析又称 SWOT 分析，通过这一分析，企业能够评价自身的整体优势（Strengths）和劣势（Weaknesses），以及市场带给企业的机会（Opportunities）和威胁（Threats）。

（一）外部环境分析（OT 分析）

1. 市场机会分析

市场机会是指营销环境中对企业市场营销有利的各项因素的总和，是可以使企业发挥优势的外部环境因素和趋势。发掘市场机会是企业市场营销管理的一项重要使命。有效地捕捉和利用市场机会，是企业营销成功和发展的前提。企业只有密切地关注营销环境变化带来的市场机会，适时做出适当的评价，并结合企业自身的资源能力，及时将市场机会转化为企业机会，才能开拓市场、扩大销售、提高企业市场占有率。需要指出的是市场机会是无限的，它并不全是企业机会。

分析和评价市场机会主要考虑两个方面：一是考虑机会给企业带来的潜在吸引力的大小，二是考虑机会出现的概率的大小。市场机会矩阵如图 3-4 所示。

区域 1：机会出现的概率比较大且潜在吸引力大。这是企业最有利的市场机会，企业应竭尽全力谋发展。

	机会出现的概率	
	大	小
潜在吸引力 大	区域1	区域2
潜在吸引力 小	区域3	区域4

图 3-4　市场机会矩阵

区域 2：机会出现的概率比较小但潜在吸引力大。企业应设法改善自身的不利条件。如果企业成功的概率小，有可能是企业内部组织管理不善、产品质量差、技术水平低、人员素质差等各方面原因，企业要想方设法来改变这些不利因素，从而改善企业自身的条件。这样的话，此区域的市场机会就会逐步过渡到区域 1 而成为最有利的市场机会。

区域 3：机会出现的概率比较大但潜在吸引力小。一般情况是，这里的市场规模有限，利润空间较小。这些机会对大企业吸引力不强，它们往往只是观察其变化趋势；而中小型企业则可以进入这些市场，把握机会，因为前期竞争不会太激烈，且其产生的利润足够中小型企业的生存和发展。

区域 4：机会出现的概率比较小且潜在吸引力小。这个区域一般是一些产品处于成熟末期的领域，新产品已经上市，旧产品即将淘汰，或者消费者的观念发生变化，未来市场机会很小，正在此领域经营的企业往往采取放弃策略，同时企业应积极改善自身的条件以适应新的环境。

案例启示

健耳听力助老人"耳聪之力"

可孚医疗是一家创自中国、具备行业领先水准的中国医疗器械公司，汇集国际及中国医疗器械行业专业团队，以卓越品质和精湛技术，为用户带来安全可靠的家用医疗器械。可孚成立于 2009 年 11 月，总部（生产基地）位于湖南长沙，是中西部地区唯一的国家级生物产业基地。可孚关注消费者的需求变化，不断开发家用医疗器械，及时把握市场发展的机会。先后开发了受到市场欢迎的产品，如血压计、血糖仪、体温枪等。2013 年，公司敏锐洞察到了老年市场机会，及时开发了"健耳听力"新产品。几年经营下来，获得了巨大成功，发展前景极好。调查结果显示，我国 60 岁及以上的老年人中有 60% 的老人存在不同程度的听力障碍，而 2020 年 60 岁及以上人口规模已经达到 2.64 亿人，也就意味着将来约有 1.6 亿人需要配备助听器，这是一个巨大的潜在市场。

健耳听力，经过短短几年的发展，如今已经成为一家以助听器验配服务及听力康复为主业的全国听力服务连锁品牌企业，也是中国为数不多的同时拥有助听器验配工具、助听器连锁验配中心、验配师培训资质的企业。健耳听力作为中国助听器行业的推动者，致力于积极开展听力康复相关产业的研发、制造、销售、服务等全价值链的尝试与探索，推动中国助听器产业发展。

从这则案例中我们可以发现企业要时刻关注市场环境的变化情况，善于捕捉对企业有用的信息，发现机会；同时要果断决策，适时把握机会，以获得成功。

2. 环境威胁分析

所谓环境威胁是指营销环境中对企业营销不利的各种因素的总和。企业在面对环境威胁时，如果不果断采取营销措施，避免威胁的发生，其不利的环境趋势就会伤害企业的市场地位，甚至使企业陷入困境。因此，市场营销人员要善于分析环境发展趋势，识别环境中潜在的威胁，并正确地认识和评估威胁出现的概率大小、对企业的影响程度。为了方便分析问题，可参考环境威胁矩阵图，如图3-5所示。

	威胁出现的概率大	威胁出现的概率小
影响程度大	区域1	区域2
影响程度小	区域3	区域4

图3-5 环境威胁矩阵

区域1：威胁出现的概率大，影响程度大，企业必须高度重视，严密监视和预测其发展变化趋势，及早制定应变策略。

区域2：虽然威胁出现的概率小，一旦出现，给企业营销带来的危害就特别大，因此企业必须密切关注，及时把握发展趋势，采取应对策略。

区域3：虽然对企业影响不大，但威胁出现的概率大，企业应该予以关注，准备应对措施。

区域4：威胁出现的概率小，影响也小，企业应主要注意观察其变化发展趋势，看其是否有向其他区域发展的可能。

企业在对市场营销环境进行分析和评价的基础上采取相应的对策，把握市场机会，避免环境威胁。一般来说，企业在应对环境威胁时可选用以下3种策略。

（1）反抗策略：试图限制或扭转不利因素的发展。通过权威人士向政府部门建言，完善与行业相关的立法。例如，由全国人民代表大会的代表在两会上提出议案，或策划媒体活动来获得更有利的媒体关注和报道。

（2）减轻策略：通过调整市场营销组合，改变营销策略，以减轻环境威胁。发布软广告等来形成公众舆论，利用保护公平竞争的法律法规来避免官司和投诉，签订合约来更好地控制自己的分销渠道等。

（3）转移策略：在企业无法反抗或减轻所面临的环境威胁时，将产品转移到其他市场或转移到其他盈利更多的产品行业。通过采取积极的行动，企业常常能够有效应对看上去似乎无法控制的环境事件。

对于任何一家企业来说，机会与威胁都是并存的，并且可能在一定条件下相互转化。当机会来临时，企业若把握好了，则能充分利用机会打败对手，发展、壮大自己；反之，企业则会渐渐失去优势，失去发展良机。同样，当企业面对威胁时，如果能灵活应变，则可以变不利为有利，为企业找到一个新的发展机会。

（二）内部环境分析（SW分析）

识别环境中有吸引力的机会是一回事，拥有在机会中成功所必需的竞争能力是另外一回事。每家企业可按标准指标体系对企业的优势/劣势进行分析，下面提供一个关于企业绩效的优势/劣势分析检查表（见表3-4），这个表中包含企业能力的4个主要方面，即营销能力、资金能力、制造能力、组织能力。每一个因素都要分级，这种分级是相对本行业平均水平进行的。很显然，企业不应去纠正它的所有劣势，也不必对其优势全部加以利用。关键是企业应如何利用现有优势，并把握机会，利用优势克服威胁，创造条件改变劣势。绩效这一栏包含特强、稍强、中等、稍弱、特弱5个等级，分别赋值10、8、6、4、2；而重要性是指某项绩效对于企业市场营销的影响力和影响强度，分高、中、低3个等级，分别赋值10、6、4。

表3-4 企业绩效的优势/劣势分析检查表

考察因素	绩效（分值）					重要性（权数）		
	特强	稍强	中等	稍弱	特弱	高	中	低
	10	8	6	4	2	10	6	4
营销能力								
1. 企业信誉								
2. 市场份额								
3. 顾客满意								
4. 顾客维系								
5. 产品质量								
6. 服务质量								
7. 定价效果								
8. 分销效果								
9. 销售人员效果								
10. 促销效果								
11. 创新效果								
12. 地理覆盖区域								
资金能力								
13. 资金成本或利用率								
14. 现金流量								
15. 资金稳定								
制造能力								
16. 设备								
17. 规模经济								
18. 生产能力								
19. 高凝聚力的员工队伍								
20. 按时交货的能力								
21. 技术和制造工艺								

续表

考察因素	实际表现及权重							
	绩效					重要性		
	特强	稍强	中等	稍弱	特弱	高	中	低
	10	8	6	4	2	10	6	4
组织能力								
22．有远见和有能力的领导								
23．高素质的员工队伍								
24．组织制度完善								
25．公司弹性和适应能力								

（三）综合环境分析

1. 外部环境中机会与威胁综合分析

在企业实际面临的客观环境中，单纯的机会和威胁是很少的。往往机会与威胁同在，机遇与挑战并存。综合环境中机会与威胁的不同，形成了综合环境分析矩阵（见图3-6）。

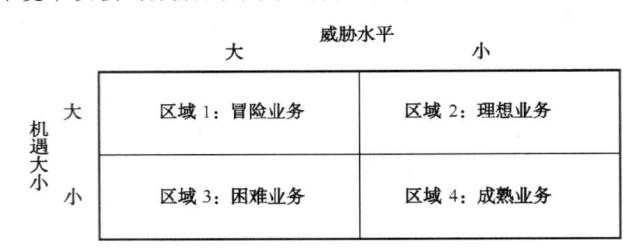

	威胁水平	
机遇大小	大	小
大	区域1：冒险业务	区域2：理想业务
小	区域3：困难业务	区域4：成熟业务

图3-6　综合环境分析矩阵

区域1：冒险业务，机遇大，威胁也大。这种状况一般出现在新兴行业的产品研发时期，如果企业实力雄厚，且能把握时机，就有可能抓住机遇，进入新领域，获得竞争优势。例如，柯达其实最早研发成功了数码技术，但决策层没有预测到未来的市场发展趋势，丧失了进入数码行业的领先机会。

区域2：理想业务，机遇大，威胁小。这种状况一般出现在有发展前景的新兴行业成长期，技术比较成熟，市场容量很大且近期无法满足，竞争者进入较少，所以很多企业争相进入。

区域3：困难业务，机遇小，威胁大。这种状况一般出现在成熟行业衰退期，替代产品不断涌现，市场容量基本饱和，企业间的竞争非常激烈，甚至出现了过度竞争。

区域4：成熟业务，机遇小，威胁也小。这种状况一般出现在一些传统行业，产品和技术都很成熟，市场竞争格局稳定，利润均衡，对新进入者吸引力不大。

企业应特别重视区域2的市场营销环境，把主要精力放在对这种环境的检测和改变上，同时应该对区域1的市场营销环境加以重视。要回避区域3，保持区域4，并且不断开发新产品，开辟新领域，保持企业可持续增长。

2. 内外环境综合分析（SWOT分析）

SWOT分析是一种对企业的优势、劣势，以及环境的机会、威胁进行的综合分析，企业管理人员在分析时,应该首先将企业内部因素中的优势和劣势集中起来,然后根据外部环境对这些因素进行评估,分析出有利于企业的机会和可能对企业发展存在的现实与潜在的威胁。营销分析的目标是将企业的优势同环境中具有吸引力的机会结合起来,同时减少或克服企业劣势并降低环境威胁。通过企业内外环境因素的综合平衡,可以决定企业应该做什么、不应该做什么,以及什么时候做。

企业可以按以下步骤建立一个 SWOT 分析图(见图 3-7)。

(1)识别出企业所有的优势因素,并分成两组。其中,一组因素与行业中潜在的机会有关,另一组因素则与行业中潜在的威胁有关。

(2)识别出企业所有的劣势因素,并分成两组。其中,一组因素与行业中潜在的机会有关,另一组因素则与行业中潜在的威胁有关。

(3)建立一个矩阵,每格占 1/4。

(4)将企业的优势和劣势因素与行业机会、威胁因素进行配对,找出企业能够把握机遇的优势和可以克服威胁的优势。

	内部环境因素	
	优势	劣势
外部环境因素 机会	区域1:利用这些	区域2:改进这些
外部环境因素 威胁	区域3:监视这些	区域4:消除这些

图 3-7 SWOT 分析图

SWOT 分析图可以为企业进行相应的决策提供依据。

区域 1:企业面对现有的市场机会,具有营销优势,利用这些机会,把握时机,这是企业真正的优势。

区域 2:企业目前所在的领域潜在机会大,但企业处于劣势。此时,企业有两种选择:一是改变劣势,重新抓住机会;二是放弃机会,并不是所有的机会都是企业的,企业只需要发挥优势,而不必花太多精力去改变劣势。

区域 3:企业进入了一个威胁较大的行业,但具有较大的营销优势,可以严密监视环境变化趋势,采取有利于企业的措施,充分发挥营销优势,变威胁为机会。

区域 4:企业对于市场威胁大、营销处于劣势的经营环境,应该立即采取放弃策略,另辟发展途径。

案例启示

兴盛优选社区电商 SWOT 分析

随着互联网的迅速发展及传统电商"最后一公里"问题的出现,近年来社区电商发展迅猛。其主要面临的市场环境如下所述。①随着智能手机的广泛普及和移动互联网的不断发展,中国手机网民规模快速增长，截至2021年6月底中国手机网民规模达10.07亿人，网络购物用户规模为8.12亿人。2021年中国社区电商行业报告指出，2020年中国农产品电商市场规模为2700亿元。报告还指出，按当前以主攻"买菜及日用快消"等基础必需品的模式来看，行业规模中短期内可突破5000亿元。②传统电商"最后一公里"及物流时效一直是困扰电商企业和用户的重要问题。自有物流对快速送达或建立定点提货、便捷取货提出了要求，这给线上与线下融合的O2O新零售模式带来了机会。③网络、移动和社交媒体的发展，为社区电商提供技术支持，加盟平台成本低，会员下单容易。④国家政策支持社区电商，因为社区电商可以解决老百姓的生活急需及提供就业岗位，地方政府扶持，银行低息贷款、政府审批土地建设物流基地，高职院校合作培养大批企业所需人才。⑤社区电商行业进入门槛低，竞争激烈，国内已具规模的平台有考拉精选、小区乐、商益云、邻邻壹、食享会、每日一淘、谊品生鲜、兴盛优选、你我您、十荟团等，传统电商也迅速加入社区电商行业，如多多买菜、美团优选等来势汹汹。⑥社区电商物流要求高、投入成本大，需要规模支撑，前期扩张难度大。⑦社区电商整体形象不佳，平台产品质量难以保证，供应商规模大，管理难；加盟商大都是夫妻小店，售后服务质量难以保障。⑧社区电商刚刚兴起，缺乏行业规范和规章制度，市场秩序比较乱。

兴盛社区网络服务股份有限公司创立于2009年，目前已拥有19 000多家社区超市，业务辐射全国16个省市的80多个地级城市和400多个县级城市。拥有发达的自建物流配送系统，B2B物流配送服务网点已涵盖省、市、区（县）、乡镇、村（社区）五级区域。确保"211"配送时效，即当天晚上11点前下单，第二天上午11点送到提货点，满足人们的日常生活需要。公司创始人岳立华早年创立了芙蓉兴盛连锁零售品牌，实体零售店在全国发展到一定规模，积累了深厚的线下零售资源。当传统电商"最后一公里"及物流时效等问题出现时，岳立华及其团队敏锐地捕捉到了市场机会，兴盛优选社区电商平台应运而生。公司借助线下芙蓉兴盛实体店很快获得成功，并迅速发展加盟店进行扩张，如今已经成为湖南省独角兽企业，也获得了海内外投资商的青睐，当地政府也给予大力支持和扶持。公司秉持"尊重、努力、成就"的企业价值观，肩负"赋能上游、服务门店、提升伙伴"的三大使命，以打造服务门店的最优平台为愿景，充分发挥平台优势和创新引领作用，聚焦服务门店，进一步整合资源，提升门店核心竞争力，为社区居民提供更为优质的服务体验。公司以实际行动落实"大众创业、万众创新"的国家战略，为社会提供了5万余个创业岗位，为8000多万名的社区居民提供了便利服务。

兴盛优选获得2020年度湖南十大影响力品牌、2020年度湖南最具投资价值品牌。公司被湖南省商务厅定为湖南省生活必需品应急保供骨干企业，为"新零售便利店经营管理规范"主要起草单位，"芙蓉兴盛"品牌为湖南省著名商标。

从机会与威胁分析矩阵图可以看出，社区电商是一个冒险的行业，机会与威胁并存，企业需要权衡自身的优势和劣势，最终做出进入还是放弃的决策。已经进入的企业必须针对可能的挑战，制定有竞争力的营销战略和策略，去把握市场机会。图3-8所示为社区电商行业的机会与威胁矩阵。

下面以湖南省独角兽企业兴盛优选为例分析其自身的优势与劣势，以便企业能以优势把握当前机会，并能够规避市场的威胁。表3-5所示为兴盛优选社区电商平台的优势/劣势分析表。

```
┌─────────────────────────────────────────┐              成功概率
│ ①移动智能用户的迅速增长，网购规模扩大    │        高  ┌─────┬─────┐  低
│ ②传统电商"最后一公里"，呼唤线上与线下融合│     高 │ 1①② │ 2③  │
│ ③社交媒体技术创新，为新零售的发展提供支持│  吸引力├─────┼─────┤
│ ④国家政策支持及自然环境助推社区电商      │        │ 4④  │ 3   │
└─────────────────────────────────────────┘     低 └─────┴─────┘
                                                   ----机会矩阵----

┌─────────────────────────────────────────┐           发生概率
│ ⑤市场竞争激烈，新零售门槛低              │        高          低
│ ⑥社区电商物流成本高，渠道管控难          │     高 ┌─────┬─────┐
│ ⑦社区电商缺乏品牌形象，商品质量和售后    │  严重性│ 1⑤⑥ │ 2⑦⑧│
│   服务难以保障                           │        ├─────┼─────┤
│ ⑧新型行业，缺乏法律法规和制度保障        │        │ 4   │ 3   │
└─────────────────────────────────────────┘     低 └─────┴─────┘
                                                   ----威胁矩阵----
```

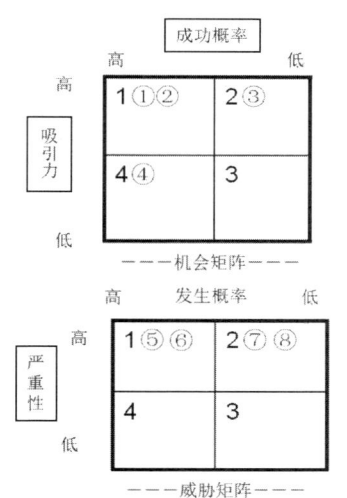

图 3-8　社区电商行业的机会与威胁矩阵

表 3-5　兴盛优选社区电商平台的优势/劣势分析表

考察因素	实际表现及权重								期望值
	绩效（分值）					重要性（权数）			
	10	8	6	4	2	10	6	4	分值×权数
营销能力									
1. 企业信誉		8				10			80
2. 市场份额		8					6		48
3. 顾客满意			6			10			60
4. 顾客维系			6			10			60
5. 产品质量			6			10			60
6. 服务质量			6				6		36
7. 定价效果		8					6		48
8. 分销效果			6			10			60
9. 销售人员效果			6			10			60
10. 促销效果		8					6		48
11. 创新效果		8					6		48
12. 地理覆盖区域			6			10			60
资金能力									
13. 资金成本或利用率			6			10			60
14. 现金流量		8				10			80
15. 资金稳定			6				6		36
制造能力									
16. 设备		8				10			80

续表

考察因素	实际表现及权重							
	绩效（分值）					重要性（权数）			期望值
	10	8	6	4	2	10	6	4	分值×权数
17. 规模经济		8					6		48
18. 生产能力			6				6		36
19. 高凝聚力的员工队伍			6			10			60
20. 按时交货的能力		**8**				**10**			**80**
21. 技术和制造工艺		8					6		48
组织能力									
22. 有远见和有能力的领导		**8**				**10**			**80**
23. 高素质的员工队伍			6			10			60
24. 组织制度完善		8				10			80
25. 企业弹性和适应能力			6			10			60

表格指标说明：

重要性为 10 的因素，期望值≥80 为优势因素，期望值≤60 为劣势因素；

重要性为 6 的因素，期望值≥48 为优势因素，期望值≤36 为劣势因素；

重要性为 4 的因素，期望值≥32 为优势因素，期望值≤24 为劣势因素。

以上企业优势主要表现在企业信誉、促销效果、创新效果、现金流量、设备、按时交货的能力、有远见和有能力的领导这些方面。企业劣势主要表现为顾客满意度低、顾客维系差、产品质量和服务质量低、地理覆盖区域不广、资金成本高和利用率低、生产能力差、员工素质不高等。根据企业优势、劣势及外部机会与威胁，制定 SWOT 分析图。图 3-9 所示为兴盛优选社区电商平台 SWOT 分析图。

机会、威胁＼优势、劣势	O 移动智能用户的迅速增长，网购规模扩大 传统电商"最后一公里"，呼唤线上与线下融合	T 市场竞争激烈，新零售门槛低 社区电商物流成本高，渠道管控难
S 企业信誉 资金能力强 设备先进 领导远见	SO 利用企业信誉和资金优势 加大开发加盟商，向外省扩张， 提高市场占有率，在社区电商确立领导者地位	ST 加大技术研发，建立智慧物流体系，降低物流成本，加强供应商合作、建立自有商品生产基地，差异化营销，提高竞争力
W 顾客忠诚度低 员工素质低 服务质量差	WO 加大公益投入，树立品牌形象 创立企业文化，增强员工归属感 加强加盟商管理，提高售后服务	WT 有序扩张，进行供应商和加盟商的严格考核管理，员工激励政策，淘汰机制多元化发展

图 3-9 兴盛优选社区电商平台 SWOT 分析图

小结

扫描二维码获得内容

任务三：小结

复习与思考

扫描二维码获得内容

任务三：复习与思考

模块二　实训操练

实训一：案例分析

一、实训内容

认识营销环境变化对企业营销活动的影响。

二、实训准备

1．授课老师根据学生认知水平选择合适的案例，提前布置给学生；
2．学生利用课余时间熟悉案例资料，收集与案例相关的背景材料；
3．以4～5人为一个小组进行讨论，并记录讨论结果。

三、实训组织

1．按小组讨论形式布置座次，同一小组成员坐在一起；
2．每个小组由一名代表陈述案例的核心内容；
3．每个小组由一名代表宣讲小组讨论的结果，小组其他成员补充；
4．授课老师引导学生对不同的观点进行辩论，激发创新思维。

四、实训评价

单位：分

评价对象	评价项目	内容描述	评价要求	分　值	得　分
团　队 （60%）	讨论组织	组长负责 分工协作	组织有序、团队协作良好	10	
	讨论参与	发言积极	小组成员积极主动	10	

续表

评价对象	评价项目	内容描述	评价要求	分　值	得　分
团　队（60%）	讨论结果	依据案例分析的讨论问题提炼讨论结果	观点新颖、突出主题、思路清晰	20	
	汇报成果	课堂汇报	表述流畅、配合默契	20	
个　人（40%）	小组考勤	组长考勤	按时参加讨论，主动积极	20	
	小组贡献	小组评分	提出独特观点和新思想	20	
最终评分					

参考资料

扫描二维码获得内容

步步高：顺应学习者需求实现发展繁荣

实训二：分析企业营销环境

一、实训内容

针对任务二中选定的企业开展营销环境综合分析。

二、实训准备

1. 由组长与企业联络人电话沟通，预约小组访问时间；
2. 拟订本次小组面对面访问的计划，包括需要收集的信息资料；
3. 做好面对面访问的准备，采访的录音笔和相机（可用智能手机）、记录本。

三、实训组织

1. 组长负责组织小组成员收集企业资料，并向授课老师备案；
2. 小组成员利用课余时间整理分析收集的资料；
3. 小组共同确定准备重点研究的企业产品；
4. 对选定的企业产品进行营销环境综合分析（SWOT 分析）；
5. 课堂分享各小组对企业进行面对面访问的体会、遇到的问题；
6. 授课老师对本次资料的收集与整理进行整体点评。

四、实训评价

单位：分

评价对象	评价项目	内容描述	评价要求	分　值	得　分
团　队 （60%）	实训准备	拟订计划	时间、内容、要求明确	10	
	实训实施	收集数据 整理资料	有图有真相、时间有保障、与计划一致	10	
	实训成果	汇总PPT	图文并茂，数据真实，运用SWOT分析，结论准确，观点鲜明、新颖	20	
	团队协作	课堂汇报	分工明确、表述流畅、思路清晰、配合默契	20	
个　人 （40%）	小组考勤	组长考勤	按时参加考察 主动积极	20	
	小组贡献	小组评分	完成分配任务 具有良好的协作精神	20	
最终评分					

【附件1】你是营销人员：大自然饮料公司的新产品营销计划（2）

扫描二维码获得内容

你是营销人员：大自然饮料公司的新产品营销计划（2）

【附件2】市场营销环境分析报告（范例）

扫描二维码获得内容

市场营销环境分析报告（范例）

任务四 管理市场营销信息

任务目标

思政目标

1. 培养信息收集意识，遵守信息保密原则；
2. 树立实事求是的观念，保证信息真实可靠。

知识目标

1. 理解市场营销信息的含义与作用；
2. 了解市场营销信息系统的构成；
3. 认识市场营销调研的意义和内容。

能力目标

1. 能设计科学、合理的市场营销调查问卷；
2. 初步掌握市场营销调研的基本步骤与方法；
3. 整理调查问卷的数据和资料。

模块一　理论指导

案例导入

中国经济型酒店的投资机会

市场调查网发布的《2020—2025年中国经济型酒店产业现状及产业投资机会分析报告》显示，截至2019年年底，全国住宿业的设施总数为457 834家，客房总规模为16 770 394间。其中酒店类住宿业设施为317 476家，客房总数为15 480 813间，平均客房规模约为49间/家，酒店类住宿业设施和客房数分别占我国住宿业的69%和92%。其他住宿业设施为140 358家，客房总数为1 289 581间，平均客房规模约为9间/家，其他住宿业设施和客房数分别占我国住宿业的31%和8%。

从全国酒店类住宿业的档次分布的总体情况来看，经济型（二星级及以下）、中档（三星级）、高档（四星级）、豪华（五星级）这4个档次的设施数分别约为27.84万家、2.32万家、1.21万家和0.38万家，所占比重分别约为87.7%、7.3%、3.8%和1.2%。

从客房数来看，经济型的客房数约为1039万间、占67%，中档的客房数约为214万间、占14%，高档的客房规模约为181万间、占12%，豪华的客房数为114万间、占7%。由此可见，绝大部分的酒店类住宿业设施都是低端设施。

全国酒店类住宿业客房规模在29间及以下的设施数为154 191家，客房规模在30~69间的设施数为100 512家，客房规模在70~149间的设施数为49 048家，客房规模在150间及以上的设施数为13 725家，上述四类规模的设施在总量中所占比重分别为49%、32%、15%和4%。

从这些设施所占房量的分布来看，29间及以下的占比为20%，30~69间的占比为28%，70~149间的占比为31%，150间及以上规模的占比为21%。总体来看，占房量48%的酒店类住宿业设施规模在70间以下，占房量52%的酒店类住宿业设施规模在70间及以上。

从十大城市酒店类住宿业设施的档次分布来看，经济型（二星级及以下）所占比重最小的地区是上海和杭州，均为55%；所占比重最大的地区是西安，为72%。中档（三星级）所占比重最小的地区是重庆和武汉，为13%和11%；所占比重最大的地区是深圳和杭州，为20%和18%。高档（四星级）所占比重最小的地区是广州和西安，为11%和10%；所占比重最大的地区是成都和杭州，均为17%。豪华（五星级）所占比重最小的地区是西安和重庆，均为6%；所占比重最大的地区是上海，为13%。

从十大城市酒店类住宿业设施的规模分布来看，北京和上海的大型设施最多，37%的客房都分布在150间及以上规模的设施中，而重庆只有16%的客房分布在150间及以上规模的设施中。重庆的小型设施最多，63%的客房分布在70间以下的设施中，而上海的这一占比为28%。

思考：
1. 根据以上市场调查信息，分析我国经济型酒店的发展趋势。
2. 你认为后疫情时代，经济型酒店应该如何开展市场营销？

任务三介绍了市场营销环境对营销活动的影响，在任务四中我们将介绍公司如何开发和管理微观环境和宏观环境变化发展趋势的信息，这些信息对营销决策起指导作用。从市场调查网发布的《2020—2025年中国经济型酒店产业现状及产业投资机会分析报告》中的数据可以得出：我国近年来经济型酒店发展迅速，规模占整个酒店行业的87.7%，而且，经济型酒店主要分布在中、西部等欠发达地区的城市，从调查的十大城市分布来看，西安占比为72%，而上海和杭州占比均为55%。从经济型酒店的整体比例及分布情况来看，基本饱和。特别是大城市，经济发达地区对于经济型酒店的需求减少。因此，未来经济型酒店的投资机会主要在二、三线城市，而大、中城市的投资机会不多。对于已经进入经济型酒店行业的投资者来说，特别要关注后疫情时代，人们对于出行入住环境及卫生状况的要求越来越高，因此经济型酒店必须改变一贯以来低成本、"脏乱差"的形象。可以适当提高入住价格，但必须做好周边环境和客房内部的卫生，保障入住者的安全是非常重要的。经济型酒店在后疫情时代将面临转型升级的巨大挑战。这一市场调查数据为投资者和经营者决策提供了重要的参考依据。

以上叙述是作者参照了国内一些学者的观点，并进行了整理，仅供读者参考。

一、市场营销信息的作用

在市场竞争激烈的时代，企业竞争优势取决于其对市场和顾客需求、欲望的深度了解，而这种深度了解来源于有价值的市场营销信息，要获得这些信息并不是一件容易的事情。顾客需求和购买动机常常不明显，往往连顾客自己也不能准确地说出需要什么及为什么购买。为了获得优质的顾客需求信息，市场营销人员必须有效地管理来自各种渠道的市场营销信息。

如今大部分市场营销经理不缺乏信息，但是由于信息量太大，缺乏足够的有效信息。因此，企业必须建立起完善的市场营销信息系统，以恰当的形式、在合适的时间给市场营销管理人员带来有价值的信息，帮助他们创造出顾客价值和建立良好的顾客关系。

（一）市场营销信息的含义

市场营销信息属于经济范畴，是指在一定的时间和条件下，同企业市场营销及与之相联系的多功能服务有关的各种消息、情报、数据、资料的总称，是对市场各种经济关系和营销活动的客观描述与真实反映。例如，未来市场营销环境的变化发展趋势、企业销售额变化、促销效果、网络上的顾客评论等，都属于市场营销信息。

市场营销信息除具有一般社会信息的普遍性、可感知性、可处理性、可转换性、可传递性、有效性等特征以外，还具有其本身的特征。市场营销信息是多信源、多信宿、多信道、多层次的综合，具有双向流动性、时效性和活跃性等特征。这里要提出的不是一般的信息而是市场营销信息，因而必须通过市场营销人员与管理人员对信息来源及真伪进行识别，经过整理与分析并加以提炼后的信息才能成为市场营销信息。

（二）市场营销信息的作用

在现代社会条件下，信息与知识在社会经济发展过程中的作用日益增强。市场营销信息对于企业营销活动的成功至关重要，概括起来表现在以下几个方面。

1. 市场营销信息是企业营销决策的前提和基础

企业的营销决策，无论是营销目标、方向和战略决策，还是产品、渠道、定价、促销等战术决策，都依赖于信息。管理人员只有掌握系统、全面、真实的市场营销信息，才能在决策过程中做到心中有数，权衡利弊，选优抉择，否则就是盲目决策，必然导致决策的失误。

2. 市场营销信息是企业制订营销计划的依据

营销计划是企业落实营销决策、实现营销目标的具体方案和步骤。在制订计划时必须对市场营销信息进行分析、研究，并根据所掌握的信息预测未来市场的发展趋势。不了解市场营销信息，也就无法制订科学、合理的营销计划。

3. 市场营销信息是实现营销控制的必要条件

市场营销信息作为一种重要资源，能有效地引导企业营销活动向有利的方向发展。管理人员借助市场营销信息，可以科学地指挥营销活动的开展，调整营销行为，实现营销目标。

4. 市场营销信息是增加企业盈利的重要资源

企业有效地利用市场营销信息，不仅可以凝聚企业的人力、物力、财力资源，而且有利于企业确定营销重点，创造营销绩效，开发新的产品和新的营销举措，获得更多的经济利益。

5. 市场营销信息是协调内外关系的依据

在企业营销系统及营销环境系统之间，不可避免地会产生矛盾、失去平衡，从而影响营销活动的正常开展。企业依据市场营销信息，及时采取措施，协调营销系统内部条件、外部环境和企业目标之间的关系，以实现企业营销系统与外部环境，以及与内外系统各要素之间关系的新平衡。

（三）市场营销信息的内容

企业的市场营销信息是丰富多彩且瞬息万变的，与企业的营销活动关系最为密切的信息主要有以下几个方面。

1. 商品供求及其变化信息

商品供求信息是市场的一种先导性预测信息，预示着潜在市场供应与需求双方未来的发展动态。工商企业掌握商品供求状况及变化趋势，对于营销决策至关重要。商品供应信息包括商品供应机构的信息、供应地点和供应单位方面的信息、供应方式方面的信息、供应量方面的信息等，这些信息指导着广大顾客进行消费，提供了购买对象。商品需求信息包括总需求量方面的信息、市场对商品需求的情况、顾客对企业和商品的评价等。消费者和市场对商品的需求情况及其变化趋势，直接关系到企业的生产经营、营销决策。企业处在为顾客传递价值的某个环节，既是供应方又是需求方，因此整个供求情况及其变化趋势是企业最关心的市场营销信息之一。

2. 商品价格及其变化信息

商品价格直接影响着商品销量和企业获利的多少。关注商品价格及其变化，依据价格变化预测市场供求发展趋势，是取得市场营销成功的秘诀之一。商品价格及其变化信息包括价格水平高低情况、影响价格变化的因素、竞争对手的价格水平和价格策略、替代品价格及其发展趋势、国际市场上同类商品的价格信息等。

3. 市场竞争情况及其发展趋势信息

市场竞争是商品经济社会必然存在的普遍的经济现象。企业开展市场营销活动，必须积极参与市场竞争，在竞争中求得生存和发展。因此，企业必须掌握市场竞争情况及其发展趋势信息，包括竞争企业的情况信息、竞争商品的情况信息、当前市场总的形势及竞争发展的趋势等，以便采取相应的对策。

4. 科学技术的进步和新产品开发信息

科学技术的进步必然会影响产品的更新换代和新产品开发，影响企业商品的市场生命周期和营销决策。企业了解和掌握的科学技术的进步信息主要包括市场上新科学技术发展的动向和趋势、企业内部的科学技术成果、现在和未来可用于企业生产的科技成果情况、企业准备进行科技研究项目的进展情况、国内外已达到的科技水平情况，这些都决定着企业生产和经营什么及其相应的规模。新产品开发信息包括试制新产品所需的科学技术工艺和先进程度及市场上是否有人开发，从技术、工艺上改进生产过程的信息，新产品发展趋势及消费者对新产品的态度，国内外新产品上市情况信息等。

5. 与市场营销相关的其他信息

国际市场及其变化信息、国家政治经济变化情况、人口发展情况，以及企业的生产经营要素、成果、财务等管理情况，这些信息都与企业的营销活动、营销决策有着密切的联系。

上述市场营销信息的内容相互联系、相互影响，构成了市场营销信息的内容体系。由于市场营销信息内容丰富、繁杂，因此要加强对市场营销信息的管理，建立科学、合理的市场营销信息系统。

随着信息技术的迅猛发展，企业现在可以产生和生成大量的市场营销信息。市场营销世界充满了各种来源的信息。如今，消费者本身就能产生大量的市场营销信息。他们通过电子邮件、短信、博客、微信、QQ 和其他富媒体渠道，自发地向企业提供并与其他消费者分享大量信息。由于数据负荷太大，大多数市场营销管理人员常常被淹没其中。大数据的概念很好地总结了这一问题。

大数据，是指由如今日趋成熟的信息生成、收集、存储和分析技术产生的大量复杂数据。

美国研究机构高德纳咨询公司给出的定义：大数据是需要新处理模式才能具有更强的决策力、洞察发现力和流程优化能力的海量、高增长率和多样化的信息资产。而维基百科的定义，大数据是指无法在可承受的时间范围内用常规软件工具进行捕捉、管理和处理的数据集合。大数据的战略意义不在于掌握庞大的数据信息，而在于对这些有意义的数据进行专业处理。根据相关研究机构统计，全球每年产生的数据从 2009 年 0.8ZB（ZB 是十万亿亿字节）增加到 2018 年的 33ZB，并预计在 2025 年达到 175ZB，相当于每天产生 491EB（EB 是百亿亿字节）的数据。

大数据给市场营销管理人员带来机会的同时，也提出了严峻的挑战。有效利用大数据的公司能够获得丰富、及时的顾客洞察。但是，评价和挖掘如此多的数据几乎是无法完成的任务。例如，当诸如安踏、娃哈哈或华为手机等大型消费者品牌在微博、公众号、抖音等社交媒体网站和其他来源监测网上被讨论时，我们可能发现其讨论量大得惊人，每天超过几百万次的公开讨论，每年超过几十亿次。这一信息量远远超出了任何管理人员的消化能力。因此，市场营销管理人员不是需要更多的信息，而是需要更好的信息，以及更好地利用有价值的信息。

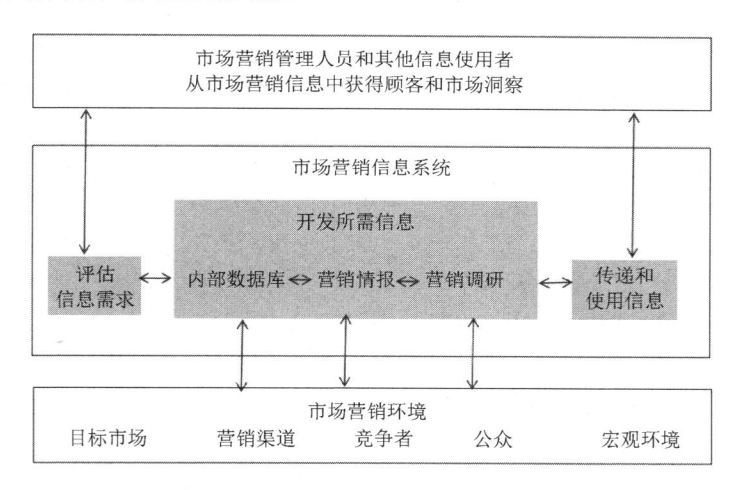

二、建立市场营销信息系统

市场营销信息和市场营销调研的真正价值在于为公司的市场营销管理和决策提供依据。基于这一认识，如今许多公司对其市场营销信息和调研部门给予高度重视，公司成立了专门的大数据采集与分析小组，建立了市场营销信息系统。为市场营销管理人员在恰当的时候、用恰当的形式提供恰当的信息，以帮助他们运用这些信息创造顾客价值和更加有利的顾客关系。

（一）市场营销信息系统的含义

市场营销信息系统（Marketing Information System，MIS）是由人和程序构成的，其功能是通过评估信息需求开发所需信息，最终将有效的信息传递给信息使用者，为他们制定决策提供可靠的依据。

图 4-1 所示为市场营销信息系统，它的起点和终点都是营销决策者，包括市场营销管理人员、内部和外部合作者，以及其他人，他们都是信息使用者。首先，该系统和信息使用者一起评估信息需求；其次，该系统在营销环境作用下通过公司内部数据库、营销情报和营销调研 3 个子系统来开发所需信息；最后，通过信息分析系统帮助使用者传递和使用信息，从而建立顾客洞察、制定营销决策和管理顾客关系。

图 4-1　市场营销信息系统

（二）评估市场营销信息需求

市场营销信息系统首先服务于公司的市场营销部门和其他部门的管理人员。同时，它为外部合作伙伴提供信息，诸如为供应商、中间商或市场营销服务机构等提供信息。例如，沃尔玛的零售链（Retail Link）系统为主要的供应商提供从顾客购买模式和存货水平，到过去 24 小时之内各家门店销售情况的各种信息。根据沃尔玛零售链系统提供的数据做出顾客洞察，发现现代家庭男女分工越来越模糊，年轻爸爸在下班途中去超市采购诸如宝宝奶粉、纸尿裤等已经成为常事，并发现他们也会顺便购买一些饮料来犒赏自己。将这个信息提供给商场的运营主管后，他们及时调整货架商品陈列，将饮料与纸尿裤并排陈列，收到了不错的销售效果。

一个优秀的市场营销信息系统,能够在信息使用者想要得到的信息与他们真正需要又能得到的信息之间找到平衡点。公司首先应该询问市场营销管理人员需要哪些信息,有些管理人员想要所有能得到的信息,而没有仔细思考自己真正需要的信息是什么。而实际上,信息过量与信息不足是一样的问题。

另一些市场营销管理人员忽略了他们应该知道的信息,或者他们并不清楚自己需要什么信息。例如,市场营销管理人员或许需要知道有利或不利的顾客网络口碑,即顾客在博客或社交网站中关于品牌的讨论。如果市场营销管理人员对这些讨论浑然不知,自然就想不到要去了解。市场营销信息系统必须监督市场营销环境,以便为决策制定者提供所需信息,帮助他们更好地理解顾客和制定市场营销决策。

另外,获得、处理、储存和传递信息的成本会迅速上升,公司必须判断从额外信息中获得的顾客洞察给公司创造的价值与付出的成本是否平衡,而通常情况下价值和成本是难以估算的。

(三)开发市场营销信息

市场营销管理人员可以从公司内部资料、市场营销情报和市场调研中获得所需信息。

1. 公司内部资料

许多公司建立了大规模的内部数据库,即从公司内部数据库收集的关于顾客和市场的电子信息。内部数据库的信息主要有财务部门编制的财务报表,详细记录销售额、成本和现金流量;制造部门编制的生产计划、出货和库存情况;销售部门报告中间商的反应和竞争对手动态;市场营销渠道伙伴提供的销售网点交易的数据;市场营销部门提供的关于顾客特点、交易情况及网站浏览行为的信息;客户服务部门记录的顾客满意度和服务问题。通过对这些信息的处理和利用,市场营销人员可以获得顾客洞察,进而使公司获得竞争优势。

例如,国内一家保险与金融公司运用其内部数据库为公司赢得了稳定的业务收入。公司主要借助电话、互联网和移动渠道,为个人汽车用户及其家属提供保险和金融服务。它建有巨大的顾客信息库,涵盖顾客购买历史、交易数据等信息。公司运用这一内部数据库针对每位顾客的需求,量身定制直复营销方案。例如,向即将退休的顾客发送有商业养老保险和长期照护险的信息,向家中有孩子要上大学的顾客发送关于如何管理信用卡的信息。

例如,这家公司帮助一位顾客在网上直接办理了汽车保险,并为他争取了定点4S店的汽车保养优惠券,及时提醒年检。通过如此富有技巧地运用其内部数据库,该公司独具匠心地为每位顾客提供贴心的服务,创造了较高的顾客满意度和忠诚度,这家年收入600亿元的公司顾客保有率高达80%以上。

比起其他信息来源,内部资料通常可以迅速获得,而且花费较少,但也存在一些问题。由于内部信息并不是完全为了营销决策而收集的,因此数据有可能不完整或形式不当。而且,数据老化快,更新数据需要大量的时间和精力,尤其是大公司的海量信息需要尖端的设备和技术,以及高水平的数据分析人员。

2. 市场营销情报和市场调研

市场营销情报是指系统地收集和分析关于顾客、竞争对手和市场发展趋势的可公开获得的信息。其目的是通过理解顾客环境、评价和追踪竞争对手行为,以及提供对机会和威胁的预警,帮助市场营销人员更好地制定战略决策。内部资料与市场营销情报信息的主要区别在于前者为市场营销管理人员提供事件发生以后的结果数据，后者为市场营销管理人员提供正在发生和变化中的数据。

随着市场竞争的加剧，越来越多的公司想了解竞争对手的情况和市场行情，市场营销情报收集日益受到重视。市场营销情报收集的途径有很多，我们主要可以通过以下途径来收集。①监测网络顾客评论，通过专业调研公司及互联网公司的帮助，例行监测顾客评论区留言及对竞争品牌的谈论内容。②实地观察顾客，企业派出受过专业培训的观察人员潜入顾客群中，看他们如何使用和讨论公司的产品。③密切关注竞争对手活动及已发布的信息，如竞争对手的新产品发布、专利申请、大型促销活动。竞争对手通常会通过年度报告、商业出版物、贸易展览会、新闻报道、广告及网页等途径公开相关信息。例如，三星公司常常实时监控其竞争对手苹果公司在推出最新款 iPhone、iPad 和其他设备时于各大主要社交媒体上的动态，并为它的 Galaxy S 智能手机和平板电脑制定营销对策。④与供应商、中间商和关键顾客交流，了解其与自家公司的合作规模及与竞争对手的合作规模，对本公司和对竞争对手的合作态度。⑤询问自己的员工。与公司内部人员，如经理、工程师、研究人员、采购人员和销售人员谈话，获得相关技术、市场行情等情报信息。⑥公司可以购买、分析竞争对手的产品，了解它们的销售情况，查询新的专利申请情况。例如，京东的竞争情报部门定期从竞争对手网站购买产品，分析和对比它们的配货、速度和服务质量。互联网可以用来获取竞争对手的大量情报信息，利用搜索引擎，市场营销人员可以检索到特定竞争对手的名称、活动或动态。大部分竞争对手都把大量信息放在互联网上，以吸引顾客、合作者、供应商、投资者和加盟商，这些信息提供了大量关于竞争对手的战略、营销、新产品、设备和其他事件的有价值信息。网上还有大量免费的数据，如百度提供的大数据分析，如今的市场营销人员只要在网上多搜索一下就可以获得竞争对手的很多信息。

当然，任何技术都是一把双刃剑，互联网技术给市场营销人员收集信息带来了便利，同时也给许多不法商家利用非法手段获得竞争对手情报信息来牟利提供了便利，导致市场情报的使用产生了一系列道德伦理和社会问题。所以，我们主张公司利用公开可得的信息，而不是利用非法手段来窥视竞争对手。

三、组织市场营销调研

（一）市场营销调研的定义

市场营销调研是指针对组织面对的特定市场营销问题，系统地设计、收集、分析和报告信息。公司在许多情况下都会用到营销调研，从目标市场定位、新产品开发、产品定价、分销渠道管理、促销活动方案制定、市场潜力和市场份额预测到顾客满意度和购买行为评估。

一些大公司拥有自己的调研部门，在营销调研项目上协助市场营销经理工作，如宝洁、中国移动等许多大公司都有专门的调研部门。此外，这些大公司及他们的竞争对手，包括那些小规模的公司，经常邀请调研专家与管理层一起商议特殊的市场营销问题，进行市场营销调研。

市场营销调研是一项技术性很强的工作，必须通过专业机构并采取严格程序，确保获得数据的真实性和可靠性。下面我们就一起了解市场营销调研的步骤及具体的工作内容。

（二）市场营销调研的步骤

根据市场营销调研活动中各项工作的自然顺序和逻辑关系，我们可以把市场营销调研分为以下 3 个阶段：调研准备阶段、正式调研阶段和结果处理阶段。3 个阶段又可以进一步分为 6 个步骤：明确调研问题和调研目标、制订调研计划、实施调研计划、落实调研方案、分析调研资料、提出研究报告，如图 4-2 所示。

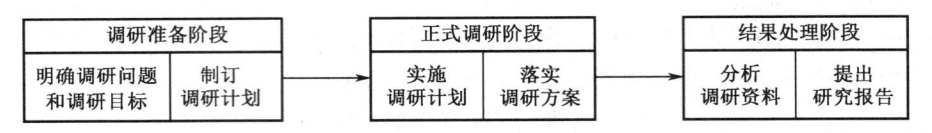

图 4-2　市场营销调研的步骤

1. 调研准备阶段

公司总会面临这样或那样的营销和管理问题，但一项调研的目标不能漫无边际。相反，只有将每次调研所要解决的问题圈定到一个确切的范围内，并与调研目标达成一致，才能有效地制订调研计划。因此，明确调研问题和调研目标便成为调研过程的第一步。

（1）明确调研问题和调研目标。明确调研问题和调研目标通常是调研过程中最为困难的一步。市场营销经理可能知道营销环节出了问题，却不知道具体原因。例如，当百事可乐上市后，可口可乐的销量下降，可是为什么人们不再喜欢可口可乐而转向百事可乐了呢？是因为百事可乐的口味更好吗？那是否意味着可口可乐要开发新口味呢？市场营销经理和调研人员必须密切合作，仔细地确定调研问题，并与调研目标达成一致。

明确了调研问题后，市场营销经理与调研人员就要明确调研目标。营销调研目标可以概括为 3 种：一是探索性调研，目标是收集初步信息，确定问题并提出假设；二是描述性调研，目标是描述情况，如某种商品的市场潜力或购买者的人口统计特征和态度等；三是因果性调研，目标是检验因果假设，如某种商品采用了价格降低 10%的促销方式使销量上升，要统计增加销售收入带来的利润是否能抵偿价格下降的促销成本。市场营销经理往往从探索性调研开始，再进行描述性调研和因果性调研。

调研问题和调研目标的陈述将指导整个调研过程。市场营销经理和调研人员应将这一陈述书面化，以确保他们在调研的目标和预期结果上达成一致。

（2）制订调研计划。市场营销调研的第二步是确认哪些信息是必要的，制订收集信息的计划，并上报调研管理机构批准。

调研目标必须被转换为具体的信息需求，如某食品生产企业打算为其面条引入可在微波炉中加热的一次性碗状包装，并希望了解顾客会有什么反应。新包装成本高，但顾客在微波炉中加热后即可食用，非常方便。这项调研可能需要收集下列信息。

① 目前面条食用者的人口特征、经济状况和生活方式。繁忙的双职工家庭可能发现新包装很方便而不在乎价格，人口多的家庭可能希望价格低而不在乎洗碗。

② 顾客对面条的食用模式：吃多少，在哪里吃，什么时候吃等。

③ 零售商对新包装的反应。如果不能得到零售商的认可，新包装产品的销量可能不太理想。

④ 对新旧产品销售的预测。新包装是明显提升销量，还是单纯替代现有包装产品的销量？新包装会给企业增加利润吗？

⑤ 调研计划需要用书面形式正式体现。调研计划的主要内容：需要解决的营销问题和调研目标；需要收集的信息；数据的来源、具体的调研方法、接触方法、抽样计划，以及收集数据的手段和所需要的设备；调研结果如何帮助管理层做出决策；调研经费预算和调研效果预测。

2. 正式调研阶段

正式调研阶段主要包括实施调研计划、落实调研方案两个方面。这个阶段的任务是按调研计划要求收集市场营销经理所需要的信息资料。收集的信息包括两大类：一类是二手数据，另一类是原始数据。

（1）**收集二手数据**。二手数据是指已经存在的为其他目的而收集的信息。二手数据的主要来源有公司内部的数据库、商业数据服务机构和政府提供的数据。如市场调研公司提供的研究报告，证券交易委员会数据库提供的上市公司的财务数据，统计部门提供的人口统计数据、经济指标数据，还有互联网上海量的免费数据资料。

获取百度大数据这类数据需要支付一定的费用，而行业协会、政府机构、商业出版物、新闻媒体都可以提供免费的信息，只要能找到它们的正确网址就可以了。

网络搜索引擎非常有助于锁定二手数据来源，然而，它们有时也让人束手无策，效率低下。例如，婴儿用品公司的市场营销人员用百度网页搜索"婴儿纸尿裤"，将会得到多个页面，每个页面约有十几条相关信息。所以，设计好网络搜索的结构、关键词对从网络调研搜集信息是很重要的。

与原始数据相比，获得二手数据通常速度更快、成本更低。而且，二手数据有时可以提供单个公司自己无法收集的信息，或者要花费大笔资金进行调研才能获得的信息。如湖南某黑茶公司希望了解黑茶产业发展现状及趋势，还希望了解政策环境、市场环境、融资环境和人才环境。如果想获得国内国际全面的资料，依靠公司自身调研不仅成本高，而且很难获得专业调研公司那样可靠、全面的资料数据，那么该公司可以直接链接相关网站——搜索关键词"安化黑茶"，则会出现"2021—2026年中国安化黑茶政府战略管理与区域产业战略规划研究报告"这样的信息。

但二手数据也有局限性，有时调研人员所需要的信息根本搜不到。例如，某公司想要了解维生素饮用水的市场需求规模，就不可能有二手信息，因为"维生素饮用水"这个概念才被提出，产品还没有投入市场，也就没有相关的数据统计，该公司只能通过瓶装水或其他分类矿泉水、纯净水、矿物质水的需求规模进行相关性分析。调研人员必须仔细评估二手信息的相关性（符合当前调研项目的目标）、准确性（可靠地收集和报告）、及时性（数据很新，符合当前决策的需要）、无偏差性（客观地收集和报告）。

（2）**收集原始数据**。调研人员通常从收集二手数据开始，明确调研问题和调研目标。但由于二手数据具有局限性，许多公司必须收集原始数据。收集原始数据的计划如表4-1所示。

表4-1 收集原始数据的计划

调研方法	访问方法	抽样计划	调研工具
观察法	邮寄访问	抽样单位	问卷
调查法	电话访问	抽样规模	仪器
实验法	面谈（个人采访）	抽样过程	
	网络调研		

① 调研方法。收集原始数据的调研方法包括观察法、调查法和实验法，下面具体介绍各类调研方法的内容。

观察法。观察法是通过观察相关的人员、行为和情景来收集原始数据的方法。例如，消费品生产商可以通过到超市实地观察顾客行走的路线、关注的商品信息、查看商品的内容及最后购买决定，来评估商品包装及包装说明的描述内容、商品在超市的陈列设计、促销活动方式等。

观察法可以用来获得人们不能或不愿意提供的信息，如购物的习惯、对价格的敏感性。例如，吉列公司在其实验室中使用高科技摄像机和其他设备观察男性和女性如何剃须（毛），依据这些洞察设计新型的剃须刀或其他剃须产品。

市场营销人员不仅要观察顾客做什么，还要关注顾客说什么。市场营销人员可以通过在博客、社交网站、微信群、百度贴吧上查看顾客的对话，观察这种不受任何干扰产生的自然信息反馈，可以为市场营销人员提供那些通过正式性调查方法难以获得的真实数据。

观察法对调研人员的素质要求很高，要求其有敏锐的观察力，懂得顾客心理学，会使用适当的调研手段，如录像和录音设备。但有些信息是不能通过观察获得的，如顾客的感觉、态度、动机和行为等。由于这些限制，调研人员还必须用其他数据收集方法。现在国外已开始使用一种全新的观察法，即人种志调研法，这种调研方法是让观察者在自然状态下，去观察顾客并与其互动。观察者可能是训练有素的人类学家、心理学家或公司调研人员。

观察法和人种志调研法可以揭示一些传统的调查问卷或焦点小组访谈法无法得到的细节。传统的定量研究方法追求检验已知假设，寻找经过精确定义的产品或战略问题的答案，但观察法可以产生新鲜的顾客和市场洞察，而这些往往是人们不愿或不能提供的，为我们探知顾客的潜意识行为和无法清晰表达出来的需求及情感开辟了一个窗口。

但观察法也有其局限性，如前所述。另外，长期或偶然的行为也不容易被观察到，有时我们观察到的现象很难解释。因此，调研人员在采用观察法的同时要配合使用其他的数据收集方法。

调查法。调查法是调研人员利用多种调研手段，如问卷和仪器，直接与被调查人员接触并收集原始数据的方法。调查法是收集数据最常用的方法，适合收集描述性数据。如当调查人们对某产品的认知、态度和偏好时，就可以采取直接询问个人的方法获得数据。

调查法比较灵活，可以得到不同情况下的各种信息。调查每一个营销问题和决策，一般可以通过电话、邮件等方式进行。

不过调查法也存在一些问题：有时设计的问题会被被调查人员曲解；有时因为他们不记得或根本没有想过自己做了什么及为什么要那样做；有时被调查人员不愿意回答陌生者的访问；有时被调查人员为配合调研人员，只能按调研人员的意图回答问题；有时由于被调查人员事务繁忙可能抽不出时间参与调查，或认为调查侵犯了他们的隐私。

实验法。观察法最适合于探索性调查，调查法最适合于描述性调查，而实验法最适合用来收集因果关系的信息。实验法首先要选择合适的配对实验组，对于同样的事物，给予实验组不同的处理方式，并控制不相关的因素，从而查看不同实验组的被实验者的反应有何差异。如一种新的饮料上市前，饮料公司测试两种不同价格对其销量的影响，可以选择两个经济水平相当的城市，分别采取不同的价格，并排除价格外的其他因素可能给销量带来的影响，那么两个城市该饮料的销量差异就与价格因素相关。实验法一般只适合在小范围内使用，并且在测试一个因素时，很难排除其他因素的干扰。

② 访问方法。在使用访问方法调研时可以通过邮寄、电话、面谈（个人采访）、网络调研等来获得数据。4 种访问方法各有优点与缺点，分别适用不同的情况，如表 4-2 所示。

表 4-2　4 种访问方法的优点与缺点比较

项　目	邮　寄	电　话	面谈（个人采访）	网络调研
灵活性	差	好	非常好	好
数据质量	好	一般	非常好	好
对被调查人员影响的控制	非常好	一般	差	一般
样本控制	一般	非常好	一般	差
数据收集速度	慢	非常好	好	非常好
问题回答情况	差	好	好	好
成本	低	一般	高	非常低

邮寄。对一些范围较广、内容较多的市场调查可将调查问卷邮寄给被调查人员，由其自行填答后寄回。邮寄访问比较简便，被调查人员可以有更多时间考虑和填写调查问卷，不受调研人员的影响，成本也较低；但其回收率一般不高，除非配合采用一些奖励措施。为了方便对方寄回，且不给他们增添麻烦和费用开支，在邮寄调查问卷时调研人员要事先支付邮资。最后，调研人员不能控制邮寄调查问卷的被调查人员样本，即使有一份邮寄名单，也说不准谁会填写调查问卷。为规避这一缺点，越来越多的调研人员现在改用更快捷、灵活、成本低的电子邮件。

电话。通过电话向被调查人员询问有关问题、征求意见或收集信息。电话访问比邮寄调查问卷灵活，调研人员可以解释较难懂的问题，也可以根据得到的回答跳过某些问题或深入调查某些问题。电话采访回收率比邮寄调查问卷高，还可以更好地控制样本。调研人员可以请求与符合特点的被调查人员交谈，甚至可以点名访谈。不过，电话采访的单位成本要比邮寄调查问卷高，而且有时人们不愿和调研人员谈及私人问题。这种方法也会引起调研人员的偏见，他们不同的谈话方式、提问方法和其他差别都会影响被调查人员的回答。除此之外，如今的顾客往往有"电话黑名单"或"促销厌恶症"，越来越多的调查回应是挂掉电话，而不是与电话调研人员攀谈。

面谈（个人采访）。调研人员直接面对被调查人员，通过有目的的交谈，收集所需资料。双方可以按调研人员事先拟好的调查项目进行交谈。因此，谈话内容明确，程序容易掌握；也可以是围绕一个中心议题，双方自由交谈、讨论，便于被调查人员畅所欲言，甚至还能够了解一些意外的信息资料，形式非常灵活。

当面询问可以采取两种形式：个人访谈和小组访谈。个人访谈，即调研人员与被调查人员单独交谈，不受他人干扰，谈话内容可以更开放、更深入，谈话地点更灵活，可以在办公室、家里、街头或购物中心，但个人访谈费用较高，可能是电话访谈的 3~4 倍。小组访谈，即邀请一部分熟悉情况的人员在一起对某些议题集中讨论，一次可以召集 6~10 人，由一个经过训练的人讲解一种产品、一项服务或一个组织，参加者一般都可得到一小笔报酬。调研人员鼓励自由轻松的讨论，希望聚会能够反映真实情感和想法，同时调研人员要使讨论聚焦主题，因此，这种访谈形式也被称为焦点小组访谈。

调研人员和市场营销人员运用单面镜观察小组讨论情况，并将谈话内容记在纸上或进行录音、录像，以便日后研究。现在，焦点小组调研人员甚至可以使用视频会议和网络技术将市场营销人员和远程焦点小组现场连接起来，使用摄像头和双向声道系统，同时运用遥控进行面部特写或对焦点小组切换角度，营销总裁可以在董事会会场进行远程监听。

和观察法一样，焦点小组访谈已经成为洞察顾客想法和感觉的主要定性调研手段。不过，焦点小组访谈研究存在一些问题。为了节省时间和费用，焦点小组一般会控制规模，这样就很难得出一般性的结论。另外，顾客有时不愿意在他人面前敞开心扉谈及自己真实的情感、行为和意图。现在一些公司正开始修改焦点小组访谈设计，打造一种"沉浸式小组"的形式，这种调查形式没有焦点小组主持人在现场，顾客直接或非正式地与产品设计者互动。也有一些调研人员在改变他们进行小组深度访谈的环境。为了帮助顾客放松，使其释放出更真实的反应，调研人员在被调查产品周围布置了更舒适、更放松的场景。例如，为了更好地了解女士如何剃除腿毛，某品牌剃毛刀生产商和广告代理商创意设计了"慢饮会"，如同和女伴之间的简单约会。

近年来，许多公司已经逐渐放弃了传统而正式的以数字为导向的调查方法和访问方式，取而代之的是以倾听顾客的方式为主。

网络调研。互联网的发展对市场营销调研活动产生了巨大影响。调研人员越来越多地利用网络调研收集原始数据，主要通过互联网调查、网上小组讨论、实验，以及网上焦点小组访谈与品牌社区监测等方式获得信息。

网络调研的形式多种多样。公司可以将互联网作为调查媒介，在自己的网站上发布调查问卷，或发送电子邮件邀请人们回答问题，创建网上小组，提供定期反馈或进行现场讨论、网上焦点小组访谈。调研人员还可以在网上进行试验，他们可以通过不同的网页或同一网页的不同时间设定不同价格、标题或产品属性，来比较不同取值的营销变量效果如何；他们还可以创造虚拟的购物环境，测试新产品和市场营销方案。公司还可以通过跟踪浏览记录了解顾客的网上行为，包括他们如何访问网站，又是如何转到其他网站的。

互联网尤其适用于定量调研，截至 2020 年年底，我国网民规模达到 9.89 亿人，这使得网络成为触达各种顾客群体的最有效渠道。随着传统调查方式应答率下降和成本提高，网络迅速取代电子邮件和电话，成为主要的数据收集途径。

网络调研的费用远远低于邮寄、电话和面谈等传统的调研活动所需的费用。互联网的运用节省了传统方法所需的很多费用。而且，网络调研的样本规模对成本的影响很小。一旦准备好调查问卷，在网上调查 10 位和 1 万位顾客，或调查当地和相距甚远的全球顾客之间的成本并没有太大差异。

网络调研比起传统调研，表现出速度快、调查对象范围广泛的优势。网络调研结果的呈现几乎与访问过程结束同步。一家软饮料公司进行了一项网络调研，以了解年轻人对于新的饮料包装创意的看法。在 10~15 分钟的网络调研中，包含了对 765 个不同的商标和饮料瓶形状设计的众多问题。3~4 天内大约有 60 000 个年轻人参与了这项调查。在所有参加者参与完毕的 5 天后，就获得了调查结果的详细分析。网络调研还可以接触到一些传统调研很难接触的人群，如单身、富有、受过良好教育的年轻人，或者公务繁忙的人，这些人调研人员很难在指定时间内接触到，而网络调研没有严苛的时间、地点的限制，正好适合这类人群。当然，网络调研也存在一些缺点，首先，被调查人员的确切身份无法确定，网上的身份大多是虚拟的；其次，上网人群的限制性，使得调研人员很难接触到社会各阶层的人，样本控制很难。更为重要的问题是顾客担心个人隐私被泄露，一些不道德的调研人员会利用调研搜集到的电子邮箱地址和被调查人员的其他隐私资料，在调查结束后向其兜售产品。

市场营销调研人员现在已经开始采取网络进行定性调研，如网上焦点小组、网络倾听、行为锁定和社交锁定等来获得顾客洞察。

网上焦点小组。它是最重要的基于网络的定性调研方法，可以随时随地利用网络视频会议的功能让相距遥远的参与者进行焦点小组调查。凭借先进的网络摄影技术，参与者可以在家或办公室登录参与焦点小组讨论，彼此看到、听到，并现场互动，进行实时的、面对面的讨论。这样的焦点小组可以使用任何语言，实现同步翻译。网络很有效地将来自全国甚至世界各地的人们低成本地联系在一起。而且，调研人员可以在任何地方组织和监督网上焦点小组，节省了差旅费及设施成本。最后，虽然网上焦点小组需要一些事先计划，但几乎即刻就可以得到结果。

尽管网络调研增长迅速，但网络定性与定量调研也存在一些问题。一个主要问题就是如何控制调查样本。因为看不到被调查人员，就很难了解他们的真实身份。为了克服样本和网络情境问题，许多网络调研公司运用选择性加入的社群和样本群，或者许多公司现在建立自己的顾客社交网络，借此吸引顾客参与调研，获得顾客洞察。例如，其杂志构建了自己的调研社群，名为"颜控"，有 3.5 万名中坚成员，借此得到关于内容和广告商品牌的反馈。"颜控"成员在注册加入社群时，需要提供自己个人特征、产品需求和偏好等信息。品牌方因此可以与特定的"颜控"社群粉丝就品牌认知、产品创意、美容趋势和营销方案进行网上互动。分析人士认为："当人们写下自己在现实世界中对产品的反应时，反馈综合了精准的定量调研与焦点小组的定性结果。"

网络倾听。近年来，互联网成为开展调研和开发顾客洞察的重要工具。今天网络调研远不止焦点小组访谈和网上社群这些结构性的调研。公司通过积极地挖掘由顾客自发提供的、自下而上的大量顾客信息来倾听和观察顾客。网上追踪顾客动态既可以是监控顾客在公司品牌网站，或诸如京东、淘宝等购物网站上的评分和评论，也可以是运用复杂的网络分析工具深入分析从博客、微信、抖音、小红书等社交媒体网站上收集的海量顾客评论或信息。在网上倾听和观察顾客可以获得有价值的信息，了解顾客对品牌的感觉，还可以提供建立积极的品牌体验的机会。许多企业如今特别擅长网络倾听并快速做出恰当的反应。

2019 年 11 月 3 日晚，有博主在网上爆料，一位女网红进入飞机驾驶舱拍照并发至朋友圈。女网红为何能进入飞机驾驶舱，堂而皇之地拍照并发至朋友圈？为什么机组人员无一阻拦呢？该事件一经曝出立刻引发网友热议，人们愤怒于女网红的洋洋得意、全体机组人员的无作为，并愤怒于桂林航空毫不知情。桂林航空深陷舆情危机。桂林航空及时监测到了这一网上舆情，并于 11 月 4 日在公司官网发布正式通告，称针对网友举报的"一名乘客进入飞机驾驶舱"一事，高度重视。对涉事机长做出终身停飞的处罚，对涉事的其他机组成员无限期停飞并接受公司进一步调查。桂林航空表示会按照航空条例做内部自审。

网友看到这一通告后，对桂林航空的正面评价明显增多，对于桂林航空的零容忍态度纷纷点赞，认可桂林航空的举动，并坚决给予支持。桂林航空通过网络倾听及时掌握舆情，迅速有效地处理，化解了公司危机，重获顾客信任。

网络分析和目标市场的选择的最新发展将网络倾听更加推进了一步，从行为锁定发展到社交锁定。如果行为锁定是追踪顾客在不同网站上的行动，社交锁定则是从社交网站上挖掘顾客的网上社交联系和谈话。研究表明，顾客的购物习惯与其朋友的购物习惯非常相似，对品牌广告的反应更是如此。因此，不是仅仅因为你最近搜索了运动鞋的信息，或者在网上对某运动品牌进行了评论，屏幕上就跳出一则李宁运动鞋的广告（行为锁定），有可能是你的微信或其他社交网站上关联的好友刚刚从李宁旗舰店购买过一双运动鞋,这就是社交锁定。

网络倾听、行为锁定、社交锁定,所有这些都对市场营销调研人员从网上大量的顾客信息中努力挖掘顾客洞察很有帮助。当市场营销人员越擅长使用各种博客、社交网络及其他基于互联网的应用软件时,人们越开始担心顾客的隐私问题。许多顾客和公众认为,对顾客进行网上跟踪并有针对性地发布广告信息是非常可怕的。现在有拒绝骚扰电话的签名,公众希望将来也有"拒绝跟踪"系统签名,能使顾客摆脱网络监视。有些网页浏览器已经考虑到顾客的这一需求,增加了"无痕浏览"功能。

③ 抽样计划。市场营销调研人员要获得某类统计数据的调查,往往会涉及规模较大的一个群体,要逐一调查是不现实的,这时可采取科学抽样方法,即从总体中抽取样本,通过对样本的调查来推断总体的情况。因此,设计样本就成为抽样调查的重要内容。

设计样本需要确定3个问题。一是调查谁,即抽样单位。这个问题的答案并不总是明确的。例如,为了解家庭汽车购买决策的制定,调研人员是应当访问丈夫、妻子、其他家庭成员、经销商,还是他们所有人呢?二是调查多少人,即抽样规模。大样本结果比小样本更可靠,费用也更高。有时没有必要抽取整个目标市场或很大的比重来得到可靠的结果。三是如何选择样本,即抽样过程。表4-3描述了不同的抽样类型。运用随机抽样,每个成员都有机会进入样本,调研人员可以计算出样本的置信区间。但是,如果随机抽样所需要的成本太高或时间太长,即使无法测量抽样误差,调研人员通常也会使用非随机抽样。这些不同的抽样方法所需要的成本不同,时间限制也不同,所得结果的准确性和可靠性也不一样,使用哪种方法通常取决于调研项目的需要。

表4-3 抽样类型

随机抽样	简单随机抽样	每个成员具有已知并相等的机会被选中
	分层随机抽样	统计总体被分成互不相容的几组(如按年龄划分),随机样本取自每个小组
	分群(地区)随机抽样	统计总体被分成互不相容的几组(如几个街区),调研人员从中抽出一组来调查
非随机抽样	任意抽样	调研人员选择最容易接近的成员,并从他们那里获得信息
	判断抽样	调研人员依照自己的判断选择成员,因为他们有可能提供准确的信息
	配额抽样	调研人员从每一类型的人中,各选规定数量的人来进行调查

④ 调研工具。在收集原始数据时,市场调研人员有两种工具可以选择:问卷和仪器。

问卷,它一直是调研中最常用的工具。无论是面谈、邮寄、电话还是网络方式进行调研都可以使用。问卷非常灵活,有多种提问方式,包括封闭式问题和开放式问题。具体的问卷设计方法后面会详细列举,设计问卷也有很多种技巧。

仪器,尽管调查问卷被广泛应用于原始数据的收集,但对于顾客的习惯或行为、偏好等隐蔽性强的信息,还必须通过一些仪器进行观察才能得到真实的数据。尼尔森调研公司在所选家庭的电视机顶盒中装入个人收视记录器,记录家庭中谁看电视,看什么节目;零售商店使用收款台的扫描仪来记录顾客的购买行为;一些市场营销人员运用移动电话GPS技术追踪顾客在店内或附近的移动。必须说明,在使用仪器调研前,应征得被调查人员的允许或被调查人员知晓所进入场所正在进行的观察调研,确保顾客权利不受侵犯。

(3)执行调研计划。调研人员按调研计划进行原始数据的收集。数据收集可由公司自己的调研人员进行，也可委托专业调研公司完成。调研过程中，收集数据是花费最多、最容易出错的一个环节。调研人员必须加强监督，保证计划正确执行，避免出现以下问题：无法与被调查人员取得及时联系；被调查人员拒绝访问或提供有偏差的信息；调研人员出错或为图省事而走捷径，甚至弄虚作假。

3. 结果处理阶段

对所收集的资料、信息进行汇总、整理、归纳、分析、评价，并提出对策和措施，是整个市场调查工作的关键环节，是出成果的环节。这个阶段的主要工作如下所述。

（1）分析调查资料。①审核。这是对调查资料进行净化工作，即对经调查访问所获得的原始资料进行汇总和筛选，检查问卷中的数据，看其是否准确和完整；检查问卷的逻辑关系，查看被调查人员的回答是否前后矛盾；对于没有参考价值或资料内容相互矛盾的信息，都应毫不犹豫地剔除。②归类。首先按调研问题和调研目标将资料划分为若干组成部分或议题，然后加以分类归档。资料分类要求清晰明了，避免含糊不清，词不达意。③分类与评价，即对资料的可信度与有效度进行评定，对某些重要的或具有特殊意义的资料或样本应做出解释和说明，同时还应将调查资料转化为可以用计算机分析的形式。④统计与制表。对已选定的资料有目的、有系统地制成统计图表，以便分析、利用。

（2）提出研究报告。市场调研的最后一个步骤就是撰写一份高质量的研究报告，也就是以报告形式汇总市场调研所获得的资料并得出结论，供委托者或本公司管理层营销决策参考。研究报告是研究工作的最终成果，也是制定市场营销决策的重要依据，研究报告的内容、质量，决定了它对公司领导据此决策行事的有效程度。调研人员需要解释自己的发现，得出结论并向市场营销管理部门报告。光有调研人员解释调研结果是不行的，他们可能是调研设计和统计的专家，但市场营销管理人员则更了解公司面临的问题及所要做的决策。如果市场营销管理人员听信调研人员的错误解释，再好的调研也没有意义。同样，调研人员也会做出有偏差的解释，他们更倾向于接受与自己的预期相符的调研结果，而排斥他们不希望看到的结果。在很多情况下，如果发现可以用不同的方法进行解释的话，调研人员与市场营销管理人员一起讨论将有助于找到最佳解释。于是，在解释调研结果时，调研人员和市场营销管理人员必须紧密合作，双方都应该对调研过程和相应的决策承担责任。

（三）设计调查问卷

调查问卷是市场营销调研的重要手段。在大多数市场营销调研中，调研人员都要依据研究的目的设计某种形式的问卷。调查问卷的设计是市场调研的一项基础性工作，其设计是否科学将直接影响市场营销调研的成功与否。

1. 设计调查问卷的原则

设计调查问卷应遵循以下几个原则。

（1）主题明确。根据调研目的，确定主题，突出重点。

（2）结构合理。问题的排序应有一定的逻辑顺序，符合被调查人员的思维程序。

（3）通俗易懂。调查问卷要一目了然，避免歧义，使被调查人员愿意如实回答。调查问卷的语言要平实，语气要诚恳，避免使用专业术语。对于敏感问题应采取一定的技巧，使被调查问卷具有较强的可答性和合理性。

（4）长度适宜。调查问卷中所提出的问题不宜过多、过细、过繁，要言简意赅，回答调查问卷的时间不应太长，一份调查问卷回答的时间一般不多于 30 分钟。

（5）适于统计。设计时要考虑调查问卷回收后的数据汇总处理，便于用计算机进行数据统计处理。

2. 设计调查问卷的步骤

设计调查问卷要求有清晰的思路、丰富的经验和极大的耐心。设计调查问卷的过程应当遵循符合逻辑的原则，基本步骤如下。

（1）确定需要的信息。在调查问卷设计之初，研究人员首先要考虑的就是要达到研究目的、检验研究假设所需要的信息，从而在问卷中提出一些必要的问题以获取这些信息。

（2）确定问题的内容。在确定了需要的信息之后，就要确定在调查问卷中要提出哪些问题或包含哪些调查项目。在保证能够获取所需信息的前提下，要尽量减少问题的数量，降低问题的难度。

（3）确定问题的类型。问题的类型一般有封闭式问题和开放式问题两种。封闭式问题提供了所有可能的答案，被调查人员只要按个人意愿进行选择就可以了。封闭式问题包含多项选择问题和两项选择问题，被调查人员便于回答这类问题，资料和结果也便于整理，但被调查人员受到答案限制，有时可能不能完全表达出自己的意见。开放式问题是让被调查人员自由回答，不受答案限制，调研人员可以了解更多真实的情况，在探索性调研中更为有用。开放式问题分为完全开放式问题和半开放式问题两类。如洗发水公司在调查新产品的试用情况时，可能会简单地问："您觉得这种洗发水还有哪些方面需要改进？"这就是全开放式问题。而如果提这样一个问题："您在选择洗发水时，考虑的首要因素是＿＿＿＿＿＿。"这就是半开放式问题。

（4）确定问题的词句。问题的词句或字眼对被调查人员的影响很大，有些表面上看差异不大的问题，由于字眼不同，被调查人员就会做出不同的反应。因此，问题的词句或字眼必须斟酌使用，以免引起被调查人员不正确的回答。

（5）确定问题的顺序。问题的顺序会对被调查人员产生影响，因此，在设计调查问卷时，问题的顺序也必须加以考虑。原则上，问题应该容易回答并具有趣味性，涉及被调查人员个人的资料应最后提出。

（6）调查问卷的试答。一般在正式调查之前，设计好的调查问卷应该选择小样本进行试答，其目的是发现调查问卷的缺点，以便改善和提高调查问卷的质量。

3. 调查问卷的构成

调查问卷是否完善，是否切合实际，将直接影响到市场调查的效果。许多调研人员在做市场调查时都十分重视调查问卷的设计工作。一份完善的调查问卷，通常由以下几个部分构成。

（1）前言。调查问卷的开头部分又叫前言，主要说明调查主题、调查目的、调查意义，向被调查人员致谢，等等。

（2）调查问卷应有编号，以便分类统计和归档，便于用计算机对数据进行加工和处理。编号常设计在问卷首页的右上角。

（3）调查问卷开头有问候语。问候语既可起到导语的作用，又便于被调查人员消除顾虑，了解调查的目的和内容，积极合作。

（4）正文。问卷的主体部分或核心部分称为正文。它依据调查主题，设计了若干问题，要求被调查人员回答，由于这部分对收集翔实可靠的资料至关重要，因此一般要在有经验的专家指导下完成设计。

（5）附录。附录是调查问卷的最后部分，这部分可以是对某些调查问题的附带说明，也可以是将要收集的被调查人员的个人信息填写列表，还可以是再次向被调查人员致谢。总之，附录可随调研目的的不同而设计不同的内容，但结构要合理，正文应占到整个调查问卷的三分之二到五分之四，前言和附录只占少部分。

案例启示

试用"××洗发水"后的调查问卷

尊敬的女士/先生：

您好！我们是××洗发水公司的调研人员，正在进行一项新产品试用情况的调查，目的是了解消费者对新产品的接受度，以便进行改进，并为消费者提供更好的新产品。您的回答无所谓对错，只要真实地反映了您的情况和看法，就达到了本次调查的目的。希望您能积极参与，调查要耽搁您一些时间，敬请谅解。请您在选定的答案后面打"√"，或者在横线上填写您的真实想法。谢谢您的支持！

问　　题	回　　答
1．请问本试用品您用了几次？	1．0～2次 2．3次 3．4次 4．5次以上
2．如果您用的次数少于3次，请您写出其原因。	原因_____
3．请问您是否已按照说明来使用？如果不是，请写出您使用的方法。	1．是 2．不是_____
4．您对本试用品的评价如何？	1．非常好 2．好 3．一般 4．不好 5．很不好
5．您对本试用品的香味感觉如何？	1．非常好 2．好 3．一般 4．不好 5．很不好
6．您认为本试用品还要在哪些方面加以改进？	建议_____
7．您的个人信息	1．性别____ 2．年龄____ 3．职业____ 4．联系方式____

四、分析和运用市场营销信息

从内部数据库、营销情报和营销调研中获得的信息,通常需要进一步分析。信息经过加工和分析之后,必须在合适的时间传递给恰当的决策制定者。接下来,我们将深入讨论对市场营销信息的分析和运用。

(一)顾客关系管理分析

如何更好地分析和使用顾客数据,这是一个非常专业的问题。公司通过顾客关系管理(Customer Relationship Management,CRM)软件系统,管理所有顾客的详细信息,并仔细管理顾客接触点,分析顾客的购买行为及其影响因素,从而制定出更好的营销组合策略,建立牢固的顾客关系。

顾客关系管理系统由复杂的软件和分析工具组成,可从各个来源收集顾客信息,进行深度分析,并将结果应用于建立更牢固的顾客关系上。它能够整合公司的销售、服务和市场营销团队所了解的有关每位顾客的所有信息,全方位审视顾客关系。

例如,沃尔玛的巨大数据库为营销决策提供了深入的市场洞察。几年前,当飓风即将席卷佛罗里达海峡的时候,这家零售业巨头即已预知飓风所到之处的草莓果酱馅饼会被一抢而空。经过多年对以往飓风期间销售数据的挖掘,沃尔玛确定应该囤积草莓果酱馅饼,因为它们无须冷藏、便于储存,成为飓风期间人们采购食物的首选。

通过运用顾客关系管理系统更好地理解顾客,公司可以提供更高水平的顾客服务和建立更加深入的顾客关系。市场营销人员可以运用顾客关系管理系统找出高价值的顾客,并针对顾客的特殊要求量身定制产品和服务。

(二)大数据与营销分析

如今的大数据对市场营销影响深远,但仅仅收集和存储海量数据是没有价值的,市场营销人员必须从庞杂的数据中挖掘出能够提供顾客洞察的数据,这正是营销分析工作的重点。

营销分析由分析工具、技术和过程构成,市场营销人员借此在大数据中挖掘出有意义的模式,获得顾客洞察,判断营销业绩。市场营销人员对通过追踪网络、移动和社交媒体、顾客交易与互动及其他大数据来源所取得的庞大而复杂的数据,进行应用营销分析。例如,百度指数拥有一个巨大的客户数据库,运用复杂而巧妙的营销分析获得洞察,然后向各个行业的用户提供趋势研究、需求图谱和人群画像。公司可以从大数据分析中获得不同品牌按销量的动态排名、不同区域搜索指数强度,关注产品的年龄分布比重,进而帮助公司掌握营销决策的依据。美国的卡夫是全球著名的食品企业,其成功运用大数据与营销分析来获得顾客洞察,保持与顾客良好的关系,以实现盈利。

卡夫有着大量宝贵的营销数据,来源于其多年来与顾客的互动和其名为"镜子"(Looking Glass)的社交媒体监控中心。该监控中心在社交媒体和博客上追踪信息。卡夫还从顾客与《卡夫食品与家庭》(*Kraft Food ＆Family*)杂志、电子邮件沟通中,以及其旗下庞大品牌组合的100多个网站中和社交媒体网站中获取信息。总之,卡夫拥有自2000年以来在全球收集的22 000种不同属性的顾客数据。

卡夫对这些数据财富进行高水平的营销分析，挖掘有价值的顾客洞察。然后，卡夫运用这些洞察制定大数据驱动的营销战略和策略，从开发新产品到创造更加聚焦和个性化的网络、移动和社交媒体内容。例如，卡夫详细地了解顾客需要和喜欢什么。一位分析人员说："卡夫了解顾客的饮食特点和限制，如是否偏爱无麸质、低糖、低热量的食品，是否吃大量零食、家庭套餐，是否为烹饪新手，等等。"卡夫运用这些知识与顾客进行个性化的数字互动，深入到细微之处。另一位分析人士说："如果卡夫知道你不吃培根，你永远不会收到卡夫的培根广告。"正是精巧的分析帮助卡夫做到将恰当的信息借助恰当的媒体在恰当的时刻瞄准恰当的顾客。

CRM与大数据分析当然也需要成本并存在风险。最常见的错误是市场营销人员只将CRM和营销分析视为一个技术过程，或者他们被大数据淹没，看不到全局。然而，光靠技术不能建立具有盈利潜力的顾客关系。公司不能仅仅通过安装一些新软件来改善顾客关系。相反，市场营销人员应该从管理顾客关系的基础开始，然后合理运用高技术的数据和分析方案。

（三）分配和运用市场营销信息

市场营销信息只有运用于营销决策，为企业创造价值，才有意义。因此，市场营销信息系统必须使信息可用，让经理或其他营销决策者参考。

但是，经理有可能需要一些非常规的信息，以用于特殊的情况或临时决策。例如，当一个销售经理在接洽某个大客户并碰上困难时，他就需要一份这个客户过去几年的销售和获利情况的总结报告。又如，一家零售商店的经理在店内热销的产品销售一空时，希望了解其他连锁商店当前的库存情况。所以，信息分配越来越多地涉及将信息输入数据库，并使管理人员可以方便、及时地运用它们。

许多公司借助公司内部网和内部的顾客关系管理系统来促进该进程的实施。公司内部信息系统的使用者可以通过内部信息系统查看调研信息、客户联络信息、工作报告、共享工作文件，以及雇员或其他相关者的联系方式等。例如，网络礼品零售商（花店）的顾客关系管理系统为面向顾客的一线员工提供实时的顾客信息接入通道。每当一位老顾客打入电话时，系统会立刻调出之前的交易数据和其他信息，帮助销售人员创造更加轻松和难忘的顾客体验。比如，数据显示这位顾客总是为妻子购买郁金香，销售人员就向他推荐最新和最好的郁金香及相关礼品。这种联系带来了更高顾客满意度和忠诚度，也促进了公司的销售增长。

另外，公司越来越多地允许关键顾客和价值网络成员通过外部网接触到账户、产品和其他关于需求的数据。供应商、顾客、中间商和其他网络成员可以与公司的外部网连接，更新自己的账户、安排购买或根据存货确认订单，从而改进顾客服务。例如，网上鞋品及配饰零售商Zappos将供应商视为公司家族的一部分，这是供应商与公司共同为顾客传递卓越价值的关键。所以，公司将供应商视为重要合作伙伴，与它们分享信息。通过Zappos顾客统一登录系统（企业间网络），数千家供应商可以全面接触与品牌相关的Zappos存货水平、销售数据，甚至包括盈利情况。供应商还可以通过顾客统一登录系统与Zappos创意团队互动，为Zappos公司提供建议。

多亏了先进的技术，今天的市场营销管理人员可以随时随地登录信息系统，在家里、酒店、当地的咖啡馆或任何能够使用电脑和智能手机的地方（保证可以上网），进入信息系统，直接、迅速地获得所需要的信息。

小结

扫描二维码获得内容

任务四：小结

复习与思考

扫描二维码获得内容

任务四：复习与思考

模块二　实训操练

实训一：案例分析

一、实训内容

认识市场营销信息的作用，从案例中尽量挖掘有价值的信息，并指出其用途。

二、实训准备

1．授课老师可使用教材提供的案例资料，也可另找案例；
2．课后小组开展案例讨论，并将讨论中的不同观点记录下来；
3．小组最终形成比较统一的讨论结果，准备在课堂上宣讲。

三、实训组织

1．课堂组织小组代表宣讲各组讨论的结果；
2．鼓励学生提出不同的观点，培养市场营销人员的发散性思维；
3．授课老师对讨论的结果进行总结，提出比较完整的分析结论。

四、实训评价

单位：分

评价对象	评价项目	内容描述	评价要求	分　值	得　分
团　队 （60%）	讨论组织	组长负责	布置课后信息收集 组织有序	10	
	讨论参与	围绕案例 讨论问题 自由发言	讨论热烈 紧扣问题 参与度高	10	
	讨论结果	总结归纳 形成结论	分析透彻 拓展信息 结论准确	20	
	汇报成果	课堂汇报	表述流畅、配合默契	20	
个　人 （40%）	小组考勤	组长考勤	按时参加讨论，主动积极	20	
	小组贡献	小组评分	提出独特观点和新思想	20	
最终评分					

参考资料

扫描二维码获得内容

2022年中高端养老机构客户调查

实训二：收集企业产品营销信息

一、实训内容

1．二手数据收集和原始数据收集；

2．二手数据收集要确定信息资料的来源和出处，根据选定的企业所属行业及产品特征来确定如何收集资料；

3．原始数据收集可以选择多种方法，如观察法、调查法、实验法等；

针对任务四选定的企业产品，了解顾客对产品的态度、购买习惯及哪些人在购买，他们追求的核心利益等内容，调查目的是选择目标市场和产品定位，为决策提供可靠的信息。

二、实训准备

1．授课老师根据企业产品的情况指导学生确定调研主题；

2．学生可以进入企业了解产品销售中出现的问题，以便确定调查内容；

3．学生根据企业产品销售中存在的问题及观察后发现的情况设计问题；

4．小组个人先独立设计一份调查问卷，再由组长主持讨论确定小组调查问卷。

三、实训组织

1. 组织学生课堂模拟调查训练，发现问题及时纠正；
2. 各组将最终问卷打印成正式稿，供小组成员调查使用；
3. 调查时戴上校牌或学生证，以便取得被调查人员的信任与配合；
4. 各组分工、分区，选择零售点、街头拦截随机抽样调查；
5. 整理调查问卷，统计调查数据，归类分析，得出相关结论。

四、实训评价

单位：分

评价对象	评价项目	内容描述	评价要求	分 值	得 分
团 队（60%）	任务布置	制订调研计划	调查分工明确 调查时间具体 调查任务清晰	10	
	实训实施	二手数据调查 原始数据调查	二手数据来源准确，实地调查有图、录音、商户信息	10	
	实训成果	整理收集的信息资料，形成研究报告	信息比较全面，研究报告数据真实，有利于制订产品营销计划	20	
	团队协作	课堂汇报	有图有真相，表述流畅、团队协作好	20	
个 人（40%）	小组考勤	组长考勤	服从安排，积极参加市场调查	20	
	小组贡献	小组评分	完成分配任务 具有良好协作精神	20	
最终评分					

【附件】你是营销人员：大自然饮料公司的新产品营销计划（3）

扫描二维码获得内容

你是营销人员：大自然饮料公司的新产品营销计划（3）

任务五 分析消费者市场与组织市场购买行为

任务目标

思政目标

1. 培养正确的消费观念,引导学生适当消费;
2. 依照组织采购流程,采用正当的投标方式。

知识目标

1. 理解消费者市场和组织市场各自的特点;
2. 认识影响消费者和组织购买者行为的主要因素;
3. 了解消费者和组织购买者行为的模式和主要类型;
4. 了解消费者和组织购买者决策的过程;
5. 了解企业、机构、政府市场之间的相似性与区别。

能力目标

1. 能敏锐洞察影响消费者和组织购买者行为的主要因素;
2. 能在消费者购买决策过程和组织购买者决策过程中开展市场营销活动。

模块一　理论指导

案例导入

"80后""90后"成为个人护理类小家电的主要消费群体

2019年以来，中国家电市场四大板块中以彩电为代表的黑色家电市场持续低迷，白色家电市场也遭遇负增长，就连备受关注的厨卫电器市场的增速也逐渐放缓。而以"享受"型为主的个人护理类小家电，如电动牙刷、吹风机、美肤仪等却迎来了高速增长，"80后""90后"成为其产品的主要消费群体。

近几年，"80后""90后"逐渐成为主要消费群体，他们除注重高科技、个性化家电产品之外，对头发、牙齿、脸等组织或部位的护理也更加重视，尤其对个人口腔的清洁与护理极为重视，这在一定程度上也推动了电动牙刷行业的发展，其中，声波震动、续航时间等成为消费者关注电动牙刷的重要指标。

事实上，电动牙刷进入中国市场已经多年，起初只因价格较高，让众多消费者可望而不可即。除此之外，由于处于发展初期，进入行业的品牌较少，电动牙刷产品同质化严重、技术更新缓慢，故很难激发消费者的体验热情。

而同质化这一问题也在很长一段时间内成为困扰行业的一大难题，很多消费者也只是通过价格高低进行选择。

如今，随着人们生活质量的提高及国内外品牌的加速涌入，电动牙刷的市场需求被不断释放，个人护理类产品也开始受到消费者的青睐，产品更迭快，创新型单品层出不穷，例如，XESS推出的光波双净智能牙刷、飞利浦振动式牙刷、博朗欧乐B旋转式牙刷。

此外，很多传统牙刷、牙膏制造业也积极参与，如舒客、狮王、佳洁士和高露洁等，随着以上品牌的加入，电动牙刷在我国已经进入普及期。

智能、健康、黑科技已经超越"性价比"，成为消费者选择电动牙刷的新标准，颜值、品质也逐渐俘获一大批年轻消费者。

未来，这种功能集成型、劳动替代型和刚需型的产品将拥有巨大的增长空间。

思考：

1. "80后""90后"的核心价值观是什么？
2. 影响他们购买个人护理类小家电的主要因素有哪些？

在任务四中我们已经学习了市场营销人员如何获取营销信息和使用营销信息来确定营销机会。在任务五中我们将重点关注营销环境中的重要因素——消费者。营销的目的就是使用一定的方法来影响消费者对于企业及其所提供的产品的想法和行为。要影响购买行为的对象，首先必须了解影响购买行为的原因。为什么"80后""90后"成了个人护理类小家电的主要消费群体，这跟这个年代的人群的价值观、个性特征、消费能力有关。而为什么电动牙刷早就出现了，直到近年才形成需求热潮，这与产品技术成熟度，人们对新事物的接受和认知程度及相关群体

任务五 分析消费者市场与组织市场购买行为

影响等有关。总之,许多因素影响着消费者的购买行为,这些影响因素非常复杂,而了解和研究这些影响因素成了市场营销人员的一项基本工作。任务五就是主要介绍影响消费者市场和组织市场购买行为的原因及购买决策过程。

一、消费者市场的特点

(一) 消费者市场的含义

市场是企业营销活动的出发点和归宿点。按照顾客购买目的或产品用途的不同,市场可分为消费者市场和组织市场两大类。

消费者市场是个人或家庭为了生活而购买产品和服务的市场。一切企业都必须研究消费者市场,因为消费者市场是产品的最终归宿,即最终市场。因此,消费者市场也被称为最终产品市场。

组织市场是指工商企业为从事生产、销售等业务活动及政府部门和非营利性组织为履行职责而购买产品和服务所构成的市场。消费者市场与组织市场由于购买目的、参与购买的决策者及影响因素不同,各自所具有的特点也不同。

(二) 消费者市场的特点

1. 广泛性

生活消费对每个人来说都是不可避免的,一个人无论在购买过程中扮演何种角色,是直接购买还是参与消费,都是这个市场的一员,因此消费者市场人数众多,范围广泛。我国的消费者市场由 14 亿多人组成,他们每年的消费对象为超过 39.2 万亿元的产品和服务,这个市场成为世界上最大、最具吸引力的消费者市场之一。

2. 多样性

消费者人数众多,差异性大。由于消费者在年龄、性别、职业、教育程度、居住区域、民族等方面不同,所以他们有各式各样的需要、欲望、兴趣、爱好和习惯,对产品的不同规格、质量、外观、样式、服务、价格等会产生多种多样的要求。

3. 分散性

受家庭储藏地点、设备及财力等条件的制约,消费者每次购买产品的数量不多。再者,现代市场产品供应丰富,购买方便,随时需要,随时购买,不必大量储存。因此,消费者购买频率高,购买相对频繁。

4. 易变性

消费者的需求具有求新求异的特性,要求产品的品种、款式不断翻新,有新奇感,大家不喜爱一成不变的面孔。目前,消费者对产品的挑选性增强,消费风潮的变化速度加快,产品的流行周期缩短。

5. 非专家购买

需求的复杂性和产品的多样性,使得消费者在购买和使用中,往往缺乏专门的产品知识、价格知识和市场知识。对产品的性能和使用、保管、维修方法，除非具有该领域的工作经验，否则大多数人都显得外行、陌生。因此，消费者容易受促销的影响，产生冲动性购买行为。

6. 情感性

由于消费者对产品的购买大多属于非专家购买，因此在购买过程中做出的购买决策，受情感影响很大。

7. 地区性

同一地区的消费者在生活习惯、收入水平、购买特点和产品需求等方面有很多的相似之处，而不同地区的消费者的消费行为则表现出较大的差异性。

8. 替代性

产品种类繁多，不同品牌之间往往可以互相替代。由于产品具有替代性，消费者在有限购买力的约束下对满足哪些需要、选择哪些品牌来满足需要必然会慎重地决策。

二、分析影响消费者购买行为的因素

要认清影响消费者购买行为的因素，首先我们来分析一下消费者购买的模式，以揭开消费者市场千变万化的神秘面纱。

（一）消费者市场购买行为模式

消费者每天都在做出购买决策，许多公司都想了解这些内容：消费者购买什么？到哪里购买？购买多少？什么时候去购买？为什么购买？市场营销人员通过研究消费者的实际购买情况可以得到部分答案，了解到人们购买什么，在哪里购买和购买了多少，但要知道他们为什么购买并不容易。有时消费者自己都无法准确地说出影响他们购买的因素。

市场营销人员关注的核心问题是：消费者对于公司可能采取的各种营销活动会有什么反应？现有的营销研究提供了关于购买行为的"刺激—反应"模型（见图5-1）。

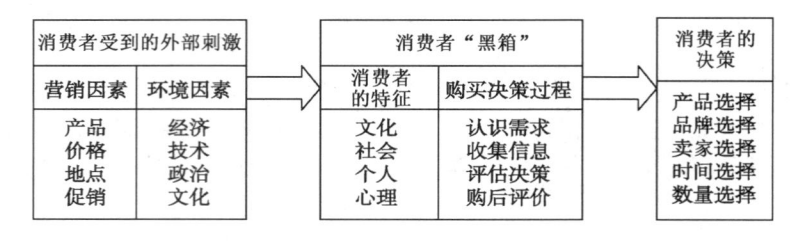

图5-1 购买者行为模型

图5-1表明消费者购买行为是一个投入/产出的过程。一方面，消费者接受各种外部刺激；另一方面，消费者会做出各种反应。外部刺激和消费者反应，往往是有形的，看得见、摸得着。而消费者如何消化各种外部刺激，从而形成各种反应，则常常难以揣摩，它成为消费者行为中的一个"黑箱"。市场营销人员需要了解在"黑箱"中，刺激因素如何转化为消费者反应。这包括两个方面：一方面，消费者的特征将影响他如何受外部刺激并产生行为反应；另一方面，消

费者的决策过程本身影响着他的行为。

例如，某天早上，你看到同事手里拿着一款新型的智能手机，它刚好是你喜欢的那一款，你会即时产生许多不同的念头，以下几种想法，你拥有哪种呢？

为她感到高兴，她的表情使你感到高兴；很想下午就去购买这款手机；因为她在炫耀，而产生一种厌恶的感觉；决心不买这款手机，因为你不想与她同款手机；有点儿自卑，因为自己还没有能力购买。每个消费者的特征不同，其受到外部刺激后，产生的行为也完全不一样。

（二）影响消费者购买行为的因素

消费者生活在纷繁复杂的社会之中，其购买行为受到诸多因素的影响（见图 5-2），主要有文化因素、社会因素、个人因素和心理因素等。其中，文化因素的影响最广泛和最深远。

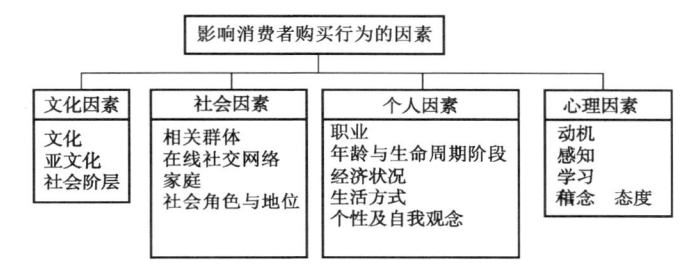

```
            影响消费者购买行为的因素
    ┌──────────┬──────────┬──────────┬──────────┐
    文化因素    社会因素    个人因素    心理因素
    文化       相关群体    职业       动机
    亚文化     在线社交网络 年龄与生命周期阶段 感知
    社会阶层   家庭       经济状况    学习
              社会角色与地位 生活方式    信念  态度
                         个性及自我观念
```

图 5-2　影响消费者购买行为的因素

1. 文化因素

文化因素对消费者的购买行为有着最为广泛和深远的影响。市场营销人员需要了解消费者的文化、亚文化和社会阶层所起的作用。

（1）**文化**。文化是指人类从生活实践中建立起来的价值观念、道德、理想和其他有象征意义的综合体。文化是产生个人愿望和个人行为的最根本原因。孩子在社会中成长，从家庭和学校中学习并建立基本的价值观、认知。他们从小树立了社会主义核心价值观：富强、民主、文明、和谐，自由、平等、公正、法治，爱国、敬业、诚信、友善。表现在具体行为上就是他们追求健康的生活方式、积极进取、努力奋斗、热爱运动和健身。每个群体或社会都有自己的文化，同时，文化对购买行为的影响在不同国家存在很大的差异。

市场营销人员总是希望通过了解文化变迁，以发现潜在的新产品需求。当人们开始关注健康、注重健身时，提供健身服务、运动器材和服装、有机食品和瘦身饮食的庞大产业随之兴起。

（2）**亚文化**。亚文化是指因相同的生活经历和社会背景而拥有共同价值体系的人群的群体文化。每一种文化都包含着更小的亚文化。亚文化包括社团、地域及出生年代等的特殊群体文化。许多亚文化群构成了重要的细分市场，而市场营销人员可以根据他们的需要设计产品并制订营销计划。我国地域辽阔，不同地方的人们其饮食习惯差异较大，向来有"南甜北咸"之说。例如，江浙人普遍喜欢吃甜的、东北人喜欢吃咸的，而中西部地区的人喜欢吃辣的。地域不同，地方文化不同，消费习惯和观念就不一样：上海人注重外在形象，因此，在服饰方面花费比较大，服装新品上市可以首先以上海为目标，从上海再向全国推广；而广东人、海南人更重视饮食，美食在这些区域更受欢迎。随着我国经济的不断发展，人口流动性增强，特别是在一些沿海发达地区，外省人口的不断流入使得区域市场越来越多元化。深圳是我国人口流动性较强的地区，是一个新兴城市，在文化方面具有较大的包容性，形成了丰富多元的地域特色。

案例启示

深圳餐饮：丰富多元的地域特色

深圳是我国改革开放的前沿，吸引了大批外来人口。2020年第七次人口普查结果显示，深圳常住人口数量为1756万人。其中60岁以上人口占比为5.36%，65岁以上人口占比只有3.22%，这一比例大大低于全国60岁及以上人口占比18.7%、65岁及以上人口占比13.5%的平均水平，是全国人口"最年轻"的城市。年轻意味着活力、激情，具有较强的购买能力和消费冲动。深圳是一个"移民"最多的城市，多元文化交融，具有较大的包容性和开放性。这里聚集了来自全国各地的人们，广东原住民最多，其次是湖南、广西、江西、湖北和四川的"移民"，还有这些省份大量的流动人口。因此，深圳的消费市场是多元化的，是最丰富和最有特色的，各种机会都很多。以餐饮和文化娱乐为例。据统计，深圳为了满足湖南人的饮食习惯，开了大大小小2000多家湘菜馆。为了满足四川人吃火锅的爱好、喝茶的习惯，在深圳也不难找到大街小巷里的火锅店、茶馆。广西的螺蛳粉在深圳也开了许多门店，充分满足了广西人和其他外省人的饮食需求。长沙的网红品牌文和友、茶颜悦色，瞄准深圳这一独特市场环境。2021年茶颜悦色将快闪店开到了深圳，引起了不小的反响。茶颜悦色的营销策略是：每人限购2杯，线下排队下单。饥饿营销策略充分激发了年轻人的热情，迎合了他们的从众心理。茶颜悦色开店的第一天，排队人数就达到4万人，一杯奶茶的价格被炒到200～500元。

（3）社会阶层。社会阶层是社会学家根据职业、收入来源、教育水平、价值观和居住区域对人们进行的一种社会分类，是按层次排列的、具有同质性和持久性的社会群体。社会阶层具有以下特点。

同一阶层的成员具有类似的价值观、兴趣和行为，在消费行为上相互影响并趋于一致。人们以自己所处的社会阶层来判断各自在社会中的地位高低。

社会阶层不是由单一因素（如收入）决定的，而是由诸如职业、收入、教育、财富和其他变量共同作用的结果。人们能够在一生中改变自己的社会阶层，既可以迈向高阶层，也可以跌至低阶层，这取决于一个社会的开放性，以及政治民主和文明的程度。

市场营销人员对社会阶层比较感兴趣，是因为同一社会阶层的成员具有相似的购买习惯，而不同的社会阶层的成员在服装、家居装饰、休闲活动和汽车等领域具有不同的产品和品牌偏好。

一些市场营销人员把注意力集中在某一个阶层上，如五星级酒店专门接待商务人士。在媒体及信息的选择方面，各阶层也截然不同，高阶层的消费者更喜欢选择权威媒体，喜欢接受官方的信息；而低阶层的消费者比较喜欢自媒体、娱乐媒体，希望获得一些非主流的消息。即使在同一种媒体内，每一个阶层的偏好也不同。如在电视媒体中，高阶层消费者喜欢新闻、体育、时尚活动和高雅音乐等节目，而低阶层消费者则乐于收看生活趣闻、娱乐、游戏等节目。除此之外，各阶层的沟通语言也有差别，广告商为适应不同阶层消费者的偏好和要求，必须推出有针对性的营销文案。

让我们来看看安海斯—布希公司（Anheuser-Busch，简称A-B公司）依据美国的主要社会阶层进行产品定位的例子。安海斯—布希公司创立于1852年，总部位于美国密苏里州圣路易斯

任务五　分析消费者市场与组织市场购买行为

市，旗下有世界最大的啤酒酿造公司，美国第二大铝制啤酒罐制造厂等。该公司出产的百威啤酒（Budweiser）名扬世界，深受各国消费者喜爱。安海斯—布希公司年产啤酒 1300 万吨，自 1957 年以来啤酒产量一直居美国行业之首，占美国啤酒市场份额的 46%，并以绝对优势控制着世界 9%的啤酒市场。在中国，安海斯-布希通过入股、合资开设分厂等模式也取得了飞速发展。

该公司在激烈的啤酒市场竞争中能够保持领先，与其不断创新的市场营销战略与策略是分不开的，例如在产品定位方面，依据美国主要的社会阶层进行市场细分，针对各阶层目标消费人群的特点及诉求进行产品定位，实现精准营销。表 5-1 展示了安海斯—布希公司依据美国的主要社会阶层进行的产品定位。

表 5-1　安海斯—布希公司的产品定位

社会阶层	不同阶层特点	产品定位	啤酒品牌
中上阶层 占美国总人口比例 （12%）	他们是专业人士、独立的商人或者没有显赫家族背景或不同寻常财富来源的公司管理层，他们相信教育，是公众事务的积极参与者，追求"更美好的生活"	高价位，以声望为主题，突出这个阶层的地位和专业背景	Michelob （米凯罗）
中等阶层 占美国总人口比例 （32%）	他们是居住在城市边缘较好地段、领取平均白领或蓝领工资的工作阶层。他们购买大众产品，认为好的生活意味着在一个环境不错，周围有好学校的街区拥有一所不错的房子	价位较高，突出成就和责任，热衷分享，体现中产阶层的背景	Budweiser （百威）
劳动阶层 占美国总人口比例 （38%）	无论是他们的收入、学校背景，还是工作，都是典型的劳动阶层的生活模式。他们严重依赖亲属和朋友的经济和情感支持，对购买的建议，以及遇到麻烦时给予的帮助	大众价位，以体育为主题，体现劳动阶层的背景	Busch （布希）

资料来源：《市场营销原理与实践》（第 16 版）菲利普·科特勒，加里·阿姆斯特朗著，楼尊译

2. 社会因素

消费者的购买行为同样也受到一系列社会因素的影响，如消费者相关群体、家庭、社会角色与地位等。

（1）**相关群体**。相关群体是指能够影响消费者购买行为的个人或集体。换言之，只要某一人群在消费行为上相互影响，就构成了一个相关群体，不论他们是否相识或有无组织。相关群体可以按照消费者与群体的关系分为成员群体和参照群体。

成员群体，是指消费者所直接面对与经常接触的从属群体，包括家庭、亲戚朋友、参与的社团、社交网络人群等。这类群体对消费者的影响最强，主要影响他们的消费习惯、价值观和风格。

参照群体，是指消费者直接/间接对比或参照对象，包括自己喜欢的人，如同学、老师，或崇拜的偶像群体。如某个少年喜欢打篮球，可能希望有朝一日成为 NBA 球员。参照群体的范围很广，可以是科学家、文艺工作者等。

市场营销人员试图识别目标顾客的参照群体。因为参照群体将带给一个人新的行为和生活方式，它将影响个人的态度和观念，进而影响个人对产品或品牌的选择。参照群体的影响程度因产品和品牌而异。若某个产品和品牌恰好是消费者所仰慕之人的偏好，参照群体的影响力就很大。

口碑的影响。口碑可以对消费者的购买行为产生强烈的影响。由可信任的朋友、同事或其他消费者提供的人际信息和推荐网文,会比来自商业渠道的广告、市场营销人员的信息更为可靠。国外一项研究表明,只有49%的消费者说他们信任或相信广告,但有72%的消费者说信任家人和朋友,72%的消费者说信任网上评论。大多数口碑的影响是自然而然发生的:消费者彼此之间就某个他们所使用的或有强烈感受的品牌展开聊天话题。但是,口碑的发生也不一定是偶然的,市场营销人员可以帮助创造关于品牌的积极的话题。

对于容易受到参照群体影响的品牌,市场营销人员应该弄清如何找到意见领袖。意见领袖是从属于某个参照群体的,凭借自己的专业技能、学识、特殊个性或其他特征而对他人施加社会影响的人。一些专家将意见领袖称为有影响力的人或率先采用者,当这些有影响力的人发表看法时,消费者会倾听。市场营销人员尽力为其产品确定意见领袖,并直接针对他们开展营销活动。我们将这种营销方式称为蜂鸣营销。

蜂鸣营销,指市场营销人员找出甚至培养自己的意见领袖,让他们以"品牌形象大使"的身份传播产品信息。让我们来看看舒比奇纸尿裤的品牌形象大使活动。

案例启示

品牌形象大使活动:妈妈们的"舒比奇"之旅

舒比奇纸尿裤生产商希望让更多的妈妈了解其品牌并谈论即将上市的新产品,增加品牌知名度和销量。所以,公司从新浪微博中挑选了5位影响力最大的宝妈博主,这5位博主凭借她们晒出的萌娃照片,分享萌娃的成长趣事,以及上传一些婴儿用品使用经验,拥有了成千上万名的粉丝。公司邀请这5位妈妈来了一次"舒比奇"之旅,把她们请到公司总部长沙隆平高科技园,带领她们参观舒比奇工厂,进入纸尿裤生产车间,视察产品原材料仓库和新产品研发实验室,与品牌亲密接触。接着,公司请她们与设计师们共进晚餐,讨论和交流她们对产品的看法,留下宝贵意见和建议,公司总裁还与妈妈们合影。最后,公司让她们把新产品带给自家宝宝试用。这5位妈妈将本次"品牌之旅"的体验及试用情况如实在微博和其他社交媒体上分享。获得最多点赞的妈妈博主可以为宝宝赢得无限期免费使用舒比奇所有婴儿用品的机会。"舒比奇"之旅后,其中一位博主妈妈在其博客中写道:"我了解了舒比奇纸尿裤的原料品质、生产流程、无菌车间、独特技术,这些产品适合孩子生长发育。"随后她补充道:"但我的确不能告诉你××牌(另一个品牌)纸尿裤是怎么生产的,我对它的生产过程一点儿也不了解。""品牌之旅"及妈妈们的体验,引发了人们对舒比奇纸尿裤的热议,一周内,获得了8000万次社交媒体曝光和超过500万次点赞,90%的社交谈论是积极的。当公司的新产品上市时,创造了新的销售纪录。

(2)在线社交网络。近年来,随着网络的发展,在线社交这种社会互动形式已经成为人们非常依赖的交流方式,特别是"90后""00后"的年轻一代,他们几乎离不开智能手机和网络。社交网络媒体的范围包括博客、贴吧、论坛、微信朋友圈、QQ聊天及其他社交网站等,这种新型的消费者与消费者、企业与消费者的互动模型对于市场营销人员而言具有重要的意义。

市场营销人员开始利用新出现的社交网络和其他"网络语言"来推销他们的产品,建立更加紧密的顾客关系。相比单向地朝已对广告感到厌倦的消费者投放商业信息,市场营销人员更希望通过使用社交网络与消费者进行互动。

任务五 分析消费者市场与组织市场购买行为

截至 2022 年 12 月，据不完全统计，小米手机在抖音的粉丝达到 316.8 万人，在新浪微博的粉丝达到 2850 万人。而且小米的粉丝主要以年轻人为主，其中大学生占比较大。小米通过抖音和微博与大学生沟通已经成为其重要的与消费者沟通的途径之一。

市场营销人员可以利用已经在网上产生影响力的网红（也就是独立博主）进行产品推广，关键是找到拥有强大相关读者网络、声誉可靠且与品牌高度契合的博主。

（3）**家庭**。消费者以个人或家庭为单位购买产品，家庭成员和其他有关人员在购买活动中往往起着不同作用并且相互影响，构成了消费者的"购买组织"。市场营销人员感兴趣的是在不同产品和服务的购买决策中，不同家庭成员（如丈夫、妻子、孩子）的作用和影响。

对不同的产品类型而言，夫妻在不同购买阶段的参与程度有所不同，购买角色也随着消费者生活方式的不同而有所不同。例如，在我国，妻子一般在食品、日用品、服饰及婴儿用品方面是家庭的主要采购者。但是，随着妻子外出工作，家里有二胎后，家务繁重，外出购买的任务就落在了丈夫身上。调查数据表明：40% 的男性现在是家庭日用品的首要采购者，30% 的男性承担了家里大部分洗衣和打扫卫生的任务。而如今的女性在新科技产品购买上的参与度越来越高，如电脑、家用电器、汽车、住房等产品的购买都是夫妻共同做出购买决策。

这些改变意味着新的营销现实。从日用品、个人护理产品到汽车、家用电器及住房等原来只向女性或男性出售产品的行业，市场营销人员现在应该争取相反性别的消费者。这方面我们可以借鉴国外的市场营销策略。例如，美国通用磨坊公司的一则广告是这样的：一位父亲早上将 Go-Gurt 的酸奶放进为儿子准备的校园午餐之中，广告语是"称职的爸爸，用 Go-Gurt"。通用磨坊公司为其品牌晶磨制作的广告"怎样做父亲"是这样的：一位在家中承担多项任务的超级英雄似的父亲。与以往出现在食品广告中笨手笨脚的父亲惯有的形象有所不同，这位父亲把一切安排得有条不紊，包括给孩子吃健康的晶磨早餐。"做一名父亲太棒了，"广告宣称，"就像晶磨，很棒！这就是为什么它能成为父亲慎重考量后的首选早餐。"国内有没有关注家庭生活方式变化的营销策略呢？国内某档亲子真人秀节目，一经播出就引起年轻父母的关注，获得了极高的收视率，其原因就是该节目关注了现代家庭生活方式的变化，现代的年轻父亲将要承担孩子成长和教育的责任，男主外、女主内的观念将不再完全符合现代的社会生活方式。

家庭成员的文化与社会阶层。家庭主要成员的职业、文化及家庭分工不同，在购买决策中所起的作用也不同。据国外学者调查，在受教育程度较低的"蓝领"家庭里，日用品的购买决策一般由妻子做出，耐用消费品的购买决策一般由丈夫做出；在"白领"家庭里，贵重产品的购买决策一般由妻子做出，日用品的购买家庭成员基本都能决定。

孩子们对家庭购买决策也有很大影响，有研究表明中国的儿童和青少年对家庭购买决策的影响高达 67%。儿童、青少年会影响到家庭在食品、服装、娱乐和教育，甚至汽车、度假地等方面的决策。

（4）**社会角色与地位**。个体可能同时属于家庭、组织、俱乐部等多个群体，每个人在群体中的位置由其社会角色和地位决定。角色是周围的人对一个人的要求或一个人在各种不同场合应起的作用。如某人在女儿面前是父亲，在妻子面前是丈夫，在公司是经理，同时他还是狂热的网球迷。每种角色都代表一定的社会地位，反映了社会对他的评价。作为公司经理，他将购买符合职场角色和地位的服饰。在观看网球比赛时，他可能借助服装来表达对所喜爱的球星的支持。消费者做出购买决策时往往会考虑自己的角色和地位，公司把自己的产品或品牌变成某种角色或地位的标志或象征，将会吸引特定目标市场的消费者。

117

3. 个人因素

消费者的购买行为还受消费者的职业、年龄与生命周期阶段、经济状况、生活方式、个性及自我观念等个人因素的影响。

（1）**职业**。个人职业会影响其所购买的产品和服务，"蓝领"工人倾向于购买更结实的工作服，而高级管理人员（如"白领"人员）更多购买职业装。市场营销人员试图识别对其产品和服务更感兴趣的职业群体。一家公司甚至可以专门为某一职业群体提供产品。例如，专门为"白领"男士提供职业装的国内品牌如罗蒙、杉杉、雅戈尔、圣得西。又如，美国的 Red Kap 为汽车制造和建筑行业生产结实耐用的优质工作服和制服，自1923年以来，该品牌恪守其"做好"的口号，做到"工作服，成就更美好"。该公司领导人说："如果说我们的成功有什么秘密，那一定是我们的设计团队在汽车修理厂和车库里花费的优质时间。我们的最佳创意正是来源于那里，也是在那里这些好的创意得到测试、改良、再测试，不断地精益求精。结果是我们可以生产出让任何严苛机工穿起来感觉良好的顶级工作服——舒适、耐用，从容应对艰苦的白天、油污的夜晚及任何工作环境。"

（2）**年龄与生命周期阶段**。人们一生中购买的产品与服务是不断变化的。人们在服装、食品、家具和娱乐方面的品位往往与年龄密切相关。家庭生命周期阶段是指家庭随着成员个人的成长和时间流逝所经历的不同状态，其也影响着家庭的消费水平。人生阶段改变的分界点通常包含结婚、生子、买房、孩子进入大学、个人收入的变化、搬家和退休等。市场营销人员经常根据家庭生命周期的不同阶段来确定目标市场，开发合适的产品，实施有针对性的营销计划。

例如，针对处于结婚年龄阶段的人主要营销房子、婚宴、床上用品、旅行等产品；而针对结婚后生子的人则主要营销婴儿用品、儿童教育和智力发育产品；针对孩子进入大学、参加工作的家庭，则营销旅游、保健、健身等产品或服务，同时，这些家庭可能更换家用电器、为子女购置婚房等。

（3）**经济状况**。经济状况是指消费者可支配收入、储蓄、资产和借贷的能力。经济状况是决定购买行为的首要因素，决定着能否发生购买行为及发生何种规模的购买行为，决定着购买产品的种类和档次。例如，我国中等收入的家庭不会选择购买高档奢侈品，低收入家庭只能购买基本生活必需品以维持温饱。

市场营销人员关注个人收入、储蓄和利率的变化趋势。一旦经济指标预示了衰退，市场营销人员就应该对产品进行重新设计、定位和定价。例如，沃尔玛在我国中部地区经常开展食品和水果类产品的促销活动，实现公司使命"让普通人能够购买到与有钱人同样的东西"。

近年来，受到一些因素的影响，我国经济增长放缓，整体消费能力下降，许多商家开始调整其营销策略。例如，一些高档的餐厅开始推出商务餐，利用其优越的环境和合理的价格吸引一些"白领"及商务人士单独点餐，而一些中档餐厅开始推出外卖。高端百货公司开发了奥特莱斯之类的名品折扣店，用"实惠"替代了"时髦"，承诺"预期更多，支付更少"。快时尚品牌优衣库既满足了年轻人对潮流的追逐，又使他们能够负担得起价格。为了顺应全球经济的趋势，在国内智能手机市场饱和的情况下，华为和小米都瞄准了其他的发展中国家，推出了中低版本的智能手机，价格在3000元以下，最低的价格甚至在1000元以内。

（4）**生活方式**。生活方式是个人表达自己心理的一种生活模式。即使来自相同亚文化、社会阶层和职业的人群，也可能具有完全不同的生活方式。生活方式可以从消费者的活动（工作、爱好、购物、运动、社交活动等）、兴趣（食物、服装、家庭、娱乐等）和观点（关于自我、社会问题、商务和产品等）3个方面来衡量。生活方式不仅反映了个人的社会阶层或个性，而且集中体现了个人在整个社会环境中的互动模式。

不同生活方式的群体对产品和品牌有不同的需求。市场营销人员应设法从多个角度区分不同生活方式的群体，如节俭者、奢华者、守旧者、革新者、高成就者、低成就者、自我主义者、有社会意识者等，在设计产品和广告时应明确针对某一生活方式群体。例如，高尔夫公司不会向节俭者群体推广高尔夫运动，名贵手表制造商应研究高成就者的特点及如何开展有效的营销活动，环保产品的目标市场是社会意识强的消费者，妇女服装制造商为"俭朴的妇女""时髦的妇女"分别设计不同的服装。

市场营销人员认识到消费者购买的不仅仅是产品，他们购买的是这些产品所代表的价值观和生活方式。例如，某摩托车在营销时宣传，它不仅仅销售摩托车，还出售独立的"走你自己的路"的生活方式。人们对产品的选择开始变得越来越像价值观选择，现在已经不再是"我喜欢这瓶水，因为它喝起来有点儿甜"，而是"我喜欢这辆车或这场演出，因为它更能反映我是谁"。

走进星巴克，那里摆放着各种款式的座椅，任由你选择，有一些看起来旧旧的书籍或光碟、飘着浓香的现磨咖啡、可以随时使用的 Wi-Fi、免费下载的音乐，个性独立的"00后"可以单独一人，也可以邀请两三好友在那里谈上几个小时，这正是现代年轻人喜欢的时尚都市生活方式。

（5）个性及自我观念。每个人的购买行为都受其独特个性的影响。个性是指一个人或一群人区别于其他人或群体的独特的心理特征。个性通常用自信、优越、善于交际、自主、防御性、适应性和进取等特征来描述。个性是分析消费者选择产品或品牌的有用变量。

品牌也有个性，消费者更倾向于选择与自身个性相符的品牌。品牌个性是品牌所具有的类似于人类特质的具体组合。一位研究者定义了品牌的5种个性特征，如表5-2所示。

表5-2 品牌的个性特征

个性特征	个性描述	举例说明
真诚	朴素、诚实、健康、开朗	吉利、安路、五菱宏光 MINIEV
兴奋	勇敢、坚定、创意、时尚	小米
能力	可靠、智慧、成功	格力、华为、奔驰
成熟	高档、迷人	宝马、古驰（Gucci）
强健	适合户外、坚强	福特 F150、MADNESS 服饰

一位消费者行为专家说："你的个性决定了你消费什么，观看什么电视节目，购买什么产品，以及你做出的其他决策。"

大多数知名品牌与某种特定个性有着强烈的关联，这些品牌会吸引那些与相应个性特征高度匹配的人群。许多市场营销人员还使用另一种与个性有关的概念，即自我观念（自我形象）。

自我观念基本的前提是人们的拥有物决定和反映了其身份，也就是说，"我们消费什么就是什么"。因此，要了解消费者的购买行为，首先要清楚他们的自我观念和他们的拥有物之间的关系。

因此，品牌将吸引具有相同个性特征的人们。例如，五菱宏光 MINIEV 电动汽车的个性特征非常鲜明：一款灵巧、时髦、环保、简约又省钱的小车。五菱宏光 MINIEV 被一些女士称为"神车"。五菱宏光的设计和颜色都非常符合年轻女性活泼、可爱、自主、独立的个性。

4. 心理因素

个人的购买决策还受 4 种心理因素的影响，它们分别是动机、感知、学习、信念和态度。

（1）**动机**。人有许多需要：有些需要是生理方面的，如饥饿、干渴等；有些则是心理方面的，如认可、尊重或归属等。当一种需要强烈到一定程度时，它就变成了一种动机。动机也是一种需要，它促使人们去寻求满足。心理学家亚伯拉罕·马斯洛试图解释"为什么人们在特定时期会有特定的需要""为什么当一个人花费大量时间和精力来满足个人安全需要时，另一个人在努力获取他人的尊重"。马斯洛的答案是，人类的需要是分层次排列的，如图 5-3 所示。这些需要按其迫切程度由高至低排列，依次为生理需要（饥饿、干渴）、安全需要（安全、保护）、社会需要（归属感、爱）、尊重需要（自尊、认可、地位）和自我实现需要（自我发展和自我价值的体现）。

个人总是首先满足最迫切的需要，但当这种需要得到满足后，就不再是一种激励因素，此时，个人将转向满足次迫切的需要。例如，饥饿的人不会对社交活动感兴趣，也不会在意别人对他的看法或是否尊重他，他甚至不关心自己是否在呼吸洁净的空气。而当人们的生活水平达到温饱之后，人们就开始考虑健康、安全等更高层次的需要。市场营销人员就是要刺激消费者让需要变成购买的动机。

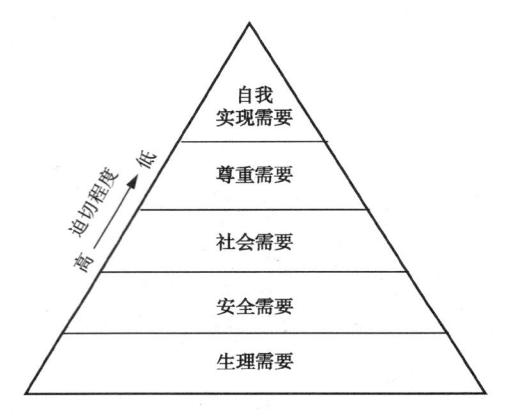

图 5-3 马斯洛需要层次理论

（2）**感知**。受动机驱使的人会随时准备行动，他的行为取决于他对情境的知觉程度。人是通过视觉、听觉、嗅觉、味觉和触觉 5 种感官来获取信息的，但是每个人感知、组织和解释这些感觉信息的方式各不相同。感知是人们通过收集、整理并解释信息，形成有意义的世界观的过程。

人们对同样的刺激会产生不同的知觉，这是因为人们经历了 3 个认知过程，即选择性注意、选择性曲解和选择性记忆。人们每天都要接受各种刺激，如一个人每天会接受大量广告信息，包括来自电视广告、户外广告、社交媒体广告和智能手机上的信息，但人们不可能对所有信息都加以注意。选择性注意就是人们会过滤大部分接触到的信息，这意味着市场营销人员必须尽力来吸引消费者注意。

即使消费者注意到的刺激，也不一定会产生预期的作用，人们总是按照既有的思维模式来处理接收到的信息。选择性曲解是指人们将信息加以扭曲，使之合乎自己的意愿。例如，你不相信某家公司，即使这家公司诚实的广告也会让你觉得有问题。选择性曲解意味着市场营销人员要了解消费者的想法，以及这些想法如何影响他们对广告或销售信息的解释。

人们往往会忘记接触过的大多数信息，只记住那些符合自己态度和信念的信息。选择性记忆意味着消费者可能只记住自己喜欢的某个品牌的优点，而忽视其他品牌的长处。因为存在选择性注意、选择性曲解和选择性记忆，所以市场营销人员必须努力使营销信息触达消费者，让他们正确接收并记住。

（3）**学习**。学习是指由经验所引起的个人行为的改变。学习论者认为，人类的大多数行为是通过学习获得的。学习是通过驱动、刺激、诱因、反应和强化之间的相互作用而发生的。

驱动是一种激发行动的强烈的内部刺激。当驱动被指向某种具体的刺激物时，它就变成一种动机。例如，一个人受自我实现的驱动可能想买一台数码相机。消费者对购买相机想法的反应将受周围各种诱因的影响，诱因是决定某人何时、何地以何种方式做出反应的微弱刺激。例如，看到橱窗里的相机、听到一个特别优惠的价格，或者和朋友讨论等都是诱因，它们将影响一个人购买相机的决策。

假定消费者购买了佳能的数码相机，随后的体验使他感觉很好，他可能会频繁地使用这台相机，这也会强化他对相机的反应——下次需要购买其他数码类产品时，选择佳能这一品牌的概率就会很大。对于市场营销人员来说，利用消费者学习的过程，将产品与强烈的驱动联系起来，利用刺激性诱因，并提供积极的强化手段，可使消费者产生对产品的需求。

（4）**信念和态度**。人们在实践和学习中形成信念和态度，信念和态度反过来又影响人们的购买行为。

信念是人们对事物所持的具体看法，它建立在知识、观念或信仰之上，可能夹带着情感因素。市场营销人员对人们形成的关于特定产品和服务的信念感兴趣，因为这些信念构成了产品和品牌的形象，进而影响人们的购买行为。如果存在某些阻碍购买行为的错误的信念，市场营销人员就需要开展宣传活动来予以纠正。例如，一直以来某知名矿泉水品牌都以天然水源、水质好向消费者展示自己优质矿泉水的品牌形象。当突然有一天有人将周边污染严重的一张水源图片上传网络，并指认为这就是该品牌的取水点时，人们对其品牌的信念就产生了动摇。公司立即启动危机公关，请权威机构对其水源进行测试，邀请消费者代表中有影响力的意见领袖参观自己的水源地和生产基地，公布生产全流程的录像视频，追查恶意攻击者的责任，让消费者了解真相，重建品牌信念。

态度是指一个人对某些事物或观念所持的相对稳定的评价、感觉和偏好。人们对政治、服装、音乐、食品等几乎所有事物都持有自己的态度。态度造成人们喜欢或不喜欢某些事物，并对它们亲近或疏远。

态度一旦形成就很难改变。人们的态度使思维形成一种固定模式，要想改变态度就要改变其他许多的相关因素。因此，公司最好使其产品迎合人们既有的态度，而不是试图改变人们的态度。例如，现在的饮料公司的市场营销人员正在迎合人们有关饮料健康、益处的新态度，饮料已经不仅仅是要求味道好或能解渴。娃哈哈开始强调饮料的功能，如补充维生素、补充电解质、增加能量、促进新陈代谢等。娃哈哈推出全品类饮料系列，植物饮料：冬瓜蜜、菊花蜜；功能饮料：激活活性维生素水；茶饮料：蓝莓冰绿茶、蓝莓冰红茶；乳品饮料：营养快线、AD钙奶、乳酸菌奶等。娃哈哈迎合了消费者对功能型饮料的追求，成为国内健康饮料的领导者品牌。

以上对影响消费者购买行为的因素进行了单个分析，但其实消费者做出购买行为并不是某种因素简单作用的结果，而是文化、社会、个人和心理等多种因素影响下的综合反应。

三、购买决策行为和购买决策过程

消费者购买行为受到多种因素的影响，包括产品的性质不同、参与购买的人不同、消费者的购买目的不同，由此形成了不同的消费者购买决策行为类型和购买决策过程。

（一）购买决策行为类型

消费者对牙膏、手机、电脑和汽车等产品的购买行为各不相同。越复杂的决策往往包含越多的购买意见，消费者也越慎重。根据品牌差异度和消费者介入程度两个维度来划分消费者购买行为类型，如表 5-3 所示。

表 5-3　消费者购买行为的 4 种类型

品牌差异度	消费者介入程度	
	高度介入	低度介入
显著差异	复杂的购买行为	寻求多样性的购买行为
较小差异	降低失调的购买行为	习惯性的购买行为

1. 复杂的购买行为

当消费者高度介入且认为品牌间存在显著差异时，则会产生复杂的购买行为。复杂的购买行为指消费者在购买的整个过程中，要经历大量的信息收集、全面的产品评估、慎重的购买决策和认真的购后评价等各个阶段。消费者在购买价格高、风险大、不常购买且高度自我表现的产品时，其可能高度介入，尤其是当消费者对此类产品不太熟悉的时候。例如，家用电脑的购买，因为其价格较高，不同品牌之间差异大，一般非这个领域的消费者对硬盘、内存、主板、中央处理器、分辨率等概念不太了解，对于不同品牌之间的性能、质量、价格等无法判断，贸然购买存在一定程度的担心。消费者必须经历一个学习过程：首先广泛收集资料，弄清很多问题，建立对产品的信念，然后逐渐形成态度，深思熟虑后才会做出购买决策。

对于消费者高度介入的产品，市场营销人员必须了解消费者如何收集和评价信息。他们需要制定出各种策略，来帮助消费者了解产品的各种属性及这些属性的相对重要程度；他们还需要突出自身品牌的特性，利用平面媒体和详细的广告文案来描述品牌的优点；他们需要得到商店销售人员和消费者朋友的支持，从而影响消费者对品牌的最终选择。

2. 降低失调的购买行为

降低失调的购买行为发生在消费者高度介入购买，所购产品价格高、低频率、有风险，但品牌间差异难以区分之时。例如，购买木地板可能是一个高度介入决策，因为木地板价格高并且表现自我。然而，消费者可能认为一定价格范围内不同品牌的木地板大同小异。因此，消费者可能在对比两三家之后，会因为品牌间差异不大而快速做出购买决策。消费者主要关心的是价格或安装的便利程度。

如果消费者在购买木地板后发现所购买品牌的缺点，或者了解了未购买品牌的优点后，就可能会经历购后失调或不适。为了应对这种失调感，市场营销人员应该注重售后沟通，提供能让消费者对他们的品牌选择感觉良好的证据和支持。例如，木地板安装完成后，厂家可以派人测试甲醛含量，定期提供维护，向消费者宣传品牌的价值，使其相信自己的购买决策是正确的。

3. 寻求多样性的购买行为

如果消费者属于低度介入并了解现有各种品牌和品种之间的显著差异，则会产生多样性的购买行为。多样性的购买行为指消费者在购买产品时有很大的随意性，并不深入收集信息和评估比较就决定购买某一品牌，在消费时才加以评估，但是在下次购买时又转换到其他品牌。转换的原因是厌倦原口味或想试试新口味，是为了寻求产品的多样性，而不一定有不满意之处。例如，消费者在选购面包时可能会带有某种看法，先简单地选择一个品牌，然后在食用过程中对这个品牌进行评价。然而在下次购买面包时，消费者可能由于厌倦或想尝新而选择另一个品牌，品牌转换并不是因为感到不满意，而是为了寻求多样性。

对于寻求多样性的购买行为，在市场中占领导地位的品牌和小品牌的营销策略是不同的。处于领导地位的品牌通过占据主要货架空间、货源充足和提示性广告来鼓励习惯性的购买行为；而处于挑战地位的小品牌则以较低的价格、折扣、赠券、赠送样品和倡导试用新鲜事物的广告来鼓励多样性的购买行为。

4. 习惯性的购买行为

习惯性的购买行为发生在消费者低度介入和品牌差异细微的情况下。比如购买食盐，消费者对这种产品的介入度很低，他们通常进入商店随意选择一个品牌。如果他们一直购买同一品牌，那只是出于习惯，而不是强烈的品牌忠诚。消费者对大多数成本低、经常购买的产品介入度较低。习惯性的购买行为是指消费者并未深入收集信息和评估品牌，没有经过"信念—态度—行为"的过程，因为消费者对产品选择的介入度低，购买后也不大会对所做的选择进行评价。

如果消费者对任何品牌的投入都不高，品牌差异小且介入度低的产品的市场营销人员就可以通过价格和促销来刺激产品的购买。另外，他们会通过增加产品属性或强调几个关键点来差异化自己的品牌和提高消费者的介入度，同时采取大量重复性广告以加深消费者印象。

例如，洗发水若仅仅有去除头发污渍的作用，则属于介入低度产品，与同类产品也没有什么差别，只能以低价展开竞争；若增加去除头皮屑的功能，则介入度提高，提高价格也能吸引购买，扩大销售；若再增加营养头发的功能，则介入度和品牌差异都能进一步提高。宝洁则采用大量的广告宣传来加深其洗发水在消费者心目中的印象，提高选购率。

（二）购买决策过程

我们已经研究了影响消费者购买行为的主要因素，接下来将要了解消费者是如何做出购买决策的。消费者的购买决策过程由一系列相互关联的活动构成，它们早在实际购买发生以前就已经开始，而且一直延续到实际购买之后。研究消费者购买决策过程的阶段，目的在于使市场营销人员可以针对决策过程不同阶段的主要特征来采取不同的促销措施。

购买决策过程可划分为 5 个前后相继的阶段（见图 5-4），这 5 个阶段分别为：确认需要、收集信息、评估方案、购买决策、购后行为。

确认需要 → 收集信息 → 评估方案 → 购买决策 → 购后行为

图 5-4　购买决策过程的 5 个阶段

实际上，复杂型购买才会经历这样完整的 5 个阶段，在其他购买类型中，消费者往往省去其中某些阶段，有时也颠倒它们的顺序。一位经常购买某一品牌食盐的家庭主妇在发现家里没有食盐后，会越过收集信息和评估方案阶段，直接进入购买决策阶段。

1. 确认需要

当消费者有了某种需要而且准备购买某种产品时，对这种产品的购买决策过程就开始了，来自内部的和外部的刺激都可能会引起需要和诱发购买动机。当一个人饥饿、干渴强烈到某种程度时，就变成了一种内部驱动力。而来自外部的刺激也可能诱发购买动机，如一则广告或朋友间的一场讨论都有可能让你产生购买一辆新汽车的想法。这一阶段，市场营销人员应该研究消费者，发现他们的问题和需要，研究是什么引起了他们的需要、程度如何，以及比较迫切的需要怎样被引导到特定的产品上而成为购买动机。然后，市场营销人员可以制定适当的市场营销策略，引起消费者的某些需要并诱发购买动机到特定的产品上来。

2. 收集信息

消费者形成了购买某种产品的动机后，如果不熟悉这种产品的情况，往往就要先收集更多的信息。这时，消费者增加了对相关广告、谈话等的注意，比以往更容易接受这种产品的信息，也许还通过查阅资料、向亲友和熟人询问情况等方式，更积极地收集信息。消费者收集多少信息，取决于他的决策力的强度、已知信息的数量和质量，以及进一步收集信息的难易程度。

为了向目标市场有效地传递信息，市场营销人员需要了解消费者获得信息的主要来源及其作用。消费者一般通过以下4种渠道获得信息。

（1）**个人来源**，即从家庭、朋友、邻居和其他熟人处得到信息。这是最可靠的，最让消费者信任的信息来源。

（2）**商业来源**，即从广告、销售人员、经销商网站、移动网站、产品展览与陈列、产品包装、产品说明书等得到信息。这是途径最正式、信息量最大的信息来源。

（3）**公共来源**，即从报刊、电视等大众宣传媒介的客观报道和消费者评审组织的评价、互联网搜索得到信息。这是最具权威性、消费者也比较认可的信息来源。

（4）**经验来源**，即通过产品的操作、触摸、试验和使用产品获得信息。这是最直接、最具促销作用的信息来源。

从消费者的角度来看，由企业控制的商业性来源信息起通知的作用；其他非商业性来源信息起验证和评价的作用。例如，近期一项研究发现，口碑传播在人们的电子类和服装类产品购买中是最大的影响因素。正如某个市场营销人员所说，一个广告宣传很少能像一个倚靠在篱笆上的邻居随口说的"这是一个非常不错的产品"那样有效。如今这种口碑营销变得越来越数字化，同样有研究表明，论坛、博客、在线评论网站、社交网站在影响购买决策方面优于传统的电视广告这类营销方式。

经过收集信息，消费者逐步缩小了对将要购买产品进行品牌选择的范围，提高了对某些具体品牌和性能的认知与了解。例如，在你收集有关电脑的信息时，你可能了解了许多电脑品牌，你慎重思考之后，放弃了一些品牌，余下的可供选择的品牌，就是你在下个阶段评价的对象。公司必须采取营销组合策略以使消费者了解它们的品牌。

3. 评估方案

消费者根据所掌握的信息，对几种备选的品牌进行评价和比较，从中确定他所偏爱的品牌。但并没有一个适用于所有消费者的统一的评估模式或评估过程。

购买方案的评估根据消费者个人和特定购买情形而定。在某些情况下，消费者会精打细算，缜密思考。在其他情况下，同一位消费者却可能很少甚至不假思考，他仅凭直觉或冲动购买。有时消费者会自行决策，有时他们会向朋友或市场营销人员寻求购买建议。

不过，以下几点在了解消费者怎样评估方案方面很得注意：①产品有哪些令消费者感兴趣的属性，消费者对各种感兴趣属性的关心程度不同，哪个属性在消费者心目中占有最重要的地位，对这个属性的评价就会更多影响其购买决策；②消费者对某种品牌的信念，这种信念可能与该品牌的实际性能相符，但也可能是因消费者有偏见而不相符，符合消费者信念的产品，认同度就高；③在消费者心目中，产品的每一个属性的重要程度不同，有的消费者只看重某种属性，那就会选择这种属性最强的品牌产品，但是大多数消费者会综合考虑几种属性，按照各种属性在他们心目中的重要程度进行权衡后，做出最终选择。

假设某位消费者想购买电脑，且已将选择对象缩小到4种品牌（A品牌、B品牌、C品牌、D品牌）。他对电脑的下述4种属性很看重：信息存储量、图像清晰度、软件可适用性、价格。然后对不同品牌，他根据个人的理解和在各种属性方面的表现进行评价，根据对品牌的信念量化评分，每种属性最高为10分。该消费者的评分及各种属性对于他来说的重要程度如表5-4所示。价格属性的评分与其他属性相反，也就是价格越高其评分越低，而其他属性的指标值越高则评分越高。而各种属性对于不同消费者的重要程度不同，例如，有些消费者认为信息存储量最重要，其次是图像清晰度和软件可适用性，价格再次之；而另一些消费者则认为价格最重要，其次是图像清晰度，对软件可适用性和信息存储量的要求都不高。因此，我们首先根据不同消费者对于属性看重的程度赋予一定权重，然后根据权重计算出期望值，最后选择期望值最大的方案。

表5-4 某位消费者对电脑品牌的信念评分

单位：分

电脑品牌	信息存储量（40%）	图像清晰度（30%）	软件可适用性（20%）	价　格（10%）	期望值（各评分×权重后相加）
A品牌	10	8	7	5	8.3
B品牌	8	9	8	4	7.9
C品牌	6	8	7	6	6.8
D品牌	4	4	7	9	5.1

从综合评分的期望值来判断，某消费者的购买意向倾向于A品牌。上述4种属性对于不同的消费者来说权重是不同的，如果另一位消费者将权重依次调整为10%、20%、30%、40%，那么评估方案该选择哪种品牌呢？

4．购买决策

在评估选择阶段，消费者对品牌进行排序，并形成购买意图。一般地，消费者的购买决策是购买他们最喜爱的品牌，但有两个因素会影响他们的购买意图和最终的购买决策。

第一个因素是其他人的态度。其他人的态度会影响到一个人对所喜爱的品牌的选择，其影响程度取决于两个方面：①其他人对消费者所喜爱的品牌持否定态度的强烈程度；②消费者对他人的重视程度。如果一个对你很重要的人强烈建议你购买价格较低的电脑品牌，那么你选择价格较高的电脑品牌的可能性就会降低。

第二个因素是意想不到的环境变化。消费者可能将购买意图建立在预期收入、预期价格和期望产品利益等因素之上。然而，突发情况可能会改变消费者的购买意图。例如，经济开始恶化，竞争对手的价格下降，或朋友凭个人经历认为你中意的电脑品牌不好等。因此，偏好和购买意图并不总会造成实际的购买行动。

在这个阶段，市场营销人员一方面要向消费者提供更多、更详细的商品信息，以使消费者消除过多疑虑；另一方面要通过提供各种销售服务，方便消费者选购。尽量缩短消费者购买决策与实际购买之间的时间间隔，促使其尽快将决策转化为相应的购买行为。

5. 购后行为

产品出售后，市场营销人员的工作并没有结束。消费者是否满意及他们的购后行为也是市场营销人员应该关注的。

哪些因素决定消费者是否满意？答案取决于消费者的预期与产品所表现出的性能之间的契合度。如果产品没有达到预期，消费者会感到失望；如果产品符合预期，消费者会感到满意；如果产品超过预期，消费者会感到非常满意。预期的产品性能与实际感知性能之间的差距越大，消费者的不满意情绪越强烈。因此，为了让消费者感到满意，市场营销人员应该如实地介绍产品的真实性能。

然而，几乎所有重要的购买行为都会产生认知失调，或因购后认知冲突而引起不适。购买之后，消费者对自己所选择品牌的优点感到满意，并庆幸该品牌没有那些未选择品牌的缺点。但是，所有购买行为都涉及权衡。消费者会为所选品牌的缺点而担心，也会为没有得到未购买品牌的好处而感到遗憾。因此，消费者在每次购买后，或多或少都会产生心理不平衡感。市场营销人员应该注意到消费者的认知失调，及时做好售后服务，包括回访，尽量避免消费者购后认知失调。

为什么让消费者满意这样重要呢？消费者满意是建立盈利性的消费者关系的关键，它能吸引和留住消费者，获得消费者的终身价值。满意的消费者会再次购买，并向他人推荐产品，他们更可能购买企业的其他产品，而且不太重视竞争对手的品牌及其广告。许多市场营销人员不仅仅满足于达到消费者的期望，他们的目标是取悦消费者。

不满意的消费者有截然不同的反应。"好事不出门，坏事传千里。"对某个产品的差评能很快地破坏消费者对企业的印象。不满意的消费者很少投诉，多数不满意的消费者不会主动向企业反映他们遇到的问题。因此，企业应该经常调查消费者满意度，建立鼓励消费者投诉机制。这样，企业就能了解自己的业绩，知道应该如何改进。

通过研究消费者完整的购买决策过程，市场营销人员或许能找到帮助消费者顺利决策的方法。例如，当消费者没有发觉需求而不购买新产品时，市场营销人员可以通过广告宣传来激发他们的需求，充分展示新产品能为消费者解决的问题。如果消费者知道这个产品，但因为缺乏好感而不购买时，市场营销人员要么改进产品，要么转变消费者的观念。

（三）新产品购买决策过程

新产品是指潜在消费者眼中的新的产品。尽管这些产品可能在市场上已经存在了一段时间，但潜在消费者还未购买过。我们感兴趣的是消费者怎样第一次了解这种新产品，并做出接受或拒绝的决策。研究表明消费者采用新产品时会经历以下5个阶段。

（1）认知：消费者知道了新产品，但缺乏相关信息。

（2）兴趣：消费者寻找新产品的相关信息。

（3）评价：消费者考虑是否试用新产品。

（4）试用：消费者少量试用新产品，以改善对该新产品价值的评价。

（5）采用：消费者决定全面地或经常性地使用该新产品。

市场营销人员应该考虑如何帮助消费者经历新产品购买决策的这些阶段。例如，如果企业发现不少消费者考虑其产品，但迟迟未采取购买行动，就很可能提供零售优惠、补贴或其他价格激励，帮助消费者尽快做出购买决策。拼多多电子商务平台为了吸引新客户，推出新客户特惠商品或首单特别优惠等。例如，本来需要10元的商品，新客户购买只需1元。拼多多对于第一次进入平台的客户有许多的优惠和激励措施，以及吸引新客户。截至2021年3月，拼多多的用户量已经达到7.88亿人，用户数量呈指数级增长。

四、组织市场与组织购买者行为

（一）组织市场的特点

组织市场是由那些为了转售给其他人或为满足自己生产所需进行购买的单位和个人组成的。例如，批发商和零售商购买大量产品，其目的是向最终消费者出售，获得中间利润；而一家重型机械制造企业购买原材料，其目的则是生产重型机器出售给其他组织或个人，获取利润。

与消费者市场相比，组织市场更为复杂。例如，固特异轮胎的生产与销售过程就是非常复杂的。首先，各种供应商销售橡胶、钢材、设备和其他材料给固特异公司，后者用来制造轮胎。其次，固特异公司销售成品轮胎给零售商，零售商接着将这些轮胎销售给消费者。另外，固特异公司也直接将轮胎作为原始设备卖给那些汽车制造商，也可以作为零配件卖给汽车维修店等组织购买者。在某些方面，组织市场与消费者市场是相似的。两者都涉及为满足需要而承担购买角色和制定购买决策的人。然而，组织市场在许多方面与消费者市场之间还是存在较大差异的，主要差别在于市场结构和需求、购买单位的特点、决策类型和决策过程。

1. 市场结构和需求

与消费者市场相比，组织市场上购买者的数量较少，购买的规模较大。而且，由于资本和生产集中，许多组织市场都被少数几家或一家大公司所垄断。例如，当轮胎制造商销售轮胎给最终消费者时，面对的可能是一个国家甚至是全世界成百上千万名的汽车车主，而如果将轮胎卖给几家大零售商或汽车制造商时，客户的数量就少多了，但每次的交易量会非常大。

组织市场需求缺乏弹性，而且波动更大。价格的变动对许多工业产品的总需求影响不大，短期内更是如此。皮革价格的下降不会吸引皮鞋制造商采购更多的皮革，除非它引起更低的鞋价，进而提高人们对鞋子的需求。与消费者产品和服务的需求相比，许多产业用品和劳务的需求往往变化更大、更快，组织市场需求具有较大的波动性。消费者需求的略微提高都可能造成企业需求的大量增加。例如，消费者对皮鞋的需求增加，会造成皮鞋制造企业对皮革需求的增加，而皮革需求的增加会引起皮革加工企业对皮革原料需求增加、加工皮革的设备增加，而皮革原料需求增加，会造成畜牧养殖业的发展、饲料产业的发展。所以，消费者对皮鞋需求增加10%，可能引起相关产业增长叠加，整个产业增长100%～200%。

最后，企业需求是衍生性需求。企业购买者对生产用品的需求，归根结底是从消费者对消费品的需求衍生出来的。例如，服装厂之所以要购买布料，归根结底是因为消费者要去服装店或百货商场购买衣服。如果最终消费品需求疲软的话，那么对所有用以生产这些消费品的原材料的需求也将下降。因此，组织市场的营销人员可以采取直接激发最终消费者的营销策略，以达到间接的产品促销目的。例如，英特尔大力宣传电脑中重要的部件是CPU，CPU配置的高低影响着电脑处理数据的速度和效率，而你若要购置一台高效、高品质的电脑首先就要关注CPU。而目前英特尔仍为世界上最好的CPU制造商之一，因此，苹果也好、联想也好，想要生产最好的电脑，就要配置最好的CPU，英特尔成为它们合作的首选之一。于消费者而言，在选择电脑时，非常注重电脑处理器的配置，而英特尔与电脑制造商强强联合，直接将"intel inside"标签贴在笔记本电脑键盘下方，强化了品牌形象。如今英特尔的处理器在全球的市场份额仍然处于领先地位，这在很大程度上归功于其长期以来面向消费者的营销活动。

2. 购买单位的特点

与消费者购买相比，组织购买常常涉及更多的决策参与者和更加专业的购买工作。组织购买由受过训练的采购代理人完成，他们一直在实践中学习怎样买得更好。购买决策越复杂，参与决策过程的人就越多。通常，在采购重要的产品时，技术专家和高层管理会共同组成采购小组。组织采购必须遵循组织规定的指标，如对报价、计划和采购合同的要求。这意味着供应商的市场营销人员必须提供本企业的产品和竞争者的大量技术数据，并对这些数据掌握得非常全面和准确才行。所以，企业必须配备训练有素的市场营销人员和销售人员来应对这些专业而精明的采购者。

3. 决策类型和决策过程

与消费者购买相比，组织购买者的购买决策更加复杂。组织购买常常涉及大量的资金、复杂的技术和经济条件，以及与组织购买者中不同层次的多个人员的互动。这种购买行为非常繁杂，组织购买决策周期也因此历时较长。相对于消费品的购买过程，组织购买过程更加正式。大宗的组织购买通常要求具备详尽的产品说明书、书面的购买单据、对供应商的仔细考察和正式的审批流程。

在组织购买过程中，买卖双方常常相互依存。从帮助客户确定问题，到寻求解决之道，再到售后运作的支持性服务的整个购买过程中，组织市场的营销人员都需要积极投入并与客户紧密合作。他们常常针对某个客户的特别需要提供定制的产品和服务。例如，教学软件的供应商，不仅要根据采购方需要达到的教学目标设计解决方案和安装软件，还要负责教学软件的使用培训及将来的升级等。

近年来，客户与供应商之间的关系已经从完全对抗转变为亲密合作。许多企业现在正在进行"供应商开发"——系统地识别、发展和支持供应商以确保有效和可靠的原材料供应。来自瑞典的家具零售巨头宜家并不仅仅从它的供应商那里购买原材料，它还将供应商深度引入顾客价值创造过程当中。

任务五 分析消费者市场与组织市场购买行为

案例启示

宜家与供应商合作为顾客创造价值

宜家作为全球最大的家具零售商，是典型的全球性卓越品牌。从北京到莫斯科，再到纽约的顾客，被宜家时尚却简单实用，而且价格可承受的家具所吸引，纷纷涌入宜家。宜家集团2021财年全球销售为419亿欧元，线上收入大增73%。2021财年，宜家几乎所有门店都重新开业，累计接待近7.75亿名顾客，宜家在本财年新开设了45家门店。事实上，宜家正在以前所未有的速度进行扩张。2021年报显示，宜家预计到2023财年末将进军17个新的国家市场。宜家在全球的5个最大采购地分别是：中国第一（18%）、波兰第二（12%）、瑞典第三（8%）、意大利第四（7%）、德国第五（6%）。但销量最大的国家分别是：德国第一（19%）、英国第二（11%）、美国第三（11%）、法国第四（9%）、瑞典第五（8%），目前宜家在俄罗斯的市场拓展速度也非常快。宜家成长最大的阻碍并不是开设新店和吸引顾客，而是找到足够的供应商来帮助其设计和生产顾客能够负担得起的家具产品。

宜家不能仅仅依靠现货供应商在需要时提供产品。相反，宜家已经系统地开发了一个强有力的供应商合作伙伴网络，这些供应商能够可靠地提供宜家所出售的超过9500个品类的产品。宜家的设计师从基本的顾客价值诉求出发，然后寻找关键供应商与之紧密合作，将这种诉求转化为产品并推向市场。因此，宜家并不仅仅从其供应商那里购买产品，它同样将它的供应商紧密地整合进设计和制造时尚而且价格适宜的产品过程当中，让顾客频繁惠顾。

（二）组织购买者行为

市场营销人员首先要了解组织购买者对不同的市场营销刺激会做出的不同反应。图5-5展示了组织购买者行为模型。

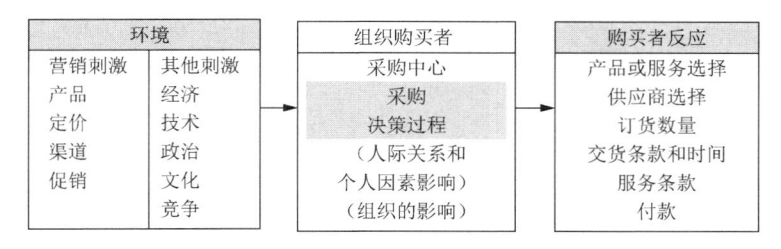

环境		组织购买者	购买者反应
营销刺激	其他刺激	采购中心	产品或服务选择
产品	经济	采购	供应商选择
定价	技术	决策过程	订货数量
渠道	政治	（人际关系和	交货条款和时间
促销	文化	个人因素影响）	服务条款
	竞争	（组织的影响）	付款

图 5-5 组织购买者行为模型

在这个模型中，营销刺激和其他刺激影响组织购买者并引起购买者反应。为使组织购买者接触到这些刺激并产生对企业有利的购买反应，市场营销人员必须理解在特定的营销刺激下，组织购买者会发生什么，进而设计优秀的市场营销组合策略。

在买方组织内部，购买行为由两个部分组成：一是采购中心，由采购决策所涉及的所有人组成；二是采购决策过程。图5-5中的模型表明，采购中心和采购决策过程既受到组织内部、人际关系和个人因素的影响，也受到组织的影响。通过观察这个模型，我们需要思考以下问题：组织购买者制定什么购买决策？谁参与购买决策过程？影响组织购买者的主要因素是什么？组织购买者如何制定购买决策？

1. 组织购买情况的主要类型

组织购买情况主要分为 3 类。

（1）**直接重购**，是指按部就班地重复以往的购买决策，通常由采购部门按常规完成即可。组织购买者按照"供应者名单"选择供应商。被选中的供应商将努力保持产品和服务的质量。这类组织经常提议采用自动化再订购系统，以便采购代理商或组织的实际购买者减少再订购的时间。落选的供应商会利用组织购买者对原有供应商的不满情绪，试图提供新产品或开展某种满意的服务，以便组织购买者在下次购买时能够选择它们，或者先设法以少量订单入门，再逐步扩大其"采购份额"。

（2）**调整重购**，是指组织购买者希望修改产品要求、价格、交易条件或供应商，其目的是寻找更低的价格、更有利的交货条件等。调整重购通常会扩大决策参与者的人数，现有的供应商会感到紧张和有压力，它们将竭尽全力以稳住自己的地位。而落选的供应商则把调整重购看成一次获得新业务的较好机会，并提供更优惠的条件。

（3）**新购**，是指第一次购买某种产品或服务。企业为增加新的生产项目或更新设备，也会面临新任务采购情况。如安装计算机网络系统、建设新工厂就属于需要新购的情况。新购的成本和风险大，参与决策的人数多，收集信息的工作量大，从而决策的时间也长。对于市场营销人员而言，买方新购是最好的机会，也是最大的挑战，需要尽可能多地接触购买决策的关键影响者，积极地提供尽可能多的帮助和信息。在直接重购中，组织购买者制定的决策最少，而在新购的情况下，组织购买者制定的决策最多。

许多企业喜欢从一个供应商那里购买"一揽子"解决方案，而不是分别向多个供应商采购产品和服务，再组合到一起。所以，只有能够提供最完备的系统来满足客户需要和解决问题的供应商才能赢得销售。这种系统销售被称为出售解决之道，往往是供应商赢得和维持客户的关键战略。

运输和物流巨头——美国 UPS 公司（以下简称 UPS）所做的事情要超过单纯地将包裹送到它的企业客户那里，它针对客户的运输和物流问题开发了完整的解决方案。例如，UPS 集成了一个完整的服务系统来支持尼康的消费者产品供应链，包括物流和专业通关服务，成为一个运行流畅的系统。

案例启示

UPS：为客户提供物流解决方案

当尼康进入数码相机市场时，需要一个全新的分销渠道。因此，尼康请求运输和物流巨头 UPS 为其设计一个完整的系统，将尼康的整个电子产品线从其亚洲的工厂移动到遍及美国、拉丁美洲和加勒比海地区的众多零售商店。借助 UPS 在中间过程的帮助，尼康的产品从其亚洲的工厂起运，短短两天时间就可以到达美国的零售商店货架上。UPS 首先管理空运和海运，以及相关的通关手续，将尼康的产品从韩国、日本和印度尼西亚运送到美国的运营中心。在那里，UPS 要么将诸如电池、充电器等配件和尼康的产品打包到一起，要么根据商店陈列要求重新包装尼康产品。最后，UPS 将这些产品运送到遍及美国的成千上万个零售商店，或者运送到拉丁美洲、加勒比海地区的零售商店或经销商那里。在这个过程中，UPS 追踪产品，提供给尼康整个供应链的运行状况，使得尼康能够让零售商获知配送时间信息，并根据需要加以调整。

2. 购买过程中的主要参与者

购买组织的决策制定单位被称为组织的采购中心，也就是那些参与企业决策制定过程的所有个人和单位。采购中心由在企业采购决策制定过程中发挥作用的所有个人和单位组成，包括产品或服务的实际使用者、购买决策的影响者、实际购买者、购买决策的制定者及购买信息的控制者。购买过程中的主要参与者及所起的作用如表 5-5 所示。

表 5-5 购买过程中的主要参与者及所起的作用

主要参与者	所起的作用
实际使用者	将要使用该产品或服务的组织成员。在许多情况下，实际使用者发起采购建议并帮助确定产品或服务的具体要求
决策的影响者	经常帮助确定产品的具体要求，并提供评估方案所需要的信息的人。技术人员、工程师是重要的影响者
实际购买者	有正式的权力选择供应商和提出采购条件的人。实际购买者可以帮助明确产品要求，但主要作用是选择供应商并与其进行谈判。在较为复杂的谈判过程中，可能会有高层管理人员参加
决策的制定者	拥有正式或非正式权力选择或批准最终的供应商。在常规购买中，实际购买者常常就是决策的制定者，或者至少是审批者
信息的控制者	控制信息流向采购中心的其他人。例如，采购代理常常有权阻止销售人员见到实际使用者或决策的制定者。其他信息的控制者包括技术人员，甚至秘书

采购中心在组织中不是一个固定的、正式的单位。它是由不同的人为了不同的采购任务而组成一个临时组织。采购中心的规模和组成将随不同的产品和采购类型而变动。对一些常规采购，一位采购人员就可以承担采购中心的所有角色，独自完成采购任务。而在复杂的采购中，采购中心由从组织中不同级别和不同部门中抽出的 20~30 人组成，也可能更多。

采购中心概念提出了一个重要的营销挑战。市场营销人员必须知道谁参与决策，每个参与者之间是如何相互影响的，每个决策参与者用什么样的评估标准。例如，某医疗服务公司向医院销售一次性手术服。它首先必须识别涉及购买决策的医院人士，如主管医院医疗设施及器械采购的副院长、手术室主任和外科医生。每个决策参与者发挥不同的作用：首先，采购副院长负责分析，医院是应该购买一次性手术服，还是购买可重复使用的手术服；其次，如果分析结果认为购买一次性手术服更合适，接下来就由手术室主任在同类产品和价格中进行比较，然后做出选择；再次，手术室主任要考虑手术服的透气性、防感染性能、款式和成本，然后在最低成本的限制下，购买满足需要的品牌；最后，由外科医生报告满意与否，并影响最终决策。

采购中心通常包括一些显而易见的成员，他们正式参与购买决策。就像上面提到的手术服采购，一定有主管医院医疗设施及器械采购的副院长、手术室主任、外科医生参与。但有时连采购中心的人也不知道，真正影响最终购买决策的人还有谁，这些在幕后对决策起影响作用的人是市场营销人员要特别关注的。也许主管医院后勤的副院长曾经是一位权威的外科医生，他对手术服的要求有很独到的见解，因此，在最终影响采购何种品牌的一次性手术服时，他的决策将起到决定性作用。

（三）分析影响组织购买者的主要因素

在制定购买决策时，组织购买者会受到许多因素的影响。一些市场营销人员认为，在这些影响因素中，最主要的是经济因素。组织购买者偏好能够提供最低价格，或者是提供最好的产品，或者是提供最多服务的供应商。因此，市场营销人员通常将注意力集中在为组织购买者提供最大的经济利益。这些经济因素对组织购买者而言的确非常重要，尤其是在经济低迷时期。但是，组织购买者的行为除了受经济因素影响，还受到个人因素的影响。实际购买者是有血、有肉、有情感的个人，在购买时，他们像常人一样会做出既有理性又有情感的反应。影响组织购买者行为的主要因素可分为四大类：环境因素、组织因素、人际因素和个人因素，如图5-6所示。供应商应了解和运用这些因素，引导购买者的购买行为，促成交易。

1. 环境因素

组织购买者在很大程度上会受到当前和预期的经济环境的影响，如基本需求水平、经济前景和货币成本。假如国家经济前景看好或国家扶持某一产业的发展，有关企业用户就会增加投资，增加原材料采购和库存，以备生产扩大之用。在经济滑坡时期，组织会减少甚至停止购买，供应商的市场营销人员试图增加组织需求总量往往是徒劳的，只能通过艰苦努力保持或扩大自己的市场占有率。还有一种环境因素是关键原材料的短缺。许多企业现在更愿意购买稀缺原材料并持有大量存货，以确保充足的供给。组织购买者还受到技术、政治和竞争动态的影响。当然，文化和习俗也强烈地影响着组织购买者对市场营销人员的行为及其策略的反应，尤其是在国际市场营销环境中，市场营销人员必须洞悉这些因素，判断这些因素是如何影响组织购买者的，并最终设法将这些挑战转化为机遇。

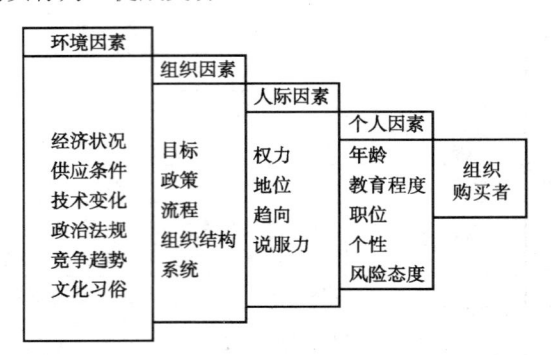

图 5-6 影响组织购买者行为的因素

案例启示

约翰的国际市场营销之旅

美国某公司希望将其产品推向全世界，公司派遣副总裁约翰去开拓市场。约翰先生的第一站是中国北京，在这里他与一群中国经理在午餐时从头到尾地谈论业务。用餐中，他把筷子随意插进自己的米饭里；用餐结束时，他向每位经理赠送了一个精美的Tiffany时钟，以此作为此次见面的纪念品。

接下来的一站是伦敦，在那里他和大食品经销商们通过电话进行了简短的联络。他同样轻松地与巴黎人打交道，在高级餐馆订了午餐，他这样招呼客人："雅克，我是约翰。"

在德国，他快速地做了一个充满最新鲜见解的长篇营销演讲，并辅以图表和视听材料，以表明他知道如何做生意。在去米兰的飞机上，他与邻座的日本商人有过交谈，并把名片扔在对方的托盘上。当告别时，他与对方热情握手并抓住对方的右臂。后来，在与一位意大利包装设计公司的老板会面时，约翰穿着舒适的条纹灯芯绒运动外衣、卡其布裤子和帆布鞋。人人都知道意大利人是逗趣和放松的民族。

非常不错的产品推广旅行，一定可以获得大把的订单。约翰回到公司，坐等订单到来。可是，6个月过去了，公司没有收到海外任何订单信息。

任务五
分析消费者市场与组织市场购买行为

这是一个假设的例子，为了强调所以有些情节比较夸张。但在国际市场上要想取得成功，了解对方的国家和人民很重要。约翰那么卖力，到底错在哪里呢？

在中国，筷子是很重要的用餐工具，随意将筷子插进米饭里是很不礼貌的行为；至于用时钟作为礼物，这犯了中国人的大忌，"送钟"的谐音就是"送终"。与美国人不同，英国人通常不用电话谈生意。真正的法国人不喜欢与陌生人太亲近，如被他人直呼名字，是很反感的，认为此人品位很差，缺乏素质。约翰令人眼花缭乱的演讲方法在德国人眼里就是夸张和卖弄，他们并不接受这种方式。抓住日本人的胳膊是一种不符合日本礼节的行为，而且日本人把名片看成个人地位的象征，随意扔名片是很不礼貌的行为。意大利人尽管风趣、幽默，但他们见不得别人有随意或不得体的着装。

因此，为了在全球市场竞争中获胜，或者与国际企业在异国开展有效的合作，公司必须帮助管理人员了解国际购买者的需要、风俗和文化。一些公司现在开发出手机应用程序，为国际旅行者提供注意事项，帮助他们避免在国外犯令人尴尬的错误。世界各地的文化千差万别，市场营销人员必须深入了解以确保自己适应这些差异。

2. 组织因素

组织因素也很重要。每一个购买组织都有自己的目标、政策、流程、组织结构和制度体系等。市场营销人员要很好地理解这些因素，需要回答以下问题：买方有多少人参与购买决策？他们是谁？他们的评价标准是什么？企业的政策及其对实际购买者的限制是什么？例如，以追求总成本降低为目标的企业，会对低价产品更感兴趣；以追求市场领先为目标的企业，会对优质高效的产品更感兴趣。有的企业建立采购激励制度，奖励那些工作突出的采购人员，将造成采购人员为争取最佳交易条件而给卖方施加压力。有的企业实行集中采购制度，设立统一的采购部门，将原先由各事业部门分别进行的采购工作集中起来，以保证产品质量、扩大采购批量和降低采购成本。这种改变意味着供应商将同人数更少但素质更高的采购人员打交道。有的企业提高了采购部门的规格并起用高学历人员，供应商也应当提高销售部门的规格，派出级别和学历高的销售人员，以便同买方的采购人员相称。

3. 人际因素

采购中心通常包括许多彼此影响的参与者，参与购买过程的各种角色的职务、地位、态度和相互关系对购买行为的影响非常复杂。市场营销人员发现，要了解哪种人际关系因素和群体力量会渗透到购买过程中常常是困难的。管理人员不会自我标榜"我是决策人"或"我是非常重要的人物"。并不总是采购中心中最高级别的参与者影响最大，其他成员如果掌握奖罚权，拥有特殊专长，或与其他重要成员有特殊关系，也可以在购买决策中施加影响。人际关系因素的影响经常是非常微妙的，只要有可能，市场营销人员必须尽力了解这些因素，并制定相应的对策。

4. 个人因素

在购买决策过程中，每个成员都带有个人的动机、感知和偏好。这些个人因素受到诸如年龄、收入、教育程度、专业和个性及对风险的态度等个人特征的影响。例如，有些采购人员受过良好的教育，是理智型购买者，选择供应商之前会进行周密的竞争性方案的比较；有些采购人员个性强硬，总是同供应商反复较量。有位饮料公司的采购经理每年要采购上亿个饮料瓶，

133

就利用这一优势对那些"不太顺从"或不太理想的供应商采取"惩罚"措施——如果某些供应商提出涨价要求、提供的产品质量下降或供货不及时，他就减少或停止采购。

（四）认识组织购买者决策过程

组织购买者决策过程如表 5-6 所示，其要经历 8 个阶段。在新购情况下，购买者通常会经历购买过程的所有阶段。而在调整重购或直接重购时，购买者很可能略过其中的某些阶段。我们将以典型的新购为例，依次来分析各个阶段。

表 5-6 组织购买者决策过程

购买阶段	购买类型		
	新购	调整重购	直接重购
1. 问题确认	是	可能	否
2. 基本需要描述	是	可能	否
3. 产品说明	是	是	是
4. 寻找供应商	是	可能	否
5. 征询方案	是	可能	否
6. 选择供应商	是	可能	否
7. 订货程序说明	是	可能	否
8. 业绩评价	是	是	是

1. 问题确认

采购过程开始于企业内部认识到产生了某种问题或需要，可以通过购买特定的产品和服务来解决或满足。问题确认是内部或外部刺激的结果。内部刺激，如决定生产某种新产品，需要新的设备及原材料；设备发生故障，需要更换新设备或零部件；发现过去购买的原材料有问题，需要更换供应商，或寻找更好的货源。外部刺激，如展销会、广告或供应商销售人员的访问等，促使购买者提出采购意见。实际上，市场营销人员常常在广告中激发客户对潜在问题的认识，声称自己的产品可以提供解决之道。例如，咨询公司埃森哲在名为"高业绩，必达"的 B2B 广告中就是这样宣传的。埃森哲的这一则广告为希望跟上移动技术发展的企业明确了当前的需要。该广告展现了一群飞蛾被明亮的手机屏幕吸引，广告语："埃森哲数字服务能够帮助你吸引更多客户。"同时，该广告强调埃森哲的解决方案："我们的行业专长，与我们整合互动、分析和移动的能力一起，能够帮助你充分利用机会进行创新和竞争。"

2. 基本需要描述

认识到需要之后，组织购买者会着手准备基本需要描述，说明所需产品项目的特点和质量。对标准的产品而言，这一过程很简单，由采购人员直接决定。但对复杂的产品项目而言，这一过程必须由采购人员、工程师、使用者和咨询师等共同研究确定。他们可能需要评估产品的可靠性、耐久性、价格和其他属性，并对各种属性按照重要程度进行排序。在这个阶段，精明的市场营销人员可以帮助组织购买者明确具体需要，并提供详细信息说明不同产品特征的价值，或"一揽子"解决方案。

3. 产品说明

随后，组织购买者会就该产品项目的技术性能制定产品说明，这常常需要工程师团队做价值分析。产品价值分析的目的是降低成本，这个过程需要对产品的各个部件进行仔细研究，看看是否能用成本低的方法来重新设计、实行标准化或进行制造。工程师团队要确定最佳产品性能，并做出相应说明。内部的销售人员也可以将价值分析作为工具，来帮助寻找新的购买者。通过向组织购买者展示制造产品的更好方法，供应商的市场营销人员可以将直接重购转化为新购，争取获得新业务的机会，赢得新客户。

4. 寻找供应商

然后，组织购买者开始寻找供应商，以便发现最佳人选。组织购买者通常利用工商名录、网络搜索、电话咨询、其他企业的推荐等方法，列出一份合格供应商的清单。如今，越来越多的企业转向互联网来寻找供应商。对于市场营销人员来说，这使得小型供应商在许多方面与大规模竞争者具有同等的市场机会。

采购任务越重，产品项目越复杂和昂贵，组织购买者用于搜寻供应商的时间就越长。供应商应设法把自己企业的名字列在重要的工商名录上，并在市场上建立良好的声誉。市场营销人员要注意那些正在寻找供应商的企业，并争取让它们考虑自己的企业。

5. 征询方案

在征询方案阶段，组织购买者邀请一些通过了资格审查的供应商提交方案。相应地，一些供应商会发送相关产品目录或委派市场营销人员上门。但是，当产品项目复杂或昂贵时，组织购买者通常会要求每位备选供应商提供更为详细的书面方案或进行正式的展示。

市场营销人员必须具备根据组织购买者征询方案的要求调研、撰写和展示方案的技能。提交的方案应该是市场营销的文件，而不仅仅是技术文件。其除了编写产品目录、说明书、价目表等资料，还要突出企业的优势及与竞争对手的差异，起到促销的作用。

6. 选择供应商

采购中心的成员仔细评价方案并选择一个或几个供应商。在选择供应商期间，采购中心通常列出理想供应商应该具备的特点及其相对重要性。这些特点主要包括产品和服务质量、声誉、交货及时性、企业行为的规范性、沟通中的诚实度和价格的竞争力等。采购中心的成员根据这些特点为供应商打分，最终确定最佳供应商。

在做出最终选择之前，为了获得更好的价格和交易条件，组织购买者会与比较青睐的供应商进行谈判。最后，他们可能选择一个或几个供应商。在大多数情况下，组织购买者偏爱多个供应来源，以避免过分依赖某个供应商，也促使多个供应商之间进行长期的价格和绩效比较。如今的供应商开发经理希望建立一个全面的供应商伙伴网络，帮助企业为最终顾客带来更多的价值。

7. 订货程序说明

组织购买者在选定供应商后，就开始准备订货程序说明，包括向选中的供应商订货，并列明诸如技术要求、所需数量、交货时间、退货政策和保证等条件。关于维护、维修和运营条件，组织购买者可能签订"一揽子"合同而不是定期购买订单。一份"一揽子"合同可以缔结一种长期关系，供应商承诺在设定的时期内，以协议好的价格在组织购买者需要进货时重复供应。

许多大型组织购买者现在采用供应商管理库存的模式,它们将订货和存货的责任转移给供应商。在这种制度下,组织购买者直接与少数关键供应商分享销售和存货信息,由供应商控制存货和在需要时自动补货。例如,沃尔玛的主要供应商承担了供应商管理库存的责任。

8. 业绩评价

最后是业绩评价阶段,组织购买者评价供应商的业绩。组织购买者联系使用者,请他们对满意程度做出评价。根据业绩评价结果,组织购买者会沿用、调整或剔除原有的供应商。供应商需要监控买方用以评价业绩的因素,确保自己能够达到预期的满意水平。

总之,组织市场是一个富有挑战性的领域,市场营销人员应调查研究组织购买者的需要和采购决策过程,了解其不同阶段的特点,制订出有效的营销计划,这样才能取得营销的成功。

(五)用数字和社交媒体营销吸引组织购买者

与消费市场营销领域一样,信息技术和网络、移动及社交媒体的迅猛发展改变了组织购买和市场营销过程的面貌。下面我们将介绍两种重要的交易模式:电子采购,以及组织间数字和社交媒体营销。

1. 电子采购

信息技术的进步已经改变了组织购买过程。网上购买,通常被称为电子采购,在20年前电子采购还很少被企业采用,今天却已经成为大多数企业的标准程序。电子采购可以使购买者接触到更多的供应商,降低采购成本,加快订货过程和缩短交货期。反过来,市场营销人员可以在网上联系客户,分享市场营销信息,销售产品和服务,提供客户支持服务,以及维持现有的客户关系。

企业可以采取以下任何一种形式进行电子采购。(1)进行反向拍卖,在网上发布自己的采购要求,邀请供应商投标。(2)从事网上贸易交换,集中促进交易过程。(3)建设自己的采购网站,专门执行电子采购。例如,兴盛优选社区电商平台建立了一个采购网站,在上面发布了采购要求并邀请供应商投标,就相关条件进行谈判及下订单。(4)创造与关键供应商的外部网络链接。例如,与联想、华为等供应商建立直接采购账户,从而直接采购通信设施和网络终端设备。华为为企业采购设立了网络采购事业部,专门为不同规模的通信企业提供电子采购和解决方案。

组织电子采购带来许多好处。首先,它为买卖双方大幅度削减了交易成本,创造了更高的采购效率。电子采购显著地缩短了订购与交货之间的时间间隔。一个由网站支撑的采购计划消除了传统购买和订货程序所需的大量文案工作,并能帮助组织更好地追踪所有的采购活动。最后,除了节约成本和时间,电子采购还将采购人员从烦琐的事务性工作中解放出来,将精力集中于更具战略性的问题,如寻找更好的供应来源,与供应商协商降低成本和开发新产品。

但是,电子采购的迅速推广也带来一些问题。例如,互联网在使供应商和客户有可能分享业务数据甚至合作进行产品设计的同时,侵蚀了数十年之久的客户与供应商的关系。许多组织购买者现在利用网站的力量使得供应商彼此竞争,为每一次购买寻求更好的交易价格、产品和交货期。

任务五 分析消费者市场与组织市场购买行为

2. 组织间数字和社交媒体营销

为了应对组织客户快速转向网上购买的趋势，如今的市场营销人员更多地运用多种数字和社交媒体营销方式来随时随地吸引组织客户和管理客户关系，包括运用网站、博客、移动应用程序、电子邮件和专有网络（如百度爱采购网、敦煌网等）及公众号、抖音、新浪微博等社交媒体。

组织间数字和社交媒体营销在不断增长，迅速成为吸引组织客户的新空间。阿里巴巴是全球最大的 B2B 网络运营商，2021 财年财报显示，阿里巴巴 B2B 业务（含中国商业批发 1688 和国际商业批发阿里巴巴国际站）共计实现营收 72.9 亿元，同比增长 38.98%。其中，来自中国商业批发业务的营收为人民币 33.70 亿元，较上年同期的人民币 27.87 亿元增长 21%，来自国际商业批发业务的营收为人民币 39.20 亿元，较上年同期的人民币 24.58 亿元增长 59%。

与传统的媒体和营销方式相比，数字和社交媒体能够创造更好的客户互动。组织中的市场营销人员知道他们真正要瞄准的并非组织，而是组织中影响购买决策的个人。如今的组织购买者通常借助其移动终端设备保持网络联系，个人电脑、平板电脑和智能手机是主要工具。

数字和社交媒体在吸引这些始终保持网络采购的组织购买者中发挥了重要作用，这是单凭市场营销人员难以做到的。与市场营销人员上班时间访问商业客户或在展销会上与客户会面的传统模式不同，新型的数字模式促进市场营销人员和客户组织中的各种成员随时随地联系，使买卖双方具备更多的控制和接近重要信息的能力。组织间市场营销本身一直是社交网络营销，如今的数字环境为构建和维护社交网络提供了大量令人兴奋的新工具和运用。

（六）机构和政府市场

以上主要集中对组织购买者的购买行为进行了介绍，其实，这些内容同样适用于机构和政府市场的采购活动。但是，这两种非企业市场有一些独有的特征，这就是我们需要单独介绍的原因。

1. 机构市场

机构市场，包括学校、医院、诊所、监狱等为相关人员提供产品和服务的机构。机构在资金支持和目标上彼此不同。2020 年中国卫生健康统计年鉴数据显示，我国卫生医疗系统综合医院有 20 133 家，占比最大为 57%，其次是专科医院占比为 25%、中医医院占比为 13%。其中，公立医院收入约为 4.193 万亿元，非公立医院收入为 6760 亿元。截至 2023 年 6 月 15 日，我国普通高等学校有 2820 所，其中本科院校有 1275 所、高职（专科）院校有 1545 所，成人高等学校为 252 所，高校对教材、教学设施设备、实验室建设、学生食堂等有大量采购需要。高等教育在校人数已经超过 4000 万人，以每生每年所需教材费 500 元计算，仅教材采购一项就达到 200 亿元。由此可见，机构市场的需求规模是巨大的。

许多机构市场以低预算和拉赞助为特点。例如，医院病人除了接受医院供应的食品，很少有别的选择。于是，医院采购代理必须保证为病人提供的食品的质量。因为这些食品是作为整体服务的一部分提供的，利润不是采购目标，严格的成本最小化也不是目的，如果病人吃到不合格的食品，后果是很严重的。因此，医院采购代理必须寻找质量符合或超过既定的最低标准，并且价格较低的食品供应商。

许多市场营销人员建立单独的部门满足机构购买者的特点和需求。例如，中泰办公家具有限公司是一家集设计、开发、生产和销售于一体的机构家具供应商。它依靠强大的生产管理体系和全面的市场营销系统，为事业单位、政府机构、企业提供个性化的办公家具定制方案。

2. 政府市场

政府市场，是指那些为执行政府的主要职能而采购或租用产品的各级政府单位。政府市场为许多企业带来机会。2020年我国政府采购规模为36 970.6亿元，较上年增加3903.6亿元，增长11.8%，占全国财政支出和GDP的比重分别为10.2%和3.6%。政府采购政策功能的作用日益凸显，有效地促进了经济社会发展。政府购买与企业购买在许多方面相似，但两者之间也存在明显差别，出售产品和服务的企业必须理解这些不同之处。为了在政府市场中取得成功，市场营销人员必须找到关键的决策者，确定影响购买者行为的主要因素，并理解购买决策的过程。

政府采购通常采用公开招标的方式，要求供应商参与竞标，然后选择报价最低的供应商。在有些情况下，政府会为供应商的卓越质量或按时履行合同提供奖励。政府采购以通过谈判达成的合同为基础，但是，当项目复杂、涉及巨大研发成本和风险时，政府会倾向于避免竞争，选择最优秀的企业直接供应。

政府采购市场不同于民间市场，有特定的采购主体，采购资金为政府财政性资金，采购的目的是为履行政府管理职能提供消费品或为社会提供公共品，没有盈利动机，不具有商业性。由于在这个市场里，采购资金主要来自国家预算资金，即纳税人缴纳的税金，按照财政收入取之于民、用之于民的原则，政府采购活动必须公开、公正、公平地开展，将政府采购形成的商业机会公平地给予每一个纳税人，不得采取歧视性措施，剥夺他们应有的权利。

政府采购倾向于选择本国的供应商。美国政府采购的90%来自本国企业，只有10%对外开放，其他国家也不例外。许多跨国企业总是抱怨，即使外国企业提出更优惠的报价，所有国家都更青睐本国企业。

与机构和组织购买者相似，政府购买者也受到环境、组织、人际关系和个人因素的影响。但不同的是，政府采购会受到公众的密切关注和监督，我国政府采购必须遵守《中华人民共和国政府采购法》《政府采购法实施条例》《中华人民共和国招标法》相关的法律规定。

我国政府采购建立了政府采购网，这个网络信息平台是直线制，从中央、省、市到政府机关都设立了公开采购网站，网站上公开每年各级政府采购的项目、招标的流程、相关采购的法规、监督检查等相关内容，指导供应商如何向政府出售产品和服务，如中国政府采购网和湖南省政府采购网。

政府采购强调价格，这将迫使供应商重视能够削减成本的技术。广告和人员销售对企业能否在政府公开招标中获胜影响很小。政府采购一般对产品的特点和性能有详细规定，差异化就不再是一种竞争优势。针对政府市场的特点，许多供应商专门建立独立的政府营销部门，为政府购买者量身定制市场营销计划。

小结

扫描二维码获得内容

任务五：小结

复习与思考

扫描二维码获得内容

任务五：复习与思考

模块二　实训操练

实训一：案例分析

一、实训内容

认识消费者购买行为的影响因素。

二、实训准备

1．授课老师提前布置消费者购买行为的营销案例；
2．学生课后熟悉案例内容并了解案例背景资料；
3．以 4～5 人为一个小组，小组开展案例讨论；
4．记录讨论的过程及每位学生的发言。

三、实训组织

1．在授课老师的指导下，按小组讨论形式布置座次；
2．每个小组将课后讨论结果进行再讨论，形成最终观点；
3．每个小组由一名代表陈述讨论的最终观点，其他学生补充；
4．授课老师引导各组之间进行观点的辩论，激发创新思维。

四、实训评价

单位：分

评价对象	评价项目	内容描述	评价要求	分　值	得　分
团　队 （60%）	讨论组织	组长负责	组织有序 时间高效	10	
	讨论参与	围绕案例 讨论问题 自由发言	讨论热烈 紧扣问题 参与度高	10	
	讨论结果	总结归纳 形成结论	分析透彻 结论准确	20	
	汇报成果	课堂汇报	表述流畅 配合默契	20	
个　人 （40%）	小组考勤	组长考勤	按时参加讨论，主动积极	20	
	小组贡献	小组评分	提出独特观点和新思想	20	
最终评分					

参考资料

扫描二维码获得内容

宜家懂长沙，更懂长沙消费者

实训二：观察消费者购买行为

一、实训内容

对任务二中所研究的企业产品进行消费者购买行为观察，通过观察、现场调查和询问产品导购员，全面分析影响消费者购买决策因素，为制定产品营销策略提供依据。

二、实训准备

1. 拟定好观察时间、观察地点（具体到卖场）；
2. 明确观察对象、观察内容，组员分工进行；
3. 准备好现场观察工具（记录本、录像和录音设备）；
4. 带好学生证、校徽等身份证明，取得消费者的信任。

三、实训组织

1. 利用课后时间，以小组为单位到指定零售商店进行观察；

2. 观察时要自然、细致，不要惊动消费者而影响零售商店正常营业；
3. 观察时可以附带询问，与消费者进行交流，获得真实信息；
4. 授课老师要指定学生对观察过程进行督导，确保实践活动落实；
5. 整理观察收集的资料，对不同类型的消费者和购买不同产品的消费者进行分析；
6. 编写消费者购买行为分析报告。

四、实训评价

单位：分

评价对象	评价项目	内容描述	评价要求	分　值	得　分
团　队 （60%）	任务布置	制订观察计划	观察地点明确 观察内容具体 观察时间确定	10	
	实训实施	实地观察	实地观察有照片、访问消费者有录音和文字记录	10	
	实训成果	整理观察记录 形成消费者行为分析报告	结合小组研究的企业产品，寻找消费者行为影响因素 有数据、有事实	20	
	团队协作	课堂汇报	有图有真相，表述流畅、团队协作好	20	
个　人 （40%）	小组考勤	组长考勤	服从安排，积极参加实地观察活动	20	
	小组贡献	小组评分	完成分配任务 良好协作精神	20	
			最终评分		

【附件】你是营销人员：大自然饮料公司的新产品营销计划（4）

扫描二维码获得内容

你是营销人员：大自然饮料公司的新产品营销计划（4）

任务六　制定市场营销战略

任务目标

思政目标

1. 树立正确的竞争观念，反对恶性竞争；
2. 培养民族品牌意识，反对崇洋媚外。

知识目标

1. 理解市场营销战略所包含的4个步骤；
2. 掌握市场细分标准与细分方法；
3. 理解目标市场及选择目标市场的战略；
4. 理解差异化与市场定位的关系；
5. 掌握整体的定位战略。

能力目标

1. 能运用市场细分标准开展有效的市场细分；
2. 能评估细分市场并正确地选择目标市场；
3. 能选择恰当的竞争优势实现目标市场定位。

任务六 制定市场营销战略

模块一 理论指导

案例导入

江崎如何打入日本泡泡糖市场

20世纪90年代,日本泡泡糖市场年销售额约为740亿日元,其中大部分被"劳特"所垄断。但江崎公司对之并不畏惧,公司成立了泡泡糖市场开发项目组,通过专门调研发现霸主"劳特"有4点不足:第一,以成年人为消费对象的泡泡糖市场正在扩大,而"劳特"却依然把重点放在儿童泡泡糖市场上;第二,"劳特"的产品主要包括果味型,而消费者的需求正在变得多样化;第三,"劳特"多年来一直生产单调的条块式泡泡糖,缺乏新鲜感;第四,"劳特"产品的价格是110日元,价格偏高,且需10日元硬币,消费者往往感到不便。通过调查和分析"劳特"公司的不足,江崎公司决定以成人泡泡糖市场为目标市场,并制定了相应的市场营销战略。不久,江崎便推出了四大功能产品:司机用泡泡糖,加入了浓度薄荷和天然牛黄,具有提神醒脑、消除困倦的功能;交际用泡泡糖,加入清凉薄荷,使人口气清新;运动用泡泡糖,内含多种维生素,有益于消除疲劳;轻松型泡泡糖,添加叶绿素等植物精华,可改善不良情绪。同时,江崎精心设计了新颖包装和多种造型,有50日元和100日元两种价格,避免了找零钱的麻烦。功能性泡泡糖问世后,像飓风一样席卷了全日本,不仅挤进了"劳特"独霸的日本泡泡糖市场,而且抢占了相当一部分市场份额,市场占有率猛升至25%,当年销售额即达到175亿日元。

思考:
1. 江崎公司制定市场营销战略包含哪些步骤?
2. 江崎公司是如何找到泡泡糖市场新机会的?

到目前为止,我们已经了解了什么是市场营销,并且知道了消费者和市场环境的重要意义。在拥有这些知识背景的情况下,我们现在可以更深入地了解市场营销战略。在任务六中我们将重点介绍市场营销战略决策:将一个整体市场划分为有意义的消费者群体(市场细分),从中选择企业要服务的消费者群体(选择目标市场),并且创造最好的满足目标顾客的市场提供物(产品差异化),以及在目标顾客心目中为该提供物树立独特的形象(市场定位)。同时,在任务六中我们还将进一步介绍市场营销战略(4P),市场营销人员正是借助它们来实施市场营销战略的。

现在的企业已经认识到,它们无法吸引市场中所有的消费者,至少不能用同样的方式吸引所有人。消费者人数众多且分布广泛,他们的需求和购买行为存在较大差异。而且,企业自身在不同的细分市场中的服务能力也不同。就像江崎公司那样,一家企业必须确定自己能够提供的最有价值的服务,以争取最大盈利的市场部分。它们设计顾客价值导向的市场营销战略,与合适的消费者建立良好的关系。大多数企业纷纷放弃大众市场营销,转而采取目标市场营销。通过市场细分,再从中选择一个或几个作为目标市场,针对每个目标市场设计独特的产品和市场营销方案。

一、市场营销战略

市场营销战略的制定包含 4 个步骤，如图 6-1 所示。市场细分（Market Segmentation）、目标市场选择（Market Targeting）、差异化（Differentiation）和定位（Positioning）。

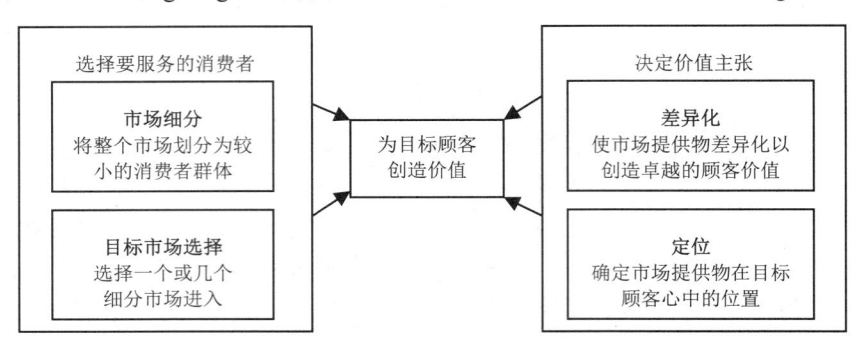

图 6-1 设计顾客价值导向的市场营销战略

企业通过前两个步骤，选择自己将要服务的消费者群体。市场细分，指将整个市场划分为较小的消费者群体，不同的消费者群体具有不同的需求、特点和行为，并需要制定不同的市场营销战略或营销组合战略。企业应该确定不同的细分方式，并了解所有消费者群体的大致情况。目标市场选择，指评价每个细分市场的吸引力，并从中选择一个或几个细分市场进入。

在后两个步骤中，企业需要明确自己的价值主张，并使独特的价值主张在目标顾客心目中留下深刻印象，树立独一无二的品牌形象。差异化，指使企业的市场提供物与众不同，从而为消费者创造独特的卓越价值。定位，指使企业的市场提供物在目标顾客心目中占有一个清晰、独特和理想的位置。

二、市场细分

市场细分，是指企业根据消费者需求的差异性，将庞杂的整体市场划分为较小的细分市场的过程。消费者的需求差异主要体现在购买欲望、资源、地点、购买态度和购买行为等方面。同一细分市场的消费者需求具有相似性，而不同细分市场的消费者需求存在较大差异。因此，市场细分的对象是消费者，而不是产品或服务，市场细分的基础是需求存在较大的差异性，如果消费者需求差异不明显就无须市场细分。例如，食盐市场就不需要市场细分。

（一）市场细分的作用

在一般情况下，一家企业无法满足所有消费者的需求，尤其是在激烈的市场竞争中，企业更应集中力量有效地选择目标市场，比竞争对手更好地满足目标顾客的需要而取得竞争优势。因此，市场细分对于企业来讲有以下作用。

1. 有助于企业深刻地认识市场和寻找市场机会

如何认识市场？如果不对市场进行细分化研究，市场始终是一个"混沌的整体"，因为任何消费者都是集多种特征于一身的，而整个市场是所有消费者的总和，呈现高度复杂性。市场细分可以把市场丰富的内部结构一层层地抽离出来,发现其中的规律,使企业可以深入、全面地把握各类市场需求的特征。

另外,市场需求是已经出现在市场但尚未得到满足的购买需求,在这些需求中有相当一部分是潜在需求,一般不易被发现。企业运用市场细分的手段往往可以了解消费者存在的需求和满足程度,从而寻找、发现市场机会。同时,企业通过分析和比较不同细分市场中竞争者的营销战略,选择那些需求尚未得到满足或满足程度不够,而竞争对手无力占领或不屑占领的细分市场作为自己的目标市场,结合自身条件制定出最佳的市场营销战略。就像江崎公司一样,它通过市场细分发现了成年人泡泡糖市场的机会。

2. 有利于企业确定经营方向,有针对性地开展营销活动

通过市场细分及对细分市场结构的评估,了解不同细分市场的吸引力和竞争情况,分析企业自身的优势,确定可以进入的目标市场。找到自己的资源条件和客观需求的最佳结合点,有利于企业集中人力、物力、财力,有针对性地采取不同的营销战略,取得投入少、产出多的良好经济效益,有效地开展各类营销活动。

3. 有利于研究潜在需求,开发新产品

一旦确定了自己的细分市场后,企业就能很好地把握目标市场需求的变化状况,分析潜在需求,发展新产品及开拓新市场。就像江崎公司确定进入成年人泡泡糖市场后,可以进一步了解成年人对泡泡糖的需求,开发出适合不同职业人群的功能型泡泡糖,使得目标市场消费者得到更充分的满足,提高市场份额。

4. 有利于创造良好的社会效益

市场细分不仅给企业带来了良好的经济效益,而且创造了良好的社会效益。因为市场细分一方面可以使不同消费者的不同需求得到满足,提高其生活水平,另一方面有利于同类企业合理化分工,在行业内形成较为合理的专业化分工体系,使各类企业各得其所、各显其长。如服装生产企业根据消费者对价格承受能力的差异,有专门为"白领"阶层生产高档品牌服装的企业,也有为工薪阶层生产普通服装的企业。当美国的高档手表市场已经非常饱和的时候,日本"精工"通过市场细分,发现了中/低档手表市场存在的潜在机会。

案例启示

日本"精工"手表如何顺利进入美国市场

日本钟表厂商欲进入美国市场,以为美国消费者只需要名表,对美国手表市场需求了解不够。经过一番调查后发现,美国市场对手表的需求有3类不同的消费群体(见图6-2)。

美国本地钟表厂商和瑞士手表厂商一向只关注第一类消费者,着眼于生产和经营优质名牌、价格较高的手表,而近70%的消费者的需求都未得到满足。日本钟表厂商在美国市场调查中发现了上述情况,及时调整市场营销战略,将第二、三类市场作为主攻方向,很快生产出满足第二、三类消费者需要的手表,并制定了相应的营销战略。日本"精工"手表以样式新颖、售价便宜,并提供免费保修,消费者在许多商店都可以买到等营销战略,迅速获得了很高的市场占有率。在成功进军"价格低廉、计时准确"的细分市场后,又以样式新颖、售价适中的机械表

占领"计时准确、耐用、价格适中"的细分市场,也取得了很大的成功。

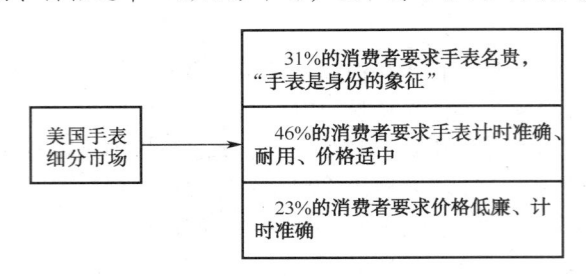

```
                    ┌─────────────────────────────┐
                    │ 31%的消费者要求手表名贵,      │
                    │ "手表是身份的象征"            │
                    ├─────────────────────────────┤
美国手表    ──→     │ 46%的消费者要求手表计时准确、│
细分市场            │ 耐用、价格适中               │
                    ├─────────────────────────────┤
                    │ 23%的消费者要求价格低廉、计  │
                    │ 时准确                       │
                    └─────────────────────────────┘
```

图 6-2　3 类不同的消费群体

(二) 市场细分的变量

市场细分的方法并不是唯一的。市场营销人员必须单独或综合运用多种细分变量,以便找出考察市场结构的最佳方法。市场细分变量是辨别消费者所具有的明显不同特征及对其进行分类的依据。要正确地进行市场细分,首先必须合理地确定市场细分的变量。由于消费者市场和组织市场的消费者各有不同的动机和目的,因而市场细分的变量也就有所不同。下面从细分消费者市场与细分组织市场进行介绍。

1. 细分消费者市场

细分消费者市场的变量,因企业的不同而各具特色,但是有一些变量是共同的,主要包括地理、人口、心理和行为 4 类,各类变量又包括一系列的子变量。表 6-1 列出了细分消费者市场的主要变量。

表 6-1　细分消费者市场的主要变量

主要变量	具体变量举例
地理	国家、地区、自治州、县、城市、街道、人口密度(城市、郊区、农村)、气候
人口	年龄、生命周期阶段、性别、收入水平、职业、教育程度、信仰、民族、世代
心理	生活方式、个性
行为	时机、利益、使用者情况、使用频率、忠诚度

(1) **地理细分**,是按照消费者所处的地域环境进行市场细分的。这种环境主要是指地理位置、城市规模、人口密度和气候条件等。因为不同地域环境下的消费者,对同一产品有不同的需求和偏好,对企业的营销措施会产生不同的反应。例如,我国南方地区气候温和,长江流域降水量较多,而北方地区冬天寒冷,因此南方与北方地区的消费者在衣、食、住、行方面都有很大的区别;又如我国的茶叶市场,各地区就有不同的偏好,江南各省畅销绿茶,华北地区畅销花茶,而砖茶则主要在某些少数民族地区畅销。

需要指出的是,地理因素是静态因素,易于辨别和分析,对于分析研究不同地区消费者的需求特点、需求总量及其发展变化趋势有一定意义,有助于企业开拓区域市场。但是,即使居住在同一个国家、地区、城市的消费者,其需求与爱好有时差别也很大,因此在地理细分的基础上,企业还要选择其他变量来进一步细分该市场。步步高在省会城市选择大卖场与社区超市相结合的经营模式,而在地级市则选择百货商场与超市相结合的混合业态经营模式。

（2）**人口细分**，是将市场按消费者的年龄、生命周期阶段、性别、收入水平、职业、教育程度、信仰、民族和世代等人口统计因素来细分市场，这是对消费者市场进行细分的一个重要基础。因为消费者的欲望、偏好和使用频率往往与人口统计变量密切相关。年龄不同、受教育程度不同的消费者会有不同的价值观念、生活情趣、审美观念和消费方式，因而必定会产生不同的消费需求。另外，人口统计变量比其他类型的变量更易于测量。

　　年龄和生命周期阶段。消费者的需求和愿望随年龄的变化而变化。一些企业根据消费者的年龄和生命周期阶段来细分市场，生产不同的产品并使用不同的营销战略，以适应不同年龄和生命周期阶段的消费群体。例如，国内知名厨具品牌苏泊尔，最早面向中年群体，即向结婚有孩子且与父母同住的5～6口之家推出较大规格的厨具用品，尤其是容积为5～6升的高压锅和智能电饭锅在营销方面获得了巨大成功。为了扩大市场占有率，苏泊尔接着又为新婚阶段还没有孩子的两口之家提供新家和婚礼定制系列厨具用品，如2.5～4升容积的智能电饭锅、中等规格不粘炒锅和煲汤锅等。近年来，根据年轻人晚婚的情况，苏泊尔推出了为其量身定制的系列小规格厨具用品，如1.8升的迷你智能电饭锅、一人一饭保温桶和单炉口天然气灶等，让年轻人爱上做饭、爱上生活。苏泊尔为不同年龄和生命周期阶段的消费者量身定制厨具用品，不仅满足了不同细分市场消费者的需求，还使得品牌的市场占有率在国内连续年排名第一，达到了4%以上。

　　性别。性别细分一直用于服装、化妆品和杂志的市场细分。例如，宝洁的化妆品品牌SK-Ⅱ就是专门针对女性设计的，其广告代言人是女性，包装的颜色和形象都是比较适合女性形象的。其品牌宣传也针对女性诉求写道：SK-Ⅱ始终坚持改写女性肌肤命运的品牌理念，自王牌成分PITERA™诞生起，便以其为灵感研发而成了四大王牌产品，深受全球消费者喜爱，帮助成就肌肤晶莹剔透。

　　最近，男性护肤品行业迅猛增长，许多以前主要生产女性化妆品的品牌，如欧莱雅、丝芙兰、联合利华的多芬，都开始营销男性产品系列，只是不叫"化妆品"而已。多芬的男性护肤系列，包含沐浴露、止汗剂、面部护理及护发产品等产品，通过为男性的护理问题提供实用的解决之道，该品牌将自己定位为"男性护理权威"，尽力表现男性气质。

　　也有一些原来以男性为目标市场的品牌，选择了另一个方向，开始瞄准女性消费者。例如，曼秀雷敦最早在我国定位于提供男性护肤产品，而如今已经开始向女性护肤市场拓展，推出女性防晒霜、女性保湿水等系列产品，并请青春偶像女歌星为产品代言。为了迎合越来越多女性将健身作为日常时尚的"运动休闲"趋势，运动品牌生产商和零售商开始针对女性消费者倾注更多的营销心血。女性消费者如今占到所有运动用品消费者的一半。国产运动品牌专门针对女性进行推广的力度还不是很大，可以借鉴一些先进品牌的做法。美国迪克运动用品商店针对女性开展过一场声势浩大的营销活动，以"你想成为谁？"为主题推出了公司首个直接针对注重健身的女性诉求的系列广告。广告展现了为实现健身目标必须合理安排繁忙生活的女性。系列广告的第一则展示了一位母亲小跑而不是开车去学校接送孩子，另一位母亲一边留意婴儿监护器一边在跑步机上慢跑。广告词说道："你想成为谁？""每一次奔跑，每一次健身，每一天，每一次选择，每一个从迪克运动用品开始的季节。"迪克运动用品商店希望女性消费者知道"我们理解她们每一天为健身而不得不做出的选择……"。迪克运动用品商店通过这一系列的激励性广告，激发女性对健身和运动的热爱，从而爱上迪克运动品牌。

　　收入水平。在汽车、服装、化妆品、金融服务和旅游等方面，通常可以采用收入这一变量来进行市场细分。例如，豪华宾馆使用特殊的"一揽子"服务来吸引富人；美国四季酒店推出五钻级服务项目，包括由两克拉格拉芙钻石镶嵌的戒指、双人份鱼子酱、双人套房室内按摩、总统套房配上一瓶1990年的至尊香槟，这套服务起价为50 000美元。

然而并不是所有采取收入细分的企业都瞄准高收入人群，许多零售商瞄准了低收入或中等收入人群。例如，国内电商平台拼多多的宣传口号就是"拼得越多，省得越多"，瞄准的就是普通收入人群和大学校园市场，通过低价格，薄利多销获得竞争优势。

（3）**心理细分**，是按照消费者的生活方式和个性特征等将消费者划分为不同的群体。具有相同人口特征的人，在心理特征上可能相差很大。

我们在任务五中介绍过，人们的购买行为反映其生活方式。因此，市场营销人员常常根据消费者的生活方式进行市场细分，并将市场营销战略建立在生活方式诉求上。例如，星巴克为什么能够吸引全球那么多的年轻人。星巴克说"我们出售的不仅仅是一杯咖啡，而是一种生活方式，一种文化和体验""我们为人们打造了除家庭和办公室之外的第三空间"。现在，经济发展迅速，社会盛行"求快风气"。然而，快节奏生活使得不少人暴露于很多挑战之中——大压力、超负荷、不停地加速所带来的窒息感和不断寻求最佳应对方法的挣扎。在快节奏的时代里，越来越多的人开始寻求"非家庭、非办公室"之外的第三空间，去体验一下慢生活，以此作为某种针对快节奏的解药。星巴克正好传递出令人羡慕的"小资生活"的态度，迎合了年轻消费者的心理需求，这也正是星巴克贩卖空间和生活方式的成功。

心理因素与地理、人口因素不同的是，它可以通过企业的营销努力来加以改变。例如，通过广告宣传可以改变人们的消费观念，从而创造出需求。参加过"快乐女声"的某个歌手，其穿着较中性化，故女性的中性化成为当时的潮流。许多女性都喜欢中性化的打扮，因此，为女性提供中性化的服装、中性化的用品满足了这一群体的需求，这类企业获得了较大的市场份额。

市场营销人员可以用个性来细分市场，如目标群体是喜欢冒险的人，可以为其提供户外运动、自驾游、攀岩、滑冰等多种刺激性活动来吸引有活力的情侣或家庭。北京三夫户外运动用品有限公司就是专注于为喜欢户外运动、有冒险个性的人群提供产品和服务的连锁机构，主要通过建立三夫户外运动俱乐部的模式，将喜欢户外运动的爱好者聚集起来，组织户外运动项目比赛，户外运动知识普及等活动，并让户外运动爱好者在社交网站分享他们的精彩故事和体验来吸引更多的人加入，通过蜂鸣营销来建立三夫户外运动品牌形象。

（4）**行为细分**，是根据消费者购买或使用某种产品的时机、追求的利益、忠诚度、使用情况、使用频率等行为变量将市场划分为不同的消费群体。

时机，按消费者购买时机来细分市场已经被越来越多的企业所认同和利用，如在春节、中秋节、端午节、"五一"国际劳动节等节假日，人们对一些产品的需求就非常旺盛。时机细分，有助于公司确定产品的用途，以便推出恰当的营销活动来刺激购买者的需求上升。每年的"五一"国际劳动节正好是春夏交替、气温上升之时，也正是家庭购买制冷电器的时机，空调和电扇生产厂家及电器经销商会在"五一"期间开展各种促销活动来吸引消费者。每年端午节，中华老字号"五芳斋"都会进行粽子和咸蛋的促销活动，2021年端午节前一周，"五芳斋"就销售粽子1.23亿个，一个小小的粽子一周内就帮企业实现销售收入近7亿元。

企业也可以利用非传统的时机开展促销来刺激消费，商家甚至可以创造消费时机。例如，天猫打造了光棍节，即"双十一"，每年11月11日前一周都有大型的促销活动，通过限时促销及秒杀等方式刺激消费者及时下单，创造购买高峰，2021年的"双十一"天猫成交额达到5403

亿元。京东则将公司的店庆日——6月18日打造成消费者购物节，2021年京东"6.18"成交额达到3438亿元。

寻求的利益，市场细分的有效形式之一是根据消费者希望从产品中获得的不同利益，将他们划分为不同的群体。利益细分要求发现人们希望从某种产品类别中寻求哪些主要利益，并据此划分不同的利益群，明确递送不同利益的主要品牌。消费者在购买产品时所寻求的利益不尽相同，有的寻求社会声誉，有的寻求产品的安全可靠，有的寻求产品物有所值等。消费者在购买牙膏时，需要寻求的利益包含经济实惠、防治牙病、洁齿美容、口味清爽4类。牙膏公司可以根据自己所服务的消费者群体的特点，了解竞争者是什么品牌，市场上现有品牌缺少什么利益，从而改进自己现有的产品或推出新的产品，以满足消费者未被满足的需要。

依据消费者对牙膏利益的不同寻求，高露洁防蛀牙膏很好地满足了防治牙病消费者群体的需求；佳洁士盐白牙膏则为消费者提供了洁齿美容的利益；云南白药牙膏则完美地填补了药物牙膏的市场空缺，为牙龈出血的人群提供利益；小狮王牙膏不含氟、薄荷口味，是为儿童量身打造的一款牙膏；两面针牙膏则以超低价格满足了追求经济实惠人群的要求。

忠诚度，市场还可以根据消费者的忠诚度来细分。一般按消费者的忠诚度可划分为4个细分市场：①单一品牌忠诚者，这类消费者对某种品牌情有独钟，忠诚不移，是这种品牌产品的坚定消费者；②几种品牌忠诚者，这类消费者偏好两种或三种品牌，通常会在这两种或三种品牌之间选购产品，因此对其中的每一种品牌都表现出某种游移性和弹性；③品牌忠诚转移者，这类消费者从原来忠诚某种品牌转移为忠诚另一种品牌；④无品牌偏好者，这类消费者无固定的品牌偏好，其选购产品时对品牌的选择是随机的。

企业应该从理解自己的忠诚消费者开始，通过分析市场中的忠诚模式了解他们的情况。高度忠诚的消费者是企业宝贵的资产，他们常常通过个人口碑和社交媒体宣传品牌。企业应该不仅仅向忠诚消费者营销，更应该充分吸引他们参与，使他们成为建立品牌和讲好品牌故事的一部分。激浪将其忠诚消费者转化为"激浪国度"成员，建立社交网站、组织多种社交活动，使激浪粉丝有归属感和自豪感，正是这些激情的超级粉丝使其成为全美排名第三的软饮料品牌，仅次于可口可乐和百事可乐。

一些企业正在鼓励品牌忠诚者为品牌而工作。例如，国内户外运动知名品牌探路者（Toread）将其经验最丰富的消费者称为"探路者大使"，请他们在严酷的户外环境中实地测试企业的服装和设备，并对这些服装和设备的产品线提出建议，同时请他们向其他人分享自己的选购经验。企业也可以通过研究忠诚度不高的消费者，发现哪些品牌是自己最强有力的竞争对手，通过研究那些不再购买自己品牌的消费者，了解自身的营销弱点，找到改进的措施。

使用情况，市场营销人员可以根据使用情况，将消费者分为不同的群体：尚未使用者、曾经使用者、潜在使用者、首次使用者和经常使用者。市场营销人员的目的是要保持和强化经常使用者，吸引目标市场中的尚未使用者，并重建与曾经使用者的关系。而潜在使用者群体中主要包括面临生活阶段变化的人，如刚结婚的人或刚做父母的人，这些人最有可能从潜在使用者转化为经常使用者。一些厨房灶具的零售商总是非常积极地把新婚夫妇作为目标顾客，他们会在新婚杂志中插入相关产品和服务的广告，为新婚夫妇开辟专柜。苏泊尔在其官网上就有新家定制和婚礼定制两个产品线。为了从一开始就抓住初为父母的消费者，宝洁公司要确保帮宝适是大多数美国医院为新生儿提供的纸尿裤，进而把它宣传为"医院的第一选择"。宝洁向权威机构营销来吸引潜在消费者的方法值得借鉴。

使用频率，以使用频率为标准，市场可被细分为较少使用者、一般使用者和大量使用者。大量使用者在市场上只占很小的份额，但在消费量中占很大的比重。这就是二八定律，20%的消费者为企业创造了80%的收入和利润。因此，我们要将这一部分消费者细分出来，提供专门的产品和服务。士力架一直深受年轻消费者的喜爱，它以"热爱运动的年轻男性"为目标市场。这些年轻的男性年龄为18～35岁，非常喜欢士力架巧克力的"横扫饥饿"定位，其广告语"一饿就虚了，来条士力架吧""横扫饥饿，做回自己，士力架，真来劲"。它丰富的成分和良好的口感可以随时随地消除饥饿、补充能量，带给消费者充分的满足感。为了更好地吸引这一目标群体，公司邀请某体育明星做广告。广告画面多半为激烈的体育运动或户外运动，由于消耗大，易造成浑身乏力，吃完士力架马上生龙活虎的生动画面，充分展示了品牌的"横扫饥饿"定位和补充能量的形象。运动爱好者视其为必备的能量食品，经常购买和食用。

消费者需求的差异性体现在多个方面，市场营销人员一般不会把其市场细分局限于一个或有限的几个变量，而是越来越多地使用多种变量进行细分，以便能够识别更小、更确定的目标群体。

2. 细分组织市场

许多用来细分消费者市场的变量，同样可以用来细分组织市场。市场营销人员可以以地理、人口（行业、企业规模）、追求的利益、使用情况、使用频率和忠诚度来细分组织市场。

同时，由于组织市场有其自身的特点，其购买目的是提供服务或再生产和获取利润，所以，细分组织市场还会用到一些额外的变量，如经营特点、采购方式、环境因素和采购人员的个人特征等。以组织市场中的生产者市场为例，可以参考以下变量来细分生产者市场。

最终用户。最终用户的不同需求，是细分生产者市场的最通用的变量。在生产者市场，不同用户购买同一种产品的目的往往是不同的。因而在产品的规格、型号、品质、功能、价格等方面具有不同的需求，寻求不同的利益。这就要求企业针对不同类型的最终用户采用不同的市场营销组合战略。例如，飞机制造商所需要的轮胎必须达到的安全标准，比农用拖拉机制造商所需要的轮胎必须达到的安全标准高得多；豪华汽车制造商比一般汽车制造商需要更优质的轮胎。

用户规模。用户规模是细分生产者市场的重要变量。许多生产企业以用户的规模为变量，把用户分为大量用户、中量用户和小量用户。大量用户数量虽少，但购买力很强；小量用户则相反，用户数虽多，但购买力不强。大量用户对产品质量、供货期及运输方式等一般要求较高，供货厂家竞争也比较激烈，一旦达成购货协议，就具有相对稳定性；小量用户采购批量较小，购销关系不稳定。企业通过市场细分，掌握不同规模用户的特点，采取不同的经营方式。对大量用户一般直接供货，并在价格上予以一定的优惠；对小量用户则通过中间商渠道供货，以保证一定的市场覆盖面。

用户地点。用户地点涉及当地资源条件、自然环境、地理位置、生产力布局等因素。这些因素决定了地区工业的发展水平、发展规模和生产布局，因此企业要按用户的地点来细分市场，选择用户较集中的地区作为自己的目标市场。这样不仅联系方便，信息反馈快，而且可以更有效地规划运输线路，节省运力和运费，同时更能充分地利用销售力量，降低推销成本。

以上是市场细分的常用变量。需要注意的是，市场细分的变量是动态的，不同的企业、不同的产品、不同的市场及不同的时间，选用的市场细分的变量是不同的，市场营销人员在进行市场细分时必须具体情况具体对待。

（三）市场细分的方法和步骤

1. 市场细分的方法

市场营销人员很少运用一个或少数几个变量进行市场细分。相反，他们常常运用多种细分变量尽力确定更小、更好识别的目标顾客。一些市场调研或咨询公司提供多变量细分系统，结合地理、人口、生活方式和行为数据，帮助公司细分市场，细致到邮政区划、社区甚至家庭。在这方面国外做得较早而且系统比较成熟，如美国的尼尔森、益博睿公司分别建立了美国消费者细分系统，为企业提供各种细分数据。一个领先的消费者细分系统就是益博睿的Mosaic（一个以社区分类为基础的数据库产品和市场分割方案）系统，它根据收入水平、年龄、购买习惯、家庭构成和行为将美国家庭分成71种生活方式细分市场和19种富裕水平细分市场。我们国内还没有如此完善的市场细分系统，但是大数据分析已经开始为企业细分市场提供依据。百度指数中的趋势研究、需求图谱、人群画像等为企业细分市场提供帮助，企业可以将市场细分交给专业的商务数据分析和咨询公司进行研究。

多种变量市场细分法，是指细分市场所涉及的因素是多项的，根据各项变量对消费者的影响情况，由粗到细、由浅到深、由简到繁、由少到多进行组合。例如，我们对于消费者鞋市场细分就可以利用地理（城市、农村）、人口（性别、年龄、收入水平）、行为（利益）等多种变量，最终的细分市场如图6-3所示。我们可以描述细分市场的轮廓，给出细分市场名称，如城市老年人求坚实耐用中端女鞋市场、城市老年人求坚实耐用中端男鞋市场；农村老年人求廉低端女鞋市场、农村老年人求廉低端男鞋市场；城市青年求美观中端女鞋市场、城市青年求美观中端男鞋市场……以此类推可以组合出144个细分市场。

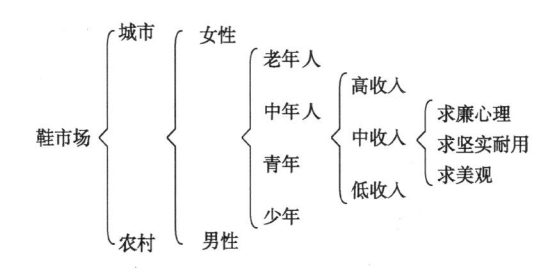

图6-3 多种变量市场细分法

2. 市场细分的步骤

（1）确定市场范围。任何一家企业都有其自身的任务和目标，并以此作为企业制定生产经营和市场开拓战略的依据。一旦进入一个行业，便要考虑可能经营的产品的市场范围选择问题。产品市场范围的确定是以市场的需求为依据的。也就是说，市场范围的确定必须贯彻"需求链"的思想。一旦市场需求发生变化，整个产品的市场范围就要做相应的调整。例如，企业考虑自身优势，准备进入成年人鞋市场，而且计划先做国内市场，那么企业就应该将市场细分的消费群体缩小到明确的年龄和区域范围内。

（2）列举潜在顾客的基本需求。产品市场范围确定以后，市场营销人员可以将市场范围内的潜在顾客分为若干个专题小组，了解他们的动机、态度、行为等，从而比较全面地列举出影响产品市场需求和顾客购买行为的各项因素，作为以后进行深入分析研究的基本资料和依据。仍以鞋市场为例，市场营销人员可将其分为老年女性鞋组、青年女性鞋组、中年女性鞋组，以及农村鞋组、城市鞋组等，并进行专题调研。

（3）分析潜在顾客的不同需求。企业在列举了潜在顾客的基本需求以后，首先，可以通过向不同的顾客进行抽样调查来进一步收集有关信息，并用因素分析法对收集的信息进行分析，确定相关性很大的因素；其次，用聚类分析法划分出一些差异较大的细分市场；最后，根据潜在顾客不同的态度、行为、人口变数、心理变数和一般消费习惯等进一步细分，从而了解在所列举出的基本需求中对于不同的潜在顾客来说，最重要的有哪些。发现不同的潜在顾客在需求上的差异性，即找出他们的不同需求，具有不同需求的消费者构成了企业的细分市场。

仍以鞋市场为例，居住在城市和农村的消费者对鞋的要求是不完全相同的，城市道路比较干净、平坦；而农村道路可能较泥泞和狭窄。老年人和年轻人的收入差距也比较大，老年人收入减少，对鞋的要求是实惠、舒适；而年轻人对于鞋的要求除舒适外，还要美观、时尚，并且经常要外出，因此也要坚实。

（4）剔除潜在顾客的共同需求。潜在顾客的共同需求，是企业无论选择哪些细分市场作为目标市场时都必须使之得到满足的市场，是企业产品决策的部分重要依据，但它不能作为市场细分的依据，只能作为企业制定市场营销组合战略的参考。所以，在进行市场细分时，要剔除潜在顾客的共同需求。例如，鞋必须具备舒适、方便脱穿、保护脚部等基本功能，这些不需要作为细分的变量。

（5）初步确认细分市场。初步确认细分市场是指为细分市场暂时命名，即在分析了潜在顾客的不同需求，进行了市场细分并剔除了潜在顾客的共同需求后，各细分市场上剩下的需求各不相同，这时为了便于对各细分市场的特点做进一步的分析，根据各细分市场上消费者的特点暂时为各细分市场确定一个名字，如城市女性时装鞋市场、城市老年人保健鞋市场。也就是说，此时企业应按照多种变量细分出来的市场，将关键特点用好听的名称描述出来。

（6）进一步认识各细分市场的特点。上述工作完成后，企业还需进一步对各细分市场消费者的需求及其特点做深入的分析与考察，确定已掌握的各细分市场有哪些特点，还需要对哪些特点进一步分析研究，从而决定是否需要再细分或重新合并。这一步通过对以上几步的重新认识和必要的调整，以形成细分市场的雏形。

（7）衡量各细分市场的大小。细分出来的市场必须大到足以使企业实现它的利润目标，这时市场细分对企业来说才是有用的。因此，企业还要将经过以上步骤划分出的各细分市场与人口变量结合起来加以分析，测量出每个细分市场上潜在顾客的数量，以及他们的购买能力和产品的使用频率，从而掌握各细分市场的市场潜力。没有这一步，企业无法做出正确的目标市场决策，也不能达到细分市场的目的。

（四）有效市场细分的标准

市场细分的方法有很多种，但并不是所有的细分都有效。例如，食盐的购买者如果按头发的颜色可分为金发、棕发和黑发消费者群体，但这样的分类没有多大意义，因为头发颜色并不影响消费者的需求差异。市场细分的基本需求是既要确保满足消费者需求的差异性，又要确保企业经营的可操作性和盈利性。有效市场细分必须满足以下几个条件。

（1）可测量性，是指细分出来的市场不仅范围比较明晰，而且该市场的大小能大致判断。这样才能较好地估算细分市场的规模和对应的购买力。例如，我们不能只用单一的心理变量中的个性来细分市场，因为内向型个性与外向型个性的边界并不明确，无法进行定量分析，细分出来的市场规模难以测量。

（2）可接近性，是指企业有能力进入选定的细分市场。即企业能够对细分市场的消费者产生影响，企业产品能够展现在消费者面前。如一家香水公司发现，用其香水的人多数是单身，这些人很晚回家，社交很多，但除非公司有办法知道这些人住在哪里，习惯在什么地方购物，或者他们接触哪些媒体，否则就无法进入这个市场。

（3）可盈利性，是指细分出来的市场必须具有一定的规模，足以使企业实现其利润目标。一个细分市场应该是值得企业设计专门的营销战略去占领的尽可能大的同质群体。例如，一个汽车制造商不会为身高超过 2.35 米或身高不足 1 米的消费人群专门设计汽车，除非定制。

（4）可辨识性，是指细分市场在概念上容易区分，对不同的市场营销组合元素和方案有不同的反应。如果已婚女性和未婚女性对一款香水的营销战略有相似的反应，她们就不能构成两个细分市场。如果为了区分就必须创造产品差异化，让已婚女性与未婚女性的需求有别，这样更能提高需求数量。

（5）可操作性，是指针对细分市场能够设计有效的营销方案吸引目标顾客。例如，一家小型航空公司虽然找出了 7 个细分市场，但由于其员工太少，不可能针对每个细分市场开发专门的市场营销方案。

三、目标市场选择

市场细分有助于企业识别不同市场的机会，但企业不可能为所有的细分市场提供产品和服务。为了找到最有利的市场机会，企业必须首先对细分市场进行评价，然后将能够为其提供最好服务的那些细分市场作为目标市场。下面我们介绍企业如何评价细分市场和选择目标市场。

（一）评价细分市场

在评价细分市场时，企业必须考虑 3 类因素：细分市场的规模和增长潜力，细分市场的结构和吸引力，企业目标和资源的匹配性。

（1）细分市场的规模和增长潜力。企业必须收集和分析各细分市场的资料和有关数据，包括细分市场当前的销量、增长速度和预期的盈利性等。企业会对那些具有适当规模和增长速度快的细分市场更感兴趣。但"适当规模和增长速度快"是相对而言的。规模大、增长快的细分市场并非对每家企业都有吸引力。小企业可能因自己缺少技能和资源，不能为规模较大的细分市场提供产品和服务，或者这些细分市场竞争过于激烈，小企业不具备相应的竞争优势。相反，小企业选择绝对规模较小的细分市场，这些市场对于大企业不具有吸引力，但是对小企业而言具有盈利潜力。

（2）细分市场的结构和吸引力。企业必须考察影响细分市场长期吸引力的主要结构因素。例如，一个细分市场如果已经有很多强大的、势头很猛的竞争对手，对于新晋企业可能就缺乏吸引力。细分市场里如果存在着现有或潜在替代品，就会影响价格和盈利。消费者能力也会影响细分市场的吸引力。如果细分市场的消费者有很强的讨价还价的能力，就会迫使卖方降低价格，消费者还会提出更苛刻的服务和质量要求，并引起卖方之间相互竞争，这些都会影响企业的盈利性。最后，如果细分市场有强大的供应商，它能左右价格、质量和供应量，这样的市场也缺乏吸引力。

（3）企业目标和资源的匹配性。即使一个细分市场有适当的规模和增长潜力，并且具有结构优势，企业还要考虑自己的目标和资源情况，看是否能够服务细分市场，或者服务的有效性如何。许多有吸引力的细分市场很快被抛弃，就是因为与企业的长期目标不一致，或者企业缺乏在细分市场中竞争所需要的技术和资源。例如，汽车市场的经济型细分市场规模比较大，而且持续增长。但是，考虑到目标和资源问题，这一变化对于高端汽车生产商沃尔沃进入该细分市场的影响微乎其微。如果那样做，反而会影响其品牌形象和已经根深蒂固的高档车市场定位，挫伤高端细分市场消费者的信心。企业应该只进入那些自己能够创造卓越顾客价值并获得超越竞争对手的优势细分市场。就像上汽通用五菱，瞄准城市工薪阶层、年轻女性这一细分市场，这是其他竞争对手还没有特别关注的市场，推出低价、环保、时尚的五菱宏光MINIEV电动汽车，其定位充分表达了目标顾客的诉求，产品上市270天，销量就突破27万辆。

（二）目标市场选择

对各细分市场做出评价之后，企业必须决定以哪一个或哪几个细分市场为目标来开展市场营销。目标市场是指企业决定为之服务的、具有共同需求或特点的消费群体。

市场细分是按一定的标准划分不同消费群体的过程；目标市场选择是企业根据自身的条件和特点选择一个或几个细分市场作为企业营销对象的过程。对于目标市场的选择可以有不同的战略，如图6-4所示。企业在选择目标市场时可以非常广泛（无差异营销），或非常狭窄（微观营销），或介于两者之间（差异化营销和集中营销）。

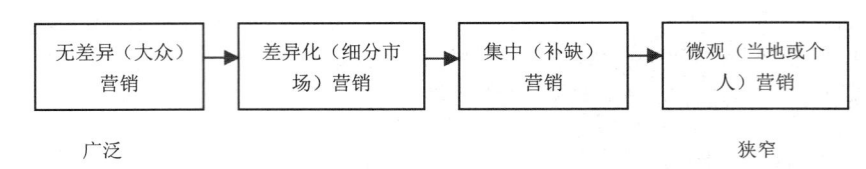

无差异（大众）营销 → 差异化（细分市场）营销 → 集中（补缺）营销 → 微观（当地或个人）营销

广泛　　　　　　　　　　　　　　　　　　　　　　　　　　　　　　　狭窄

图6-4　目标市场选择战略

1. 无差异营销

企业采用无差异营销（或称大众营销）战略，就是忽略细分市场中的差异，向整个市场提供一套产品和服务，着眼于消费者需求的共同性而非个性。企业设计产品和营销战略时，都是以吸引绝大多数消费者为目的的。

无差异营销的优点是可以降低成本，这是因为：①由于产品单一，企业可实行机械化、自动化、标准化大量生产，从而降低产品成本，提高产品质量；②无差异的广告宣传，单一的销售程序，降低了销售费用；③节省了市场细分所需的调研费用、多种产品开发设计费用，使企业能以物美价廉的产品满足消费者的需求。

无差异营销也有其不足之处：①不能满足不同消费者的需求和爱好，用一种产品、一种市场营销战略去吸引和满足所有消费者几乎是不可能的，即使一时被承认，也不会被长期接受；②容易受到竞争对手的冲击，当企业采取无差异营销战略时，竞争对手会从这一整体市场的细微差别入手，参与竞争，争夺市场份额。

无差异营销战略适用于卖方市场条件，消费者没有选择的余地，或消费者对一些产品的需求差异不大，如食盐、蔬菜等产品的市场营销。随着市场竞争加剧，消费者观念的改变，无差异营销越来越行不通了。

案例启示

可口可乐：无差异营销受到竞争者挑战

可口可乐是世界上最畅销的软饮料之一，在百事可乐出现之前，一直奉行无差异营销战略，采用一种配方、一种包装，使产品畅销全球。

百事可乐公司的创建比可口可乐公司晚10多年，为了争夺市场份额，百事可乐公司进行了激烈的挑战。除了强调便宜（广告语是"一样的价格，可饮两倍量"），争取年轻人（广告语是"今天生龙活虎的人们一致同意，年轻人就喝百事可乐"），还执行了差异化战略，即推出七喜汽水，争取"非可乐"细分市场，开展一场"无咖啡因"广告运动，对可口可乐造成了巨大冲击。可口可乐在此打击下，不得不放弃无差异营销战略，也推出雪碧、芬达、雪菲力等各种风格和口味的饮料，以满足不同细分市场的需求。

2. 差异化营销

企业采用差异化营销（或称细分市场营销）战略，就是在充分肯定消费者需求的异质性的基础上，决定选择几个细分市场为目标市场，并向每个细分市场提供不同的产品和服务。宝洁公司根据消费者发质的不同，生产具有不同功能的洗发水：潘婷是滋润头发的，海飞丝是去头屑的，飘柔是让头发更柔顺的。宝洁采用差异化营销战略，让不同发质的消费者都得到了充分的满足，扩大了产品的市场占有率。差异化营销战略是目前企业普遍采用的目标市场选择战略，适用于竞争激烈的买方市场环境。

差异化营销战略的优点：①由于企业面对多个细分市场，因此某一细分市场发生剧变，也不会使企业全盘陷入困境，大大降低了经营风险；②能较好地满足不同消费者的需求，提高市场份额，从而扩大总销售额，使企业获得更多的利润；③企业可以通过多种营销组合来增强自身的竞争力，有时还会因在某个细分市场上取得优势、树立品牌形象而带动其他子市场的发展，形成连带优势。

差异化营销战略的不足：①经营成本高，与开发和生产100个同种产品相比，生产10种不同产品、每种10个的成本要高得多，而且以不同的广告活动影响不同的细分市场增加了促销成本；②管理难度大，针对不同的细分市场要分别制订不同的市场营销计划，相关人员要完成额外的市场营销调研、预测、销售分析、促销计划及渠道管理工作，要求企业有较强的实力和素质较高的市场营销团队。企业在决定采用差异化营销战略时，必须仔细衡量销售额增量与成本增量之间的关系。

3. 集中营销

企业采用集中营销（或称补缺营销）战略，就是集中在一个或较小的几个补缺市场占有较大的市场份额，而不是追求大市场中的小份额。这种战略适合资源有限的企业，它们致力于某一大企业不太关注的细分市场。例如，美国一家公司在热带鱼食市场占到80%的份额，温州企业集群生产的打火机占到世界打火机市场的70%以上的份额。再看看今天日益发展的民营制专科医院，如长沙的口腔医院、爱尔眼科医院、安贞妇科医院、脑科医院都集中在某个领域，是全科医院的补缺者，同样实现了足以让公司持续发展的可观盈利。

案例启示

爱尔眼科：全科医疗补缺者

爱尔眼科医院集团是具有中国及全球范围医院规模和优质医疗能力的眼科医疗集团，服务覆盖亚洲、欧洲和北美洲，在本土和欧洲、东南亚拥有3家上市公司（中国A股：爱尔眼科，

300015；西班牙：CBAV；新加坡：40T）。截至2020年，爱尔眼科在全球范围内开设眼科医院及中心达720家，其中，中国本土618家（含香港7家）、美国1家、欧洲地区89家、东南亚地区12家。2020年，中国本土地区年门诊量超1000万人次，手术量超100万台，医疗服务网络覆盖全球近30亿人口。爱尔眼科医院自成立以来只做眼科专科，专注眼病患者治疗、眼科医务人才培养和眼科治疗技术研究。它是一家典型的专科医疗机构，是全科公立医院的补缺者。公司发展迅速，规模不断扩大。爱尔眼科医院占国内眼科专科医院的比重超过60%，在行业内占绝对优势。爱尔眼科医院2021年公开财务报告显示，实现营业收入达到150亿元，营业利润为34.9亿元，净利润达到24.7亿元。这个规模对于公立全科医院来说并不起眼，但对于补缺者而言营收和利润已经非常可观。国内的眼病患者规模很大，眼疾专业治疗需求迫切。相关数据统计表明，我国有近5亿近视人群，而且近视患者低龄化。白内障人数规模将近1.9亿人，而且随着老龄化规模扩大，患者人数呈上升趋势，此外还有其他眼疾患者。爱尔眼科已经在这一补缺市场占据了制高点，接下来公司将按照战略规划，加快全国分级连锁网络布局，以省区为单元，借助产业并购基金，通过新建或并购方式加快地级、县级医院的网点纵向布局，不断完善国内分级连锁体系，扩大全国网络的辐射区域。同时，深入探索同城分级诊疗体系建设，横向拓展眼视光中心、社区眼科健康服务模式，进一步下沉医疗渠道，扩大核心医院的辐射半径，让患者享有就近、便捷、优质的眼科医疗服务。

通过集中营销，爱尔眼科医院因为在其服务的缝隙市场中更了解眼疾患者的需要而赢得赞誉，获得了强有力的市场地位。医院认真研究眼疾患者的各种情况，精心地开发治疗技术，与中国科学院和中南大学医学院进行合作，深入开展眼科专业人才的培养，同时开展各种公益活动，为农村、边远山区、城市社区的人们进行眼视光测试，为家庭困难人群提供免费的白内障手术，运用公众号和社交网站开展眼保健知识普及，使得医院在广大公众中树立了良好的品牌形象。

集中营销的优点很明显：①由于市场集中，便于企业深入挖掘消费者的需求，及时得到反馈意见，使企业能制定正确的营销战略；②生产专业化程度高，企业可有针对性地采取营销组合，节约成本和费用；③目标市场较小，可以使企业的特点和市场特征尽可能达成一致，从而有利于企业充分发挥自身优势；④在细分市场上占据一定优势后，可以积聚力量，与竞争者抗衡；⑤能有效地树立品牌形象，如老庙黄金、全聚德烤鸭、张小泉剪刀等品牌几乎家喻户晓。

当然，集中营销也有缺点：①由于市场较小，空间有限，企业发展受到一定限制；②如果有强大的对手进入同一市场，风险很大，很可能陷入困境，缺少回旋余地；③仅仅依靠一个或几个有限的市场，在细分市场萎缩时企业可能会遭受重大损失。因此，对于运用集中营销战略的企业要特别谨慎，当企业在缝隙市场占绝对优势后，应该开拓新细分市场，向差异化营销转型。

4. 微观营销

微观营销，是指为适应特定个人和特定地区的偏好而调整产品和营销战略。微观营销是差异化营销和集中营销的延伸，它不是在人群中寻找顾客，而是在每一个顾客身上探寻个性。微观营销包括当地营销和个人营销。

当地营销，就是根据当地顾客群体（如城市、社区、商圈）的需求和欲望，调整品牌和营销战略。例如，沃尔玛为了更好地满足当地顾客的需求，每一个区域的商店会按照顾客的要求为顾客定制部分本地产品。春节期间，中国的沃尔玛超市设有一个本地特产区，而不同地区的特产区产品都是本土化产品，以满足消费者对土特产的购买欲望和需要。店内服务和功能设计也会按照所在区域的特征来考虑，如靠近办公区的商店会提供快餐，以满足写字楼中的工作人员的用餐需求。

随着通信技术的发展，一种新的基于地理位置的营销手段出现了。例如，零售商一直对手机的功能感兴趣，因为手机就在每个顾客的口袋里，所以零售商可以依据手机信号来定位每个顾客所处的位置。于是，零售商可以根据顾客所处的位置发送相应的广告，当顾客经过一家咖啡店时，它便可以向顾客发送一张热牛奶咖啡的优惠券。更值得一提的是，这种想法很快就会成为现实。下面让我们看一家零售商的例子。

案例启示

当地营销的新技术

乐斯菲斯是一家户外运动装及相关运动设备的零售商。乐斯菲斯正在尝试一种新的营销战略：当顾客靠近它的每一家零售店时，公司就会向顾客发送信息。这种新的营销战略的流程是这样的：乐斯菲斯从手机运营商那里获得顾客的GPS信号或方位数据，依据获得的信号和数据确定顾客的位置，进而识别出顾客。这里，公司使用了"地理限定"的方式，即以选定的零售店为中心，在其周围0.5英里（1英里=1.069千米）范围内划出一个虚拟的限定区域，一旦顾客进入限定区域，乐斯菲斯就会给顾客发送一份广告信息。除此之外，在限定区域内，公司可以根据当天的天气和其他因素向顾客发送各种个性化的信息。

目前，乐斯菲斯发送的内容大多是促销信息，如当顾客购买产品或在季节性新货上架时光顾本店，就可以免费获得瓶装水。促销信息的内容可能会这样描述："亲爱的顾客，乐斯菲斯提醒您，本店新进一批春季运动装！详情请登录乐斯菲斯官网。"但是，这种信息只是针对初次购买的人设计的。当人们将要去旅行或准备去登山时，乐斯菲斯就会发送信息来提醒顾客注意天气状况和其他相关事项。此外，乐斯菲斯还创立了一款名为"乐斯菲斯雪域状况报道"的iPhone应用软件。乐斯菲斯采用这种营销战略似乎会让很多人认为，它在刻意打扰顾客。针对这个问题，乐斯菲斯的市场营销副总监说："公司并不想打扰顾客，而且公司也没有打扰顾客，因为参与这个项目的顾客都是乐斯菲斯的品牌偏好者，我们所提供的信息往往都是他们最希望得到的信息。"

当地营销也有一些缺点，那就是规模经济的减少带来了生产成本和营销成本的提高。对于那些要满足不同地区市场、不同需求的企业来说，它还带来了物流方面的问题。而且由于产品和信息在不同的区域差别较大，有可能冲淡品牌的整体形象。总体来说，面对越来越细分的市场，随着新型配套技术的不断发展，当地营销优势大于劣势。

个人营销，微观营销的极端情况就是个人营销，即根据单个顾客的需求和偏好来调整产品和营销战略。个人营销也被称为一对一营销、大规模定制营销或单人市场营销。

个人营销实际上先于大众营销出现，如早期的裁缝为顾客单独制作衣服，鞋匠为每个顾客设计不同的鞋子，木匠根据顾客需求制作家具。但今天的个人营销并不是历史的简单重复，而是在更为高效的计算机、数据库、机器人生产、柔性制造技术及互动沟通媒体（电子邮件、传真和互联网）下实现的"大规模定制"，是企业与顾客群体进行一对一的交流后，根据个人需求设计产品和服务。戴尔创造了顾客要求的电脑，顾客可以打开公司网站，在几千种电脑零配件中挑选自己喜欢的款式进行组装，然后将图样发给公司，一周内顾客在家就可以收到戴尔为其定制的电脑。并不只有消费者市场才可以一对一营销，组织市场可能更适合。例如，办公用品生产企业可以为政府机关、事业单位等生产印有本组织名称的任何办公用品，甚至包括一次性纸杯。

有些企业正在寻找新的方式来实现促销信息的个性化。例如，在美国一些大型购物中心的墙上悬挂了等离子屏幕，它可以帮助企业分析顾客的面部表情，并根据每位顾客的年龄、性别等来投放定制广告。

案例启示

现代大型商场：定制的智能广告

如果你在观看商场、健身俱乐部或杂货店的电视屏幕上的广告，那么很有可能这个电视屏幕也在"观看"着你。商家可以在屏幕中嵌入或在屏幕周围设置一些小型摄像头，以便用来观测是什么人在观看，以及观看了多长时间。此外，这个系统还可以精确地判断观看者的性别和大约所处的年龄阶段，并据此来对所播放广告的内容进行相应的调整。这种调整可能意味着：屏幕遇到男人会播放剃须刀的广告，遇到女人会播放化妆品的广告，而遇到青年人则会播放游戏的广告。此外，这种调整还可能意味着：屏幕遇到一群男性可能播放摩托车的广告，而当有女性和儿童加入的时候，屏幕就有可能会转换播放主题公园和玩具的广告。一位企业高管称："这是一个积极的推销系统，商家正在使用智能广告来瞄准自己的顾客群体。"世界似乎一直在循环，从顾客被作为个体对待的美好时代，到没有人知道他的名字的大众营销时代，最终又回到现在的大众定制营销时代。

奢侈品的提前定购，或者说量身定制是另一个极端。只要价格合适，富有的顾客可以购买为其单独设计的产品，从名牌皮包、珠宝首饰、手表到高端汽车。

劳斯莱斯95%的顾客都在某种程度上定制自己的汽车。顾客可以与劳斯莱斯定制团队，包括色彩专家、皮革匠、木工匠面对面探讨，共同设计属于自己的、独特的劳斯莱斯汽车。想让外部油漆和内部皮饰搭配自己最爱的手套颜色吗？没有问题。想定制自己的门把手，或者将自己独创和有意义的标志缝进头枕之中，或者安装各种特色内饰、特色皮座椅，其他红木边框，都可以得到满足。一位顾客甚至希望用自家院子中的一棵树制作汽车的内饰。因为这棵树是顾客的最爱，木匠经过分析，认为是可以放在劳斯莱斯的仪表板和车门镶板上的。劳斯莱斯的一位经理说："除非在汽车的安全性上存在问题，或者有损劳斯莱斯天使商标，否则，我们不会对顾客说'不'。"

除了定制产品，市场营销人员还定制市场营销信息及吸引顾客一对一互动。例如，耐克收集使用了"Nike+ Running"移动应用程序进行训练的顾客的信息。随后，利用这些信息，针对每一位顾客的实际健身活动制作了10万段定制的动画视频。例如，一段视频显示了一个动画人物在北京三环跑步经过中央电视台标志性的"大裤衩"建筑。耐克将这些独特的定制化视频用电子邮件发送给10万名"Nike+Running"移动应用程序用户，激励他们在未来更上一层楼。这些视频不仅吸引了大量粉丝互动，而且在更广阔的耐克品牌社区中扩散。一位运动品牌经理说："这些人是世界上最热爱社交的人，他们热衷于分享，所以共同成就了耐克一场非常精彩的代表性营销活动。"

（三）影响目标市场选择的因素

企业在选择目标市场时，采用何种战略，并没有好坏之分，只有合适与不合适。究竟选择什么战略比较合适，企业要考虑的因素很多，主要集中在以下几个方面。

1. 企业资源

如果企业资源丰富，实力雄厚（包括生产经营规模、技术力量、资金状况等），拥有大规模的单一流水线和广泛的分销渠道，产品标准化程度高，内在质量好，品牌信誉度高，就可以采用无差异营销战略。

如果企业具有相当的规模、技术设计能力强、管理素质较高，就可采用差异化营销战略。

反之，如果企业资源有限、实力较弱、难以开拓整个市场，则最好采用集中营销战略。

2. 产品特点

产品具有同质性，即顾客购买和使用时若对某类产品特征感觉相似，则其需求弹性较小，如食盐、石油等可采取无差异营销战略。

产品具有异质性，即顾客对这类产品特征感觉有较大差异，如服装、家具、化妆品等，其需求弹性较大，可采取差异化营销战略或集中营销战略。

3. 市场特征

如果顾客需求和爱好相似，购买行为对市场营销刺激的反应基本一致，企业可以采取无差异营销战略。

如果顾客需求偏好、态度、购买行为差异很大，宜采取差异化营销战略或集中营销战略。

4. 产品生命周期

处于产品生命周期不同阶段的产品，要采取相应的目标市场营销战略。处在"导入期""成长期"的产品宜采取无差异营销战略或集中营销战略。一方面，顾客初步接触新产品，对其不甚了解，消费需求还停留在粗浅层次；另一方面，企业由于种种原因难以一下子推出多个新品种。

在"成熟期"的产品宜采取差异化营销战略。这是由于企业的生产已定型，顾客对产品已有所了解，消费需求向深层次多样化发展，竞争也日趋激烈，采取差异化营销战略可以开辟一个又一个新的细分市场。

5. 竞争对手分析

企业采用何种目标市场营销战略，通常还要分析竞争对手的营销战略。如果竞争对手采用无差异营销战略，那么该企业应考虑采用差异化营销战略或集中营销战略，以提高竞争能力。如果竞争对手采用差异化营销战略或集中营销战略时，那么该企业应进一步细分市场，采用更有效的差异化营销战略或集中营销战略以获得优势。

四、差异化与产品定位

（一）产品定位的概念

企业进行市场细分和选择目标市场后，必须回答一个重要的问题：如何进入目标市场？即企业如何为目标市场的顾客创造差异化的价值,以及希望在目标市场中占据什么位置。

产品定位就是顾客根据产品的重要属性定义产品的方式,即相对其他竞争产品而言,企业的产品在顾客心目中占据的位置。产品在工厂生产,但品牌在顾客心目中创造。市场营销人员需要向顾客灌输企业品牌独一无二的特色和利益,这样才能实现产品定位。

在汽车市场,比亚迪和吉利定位为经济型车,而奔驰和凯迪拉克定位为豪华型车,保时捷和宝马定位为高性能型车,沃尔沃定位为安全性能最好的汽车,而上海通用五菱宏光 MINIEV 定位为年轻人的微型车。格力空调定位为高品质,其口号为"好空调,格力造";海尔电器定位为优质服务,其广告宣传为"海尔提供钻石级服务,真诚到永远";宜家不仅仅出售令人舒适的家具,它还是一家致力于"改善生活品质的商店"。兴盛优选定位为"互联网新零售平台",解决家庭的日常生活需求。

顾客接受了太多的产品和服务广告及信息,他们不可能每次做购买决策时都能进行仔细评估。为了简化购买过程,顾客将产品分类,在自己心目中对产品、服务和企业进行定位。从这里我们可以看出,产品定位实际是顾客对产品的主观看法,无论企业是否进行宣传,都会形成各种认知和印象,也都会有一种特定的看法,即对企业产品的定位。但企业不愿让自己的产品听天由命,他们希望自己的产品能够符合顾客的需求,区别于竞争对手,让顾客在购买时,容易做出有利于自己企业的决策。因此,企业必须进行产品定位策划,并设计市场营销组合来实现策划中的定位,以使自己的产品在选定的目标市场中更具优势。

我们在理解产品定位时应注意以下几点。

(1)产品定位的对象是顾客,其结果是要在顾客心目中建立起关于企业及产品的良好形象。

(2)产品定位就是顾客对产品的认知、印象和情感的复杂组合,是与其他竞争者产品对比而形成的差异化。

(3)产品定位是针对顾客心理的行动,即能够让产品走进顾客的心灵深处的方法。

(4)产品定位是一套行动系统,贯穿于产品的设计、生产、促销、销售、售后服务等所有环节中。

所以,产品定位应从顾客心理出发,不应从企业或产品出发,不能认为只要认识到自己产品有特色并将其传播给顾客就是产品定位。因为自己认为的特色,不一定能够被顾客看重和认同。

(二)产品定位的意义

第一,产品定位有利于企业及其产品在市场中建立自己的特色,可以使企业在激烈的市场竞争中立于不败之地。现代社会早已进入买方市场时代,几乎每个市场都存在供过于求的现象,为了争夺有限的顾客,防止自己的产品被其他产品替代,保持或扩大企业的市场占有率,企业必须为其产品树立特定的形象,塑造与众不同的个性,从而在顾客中形成一种特殊的偏好。例如,海尔经过不懈的努力,在竞争激烈的家电市场中不仅生产、销售高质量产品,更是以优质服务定位,取得了顾客的信任,打造了品牌形象。

第二,企业的产品定位决策是制定市场营销组合战略的基础,在企业的营销工作中有着极为重要的战略意义。例如,如果产品定位为优质优价,为了实现这一定位战略,就必须提供高质量和优质服务的产品,相关广告宣传的侧重点应该是强调产品所具备的性能、效率,采用的先进技术，让顾客相信虽然产品价格高，但是物有所值。销售渠道应选择档次较高的百货公司，或者专卖店，或者品牌知名度高的电商平台，而不是销售大众日用品的普通超市或以低价定位的电商平台。

案例启示

互补定位：繁荣城市商业经济

在越来越激烈的市场竞争中，长沙商业正逐步形成多个经营互补型的商圈。在长沙黄兴南路与"五一"广场交会的商圈，中日合资的平和堂百货、北京连锁的王府井百货、长沙友阿集团旗下的春天百货三家大商厦形成三足鼎立局势。前几年，三家商厦也曾摆出拼个"你死我活"的架势，但很快认识到恶性竞争只会带来三败俱伤。于是，各家商厦主要在突出自己的经营特色上下功夫：王府井百货主要针对中高收入顾客，突出产品档次，面向中年顾客；平和堂百货则成为流行时尚的窗口，主要吸引以年轻女性为主的青年顾客；春天百货则以实惠诱人，坚持以薄利多销、便民利民为经营方向，面向普通顾客。

这三家商厦近几年的销售额不但没有下滑，反而都在增长，在长沙市单位面积销售和利润排名中名列前茅，黄兴南路也成为长沙发展迅速的中心商业区。目前，这三家商厦成立了"长沙地区商场老总联谊会"，定期研究分析市场形势，合理划分各自的经营范围，共谋发展。

位于长沙东塘的友谊商城、金色家族、平和堂百货是东塘商圈的三大巨头，由于它们各自经营有别，利益冲突不大，能做到联手繁荣东塘商圈，使东塘成为长沙最繁华的中央商业区。

长沙各商圈因地理位置不同，在整体经营上也有差异，如火车站商圈主要吸引外地旅游购物者，以大众化名品为主；东塘商圈主要吸引高收入中年消费者，集国内外名牌、精品于此；黄兴南路商圈则主要吸引年轻白领阶层消费者，集时尚、潮流于一体。

（三）定位工具——定位地图

定位地图是市场营销人员进行产品定位时最常使用的一种工具，它主要用来描绘顾客在重要购买维度对企业及其竞争对手品牌的认知。图6-5所示为我国多功能SUV市场的定位地图。在图中，每个圆圈的位置表明从两个维度对品牌的认知定位——价格和导向（强调性价比还是强调荣耀），圆圈大小表明该品牌的相对市场份额的大小。

从定位地图可以看出，顾客将哈弗H6视为性价比最好的SUV，在国产品牌SUV汽车市场上销量排名第一，次之的是吉利博越和荣威RX5。具体来看，哈弗H6定位为城市中最实惠的SUV，其宣传从未提及越野和豪华，主要体现造型前卫犀利，在质感方面凸显豪爽，内部品格简明、配色光芒耀眼、中控屏设计细腻，触感也是非常不错的，相对宽敞、舒适的搭乘空间，整体动力输出不急不躁。

本田CR-V被定位为城市中性价比和荣耀（面子）两个方面比较平衡，价格适中的城市大型高级SUV。本田CR-V的燃油经济性很好，况且引擎输出的动力也很充足；车内被皮质材料包裹和木纹饰板营造了高级感，并且有丰富的功能，特别适合有一定经济实力的中年顾客。新款的日产奇骏，定位为SUV中英勇奋战的战士。新款时尚的外观特别吸引眼球，并且具有较高的燃油经济性、靠谱、较大的乘坐空间、保养便宜等家用代步车必须有的优势，是每一个家庭中辛劳付出的管家。

奔驰 GLC L 和奥迪 Q5L 都一致定位为大型豪华 SUV。随着奔驰 GLC 的长轴距版 GLC L 强势上市，大面积的格栅、硕大的头灯、镂空的下保险杠和大尺寸的 Logo，给人强势的压迫感，让人心生敬畏，时刻彰显着大气和豪华。内饰设计，多层次宽厚的仪表台、悬浮式中控屏和仿木纹装饰板等元素营造豪华氛围。方向盘采用三幅式造型，真皮配合缝线处理，手感和视觉高档感十足，多功能按键集成了蓝牙电话、语音交互、音量控制等很多功能。8 英寸（1 英寸=2.54 厘米）多媒体控制系统包含了车辆控制、驾驶辅助控制、360°全景影像和 Mercedes me 互联等诸多功能。这一切都带给驾驶者和乘坐者无比的荣耀感。

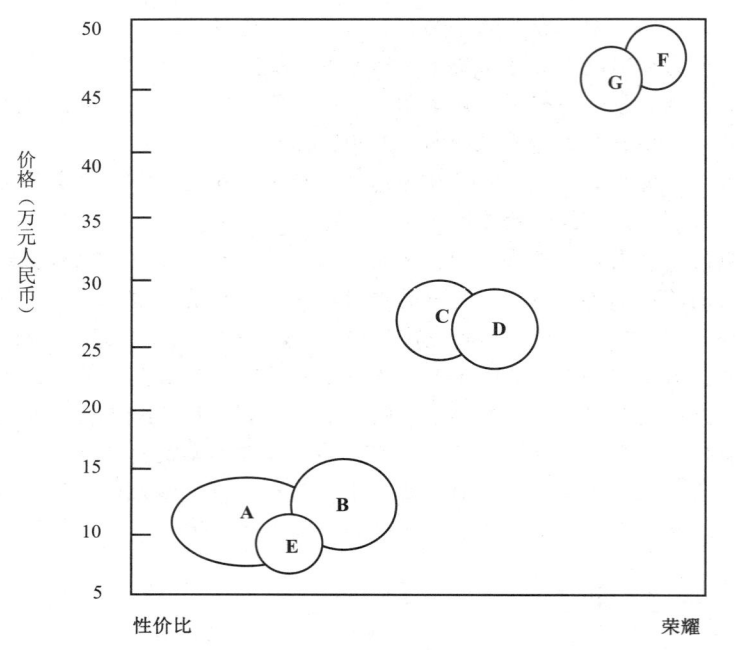

图 6-5　定位地图：多功能 SUV

（四）选择差异化和定位战略

在同一个目标市场中有许多竞争对手，企业如何让顾客识别自己的产品，并忠实于企业。市场营销人员需要通过建立一套独特的利益组合，使自己的产品或服务差异化，从而吸引目标市场中的重要群体。

最重要的是，品牌定位必须满足精心确定的目标顾客的需求和偏好。例如，正像前面讨论的城市 SUV 汽车市场，哈弗 H6 和奔驰 GLC L 都是 SUV 汽车，但各自面对需求和偏好截然不同的目标顾客。哈弗 H6 面对的是城市中有一定经济能力的普通消费人群，具有性价比高、整体设计大气、豪爽的特点。而奔驰 GLC L 面对的是经济实力较强的中产阶级人群，定位于高端豪华的 SUV，是成功人士的标配，气派、豪迈，彰显成功和荣耀。它们提供的都是 SUV，但其产品设计、风格、品牌影响力截然不同，却都因为针对目标顾客的需求创造了恰到好处的价值主张而获得成功。

差异化和定位包括 3 个步骤：确定可能的价值差异和竞争优势，选择恰当的竞争优势，制定整体的定位战略。

1. 确定可能的价值差异和竞争优势

为了与目标市场建立盈利性关系，市场营销人员必须比竞争者更好地理解顾客需求和递送更多的顾客价值。只有能够有效地差异化并定位为向目标市场提供卓越顾客价值的企业，才可能获得竞争优势。但是，牢固的定位不能只是口头承诺。如果企业把产品定位为提供最好的质量和服务，那就必须真正使产品差异化，向目标顾客递送所承诺的质量和服务。例如，海尔定位为"最好的服务"，那么其服务网点、服务人员的素质和服务管理系统都必须与之承诺配套，否则，其靠"服务取胜"的定位就会变成无源之水和无本之木。海尔在全国建立了发达的服务网点、各网点配备了专业的维修、安装服务人员、在行业内第一个推出服务流程标准，所有员工团结一致提供最优质的顾客服务。

为了找到恰当的差异之处，市场营销人员必须认真分析顾客对企业产品或服务的全面体验。其实，在企业与顾客发生联系的每一处，都可以找到使自己差异化的方法。企业可以按产品、服务、渠道、人员或形象这条线路来进行差异化。

产品差异化有不同的程度。一个极端情况是，我们发现有些产品实体对于顾客来说几乎没有什么差别，如猪肉、药品等，但即使这样，仍然可以创造一些有意义的差异化。例如，某超市销售的某品牌花猪肉是天然饲料喂养的，肉质更加鲜嫩，这个差异使得这一品牌花猪肉的价格高出一般猪肉价格的50%。另一个极端情况是，产品能够被高度差异化，如服装、家具和汽车。这些产品能够在特点、性能或款式和设计上进行差异化处理。沃尔沃提供更新、更好的安全特性产品；宝马汽车更容易驾驶，操控性更好。

除了产品实体的差异化，企业还可以进行产品的服务差异化，一些企业依靠快捷、方便或细致的配送，实现了服务的差异化。如兴盛优选社区电商平台承诺"211"递送，就近门店自提，结合实体零售及时性与传统电商便利性的优势，解决了实体店购物成本高及传统电商递送不及时的问题。许多想购买汽车的人为了从有顶尖维修服务的经销商那里买车，会愿意多花一点儿钱，多跑一点儿路。一些企业提供顾客培训服务或咨询服务，包括顾客需要的数据、信息系统和广告服务，以使自己的服务差异化。例如，用友会计软件公司组织软件推广培训班，主办行业技能竞赛活动，为企业免费提供软件升级服务，在行业中树立优质服务和功能强大的品牌形象。

实行渠道差异化的企业，在渠道的覆盖、专业化和绩效方面获得竞争优势。统一鲜橙多采取一种由生产商、经销商、零售商两两互动甚至三者互动的协作模式，即构建"无缝营销渠道"，以改变传统的"厂商——经销商——零售商"流水线式的被动运作模式，在饮料市场获得竞争优势。舒比奇利用直接渠道向妇产医院销售纸尿裤，号称"舒比奇是宝宝的第一条纸尿裤"，这一销售渠道直接奠定了舒比奇的品牌形象。

企业还可以通过人员差异化获得强大的竞争优势，即比竞争对手雇用并培训更优秀的员工。华为在招聘大学生时，经过举办校园推介会、面试、笔试和公司考察与宴请4道程序，严格的招聘过程能最大限度地确保聘用到高素质员工。华为更重视员工的培训，并形成了自己的培训体系，有上岗培训、岗中培训、换岗培训。华为还有自己的网上学校，可以在线为分布在全世界各地的华为人进行培训。华为的产品可能并不是世界上最好的，但华为营销人员的坚韧性和技术人员的强大创新能力是举世闻名的。高素质员工使华为在通信产品领域获得了竞争优势。

即使与竞争对手提供的产品和服务看起来一样，顾客也可能因为企业或品牌的形象差异化而感觉不同。企业或品牌的形象应该传递产品独特的特点和定位，设计一个强有力的、突出的形象需要创造性和经过艰苦的过程，企业不可能只用几个广告就在一夜之间把一种形象根植在公众的心目中。例如，海尔家电代表着更好的质量和服务，这个形象是由用户使用企业产品和接受售后服务感觉出来的，并形成了很好的口碑。同时，企业形象需要进行一些标志性设计，耐克简洁而动感的小勾、腾讯的打着领结的可爱小企鹅、京东的可爱的卡通小狗+"JD"，这些标志都能够使企业或品牌的认知度和形象差异化提高，在广大公众心目中留下深刻印象。企业还可以借用明星建立品牌，如耐克公司的"飞人"乔丹篮球鞋。一些企业甚至可以与色彩建立联系，来形成差异化。麦当劳的金色拱门式字母、灌装加多宝醒目的红色，让人记忆深刻。当然，这些选定的标志、人物和其他形象元素，还必须通过传递企业和品牌个性的广告来进行有效的沟通。

2. 选择恰当的竞争优势

企业通过分析发现多项潜在的竞争优势后，必须确定到底要将哪些竞争优势作为定位战略的基础，究竟推出哪几项差异。

推出多少差异？许多市场营销人员认为企业应该只向目标市场推出一项独特的利益。例如，广告人员认为，企业应该为每个品牌设计独特的推销计划，并始终坚持。每个品牌应该挑选一个特性，并宣称自己在这个特性上是"最好的"。顾客一般更容易记住"第一"，尤其是在这样一个信息过载的时代。所以，佳洁士一直宣传其"防蛀"功能，沃尔玛则宣传其"天天平价"的优势。精心研究一个定位，并始终坚持的企业，更容易被公众牢记，也更容易获得较高的知名度。

也有一些市场营销人员认为，企业应该推出一项以上的差异因素进行定位。理由是现代竞争非常激烈，往往有两家或更多的企业在同样的特性上宣称自己是最好的，这样推出一项以上的差异因素才可以有别于竞争对手。另外，现在的市场越来越细化，推出一项以上的差异，可以使更多的细分市场顾客得到满足，吸引更多的目标顾客。例如，联合利华推出一种三合一香皂，可以清洁、除味和滋润肌肤，将自己与佳洁士强调除菌的功能成功区分开来。但企业在宣传品牌的多功能时，会面临很大的挑战，容易引起顾客的怀疑，反而有可能失去明确的定位。

推出哪些差异？不是所有的差异都是有意义或值得宣传的，也不是每种差异都能够有效地被利用。当一种差异在增加顾客利益的同时，有可能也在增加企业的成本。因此，企业必须仔细选择与竞争对手相区分的因素，只有满足以下条件的差异才是有意义的。

- 重要性：该差异对于目标购买者来说是非常有价值的。
- 显著性：竞争对手不能提供，或者与竞争对手相比具有明显的优势。
- 优越性：与向顾客提供相同利益的其他方法相比更加优越。
- 沟通性：该差异容易沟通，顾客也能够看到。
- 专有性：竞争对手不能轻易模仿。
- 经济性：顾客能够买得起。
- 盈利性：推广该差异可以为企业带来利润。

许多企业推出的差异并不满足以上的一项或多项标准。例如，某酒店的广告中宣传该酒店是本区域内最高档的。虽然这种差异具有显著性、专有性，但可能并不具有重要性、优越性和经济性等其他特点。类似地，可口可乐曾有一次重大的产品失误，新可乐在其核心顾客群中未能通过优越性和重要性测试。大量的口味盲试显示，软饮料顾客中有60%认为口感偏甜的新可乐配方要优于原始配方，52%的人认为它优于其他品牌的可乐。因此，可口可乐将其原始配方可乐撤出市场，大张旗鼓地用口味更甜、口感更柔顺的新可乐取而代之。但是，可口可乐在其调查中疏漏了那些真正使可口可乐流行而长盛不衰的无形因素。对忠实的可口可乐饮用者而言，原始配方的可口可乐与棒球、苹果派和自由女神像一样已经成为美国文化的标志。这意味着，使可口可乐品牌差异化的不仅是口味，更是传统。可口可乐撤回原始配方可乐，忽视了其广大核心顾客的情感，他们热爱可口可乐，不仅仅因为口味。结果，仅仅3个月之后，公司不得不恢复原始配方的经典可乐的生产和销售。试想，如果这一新产品在其他国家上市，结果又会怎样呢？

因此，选择竞争优势作为一种产品或服务的定位基础并不容易，却是成功的关键。选择恰当的差异可以帮助品牌在众多竞争对手中脱颖而出。

3. 制定整体的定位战略

品牌的整体定位被称为该品牌的价值主张，即该品牌赖以差异化和定位的所有利益的组合。价值主张直接回答顾客——"我为什么要买你的品牌？"顾客通常会选择给自己带来最大感受价值的产品或服务。沃尔玛超市的定位是价格实惠——天天平价，还包括优质服务、良好的购物环境、丰富的商品和知名度。因此，许多顾客舍近求远到沃尔玛购物。

图 6-6 显示了企业赖以定位的可能的价值主张。图中最上方的方格中最右边的白色方格代表成功的价值主张，即能够使企业获得竞争优势的差异化和定位；黑色的方格代表失败的价值主张；正中间白色的方格代表边缘性的价值主张。我们介绍企业可以用来成功定位的价值主张：优质优价、优质同价、同质低价、低质更低价、优质低价。

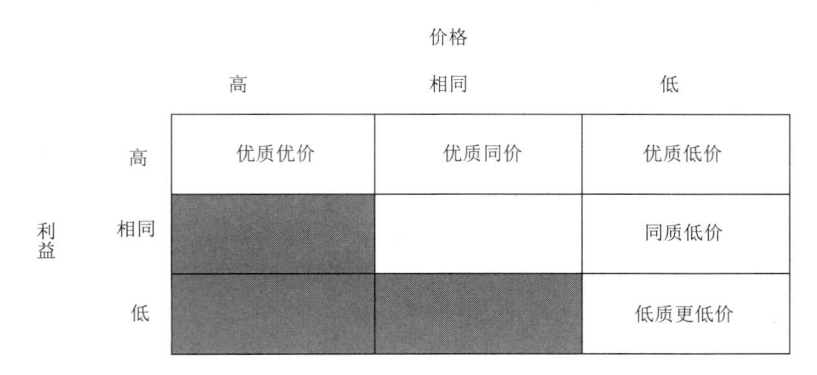

	价格高	价格相同	价格低
利益高	优质优价	优质同价	优质低价
利益相同			同质低价
利益低			低质更低价

图 6-6　可能的价值主张

优质优价。优质优价的定位是指提供最高档次的产品或服务，并制定更高的价格来补偿较高的成本。皮尔卡丹的服装、奔驰汽车、派克金笔和雷达手表都具有优良的质量、精湛的工艺、较长的使用寿命和良好的性能，价格自然与之相配。它象征着顾客的地位、成功和高档的生活方式，可带给顾客声望。通常情况下，价格差别要超过通过提高产品质量的企业获得高档品牌带来的超额利润。

"只提供极品"的商家在每个行业都会存在，从超五星级的酒店、奢华家居用品到豪华汽车。当某个超高价的品牌投入市场时，有的顾客会感到惊讶，有的顾客会感到兴奋，超高价品牌定位就是为了吸引那些兴奋的人群。苹果公司推出 iPhone 手机时，它提供了普通手机所不具有的更高质量和更好性能，其价格也高出普通手机很多。

企业都在关注推出"超高质量、超高价格"品牌的机会，但是，优质优价品牌也容易受到攻击，竞争对手通过模仿，会宣传以更低的价位提供同样的质量。例如，苹果手机在中国就会遭到小米手机的直接挑战，许多年轻的顾客喜欢像 iPhone 那样的大屏幕、直板、时尚，而且智能化的手机，但他们对价格的承受能力有限，因此，小米公司模仿推出了功能够用、外观时尚、价格适中的小米手机，正好满足了国内学生及年轻工薪阶层顾客的需求。另外，优质优价品牌也会受到经济的影响，经济繁荣时销售良好的奢侈品，在经济低迷时就会有风险，因为此时顾客花钱会更加谨慎。

优质同价。优质同价定位是针对竞争对手的优质优价定位而发起的挑战，用以推出质量相当而价格较低的品牌。例如，丰田汽车公司就采用优质同价的价值主张推出了雷克萨斯系列汽车。其广告的大字标题是：“把定价 72 000 美元的车换为 36 000 美元的车，反而可买到更好的车，这在历史上也许是第一次。”丰田汽车公司在汽车杂志上进行了很多报道，大量发布对雷克萨斯和奔驰进行比较的视频资料，并指出调查表明雷克萨斯经销商比奔驰经销商对顾客的销售服务更好，以此来宣传雷克萨斯汽车的高质量，此举使得许多想购买奔驰汽车的人转而购买雷克萨斯汽车，使得其购买率达到了 60%，是行业平均值的两倍。

同质低价。同质低价定位是一种受顾客欢迎的价值主张，所有人都喜欢物美价廉的产品。沃尔玛提供与其他商场同样质量的产品，但由于产品数量较大、物流发达、运营成本较低，因此可以提供给顾客更多的折扣。戴尔通过直销渠道销售电脑，节省了渠道成本，可以提供较高性价比的同等质量的产品，受到顾客认可。京东商城在电子商务公司中是最早自主开发物流的互联网企业，且由于其销量大、成本低、售后服务更好，因此，人们普遍认同在京东商城可以购买到同质更低价的产品。

低质更低价。低质更低价定位是指用更低的价格满足顾客较低的性能或质量要求。针对较低消费水平的目标市场的顾客，他们对商品性能没有太高的要求或为了价格愿意放弃一些服务。例如，一些背包客不需要入住有游泳池、提供早餐，而需要额外增加服务费用的酒店，快捷酒店或青年公寓取消了这些服务，因此收费更低。随着国内家用轿车的普及，自驾游的人越来越多，家庭式汽车旅馆仅提供简单住宿和免费停车位。针对非洲市场开发的传音手机，因采用低价定位而获得成功。

案例启示

传音手机：一年一亿部称雄非洲

传音在非洲手机市场已连续 4 年蝉联销量冠军。IDC 数据显示，传音在非洲智能手机市场的占有率从 2019 年的 36.9%增长至 2020 年的 40%。2020 年，传音总共卖出 1.74 亿部手机，传音也借此登上了全球手机销量榜的第四名。

从一个名不见经传的新企业品牌，到成为远隔千里之外的"非洲手机之王"，过去的 10 多年里，和很多其他领域的中国品牌一样，传音书写了一段波澜壮阔的海外拓荒史和传奇。

传音在当地洞察本地用户需求，建厂、搭建完整的销售及售后服务体系。现在，传音已与全球 2000 多家经销商开展密切合作，建设广覆盖、强渗透、高稳定的营销渠道。此外，传音还建设了完整的售后服务网络，如今公司的售后服务品牌 Carlcare 已在全球建有超过 2000 个直营或合作网点，也是非洲最大的电子类及家电类产品服务方案解决商。

不同于这些经销商店面经营各种品牌型号手机，也不同于一般品牌销售店面，传音手机店面的特色则是"售服一体"，销售和服务同步，而且传音更强调的是服务的理念。传音瞄准的是手机销售、售后的全周期和回头客，坚持的是长期主义。

非洲当地人不在乎品牌，他们要的是多卡多待、电池持久、价格实惠。

在非洲这样一个薄利且不太重视品牌的市场环境中，看似普普通通的售后网络是大多数厂商不愿和不屑涉足的"苦力活"，而传音扎实地深耕了10多年，一点点地建立当地用户对传音品牌的信任，成为传音最好的品牌背书和天然广告。

十几年来，传音全面聚焦非洲等新兴市场，根据当地用户的需求和偏好持续创新产品，如开发"四卡四待、智能美黑"等本土化功能。对于非洲这个新兴手机市场而言，功能手机和中低端智能手机仍是市场主流。硬件配置和软件应用是用户选购的重要前提，高性价比和实惠才是用户选购的"临门一脚"。

传音根据非洲市场的消费现状，虽然推出了面向不同消费层次的手机品牌及产品，但在产品定价方面比较合理实惠。据悉，传音在非洲市场推出的产品均价不足1000元人民币。

虽然传音没有小米那样大屏幕、时尚的设计，也没有各种"发烧级"功能，但是价格更低。好用还便宜，成为传音手机突出重围的"关键一招"。

优质低价。优质低价定位是一种成功的价值主张。许多企业宣称自己是这么做的。从短期来看，某些企业确实能够做到这样高端的定位。

然而，从长期来看，企业要坚持这样的定位是很困难的。因为提供更多的利益就意味着增加成本，这样使得低价的承诺很难实现。力图在两个方面都做好的企业反而可能输给更加专注于其中一个方面的竞争对手。

每个品牌都必须采用服务于其目标市场需求的定位战略。优质优价吸引一个目标市场，而低质更低价吸引另一个目标市场，以此类推。因此，在任何一个市场中，不同企业都能找到属于自己的发展空间，成功地占据不同的定位。重要的是，每个企业必须设计属于自己的定位战略，专门服务于特定的目标市场。

制定定位陈述。企业必须根据自己选择的整体定位战略，将产品定位总结为一个定位陈述。定位陈述有利于定位的传播和沟通。定位陈述可以这样表述：对于（目标市场和顾客需求）而言，我们的品牌（产品）是一种（如何与众不同的）概念。例如，一种饮料的定位陈述：对于年轻、活跃的顾客（睡眠不足、身体困乏）而言，东鹏特饮是比其他任何软饮料品牌更能让他们提神醒脑、补充体力和抗疲劳的产品，因为它含有丰富的牛磺酸、赖氨酸及多种B族维生素成分，形成一套完整的抗疲劳体系，有助于缓解身体困乏。其宣传口号："累了困了，喝东鹏特饮""年轻就要醒着拼"深入人心，强化了其品牌定位。

注意，定位陈述的第一步是要明确产品的类别（软饮料），然后指出它与其他产品的不同之处（提神醒脑、抗疲劳）。把一个品牌放进以上具体类别中，表明它与这个类别中的其他产品存在共性，但产品的优越性在于其差异所在。例如，拼多多像淘宝、京东一样都是电子商务平台，但其以"社交+电商"模式，通过好友一起拼购获取低价，使自己与竞争对手区别开来，其口号"拼得越多，省得越多"深深印入顾客脑海，吸引大量消费人群。

（五）沟通和递送既定的定位

品牌（产品）定位一经确定之后，接下来的工作就是将既定的定位向目标顾客传达。企业所有的市场营销组合战略必须给予该定位战略有力的支持。

首先，企业定位需要落实到具体的营销组合战略上，而不只是空谈。例如，优质优价定位，企业必须按照该定位向目标顾客递送卓越的质量和服务。而根据定位开展的产品、定价、渠道和促销组合战略设计就是实现定位承诺的战术。企业必须生产高质量产品，制定高价格，通过优质的经销商分销，选择高质量的媒体做广告，必须雇用和培训更多的服务人员，寻找服务声誉好的零售商，设计能够传播其卓越服务品质的促销和广告信息。这是建立一致的和可信的优质优价定位的必然选择。

其次，企业定位必须始终如一地坚持一种正确的定位，提出好的定位战略比执行该战略要容易得多。因为要建立产品或企业在顾客心目中的形象与地位需要较长时间，而破坏一种定位却很容易，所以，企业要制定与定位一致的营销战略，循序渐进，并根据竞争对手定位及营销环境变化适时调整，避免定位广告宣传与沟通内容混乱。

小结

扫描二维码获得内容

任务六：小结

复习与思考

扫描二维码获得内容

任务六：复习与思考

模块二　实训操练

实训一：案例分析

一、实训内容

运用目标市场营销原理分析现实中的企业营销案例，理解目标市场营销的重要意义。

二、实训准备

1. 授课老师提前布置目标市场营销的相关案例；
2. 以4～5人为一个小组，开展案例讨论；
3. 各小组记录好案例讨论的过程，总结关键观点。

三、实训组织

1. 授课老师指导学生按小组讨论形式布置座次；
2. 各小组代表陈述本小组讨论的结果，小组其他学生补充观点；
3. 授课老师引导小组之间进行观点的辩论，激发学生的发散性思维；
4. 授课老师对课堂讨论进行简短的评价。

四、实训评价

单位：分

评价对象	评价项目	内容描述	评价要求	分值	得分
团队 （60%）	讨论组织	组长负责	组织有序 时间高效	10	
	讨论参与	围绕案例 讨论问题 自由发言	讨论热烈 紧扣问题 有理有节	10	
	讨论结果	总结归纳 形成结论	原理正确 观点鲜明	20	
	汇报成果	课堂汇报	表述流畅 配合默契	20	
个人 （40%）	小组考勤	组长考勤	按时参加讨论，主动积极	20	
	小组贡献	小组评分	提出独特观点和新思想	20	
最终评分					

参考资料

扫描二维码获得内容

为年轻人量身定做，徕芬高速吹风机首秀刷屏

实训二：产品市场定位

一、实训内容

针对任务五研究的企业产品进行市场细分、选择目标市场并设计市场定位。

二、实训准备

1. 复习目标市场营销的基本原理和市场定位的步骤；
2. 针对企业产品进行市场调查，了解目前顾客对产品的印象；
3. 分析企业现有的产品定位，存在的问题；
4. 了解同类产品竞争对手的定位；
5. 寻找所研究产品与竞争对手产品的差异，确认适当的差异。

三、实训组织

1. 组织市场调查，并根据顾客需求差异进行市场细分；
2. 选择目标市场，分析目标顾客特点和追求产品的利益点；
3. 分析竞争对手产品的市场定位，找出本企业产品的差异和优势点；
4. 编写市场细分、目标市场战略和市场定位陈述的分析报告。

四、实训评价

单位：分

评价对象	评价项目	内容描述	评价要求	分　值	得　分
团　队 （60%）	任务布置	制订市场调查计划	综合任务三、四、五调查获得的资料，进行深入的调研	10	
	实训实施	整合资料和信息，设计战略与策略方案	目标市场定位明确、有特色，营销组合策略具体可行	10	
	实训成果	新产品营销战略与策略方案	明确市场细分因素、制定目标市场营销策略及定位"4P"组合策略	20	
	团队协作	课堂汇报	PPT制作精美、内容清晰、表述流畅、团队协作好	20	
个　人 （40%）	小组考勤	组长考勤	积极参与战略与策略方案设计	20	
	小组贡献	小组评分	完成分配任务 具有良好的协作精神	20	
最终评分					

【附件1】你是营销人员：大自然饮料公司的新产品营销计划（5）

扫描二维码获得内容

你是营销人员：大自然饮料公司的新产品营销计划（5）

【附件2】大自然饮料公司的新产品营销战略与策略方案（范例）

扫描二维码获得内容

大自然饮料公司的新产品营销战略与策略方案（范例）

任务七 制定产品策略

任务目标

思政目标

1. 培养求真务实的工匠精神;
2. 树立创新意识和社会责任感。

知识目标

1. 理解产品整体概念的内容;
2. 掌握产品和服务决策的内容;
3. 认识产品生命周期及各阶段的营销策略;
4. 认识新产品开发程序与策略;
5. 认识产品品牌与包装策略。

能力目标

1. 能从产品出发为企业进行营销诊断;
2. 能运用产品生命周期特点制定营销策略;
3. 能针对市场定位选择品牌与包装策略。

任务七 制定产品策略

模块一 理论指导

案例导入

小米：为"发烧"而生

小米科技有限责任公司成立于2010年3月3日，是专注于智能硬件、电子产品、芯片研发、智能手机、智能电动汽车、通信、金融、互联网电视及智能家居生态链建设的全球化移动互联网企业、创新型科技企业。

市场分析机构DIGITIMES Research的报告显示：2021年小米智能手机出货量约1.9亿部，在全球智能手机出货量中排名第三，仅次于三星和苹果。2021年10月，在小米新品发布会上创始人雷军宣示：小米的下一个目标是三年之内超过苹果和三星，达到全球销量排名第一。接着在12月小米12系列新品发布会上，雷军正式提出了对标苹果的目标，并称要在产品和体验上一步一步超越苹果。小米手机可以获得成功，雷军对公司产品如此有信心的原因是什么？

货真价实，为"发烧"而生

小米创业初期，国际手机市场上只有两大公司：苹果和三星，当时的中国国情是大多数人消费不起高价手机，又都需要手机，此时小米的出现特别关键。

小米主要开发游戏手机。小米手机的理念就是"为'发烧'而生"，目标用户是手机"发烧"友。这类人群的特点是接受能力好，热衷于使用智能手机，但又因智能手机价格太贵。而小米手机价格低，能更加赢得手机"发烧"友的好感，促进消费。又因小米手机品质好，以手机"发烧"友的口碑来做宣传，因此更容易走入用户的视野。

小米手机的品质是如何打造出来的呢？雷军说"好品质是花钱、花精力找最好的人才做出来的"。小米手机使用高质量的原材料、稳定的供应商、高技术的组装厂。哪怕只卖699元的红米手机也都是富士康生产的，富士康生产意味着其加工成本贵了一倍。但品质管理、加工细节、做工会遥遥领先。小米开始做手机时的处理器全部使用高通的处理器，包括所有配置都是选择最高端的。雷军说"我们在进入这个市场的时候，每一部手机都是为自己做的，我要叫它好用。所以，我们只有向苹果和三星学习，用全球最好的供应链、最好的原材料、最好的工厂，才有机会做出最好的手机"。

小米手机作为高性能"发烧"级智能手机，坚持为"发烧"而生，将顶尖的移动终端技术和元器件运用到每款新品中，软硬一体，带来更为贴心的用户体验。MIUI在Android系统基础上，针对中国用户进行了深度定制，专为国人的习惯设计，是当今中国手机市场上用户交互体验最好的系统之一，深受手机"发烧"友的欢迎。

与用户做朋友，增强用户体验

除手机功能之外，在激烈的竞争中，小米如何取得优势？小米最重要的优势就是和用户做朋友，倾听用户的声音，按照用户的要求改善。

MIUI系统产生于雷军一种朴实的想法："当时我想，能不能做一款手机，如果用户有意见，告诉我。如果我觉得有道理，我可不可以立刻就添加到我的手机里面？"这种想法就有了 MIUI 系统的开发。雷军给 MIUI 定了一个要求，即公司需要每个星期发布一个新的版本，这样用户提出的意见只要合理，公司一周之内就能采纳。可能大家对一个星期发布一个操作系统没有概念，像 Windows 是 5 年发布一个新版本，操作系统一个星期发布一个版本是空前的难题。小米做到了，最大的创新就是每周能发布一个新版本。

小米特别重视用户体验，公司首创了用互联网模式开发手机操作系统、100 万名"发烧"友参与开发改进的模式。小米通过 MIUI 社区"发烧"友与"米粉"进行互动，交流心得，发布产品信息，举办各类活动，加强了与"发烧"友之间的黏性，吸引了众多移动互联网用户。小米还针对"米粉"的反馈意见对手机和系统进行改进，更新迭代、发布新版本，为用户提供更好的体验，增强品牌忠诚度。

有一次雷军给领导汇报工作，当谈到手机时，领导说最麻烦的是他得 7×24 小时开机，晚上接到一个骚扰电话就经常睡不好。雷军回到公司后就让技术人员增加了一个功能，晚上休息时间手机只接 VIP 电话，指定几个电话号码可以打进来，其他电话号码不能接通。用户觉得这个功能非常好，就这样，新功能就在产品中出现了。雷军在一次与他人的交流中被问道："你能不能开发一个功能，让手机只接听我通讯录里的电话？"后来小米就增加了一个功能，只接听通讯录里的电话。公司就是这样一点点把各种功能加进去的，让用户的体验远超自己的想象。

小米公司在网上汇聚了几百万人帮他们做这件事情，产品不仅是小米的心血，还是百万"米粉"一起贡献的作品。小米公司把这种模式叫作"参与感"，把用户拉过来和自己一起做事情，首先是可以帮助自己把产品做好，其次更重要的是因为用户参与了这件事情，他很有成就感，他会心甘情愿地帮助自己把这款手机推荐给他的同学、朋友、家人、同事，他就成了小米的一分子。

小米就是这样一点一滴把大家的意见汇聚在一起的，最大限度地把大家的力量和智慧调动起来，小米社群营销不仅在国内做得非常好，而且国际粉丝群非常庞大，他们帮助公司在全球做推广，为公司做不同的语言版本，甚至把 MIUI 系统移植到各种手机上，现在 MIUI 能支持 180 款手机，都是这些爱好者做的。

小米的成功给我们一个启示：成功从理解用户的需要和动机开始。小米不仅生产智能手机，更让用户体验使用产品的快乐时光，一种充满激情和科技感的生活方式，还有通过产品连接起来的人与人之间的情感交流。

资料来源：根据网络资料整理编写

思考：
1. 小米公司出售的到底是什么？为什么深受手机"发烧"友的欢迎？
2. 以小米手机为例，给出产品的定义。

到目前为止，我们对顾客价值导向的市场营销战略已经有了很好的了解。接下来，我们将深入了解市场营销组合，即市场营销人员用以实施战略和传递顾客价值的战术工具。在任务七中，我们将研究企业如何开发、管理产品和品牌。提及营销，人们首先想到的就是产品。我们将从什么是产品这一看似简单的问题入手，其答案并不简单。

正像上面案例提出的问题：小米公司出售的仅仅是手机吗？小米手机为什么会受到全球"发烧"友的欢迎？

一、产品的概念

产品，即公司向市场提供的，引起注意、获取、使用或消费，以满足欲望或需要的任何东西。产品不仅包括有形的实物，还包括无形的服务。广义的产品包括实物、服务、事件、人员、地点、组织、观念及上述内容的组合。因此，产品涵盖了上述内容的任何一项或全部。因此，小米手机、海底捞火锅、吉利汽车是产品，参加旅行社的旅游项目、银行提供的理财产品及医生给出的病情诊断是服务。接下来，我们重点介绍产品、服务和体验，产品与服务的层次，产品和服务的分类等有关产品概念的核心内容。

（一）产品、服务和体验

在市场提供物中，产品是最关键的因素。营销组合策略就是为目标顾客设计他们需要的有价值的东西。这些提供物是公司与顾客建立获利关系的基础。

企业向市场提供的产品既包括有形的实物，也包括无形的服务。一方面，提供物可能是由纯粹的有形实物组成的，如肥皂、牙膏这些日用品，无须提供与产品配套的服务。另一方面则是纯粹的服务，提供物主要由服务组成，比如医院体检和金融服务、理发和户外素质拓展项目。在这两个方面之间存在许多产品和服务组合的营销提供物。

今天，随着产品和服务商品化的程度越来越高，许多企业在为顾客创造价值方面不断创新营销组合。企业为了使提供给顾客的产品能够实现差异化，正在策划营销活动以确保品牌带给顾客难忘的体验，而不仅是简单地制造产品和传递服务。

在许多行业的营销活动中，体验往往是非常重要的一部分。例如，休闲和娱乐产业，户外素质拓展训练让顾客接受胆量、智慧和耐力体验，为其创造难忘的回忆，甚至帮助顾客改变人生的态度和观念。一些传统产品和服务也在进行重新设计，根据顾客的需要创造独具特色的体验，开展体验式营销。顾客走进一间高档的咖啡厅，装修漂亮的墙壁、梦幻的灯光、技艺精湛的咖啡冲调师及温暖而现代的内部气氛，让顾客经历了诗意般的感受，而咖啡反而成了次要的部分。例如，华为手机在全国开设的华为专卖店，不仅仅是出售手机和电脑产品，而是努力创造一种引人入胜的华为品牌体验。华为手机专卖店通常开设在都市繁华地段或百货商场一楼，与高端化妆品、名牌手表及珠宝首饰柜台为伍，以彰显其品牌的形象和价值。华为手机专卖店设计呈现干净、时尚和智能的风格，正如华为的手机和电脑，时尚和科技感非常强。进入华为手机专卖店内，成群的顾客沉浸其中，他们一边试用产品，一边兴奋地谈论着关于华为的一切。华为手机专卖店既鼓励顾客购买，也鼓励顾客逗留和闲逛，柜台上陈列着各种功能齐全的不同款式的手机、电脑、家用智能配件供顾客试用，店内服务人员随时回答顾客提出的任何问题来迎合每一个奇思妙想。在这里，顾客不会被店员打扰，而是可以尽情地感受和体验产品的功能与效果。

创造营销体验的企业认识到顾客购买的不仅仅是产品和服务，他们要购买一种对他们有用的东西。宜家这个来自瑞典的全球家具和家居零售商品牌，截至2020年，在29个国家开设了356家商场，其中，在中国开设有37家，遍布北京市、上海市、郑州市、武汉市、长沙市等27个城市。事实上，宜家品牌的真正核心是让顾客成为品牌传播者，而非硬性的广告宣传。就像英国一家媒体评价宜家的评语：它不仅仅是一个店，它还是一个宗教；它不是在卖家具，而是在为你搭起一个梦想。有的营销专家认为：对顾客体验的成功管理将成为营销活动的最终目标。

案例启示

宜家：打造沉浸式体验

宜家自1943年成立以来，经过80年的发展，已成为全球最具影响力的家居用品零售商。以顾客自由体验的方式，进行无形的营销推广，是宜家最大的特点。通过生动化的场景布置，让顾客尽情体验，沉浸其中，进而增加与顾客之间的互动。通过极致的体验，让顾客怦然心动。

当顾客踏入宜家体验店时会发现宜家的产品布置不是把同类产品罗列在一起标价，让顾客进行对比和选择，而是将产品的使用环境模拟出来，通过设计师精心打造出一个样板间。在那里，顾客能看到这件产品摆在家里是什么样的效果，顾客可以选择其他的产品来和它一起搭配，现场呈现出产品的使用效果，直观、生动，促进家居类产品的连带销售。宜家通过优化资源、选点艺术、全面营造出最佳的状态来刺激顾客的眼球神经，激发顾客的欲望。

在宜家体验店，所有能坐的产品，顾客都能坐上去感受一下；所有能够触碰的产品，顾客都可以拿起来好好端详，如可以打开抽屉，也可以在地毯上走走。宜家还特别鼓励顾客："坐上去感受一下吧，看看它有多舒服！"并且，顾客可以随心所欲地浏览自己感兴趣的产品，不会有喋喋不休的店员追问、推荐，他们通常都是非常安静地站在一边，除非顾客主动寻求他们的帮助，否则，他们不会轻易打扰顾客，顾客在宜家能够体会到一种在别的家具店不能体会到的轻松、自由。

久而久之，顾客甚至会感受到宜家出售的不仅是一种产品，而是一种文化，一种生活态度。在潜移默化之下，顾客感觉到这里的产品不错，对产品和品牌产生信任感。

资料来源："营销界大佬'宜家'教你如何玩转体验式营销"，有改写

（二）产品与服务的层次

人们购买某种产品，不仅讲究产品的实际效用，还有其他的利益追求。顾客购买相机，不仅要求相机照出的相片清晰，而且希望相机具有新颖的款式、漂亮的包装、合适的价格，同时要求相机有维修保证，等等。这样，产品的内容不仅包括产品利益或效用，还包括包装、款式、商标、价格、维修保证等，所有这些都是产品不可分割的组成部分。

产品策划者需要在3个层次上对产品进行整体的设计，每个层次都增加了顾客价值，如图7-1所示。第一个层次是核心顾客价值；第二个层次是实体产品；第三个层次则是扩展产品，是围绕核心顾客价值和实体产品构成的。

1. 核心顾客价值

核心顾客价值是第一个层次也是最基础的一个层次，它提出这样的问题：顾客真正购买的是什么？当设计产品时，设计者必须首先确

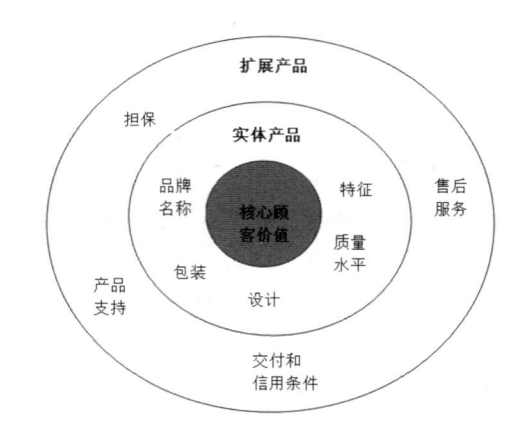

图7-1 产品的3个层次

定顾客所寻找的旨在解决问题的核心利益或服务。美国露华浓化妆品公司创始人查尔斯·郎佛迅这样说:"在工厂,我们制造化妆品;在商店,我们出售希望。"同样,人们购买一款智能手机,不只是购买了一款款式新颖、看上去很时尚的手机,他们在购买娱乐、自我表达、效率及与亲朋好友的关系,即购买一个面向世界的个人移动终端设备。

2. 实体产品

实体产品是第二个层次,产品设计者要围绕实现核心利益构造一个实体产品,以具体生动的形式出现在市场上。实体产品的形式通常表现为产品和服务的特征、设计、质量水平、品牌名称和包装。例如,智能手机就是一个实体产品,它的品牌名称、构件、风格、特征、包装及其他属性被精心地组合在一起,用以递送"保持联系"这一核心顾客价值。

3. 扩展产品

扩展产品是第三个层次,是围绕核心利益和实体产品提供给顾客的一些附加服务和利益。智能手机,不仅仅是一种移动终端设备,它还向顾客提供一个完整的解决移动联系问题的方案。因此,当顾客购买了某品牌智能手机后,其公司及分销商还会向顾客提供一份对部件和工艺的保修单、一份教顾客如何使用的说明书、必要的快速维修服务、当顾客有任何问题或疑问时可以随时联系的免费电话,以及让顾客有机会接触到种类繁多的应用软件和配件的网站。该公司还提供种类丰富的应用和配件,以及将顾客多个移动终端设备上的图片、音乐、文档、应用、日历、联系人和其他内容随时随地整合在一起的云服务系统。

顾客往往把产品看作满足其需要的各种利益的复杂组合。在设计产品时,市场营销人员必须首先识别顾客希望从产品中寻求哪些核心顾客价值,然后让设计者设计出实体产品,并寻找扩展产品的途径,以创造顾客价值和令人满意的顾客体验。

案例启示

格力空调,10 年保修

从买产品到买体验、买服务,人们的消费理念和消费习惯正发生着深刻的变化。为了促进生产生活方式绿色转型,为顾客提供更多、更便捷的舒心服务,格力电器始终坚持高品质,为顾客创造高附加利益。产品层次观念,2021 年打出产品和服务组合拳,为人们的美好生活服务。

以顾客需求为导向,格力电器相继推出格力王者——上下出风空调、臻新风——双向换气新风空调、智慧鸟——智能儿童空调等高技术产品,在节能、健康、舒适等方面不断满足顾客对美好生活的追求。

以顾客满意为标准,格力电器对 2021 年 3 月 1 日起销售的家用空调提供 10 年免费保修服务,最大限度地保护消费者的利益。这是自 2005 年格力率先在行业推出"家用空调 6 年免费保修"政策以来对服务品质的再升级。2020 年,《家用电器安全使用年限》系列标准颁布,明确家用空调安全使用年限为 10 年,而格力电器"10 年保修政策"的推出,则意味着一台空调从购买到"退役"的整个"生命周期"都有了全面的售后服务保障。可谓"一次购买,终身无忧"。

资料来源:《格力电器关于家用空调十年保修公告》,有改写

(三)产品和服务的分类

按产品和服务的使用对象来分,我们可以将产品和服务分为两大类:消费品和产业用品。从广义上来讲,产品还包括其他可出售的内容,如体验、组织、人员、地点和创意。

1. 消费品

消费品是最终顾客购买用于个人消费的产品。市场营销专家根据顾客购买产品的行为,进一步将消费品分为便利品、选购品、特购品和非渴求品。这些产品因顾客购买行为不同,使得市场营销人员销售时所使用的策略也不同,如表7-1所示。

表7-1 消费品的营销策略

营销策略	消费品的类型			
	便利品	选购品	特购品	非渴求品
顾客购买行为	频繁购买;很少计划、很少做比较、花费精力少、顾客介入度低	不经常购买;较多的计划并为购物花费较多的精力;对价格、品牌、质量和样式进行比较	强烈品牌偏好和高品牌忠诚度;为购买付出特别努力;很少比较品牌;对价格敏感度低	对产品了解很少,即使了解也不感兴趣或恐避之不及
价格	价格低	比较高	价格高	不确定
分销	渠道广泛;网点便利	在较少的商店进行选择式分销	在每个市场区域只有一家或几家商店专卖	不确定
促销	制造商进行大量促销;广告、公关活动等手段	制造商和经销商同时促销,主要采取广告和人员销售等手段	制造商和经销商有针对性地促销,会会员制、大客户优惠等手段	制造商和经销商进行强力广告和人员销售等手段
实例	日用品,如牙膏和洗衣粉之类	大家电、家具、服装	奢侈品,如高档手表、首饰之类	保险产品、红十字会献血活动

便利品,是顾客经常购买的产品和服务。顾客在购买的时候几乎不做比较,也不费精力,很快就能做出决策,比如洗衣粉、牙膏、快餐、理发等。便利品通常价格低廉,市场营销人员把它们摆放在很多商店,以确保顾客在需要它们的时候随时随地都能买到。

选购品,是顾客购买频率比较低的产品和服务。顾客会仔细比较其适用性、质量、价格和款式,不同品牌之间差异较大,比如家具、服装、手机、大家电及酒店和航空服务。这类产品的市场营销人员通常选择较少的商店进行分销,但提供深入的销售支持帮助顾客进行比较。

特购品,具有独一无二的特点或品牌识别特征。以至于会有一个重要的顾客群体愿意为了购买它而特别花费精力,比如特定品牌的汽车、高价的摄影器材、户外运动装备、医疗和法律咨询服务。例如,劳斯莱斯汽车就是特购品,因为顾客通常为了买到一辆劳斯莱斯汽车而愿意跑很远的路去进行定制,顾客一般不去比较特购品,只把时间用于寻找经营其所需商品的经销商上面。

非渴求品,是顾客要么不了解,要么虽然了解但一般不考虑主动购买的消费品。大多数新产品在顾客通过广告了解它们之前都是非渴求品。人们了解但仍然不主动购买的产品和服务的典型实例包括保险、墓地、预先计划的葬礼服务、红十字会的献血活动等,因此,需要进行大量的广告宣传、人员销售和其他营销努力。

2. 产业用品

产业用品是顾客购买后用于进一步加工或用于企业经营的产品。消费品与产业用品的区别主要是顾客购买的目的不同。同样是牙膏，如果顾客购买牙膏用于个人或家庭人员使用，则牙膏就是消费品；而如果顾客是宾馆工作人员，其购买牙膏用于为入住客人提供服务，则这些牙膏为产业用品。

产业用品和服务分为三类：材料和零部件，资本项目，辅助品和服务。

材料和零部件包括原材料及加工过的材料和零部件。原材料包括农产品（小麦、棉花、水果和蔬菜）和天然产品（原油、铁矿石）；加工过的材料和零部件包括构料（钢、水泥、纱）和构件（马达、轮胎、铸件）。大多数加工过的材料和零部件直接销售给产业用户。价格和服务是主要的营销因素，品牌和广告往往不太重要。

资本项目是帮助顾客生产和运营的产业用品，包括设施和附属设备。设施包括建筑物（工厂、办公室）和固定设备（发电机、各种机床、计算机系统和电梯），附属设备包括易于搬动的设备、工具（手工工具、自卸卡车）和办公设备（电脑、传真机、办公桌）。这些产品主要采用集中营销策略，通过展览会、订货会及人员销售来销售。

辅助品和服务，其中辅助品包括作业辅助品（润滑油、纸、笔）和维护维修品（油漆、钉子、扫帚），辅助品是产业领域的便利品，顾客在购买过程中很少花费精力进行比较。服务包括维护、维修服务（清洁工作场所、计算机维护）和商务咨询服务（法律、管理咨询、广告）。这些服务通常根据协议提供。

除了有形的产品和服务，市场营销人员把产品概念进一步扩展，包括其他可以销售的东西，如组织、人员、地点和观念营销。

组织营销。组织营销包括采取的用来创造、维持或改变目标顾客对一个组织的态度和行为的活动。企业出钱发展公共关系或推进企业广告活动以美化自己的形象。企业形象广告是企业向各种公众群体营销自己的主要工具，如大学在招生期间，借助各类新媒体向高考学生推荐专业，宣传学校成果和成功校友，以及在同类学校中的排名。

人员销售。人员销售包括采取的用来创造、维持或改变对特定人员的态度和行为的活动。从娱乐明星、体育明星到医生、律师和知名教授这样的专业人士，都通过自我营销来建立声誉。企业、学校、慈善组织也都采用人员推销，聘请一些知名人士帮助他们销售产品或增强声誉，如易开得净水器请著名演员做代言人，小米手机请年轻人的偶像做广告，还有士力架在中国请国际篮球巨星做广告。

地点营销。地点营销是指用来创造、维持或改变对特定地点的态度或行为的活动。城市、地区，甚至每个国家之间都在相互竞争，吸引游客、新移居者、大型会议及招徕企业兴建办公楼和工厂。张家界打造世界非物质文化遗址、世界森林公园，举办各种吸引游客的活动，如异装飞行、飞越天门洞特技表演、高空达瓦孜表演等来引起人们的关注。

观念营销。从某种意义上来讲，所有的营销都是观念的营销。例如，高露洁牙膏所创造的"为生活展露健康美丽的微笑"这样的特殊观念。未来观念营销主要体现在鼓励个人改进消费观念、企业改进营销方式，有益于社会长远发展和社会福利，即倡导一种社会营销。

社会营销范围十分广泛，通过企业和顾客共同努力，从预防保健、教育和个人安全到保护环境等领域。它传递的是一种健康、环保和积极的消费理念，如开展一些关于重复使用购物袋之类的活动，提倡购买节能电器、购买新能源汽车等营销活动。

二、产品和服务决策

市场营销人员围绕 3 个层次进行产品和服务决策：单个产品和服务决策、产品线决策及产品组合决策。下面我们将进行逐一介绍。

（一）单个产品和服务决策

单个产品和服务决策的内容（见图 7-2）主要包括产品和服务属性、品牌管理、包装管理、标签管理和产品支持性服务这几个方面的决策。

产品和服务属性 → 品牌管理 → 包装管理 → 标签管理 → 产品支持性服务

图 7-2　产品和服务决策的内容

1. 产品和服务属性

开发一个产品和服务就要涉及如何定义其所提供的利益，这些利益是通过质量、特征、风格和设计来沟通和传达的。

（1）**产品质量**。质量是市场营销人员进行市场定位的重要工具之一。质量对产品和服务的功能有重要的影响，因此也与顾客价值和满意度密切相关。从狭义上来讲，质量被理解为"没有缺陷"，所以，海尔最早强调其出厂的产品是"零缺陷"的。而许多以顾客为中心的企业远远超出了这种理解。取而代之的是，它们从创造顾客价值和顾客满意两个方面来定义质量。类似地，西门子这样定义质量：质量就是要求我们的顾客回头，产品不回头。

产品质量有两个维度：质量水平和一致性。在开发产品的过程中，市场营销人员必须选择一个质量水平，以支持产品在目标市场的定位。这里的质量是指产品能够执行其功能的能力。例如，格力空调提供的性能质量普遍高于其他品牌的空调，它应该更节能、更静音、更环保、更高效。并不是所有空调生产商都要生产与格力空调同等质量水平的空调，因为许多顾客并不愿意出这么高的价钱来购买它。因此，某品牌空调同样能够为其目标群体制造像格力一样受欢迎的空调，这就是我们提出的质量的一致性，质量与目标顾客需求的一致性。所有企业都追求高水平的符合性质量，尽管一些空调的性能不及格力空调，但它同样能够满足顾客的需求。

（2）**产品特征**。一个产品可能有多种特征。一个基础原型，没有额外附加，就是产品的起点，企业可以通过增加更多特征来创造更高水准的产品样式。产品特征是使本企业的产品与竞争对手的产品实现差异化的一种竞争工具。谁能在基础产品上创造出与众不同又被顾客接受的特征产品，谁就能够在竞争中获得优势。华为最先推出无边框智能手机，让手机屏幕显得更加开阔，外观更加时尚，在智能手机市场占据优势地位。

一家企业如何识别新特征，并且可以为自己的产品添加哪些特征呢？企业应当定期向使用过某产品的顾客展开调查，询问这些问题：你觉得产品怎么样？你最喜欢这个产品的什么特征？你认为还可以为产品增加什么特征？顾客对这些问题的回答为企业提供了一系列丰富的产品特征创意。企业可以评估每项增加的特征给顾客带来的价值和给企业带来的成本，进而采用那些性价比高的特征。

（3）**产品风格和设计**。另一个增加顾客价值的办法就是借助独特、鲜明的产品风格和设计。设计是一个比风格更广泛的概念，风格只是简单地描述一件产品的外观。风格可能引人注目，也可能索然乏味。给人以感官愉悦的风格，可以引起人们的关注并带来愉快的美感，但未必能让产品的性能提高。如一些前卫的服装，增加了各种尖硬的金属装饰，而另一些牛仔服饰则刻意磨砂，体现年轻人豪放不羁的风格。

与风格不同，设计要深入得多，设计直接切入产品的中心，优秀的设计既有助于产品外观的改善，又能够提高产品的实用性。产品设计应当对顾客进行观察与深入了解后再开始，设计要充分考虑顾客使用产品的体验。如今智能锁的设计，可以利用指纹和密码开门，过去我们总为忘记带钥匙而发愁。忘记带钥匙是难免的，可是忘记带钥匙造成的麻烦很大，要找专业的开锁人士，还要等待。现在有了智能锁，一切问题都迎刃而解了。

2. 品牌管理

品牌是用于识别产品和服务的生产者或销售者的名称、术语、标记、符号、设计，或者上述因素的组合。顾客将品牌视为产品的重要组成部分，品牌管理能够为产品增加价值。顾客赋予品牌含义，并且发展品牌关系。品牌所拥有的意义远远超过产品的物质属性。让我们看看下面这个例子。

1 月份的一个星期六，在北京王府井百货李维斯牛仔服的专卖商铺内，各种时尚的牛仔服正进行特价销售，人来人往，熙熙攘攘，1500 元一套的李维斯牛仔服正被顾客抢购。几天后，《消费者报》的一项社会实验，将李维斯牛仔服的标签撕掉，然后把这些服装挂在北京普通地摊上销售，标价仅 150 元一套的牛仔服，看的人寥寥无几，人们都认为在普通地摊上的衣服最多值 100 元以内的价格，无人真正认出李维斯品牌。即使不撕掉标签，估计也不会有人相信地摊上的李维斯是真货。从这个故事中，你能否领悟强大的品牌意味着什么？

品牌化趋势如此强劲，以至于如今几乎找不出什么东西是没有品牌的。连食盐也被包装在标有品牌的容器里面；普通的螺栓和螺母也带上了分销商的标签；汽车部件如火花塞、轮胎、滤油器都标有不同于汽车制造商的品牌；现有超市内散装的水果、蔬菜和肉类也有自己的品牌。

品牌为顾客带来多重利益。品牌名称帮助顾客识别那些可能对自己有益的产品，品牌还告诉顾客有关产品质量和一致性方面的信息。经常购买同一品牌的顾客知道自己每次购买都将获得相同的特征、利益和质量。品牌也给卖方带来不少好处。品牌名称使有关产品独特质量的事迹得到广泛传播。卖方的品牌名称和商标为其独特的产品特征提供法律保护，否则这些可能被竞争对手模仿。品牌还能帮助卖方细分市场。例如，目前丰田旗下主要有丰田和雷克萨斯品牌。每个主品牌下又有许多子品牌，其丰田品牌旗下就有：皇冠、凯美瑞、普锐斯、兰德酷路泽等子品牌。

品牌名称为构建有关产品独特质量的事迹提供了基础。例如，床上用品中的紫棉被，是一款孝心棉被，据说很早以前，有个老人的儿子外出征战，长年不能回家，等到他凯旋时，母亲已久病不愈，是儿子给她带来的紫棉被让她慢慢好了起来。由此，紫棉被的故事流传至今，紫棉被这一品牌也因此而著名。创建和管理品牌是市场营销人员最重要的工作。我们将在任务七的后面部分更加详细地介绍品牌策略。

3. 包装管理

包装，涉及产品的容器和包装材料的设计和生产。传统上，包装的首要功能是容纳并保护产品。不过近年来，多种原因使得包装也成为重要的营销工具。市场竞争越来越激烈，零售商货架日益拥挤杂乱，这意味着包装必须担负起许多销售职责，从吸引人们注意，到介绍产品，再到促成销售。并不是所有的顾客都能看到某个品牌的广告、社交媒体网页或其他促销活动，但是购买和使用该产品的顾客通常都会与包装互动。因此，包装意味着重要的营销空间。

企业正是意识到了良好的包装在帮助顾客迅速识别本企业品牌方面的作用。比如，一个普通的超市经营几万种产品；沃尔玛超市经营超过12万种产品。在超市购物时，顾客每分钟经过几百种产品，而且70%以上的购买决策是在超市里做出的。在激烈竞争的环境下，包装可能是企业影响顾客的最后也是最好的机会。因此，对许多企业而言，包装本身就成了一个重要的促销媒介。

新颖的包装能够为企业创造竞争优势和促进销售，独特的包装甚至可以成为品牌形象的重要组成部分。例如，一个原本平淡无奇的纸盒，一旦印上京东公司的标识，即一个简单的拼音首字母组合"JD"和一只可爱的京东卡通狗狗，就知道是哪家快递公司送来的包裹了。蒂芙尼与众不同的包装盒彰显这家高档珠宝的传奇和定位，正如公司所言："无论是在繁忙的街道匆匆一瞥，还是拿在手中端详，蒂芙尼包装盒都能使你怦然心动，它浓缩了蒂芙尼的伟大传统，优雅、独特和无瑕的工艺。"

糟糕的包装会令顾客头疼并降低企业的销售额。想想某些农副产品的包装，如使用稻草和泥巴来防震的鸡蛋包装，顾客打开后不知道如何下手把鸡蛋拿出来；还有一些塑料盒包装，有尖锐的菱角，容易伤害到手指。包装的另一个问题就是过度包装，一盒质量只有500克的月饼，包装内塞满了各种东西，先放入一个超大尺寸的泡沫盒中，再外加一个精美的铝皮盒，最后在装运时还要加上一个巨大的硬纸盒。过度包装造成大量的浪费，让人们深感忧虑。

如今的网购在很大程度上方便了人们的生活，但随之而来也面临不少问题。如快递纸盒浪费、塑料包装袋难处理等。其中，面对快递纸盒浪费的问题，各大电商平台开始倡导使用可回收利用的环保快递盒。继苏宁物流推出共享快递盒之后，京东现在也推出了名为"青流箱"的循环快递箱。这是京东物流"青流计划"的新动作，也是继冷链保温循环箱、循环包装袋后，新投入的又一可循环使用的物流包装。京东物流项目负责人介绍，此次推出的"绿盒子"青流箱，由最新的热塑性树脂材料制作，采用中空板结构，可5秒钟成型打包，此种材料抗打击、耐高/低温和湿度性能强，可以保护顾客购买产品的完好性。据严格的实验测试，"绿盒子"单次使用成本相比纸箱来说节省30%以上，正常情况下可以循环使用20次以上，破损后还可以无限次"回炉重造"，不会对环境造成污染。此外，京东物流在行业中首次尝试引入第三方专业回收循环机构，打造物流包装的全新回收体系，让绿色物流形成可持续的规模效应。

近年来，产品安全性成为人们关注的另一个重要的包装问题，比如那些不容易打开的"防止儿童误食"的包装。在进行包装决策时，企业还要留意人们日益提高的环保意识。现在越来越多持社会营销观念的企业，开始通过减少包装和使用环保材料等方式进行绿色包装。

4. 标签管理

标签，包括附着在产品上的小标牌，也包括构成包装的一部分的复杂图形。标签具有多种功能。首先，它起到识别产品或品牌的作用，如水果上面贴着的山东济南红富士品牌名称。其次，标签还能够描述产品其他方面的情况。比如，是谁制造的，在哪里制造的，何时制造的，内装何物，有什么用途，以及如何安全使用等。最后，标签能够帮助企业推广品牌，支持定位，以及联系顾客。对于许多企业而言，标签已经成为其拓展营销活动的一个重要元素。

标签和标识可以支持品牌定位，增加品牌的个性魅力。实际上，品牌的标签和标识已经成为品牌与顾客联系中的关键因素。想想诸如娃哈哈、百度、腾讯、李宁、华为等公司,它们的标识无疑能够激发顾客浓厚的情感。标识需要进行适时调整或重新设计。例如,中央电视台、乐视、支付宝、万科、苏宁易购等品牌在 2015 年都重新设计了公司的标识,以保持现代感及适应诸如网络和移动等新型互动媒体的应用软件和浏览器的需要。

《中华人民共和国产品质量法》第二十七条,明确了产品或者其包装上的标识必须真实,并符合下列要求:(一)有产品质量检验合格证明;(二)有中文标明的产品名称、生产厂厂名和厂址;(三)根据产品的特点和使用要求,需要标明产品规格、等级、所含主要成分的名称和含量的,用中文相应予以标明;需要事先让消费者知晓的,应当在外包装上标明,或者预先向消费者提供有关资料;(四)限期使用的产品,应当在显著位置清晰地标明生产日期和安全使用期或者失效日期;(五)使用不当,容易造成产品本身损坏或者可能危及人身、财产安全的产品,应当有警示标志或者中文警示说明。裸装的食品和其他根据产品的特点难以附加标识的裸装产品,可以不附加产品标识。

5. 产品支持性服务

顾客服务是产品战略的另一个要素。一家企业面向市场的提供物通常包括一些支持性服务,它们是企业整体提供物的很小或主要的组成部分。

支持性服务是顾客整体品牌体验的重要组成部分,如海尔的理念是"真诚到永远",为顾客提供良好的售前、售中和售后服务。那它到底是怎样做的呢?海尔会在经销商处招聘经过严格培训的销售顾问,售前向顾客提供咨询和导购,而售中则是积极引导顾客,根据顾客的需求来配置产品,售后更是跟踪顾客使用情况。顾客下单后三天内,售后服务一定有电话询问送货的情况、使用后的满意情况;如果是产品维修,则第二天就有售后人员来落实维修情况。总之,周到的、全方位的服务,让顾客对海尔提供的电器产品非常满意,更让顾客感受到作为顾客的尊严。

雷克萨斯深知优秀的市场营销不能满足于达成交易,在销售之后保持顾客愉悦是建立长久关系的关键。我们来看看雷克萨斯的经销商是怎样来履行其支持性服务的,长沙一家雷克萨斯 4S 店,店内除了提供热咖啡、桂圆枸杞茶、菊花茶、红茶和绿茶等多种饮品,多种甜点,还有按摩椅、大电视,并配有专门的顾客休息间。到了用餐时间,还有店员精心准备的套餐。在雷克萨斯 4S 店,顾客服务远比普通 4S 店要深入和丰富,它带给顾客一种高端的体验。

产品和服务决策中一个重要的内容是品牌和包装决策,这部分内容将在任务七的最后进行重点介绍。

(二)产品线决策

除了单个产品和服务决策,产品战略还包括产品线决策。产品线,就是一组密切相关的产品,它们以相似的方式发挥效用,销售给相同的顾客群体,通过相同类型的渠道分销,或者属于既定的价格区间。比如,李宁有数条运动鞋和运动服饰产品线,希尔顿酒店经营数条酒店产品线。

确定产品线的长度是最主要的产品线决策,某条产品线中所包含的产品项目的数量是决策的重要内容。如果产品线经理可以通过增加产品线中产品项目的数量来增加利润,那么意味着这条产品线太短了;相反,如果通过削减产品项目的数量来增加利润,那么这条产品线就太长了。产品线经理需要定期分析其产品线,以预估各产品项目的销售和利润情况,同时了解每个产品项目对其所在产品线的整体绩效所做的贡献。

企业可以通过两种方式扩展其产品线：产品线填充和产品线延伸。

1. 产品线填充

产品线填充,指在现有的产品线范围内补充一些新的产品项目。产品线填充可能出于多种原因：争取更高的利润,取悦经销商,利用过剩的生产能力,成为产品线完备的领导型企业,或者填补市场空缺以阻止竞争对手进入。例如,宝洁在其洗发水产品线中,除了普通包装,还增加了旅行装,以方便出差的顾客选购。企业可以在洗衣剂产品线中增加洗衣脂粉、洗衣凝球等新产品项目,以满足顾客更多层次、更广泛的需求,同时增加了企业利润。

2. 产品线延伸

产品线延伸,企业超出现有产品范围来增加其产品线长度,被称为产品线延伸。企业可以向下延伸、向上延伸或双向延伸。最初定位于高端市场的企业可能向下延伸,而最初定位于中端市场的企业则可能双向延伸。例如,宝马集团,在过去几年将自己从单一品牌五种型号的汽车制造商转变为拥有三大品牌、十四个系列和数十种不同车型的强大集团。宝马集团以MINICooper向下延伸,用劳斯莱斯向上延伸,其宝马产品线也从低端到高端丰富完备。而海尔则采用的是向上延伸策略。

案例启示

海尔系列品牌：海尔+卡萨帝+统帅

产生一个想法、推出一个产品、打造一个品牌,这是一个品牌创立的必经之路。海尔的品牌战略是成功的,海尔旗下有海尔、卡萨帝、统帅等品牌,"一体两翼"的品牌舰队在市场平行运营,产品覆盖低、中、高端市场。海尔整合3个主要品牌之力,其系列品牌强势参与市场竞争。

"海尔"针对的是中、高端用户,价格适中。无论是在冰箱还是在洗衣机、空调、厨房电器、小家电等领域,具有良好的用户口碑和稳固的消费群体,是海尔的市场根基,使得它在大本营市场,保持着比较稳定而成熟的发展态势。

"卡萨帝"是海尔旗下的高端品牌,致力于打造"来自中国的世界级高端家电品牌",以高端精英人群为目标市场,产品定位高端大气,产品种类涵盖整个白色家电市场。与"海尔"一脉相传,主打物联网家居生态理念,以线下的用户体验为主要宣传手段,在研发上持续投入,掌握了多项全球领先的核心技术。"卡萨帝"不仅注重产品功能的宣传,还在定位上聚焦于艺术文化氛围,将情感与美感融入品牌,长期坚持培养品牌文化。根据中怡康的统计数据,2020年"卡萨帝"市场份额提升了50%,冰箱、洗衣机均位列1万元以上这一区间的市场第一,空调位列1.5万元区间的市场第一。

"统帅"主打简约,是海尔打造的互联网时代的定制品牌,以互联网定制和线下销售为主,产品种类涵盖白色家电和黑色家电市场。该品牌定位大众,目标人群主要是倡导个性、时尚、简约生活方式的年轻消费群体。"统帅"以用户需求为本,旨在通过按需定制、按需生产的方式快速满足互联网时代用户的个性化需求。"统帅"在行业内首次全面采用简约实用的功能设计,除了带来操作简便，还意味着用户不需要为了一些不常用的功能"买单"。在对价格更为敏感的三、四线城市，这一设计更容易引起用户的关注。

资料来源：电子信息产业网，有改写

（三）产品组合决策

1. 产品组合

产品组合是企业所销售的产品线和产品项目所构成的全部产品。拥有数条产品线的企业需要制定产品组合决策。例如，一家电器公司生产的产品包括冰箱、吸尘器、洗衣机、抽油烟机、热水器等，这是公司的产品组合；其中，冰箱系列、吸尘器系列、洗衣机系列、抽油烟机系列和热水器系列分属特定的产品线；而冰箱产品线中有80升、180升、280升及单门、双门等规格和款式，这些就构成了冰箱产品线中的一个个产品项目。

2. 产品组合的维度

企业的产品组合包括4个维度：宽度、长度、深度和关联度（一致性）。

（1）产品组合的宽度，是指企业的产品组合中包含的不同产品线的数量。大型企业经营产品类别繁多，产品组合较宽；而小型企业专业化程度高，经营的产品类别较少，产品组合较窄。例如，海尔的产品线就比较宽，包括电视、冰箱、空调、洗衣机、微波炉、抽烟机、电脑、手机，还有生物制药、房地产等领域；而美的就比较专一，主要集中在空调和小家电领域。

（2）产品组合的长度，是指企业特定的产品线中包含的产品项目总数。宝洁在每一个产品线中都包含很多种产品项目。例如，宝洁洗发用品产品线包括沙宣、海飞丝、飘柔、潘婷，其中又分洗发露、护发精华等产品项目。

（3）产品组合的深度，是指产品线上每一种产品所提供的产品型号或款式的数量。例如，海飞丝就包含了多种不同的类型，有持久去屑、控油滋养功能的；有清洁止痒、清爽柔润功能的；有适合男士的、女士的、家庭共用的；包装类型有家庭装、普通装、旅游装等不同规格；香型有玫瑰香型、薰衣草香型、柠檬香型和薄荷香型等。每一款产品除基本功能去屑之外，还都有其独特的配方和辅助功效，使得目标市场的顾客可以得到更加充分的满足。通常，综合性企业的产品组合的平均深度不会太深，而专业性企业的产品组合的平均深度较深。

（4）产品组合的关联度，又称产品组合的一致性，是指一家企业的各产品线在最终使用、生产条件、分销渠道等方面的密切相关程度。通常，专业性企业产品组合的关联性较强，而一些综合性企业产品组合的关联性较弱，有的企业甚至各个产品线之间毫无关联。就宝洁公司的产品都是消费品，并且都可以通过相同渠道分销这一点来说，具有高度相关性，而就其产品对于最终顾客的用途来说，洗发系列产品线与婴儿纸尿裤及吉列刀片之间的关联性就不太高。

3. 产品组合决策介绍

产品组合决策是指企业根据市场情况和本身实力，对产品组合的宽度、长度、深度和关联性进行有机的组合。企业可以从4个方面发展业务：①企业可以增加新的产品线，拓宽产品组合，同时可以借助现有产品线的声誉开发新产品线，充分利用企业现有资源获利。②企业可以延长现有产品线，使自己的产品线更加完备；也可以迎合广大顾客的不同需求和爱好，吸引更多的顾客，不留市场空白，提高市场占有率。③企业可以为每一种产品增添新的品种、样式，提高产品组合的深度,让现有顾客得到更好的满足,提高顾客的忠诚度,获得顾客终身价值。④企业可以寻求提高或降低产品线的关联性,提高产品线的关联性意味着企业希望在单一领域确立强有力的声誉;而降低产品线的关联性,意味着企业希望在多个领域建立声誉。但是,这些努力会受到诸如市场需求情况、企业资源、技术条件和竞争条件等因素的限制。企业应该根据实际情况来制定出恰当的产品组合决策。

企业除了增加产品组合,还可以精简产品组合,剔除利润贡献低的产品线或产品项目。例如,宝洁公司追求多品牌战略,在家居护理和美容品类中建立了20多个10亿美元品牌。在过去10年间,该公司出售了数十个重要品牌,这些品牌要么不再适合公司的发展重心,要么没有达到10亿美元销量的门槛,包括品客薯片、金霸王电池、伊卡璐护发产品及宠物食品品牌等。这种大刀阔斧的精简让宝洁公司聚焦投资和发展那些为其创造90%销售收益和95%利润的70～80个核心品牌很有必要。宝洁公司的CEO说:"'更少'反而可以带来'更多'。"

三、产品生命周期策略

(一)产品生命周期的概念

产品生命周期,是指一种产品从投入市场到被市场淘汰为止的全部过程所持续的时间。这里的产品生命周期指的是产品的市场寿命周期。产品市场寿命与产品使用寿命是两个不同的概念。产品使用寿命又称产品自然寿命,是指某一种产品从开始使用到该产品报废的时间间隔,产品使用寿命的长短是由消费过程的使用强度、频率、维修保养状况、时间及自然力的作用决定的。因此,有些产品的使用寿命虽然十分短暂,但其市场寿命可能较为漫长。如鞭炮的使用寿命虽然十分短暂,但其市场寿命自人类发明了火药,迄今已延续了10多个世纪。相反,虽然某些产品的市场寿命已经终结,但使用寿命可能还未终止。例如,服装的穿着时间较长,但其市场寿命并不是很长。

对产品生命周期的分析,主要是通过对产品一定时期内销量和利润的变化来进行研究的。一般来说,一种产品的市场生命周期大致分为4个阶段:投入期、成长期、成熟期和衰退期,从而形成了产品生命周期曲线,如图7-3所示。

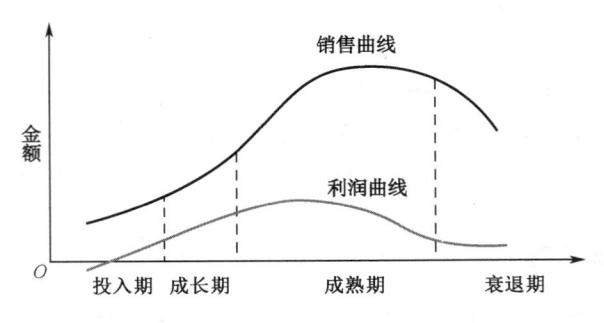

图7-3 产品生命周期曲线

并非所有的产品都依次遵循这样的生命周期曲线。有一些产品一进入市场很快就消失了;有一些产品在成熟期要停留很久;还有一些产品进入衰退期后,由于大规模的促销活动或重新定位,又回到了成长期。一些经营良好的品牌看起来似乎可以活力长存。例如,可口可乐、北京烤鸭、红旗轿车等，历经几十年，甚至百年，仍然保持强劲势头。

产品生命周期的概念可以用来描述产品种类（如电视机、洗衣机）、产品形式（如黑白电视机和彩色电视机）或产品品牌（如创维电视机、海尔电视机）。在不同的情况下，产品生命周期的概念运用不同。产品种类拥有最长的生命周期，许多产品种类的销售都会在成熟期停留很长一段时间，无法进行研究，如我们无法预测电视机这种产品什么时候会衰退，何种新的产品可以取代它。而产品品牌的生命周期变化太快，受竞争情况的影响，研究意义不大，如洗衣剂（产品种类）和洗衣粉（产品形式）的生命周期都很长，但某个品牌的洗衣粉生命周期可能很短。相比之下，产品形式趋向于体现标准的产品生命周期变化的规律，具有研究价值。例如，模拟拨号电话和黑白电视机等产品形式都经历了从投入期、成长期、成熟期到衰退期这一常规的产品生命周期曲线。

市场营销人员可以将产品生命周期的概念作为一个有用的分析框架，用于描述产品和市场如何运转。如果运用恰当，产品生命周期的概念有助于市场营销人员针对不同阶段制定恰当的市场营销战略。

了解产品生命周期的意义在于：企业必须不断创新，否则就面临被淘汰的危险。无论目前的产品线多么理想，为了更大的成功，企业必须熟练管理现有产品的生命周期。同时为了实现持续增长，企业必须开发一个能够给顾客带来新价值的、稳定的新产品流。智能手机开发商苹果公司尽管在全球面临来自三星、华为、小米等竞争对手的挑战，但公司能够在竞争激烈的智能手机领域持续处于领先地位，这与其在产品生命周期成熟阶段不断创新密切相关。

（二）产品生命周期各阶段的特征及企业的对策

企业掌握和运用产品生命周期理论，主要有3个目的：一是使产品尽快地被顾客所接受，缩短产品生命周期中的投入期；二是尽可能保持和延长产品的成长期和成熟期，使产品能给企业带来最大的利润；三是尽可能使产品以较慢的速度被淘汰。因此，企业必须善于根据产品生命周期各阶段的特点，有效地利用不同的市场营销组合战略，以获得尽可能多的利润。

1. 产品投入期的特征及企业的对策

（1）产品投入期的特征。新产品上市之初，顾客和经销商对产品普遍有一个了解、认识和接受的过程，这个过程在时间上被称为产品投入期。这一时期的主要特征是：产品销量很低，且增长缓慢；设计尚未定型，技术不够完善，产品性能和质量不稳定；生产批量小，促销费用大，成本费用处于最高阶段；利润极微，但产品经营的风险很大。许多新产品经营失败，大都在这个阶段反映出来了。一些著名的产品，如速溶咖啡、速冻产品、网约车服务进入快速成长期之前，都经历了多年的缓慢增长期。

（2）产品投入期的策略。企业需要大量的资金来吸引中间商，鼓励它们保持库存。为了让顾客知晓新产品并吸引他们试用，促销费用通常很高。在这一阶段，市场还没有成熟，公司和为数很少的竞争对手只生产基本型的产品，瞄准那些做好充分购买准备的顾客。

企业必须根据其设定的整体定位来选择新产品的上市策略，市场开拓者尤其应该如此。企业应当意识到，上市策略只是产品生命周期总体营销战略中谨慎选择的第一步。如果先入企业选择的是"狠赚一笔"，即撇脂价格策略，那么它将为短期利润而牺牲长远利益。先入企业如果一开始就能采取正确的策略，则很可能会抓住时机建立并保持市场领先地位。

2. 产品成长期的特征及企业的对策

（1）产品成长期的特征。产品经过投入期以后，迅速被顾客所接受，进入成长期。这一阶段的主要特征是销量迅速增长，早期顾客将会继续购买产品，其他顾客也会追随购买，尤其在获得产品的积极口碑之后。不断扩大的销量分摊了促销费用，单位制造成本下降，利润有所增长。

此时，受利润的吸引，新的竞争对手也会进入市场。它们引入新的产品特性，市场也会随之扩大。随着竞争对手的不断加入，分销网点的数量也将增加；在销量增长的同时，中间商的存货数量也将增加。价格维持不变或略有下降，促销费用停留在原来的水平上或再增加一些。培育市场依旧是企业的目标，只是企业必须面对竞争。

（2）产品成长期的策略。企业会采取多种策略来维持市场尽可能保持长时间的增长。改进产品质量及增加新产品的特色和样式；进入新的细分市场或分销渠道；将一些广告诉求由建立产品知晓转向说服购买；在适当的时候降低产品价格，以吸引更多的顾客来购买。

在成长阶段，企业面临高市场份额与高利润之间的取舍。通过在产品改进、促销和分销上投入大量资金，企业可能获得市场主导地位。但是，这样便放弃了现有利润的最大化，期望在下一阶段得到补偿。

3. 产品成熟期的特征及企业的对策

（1）产品成熟期的特征。这一阶段的主要特征是产品的销量增长在达到某一峰值后就会放缓，进入成熟期。这一阶段的持续时间一般会比前面两个阶段长，并给营销管理带来严峻的挑战。产品销量增长的减缓造成整个行业的生产能力过剩，而生产能力过剩又会造成竞争加剧。竞争者纷纷开始降低产品价格、扩大广告和促销投入、增加研发预算，试图进一步改进该产品。所有这些都意味着利润的减少。此时，一些较弱的竞争对手开始退出竞争。最后，行业内只剩下一些地位稳定的竞争对手。

目前，大多数产品都处于生命周期的成熟阶段，因此，大部分市场营销管理人员需要处理的也正是成熟期的产品。

（2）产品成熟期的策略。尽管许多产品在成熟期会保持很长时间不变，但事实上，多数成功的产品会不断发展以满足顾客不断变化的需要。产品经理不会随遇而安地听之任之或一味保护其成熟产品，他们会考虑调整市场、改进产品，以及调整市场营销组合。

改变市场策略，即通过改变产品的用途或改变营销方法，扩大销售。这种策略通常有3种具体形式：一是寻找新的细分市场，使产品进入尚未使用过本产品或需要本产品的新市场。例如，改变地区市场，将原来在城市市场已呈饱和状态的产品转向广大的农村市场，使产品重新进入成长阶段。二是刺激现有顾客增加使用频率，重复购买。例如，在儿童食品包装中配装儿童画册，从而吸引家长为儿童重复购买。三是重新树立产品形象，寻找新的买主。例如，杜邦公司的尼龙丝袜，开始只是投放成人市场，后来通过大量广告宣传，重新树立产品形象，进入了儿童市场，从而使销量增加。

改进产品策略，即通过提高产品质量，改变产品特色和款式，增强产品耐用性和可靠性，扩大适应性和方便性，改良性能，美化产品外观，完善配套服务等，向顾客提供新的利益，以吸引新的买主和使现有顾客提高产品使用频率。例如，众多玩具和游戏的制造商纷纷推出新的数码版本或为曾经的畅销品增加新的属性。

改变市场营销组合，即通过改变企业市场营销组合中的某一个因素或几个因素，扩大产品销售。例如，增加新的销售网点，扩大销售渠道；采取价格优惠，实行有奖销售；采用新的促销方法，进行有吸引力及扩展性的拓展活动等。李宁运动用品公司运用市场、产品和营销组合调整方式成功逆袭，避免了衰退。

案例启示

李宁品牌的成功逆袭

我们身处在一个急速变化的时代，"一切皆有可能"，墨守成规不再适应这个时代，但只要认清自我，便能重新和全新的时代一起成长。李宁用自身的经历告诉我们：哪怕你狠狠地跌倒过，但只要有勇气重新站起来，"一切皆有可能"。

从1994年至2002年，李宁占据着中国体育用品市场最大的份额；2003年李宁公司营业额首次突破10亿元；2004年李宁在香港成功上市，业绩再次高速增长；2006年在北京国际马拉松比赛中，李宁的专业跑鞋又赢得了赞誉。

让李宁如虎添翼的机会是在2008年，当李宁品牌创始人李宁在北京奥运会上以"体操王子"的身份进行"飞天"点火时，随后的市场上掀起来一阵"李宁风"。当时的李宁在国内体育用品的份额超过了50%，到2009年李宁以总营业额达83.87亿元的傲人成绩超过了阿迪达斯。2010年，李宁总营业额更是达到了94.78亿元，虽然稍微逊色于耐克，但在国货运动品牌中是当之无愧的"领头羊"，那时的李宁并不知道一场悄无声息的危机即将来临。

随后，李宁在对客户进行市场调查时发现自身品牌的消费人群整体年龄在35～40岁的人数超过50%，这对于体育用品企业来说可不是什么好事，要知道年轻群体对他们来说才是最理想的消费群体。随着体育行业的快速扩张，竞争越来越激烈，特别是来自国外的运动品牌优势明显，而李宁认为自身产品定位不明确，品牌个性不够鲜明，决定重塑品牌个性及产品定位。

2010年，李宁更换了Logo和口号，甚至与耐克和阿迪达斯在一线市场中进行过激烈的地盘争夺战。理想很丰满，现实很骨感，其做法不但没有吸引到新客户，反而丧失了老客户，这可真是得不偿失。

原因很简单，李宁的年轻化定位只是单纯地体现在口号上，并没有真正体现在产品、渠道等组合策略上。像店面和品牌的款式丝毫没有变化，以至于到了2011年，李宁的营业额出现了大幅度的缩水，同比下降了65%。而在2012年，李宁的危机更明显，出现了关店潮，一年内关闭了1800多家门店，2010至2013年期间营业额累计下滑30亿元，曾经的奥运光环也保不住李宁的大溃败。

李宁便从传统批发模式向零售商业模式转型，耗资14亿～18亿元进行"复兴渠道计划"，支持经销商清仓、回购、整理销售渠道，在经过3年的调整后，李宁渐渐恢复元气，在2015年开始转亏为盈，并重新将口号改回"一切皆有可能"，更在转亏为盈的4年后完成了营业额达百亿元的大关。

李宁再次回归到大众的视线当中，与上次不同的是，这次的李宁在年轻一代的人眼里代表着时尚，那么李宁是怎么逆袭成功的，其产品创新战略是什么呢？

最为明显的变化体现在李宁的门店中，它对于客户来说已经不仅仅是购物场所了，更是运动的体验场所。客户在门店内可以进行专业的体质测试，甚至跑步姿势的纠正，根据客户的数据为其提出专业的运动建议，让购物不再是一种行为，而是一种态度。

李宁在设计上更是进行了一次大整改，为了抓住年轻人的喜好，李宁的设计师们纷纷走向街头，深入校园，通过深入的观察和调研来设计年轻人喜欢的产品，经过这一系列用心的举措，找到用户需求，李宁推出的产品自然一炮而红，且深受年轻人的喜爱。

在产品创意上，李宁自然不带含糊，不仅邀请了当红的女明星代言，甚至还发售了定制鞋款，从而又掀起一阵"李宁风"。

从李宁的成功逆袭可以看出，无论时代怎么变化，企业可持续发展的动力就是要不断创新，唯有创新才能避免衰退。

4. 产品衰退期的特征及企业的对策

（1）产品衰退期的特征。大多数产品形式因为销量减少，最终都会走向衰退。这种衰退也许很缓慢，如彩色电视机、智能手机；这种衰退也许很迅速，如黑白电视机、模拟信号手机。销售可能会下降为零，也可能在一个低水平上维持多年。市场上出现了更新和性能更加完善的产品；原产品的销量由缓慢下降变为急剧下降，产品价格不断下跌，企业利润呈急剧下降趋势，竞争者纷纷退出市场。衰退的原因有很多，其中包括技术进步、顾客需求变化及竞争日益加剧等。随着销售和利润的衰退，有些企业退出市场。留下来的企业可能减少产品供应，也可能会放弃一些较小的细分市场或盈利状况不佳的分销渠道，还有可能会削减促销预算和进一步降低价格。

（2）产品衰退期的策略。经营一种衰退的产品对于企业来说代价很大，不仅表现在利润上，还包括很多隐性成本。衰退的产品可能会占用管理人员太多的时间，因为它往往需要频繁地调整价格和存货。而且，它还会消耗市场营销人员的精力，如果市场营销人员将这些精力用于"健康"产品的经营上，可能更加有利。某一产品的失败会引起顾客对企业其他产品产生怀疑。更大的问题是继续经营衰退的产品会延误积极寻找替代品的工作，进而使产品组合失去平衡，降低现有利润，同时削弱企业未来发展的基础。基于这些原因，企业一般对处于衰退期的产品采取以下3种策略。

维持策略。由于众多竞争者退出市场，暂不退出的企业其市场空间将有所增加，在一定时期维持营销尚可获得一定的利润。管理人员对决定维持处于衰退期的品牌，重新定位或注入新的活力，帮助它重新回到生命周期的成长期。针对洁碧先生和欧仕派等品牌，宝洁公司通过调整目标市场和重新定位，重振和延伸了这些老品牌，将它们从被淘汰的边缘带回10亿美元品牌之列。

收获策略。由于市场容量衰退，一些目标市场的营销效率下降。市场管理人员应放弃低效率的目标市场，在一定时期内集中力量经营少数效率较好的目标市场。市场管理人员可以采取收获策略，这意味着减少成本，希望销售持续。一旦这种策略成功，便会在短期内增加企业的利润。

放弃策略。对衰退较快的产品，当企业不能通过维持来获利，或需要抽出资金发展其他产品时，应当立即放弃这个衰退期的产品。管理人员可以决定从产品线中剔除衰退期产品，将它卖给其他企业，或者简单地以残值清算。宝洁公司卖掉了许多正在衰退或不再适合本公司战略的品牌，如金霸王电池、伊卡璐护发产品等。表7-2总结了产品生命周期各阶段的阶段特征，同时也列出了相应的营销目标和营销策略。

表 7-2　产品生命周期各阶段的阶段特征、营销目标和营销策略

项　目	要　素	投入期	成长期	成熟期	衰退期
阶段特征	销售	低销售量	销售剧增	销售高峰	销售衰退
	成本	单位顾客成本高	单位顾客成本一般	单位顾客成本低	单位顾客成本低
	利润	亏本	利润增长	利润高	利润下降
	顾客	创新者	早期使用者	中期大众	落伍者
	竞争对手	很少	增多	稳中有降	减少
营销目标	—	建立产品知名度，提高产品试用率	市场份额最大化	保护市场份额，争取最大利润	压缩开支，榨取品牌价值
营销策略	产品	提供基本产品	产品延伸，提供服务和维修保证	品牌和型号多样化	逐步撤出衰退产品
	定价	成本加成定价法	渗透市场定价法	与竞争对手抗衡或领先它们	降价
	分销	选择性分销	密集分销	更密集分销	有选择地把无利润的分销渠道淘汰出局
	广告	在早期使用者和经销商中建立知名度	在大众市场建立知名度并引起兴趣	强调品牌差异和利益	降低，维持绝对忠诚者的水平
	促销	加强促销，吸引试用	减少促销，利用使用者需求	加强促销，鼓励转换品牌	降至最低标准

资料来源：《市场营销原理与实践》（17版），（美）菲利普·科特勒著，楼尊译

产品生命周期的概念可以用来描述产品和市场的概况，但是在预测产品变化及营销策略实施时，也存在一些问题。例如，事实上预测某个阶段产品的销售额、某一阶段的长短或生命周期曲线的形状都是很困难的。由于营销策略既是产品生命周期的原因，也是其结果，因此利用产品生命周期来确定营销策略也是很困难的。产品在生命周期里的位置决定了市场营销策略，这个策略反过来又影响产品在后来阶段的情况。

市场营销人员不应该盲目地按照传统的产品生命周期进行产品的推广。相反，市场营销人员应该偶尔无视产品生命周期的"规则"，或以新奇的方式重新定位自己的产品周期。这样，就可能将成熟期或衰退期的产品重新拉回到成长阶段。产品生命周期的理念是希望企业不断创新，否则就会走向衰退。企业要想持续发展，必须建立稳定的新产品创新机制和体制，不断为顾客提供满足其新需求的产品。就像智能家居行业，经历了 PC 互联网时代、移动互联网时代，如今已经进入物联网时代。如果哪家家居企业不能持续运用 5G 物联网技术，就会被顾客抛弃。

案例启示

智能家居引领品质生活

随着生活方式的不断升级，消费者在购买家居时，不再局限于对产品品质和外观的要求，而是进一步体现出对智能化、场景化的需求。智能家居从概念认知到产品推出发展至今，已成为大众消费品，对人们的生活产生了巨大的影响。随着人工智能、5G 物联网、云计算等众多先进技术的发展，智能家居即将被引爆。

作为传统家居行业的巨头——海尔、格力、美的等，早已在 AI 技术上获得突破，拿到了智能家居的入场券。海尔智家在全球范围推广"5+7+N"的智慧家庭场景解决方案，搭建开放创新平台，加速向物联网生态企业转型，其智慧生活场景覆盖了衣食住行全流程需求。美的成立 IoT 事业部并将"全面数字化、全面智能化"作为战略目标，计划在 3 年内将智能家居服务覆盖 1 亿个家庭。此外，华为、小米等巨头纷纷布局智能家居。随着 5G 的商用，智能家居行业已经到了爆发的风口，中国移动、中国联通等运营商已经开始赠送智能家居产品。

人们对美好生活的追求是永无止境的，在科技发展迅猛的今天，从居家安全到智慧家庭生活，百姓对智能生活的期待正逐渐变成现实，这也让整个智能家居产业呈现出繁荣之势。相关数据显示，2019 年我国智能家居产业市场规模已经达到 1500 亿元，同时市场出货量突破 2 亿元大关，较上年增长分别在 20%和 30%以上，发展总体稳中向好。2020 年中国市场规模为 1705 亿元，同比 2019 年增长 11.4%，增速较 2019 年有大幅度下降，这标志着智能家居行业逐步成熟。

资料来源：2020 智能家居创新排行榜，有改写

四、新产品开发策略

由产品生命周期理论可见，市场上没有一种产品是可以永久畅销的，迟早都要被市场所淘汰。企业必须不断开发新产品以替代过时的产品。新产品开发是满足新的需求、改善消费结构、提高人民生活质量的物质基础，也是企业具有活力和竞争力的表现。

（一）新产品的概念和类型

从产品层次的角度来看，在产品 3 个层次的任何一层都有所创新、改革和改变，能给需求者带来新的利益和满足的产品，都属于新产品。

新产品大体包括以下 4 种类型。

1. 全新的产品

全新的产品是指应用新的技术、新的材料研制出的具有全新功能的产品。这种产品无论对企业或市场来讲都属于新产品。例如，智能手机软件属于全新的产品。对全新的产品开发通常需要大量的资金、先进的技术，并需要有一定的需求潜力，故企业承担的市场风险较大。全新的产品在创新产品中占很小的比例。

2. 换代的产品

换代的产品是指在原有产品的基础上，采用或部分采用新技术、新材料、新工艺研制出来的新产品。例如，计算机由集成电路元件到人工智能，手机由数字信号到智能移动。换代的产品与原有产品相比，性能有了改进，质量也相应提高了。它适应了时代发展的新步伐，也有利于满足顾客日益增长的物质需要。

3. 改进的产品

改进的产品是指对老产品加以改进，使其性能、结构、功能用途有所变化。例如，电熨斗加上蒸汽喷雾，电风扇配置遥控开关。与换代的产品相比，改进的产品受技术限制较小，且成

本相对较低，便于市场推广和顾客接受，但容易被竞争者模仿。

4. 仿制的产品

仿制的产品是指对市场上已经出现的产品进行引进或模仿、研制生产出来的产品。开发这种产品不需要太多的资金和尖端的技术，因此比研制全新的产品要容易得多。但企业应注意对原有产品的某些缺陷和不足加以改造，而不应全盘照抄。同时，应该重视知识产权及相关法律，不能侵犯他人的专利权。

除此之外，企业将现行产品投向新的市场，对产品进行市场再定位，或通过降低成本生产出同样性能的产品，对市场或企业而言，这也被称为新产品。企业开发新产品一般是推出上述产品的某种组合，而不是进行单一的产品变形。

（二）新产品开发过程

企业可以通过两种途径获得新产品：一是直接获得，即通过购买企业、专利或生产许可等；二是通过企业自身的研发努力进行新产品的开发。

无论是对顾客还是对市场营销人员而言，新产品都很重要。它们将新的解决办法和多样性带入生活中，也是企业成长的重要来源。在当今快速变化的环境中，许多企业的增长主要依赖新产品。例如，新产品几乎完全改变了苹果公司。iPhone 和 iPad 问世以来，每年都有新产品发布，它们已成为苹果公司最畅销的产品，单单 iPhone 的销售额就占苹果公司全球总收入的 62%以上。而国内企业华为由过去的组织市场通信设施设备提供商，通过研发智能家用通信产品，已经成为一家集家用和商用于一体的综合通信产品公司。华为智能手机近 5 年的销量已经超过了苹果公司，为企业发展贡献了巨大的利润。

然而，创新可能是非常昂贵的且存在风险。新产品面临严峻的考验。据权威科研机构估计，由现有公司推出的新产品中有 66%的产品在两年内都以失败告终。另一项研究表明，96%的创新产品不能收回研发成本。为什么那么多的新产品都失败了呢？失败的原因是复杂的，有可能产品本身的设计很糟糕；也有可能新产品的构思虽然很好，但是企业对市场规模估计过高；或者定位错误，在错误的时间推出，定价过高，广告很差劲；也可能高层管理人员无视不利的市场调研结果，执意推行自己偏爱的产品构思；有时还可能是因为新产品的开发成本高于预算，或者竞争对手的激烈反击超出了预期。

所以，企业应当把握好新产品开发的每个步骤，要创造一个成功的新产品，企业必须理解它的顾客、市场和竞争对手，并且开发出能够向顾客传递优异价值的产品。

在寻求和发展新产品的过程中，企业必须制订强有力的新产品开发计划，并建立一个系统的、顾客价值导向的新产品开发过程。图 7-4 描述了新产品开发过程的 8 个主要阶段。

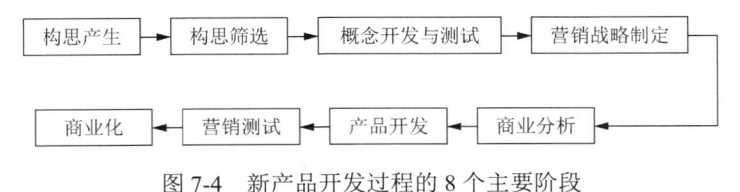

构思产生 → 构思筛选 → 概念开发与测试 → 营销战略制定 → 商业分析 → 产品开发 → 营销测试 → 商业化

图 7-4　新产品开发过程的 8 个主要阶段

1. 构思产生

新产品开发始于构思产生，即系统地寻找新产品的构思。新产品构思的主要来源包括内部构思和外部构思，如企业技术人员、市场营销人员、顾客、竞争对手、分销商和供应商。

内部构思。企业可以通过正规的研发活动来寻找新产品构思。例如，福特公司在硅谷运行一个由工程师、移动应用程序开发人员和科学家组成的创新和移动中心，致力于从无人驾驶到与Nest公司合作让消费者在车里控制家中取暖、照明和电器的移动应用程序的各项研发工作。海尔构建了"10+N"开放式创新生态体系，并搭建开放式创新平台。10代表在全球的十大研发中心，N代表根据用户痛点随时并联的N个创新中心和逾万人的创新合伙人专家社群。10+N是一个用户和资源零距离交互的平台，也是一个全球协同创新的生态系统。通过创新，海尔不断推出新产品，在2019年中国家电及消费电子博览会（简称：AWE 2019）上，海尔展出的一台洗衣机分外引人关注，无外桶的设计让参会者都惊讶不已，这就是海尔全新研发的"无尘"洗衣机。该洗衣机的出现，颠覆了洗衣机行业延续了百余年的双桶结构设计，彻底解决了清洗洗衣机外桶的难题，实现"零清洗"。卡萨帝还推出国内首款RF射频辅助加热烤箱，成功破解"烤干"这一烤箱行业难题，实现了行业领先。

除了内部研发过程，企业还可以从高层管理人员、市场营销人员，到科学家、工程师、生产人员那里获得新产品开发的智慧。许多企业已经建立起成功的内部社交网络和内部创业机会，鼓励员工开发新产品创意。例如，华为建立了内部创新社群，来自公司内部所有领域和不同层级的员工都可以借此提交、讨论和票选新产品和服务创意。每个季度，获得最高票数的创意提出者向公司高级管理团队宣讲自己的创意，最佳的3个创意将获得相应的资金和开发计划。

近年来，腾讯不断开发出新产品，与其自下而上的内部创新机制是分不开的。比如说QQ秀，这个在国内划时代的产品曾经是腾讯最赚钱的业务。这个创意的产生，源于2002年腾讯市场综合部招来一个新人，叫许良，他的应聘职位是全国网吧推广经理。许良因为意外的事情，入职报到晚了，被临时安排了一个产品经理的职务，领导让他研究产品。有一天，许良无意间听说韩国的某社区网站很火，初步了解之后，直觉告诉他，这是一个不错的产品，非常适合腾讯用户。在做了大量分析调查之后，许良连夜写了一份深度需求报告，找到机会向公司高层汇报，结果PPT还没有演示完，包括马化腾在内的几个决策人就拍板同意马上开发，由许良本人牵头负责。2010年，互联网正在经历从电脑端到移动端的大迁移，各家互联网公司都在为占领移动互联网市场绞尽脑汁。对互联网新产品高度敏感的张小龙，发现了美国的一款基于手机通讯录的社交产品kik。在一个深夜，张小龙给马化腾发邮件称想做一个类似的产品，马化腾当即同意，随后微信诞生了。从QQ秀和微信这两个产品的诞生可以看出，今天的大环境不再是工业时代那种相对可控的、有规律的世界，而是一个无序的、混沌的、不可预测的世界。作为互联网公司，从事的行业又都是新兴领域。这样的公司，就必须像腾讯一样拥有鼓励创新的机制和土壤，从高层到执行层始终对全球互联网前沿产品保持最灵敏的嗅觉，并能迅速做出判断和反应，高效执行。

外部构思。企业也可以通过许多外部资源来获得优秀的新产品构思。例如，分销商和供应商可以贡献构思。分销商与市场联系紧密，它们更了解顾客的问题和新产品的可行性。供应商可以向企业提供用于开发新产品的新概念、新技术和新材料。

竞争对手也是一种重要的外部资源。企业可以通过关注竞争对手的广告来获取其新产品线索，还可以购买竞争对手的新产品，分析它的销售情况，并决定是否应该推出自己的新产品。其他的构思来源包括商业杂志、展览、网站、研讨会、政府机构、广告公司、市场调查公司、大学及商业实验室等。有时，新产品的构思甚至来源于顾客自身。企业可以分析顾客的提问和抱怨，找到能更好地解决顾客问题的新产品，或者邀请顾客分享建议和创意。例如，乐高集团鼓励用户通过"乐高创意"网站提出新产品创意。借助乐高创意网站，这家巨型玩具制造商已经多次成功地将用户创意转变为畅销的乐高拼装玩具。乐高邀请用户在该网站上提交创意，并为其他用户的创意投票。如果某个创意获得支持的票数达到1万票，该创意就会被提交给乐高评审委员会，由包括营销、设计在内的各个部门进行内部评价。通过内部评价的创意会投入生产，制成正式的乐高拼装玩具。作为回报，创意被选中的用户，每卖出去一套拼装玩具可以获得该产品销售净额1%的提成，并作为"乐高创意"拼装玩具的创造者得到奖励，迄今为止，"乐高创意"已经产生了十几个重要的新产品，包括乐高神秘博士、乐高鸟、乐高生活大爆炸、乐高捉鬼敢死队、乐高瓦力、乐高迷宫等。

众包是更为广泛的新产品创意来源。企业将创意之门敞开，邀请顾客、员工、独立科学家和研究者，甚至广大公众投入新产品的创新过程之中。利用企业内外部各种来源集思广益，可以产生意想不到的好点子。例如，思科集团赞助一次名为"I-Prize"的开放创新活动，从外部征求创意，这次活动获得了来自156个国家的2900位创新者贡献的820多个杰出创意。思科集团非常重视这种创意来源，由6位思科员工组成的团队全力以赴地工作了3个月，才甄别出32个创意进入半决赛，最终有来自世界各地的9支代表队进入决赛。思科正是通过这种众包来获得大量的创意，从而不断推出新产品的。

我国有许多企业通过开展创意竞赛、赞助全国大学生创新创意等方式来获得新产品构思。2016年东莞市举办"龙昌杯"众包竞赛，该大赛是由龙昌玩具作为发包方，是为寻求产品设计和技术解决方案而举行的。大赛于当年3月正式启动，共发布了16个主题的众包项目，吸引了海内外机构与创客共8387人，征集作品4463件，其中有600件作品作为众包项目的潜在中标方案。经层层筛选，最终企鹅情感机器人、小宅VR团队获得大赛智能机器人、VR（虚拟现实）/AR（增强现实）两个主题众包项目的中标奖。小宅VR团队的负责人胡小敏告诉记者，中标后将和龙昌玩具探讨相关的合作，对众包模式相当看好，因为它能给初创企业和中小型企业解决资源、技术等多方面的困境，节省成本，汲取众智，分散风险，快速掌握核心技术。

众包模式让创新行为大众化。广东省科技厅领导参加了活动并为获奖选手颁奖。领导表示，众包模式使得创新行为和产品大众化，参与面更广。当一个创新行为得到众多的技术支持、受众支持时，其广泛性、参与性和现实意义不可忽略。本次大赛参赛人数多，项目作品品质高，对企业品牌知名度和技术创新都很有意义，广东省科技厅将持续支持众包大赛。

2. 构思筛选

构思筛选是一个去粗取精的过程，即尽可能地留住一些好的构思和创意，去掉一些不好的构思。这样可以降低产品开发阶段的成本，真正开发能盈利的新产品。首先企业成立新产品审核委员会，要求用标准的形式来描述新产品构思。这一描述包含产品或服务的构思计划、顾客价值主张、目标市场及竞争状况，并大致估计市场规模、产品价格、开发时间和成本、制造成本，以及收益率。然后由新产品审核委员会根据一套标准进行评价。对于新产品筛选可以围绕

3个问题来展开：第一，它是否真实？即对这一产品是否存在真正的需要和渴求，顾客是否会购买？是否存在一个清晰的产品概念？这一产品能否满足市场需求？第二，我们能否获胜？即这一产品是否能够提供持久的竞争优势？企业有没有资源成功地开发和经营这一产品？第三，它是否值得做？即这一产品是否符合企业长期发展战略？它能否产生足够的潜在利润？企业必须对这3个问题做出肯定回答后，才能进一步开发某个新产品构思。

3. 概念开发与测试

经过筛选后保留下来的产品构思还要进一步发展成为产品概念。在这里，首先应当明确产品构思、产品概念和产品形象之间的区别。产品构思，是指企业希望提供给市场的一个可能的产品设想；产品概念，是指从顾客的角度，用顾客语言详尽描述的构思；产品形象，是指顾客感知到的实际产品或潜在产品的特定形象。

（1）概念开发。

假定一个汽车制造商开发出一款实用的纯电动汽车，其造型时尚、动感十足，售价大约为12万元，紧随其后推出的是一款价格为10万元的大型运动型两厢式汽车。但是，在不久的将来，它打算推出一款更多人能买得起的、适应大众市场的车型，借此与诸如比亚迪哪吒V Pro、吉利新帝豪、吉利博越和吉利远景X6等新能源和混合动力汽车竞争。这款完全靠电力驱动的汽车可以在4秒内从0千米/时加速到60千米/时，充电45分钟即可充满，一次充电可行驶240千米。

市场营销人员的任务就是把这一新产品转化为若干产品概念，了解每种产品概念对顾客有多大的吸引力，并从中选出最好的那一种。

概念1：价格合理的中型汽车，可作为家庭的第二辆车，适合在城市中走亲访友或外出办事时驾驶。

概念2：中等价位的小型汽车，适合年轻人。

概念3："绿色"环保汽车，适合那些关心环境的人，他们需要实用的、低污染的交通工具。

概念4：一款高端的多功能车，适合那些偏爱更大空间的顾客。

（2）概念测试。

概念测试是与合适的目标顾客一起测试这些新产品的概念。概念可以用符号或实物形式来表示。比如，概念3可以用文字详细表述如下。

这是一款高效的纯电动汽车，可以容纳两个人且富有驾驶乐趣，完全使用电能使得该汽车不愧为一种无污染的实用交通工具。它充电一次可以行驶240千米，完全可以满足城市上班族的需要，车身紧凑，停车方便，每千米驾驶成本仅为0.2元。相对当今高污染、高油耗的车辆而言，该汽车无疑是一种明智的、负责任的选择。其整车价格在7～8万元。

许多企业在开发新产品之前，都会与顾客一起进行有关新产品概念的常规测试。对于一些概念测试，使用文字或图片描述就足够了，但是，如果有实实在在的实物展示，则会增加测试的准确性。

参与测试的顾客针对企业所展示的产品概念回答以下类似的问题（见表7-3）。

表 7-3　纯电动汽车概念测试问题

1. 您了解纯电动汽车的概念吗？
2. 您相信关于该汽车性能的说法吗？
3. 与普通汽车相比，该纯电动汽车的主要优点是什么？
4. 与油电混合动力汽车相比，该纯电动汽车的优势在哪里？
5. 您认为该汽车在哪些方面还需要改进？
6. 与普通汽车相比，您偏爱纯电动汽车的何种用途？
7. 您心目中对该汽车的理想价格是多少？
8. 谁将会影响您对该汽车的购买决策？谁将驾驶它？
9. 您会购买这款汽车吗？

顾客对这些问题的回答将有助于企业确定哪种产品概念对顾客最有吸引力，并预测市场潜力。例如，最后一个问题了解顾客的购买意愿。如果 2% 的顾客说"肯定会买"，5% 的顾客说"可能会买"，企业就可以利用这些数据来估计整个目标市场的销量。值得注意的是，企业的估计往往是不精确的，因为人们的意图并非总能转化为行动。

4. 营销战略制定

假设汽车制造商发现，对于电动汽车来说，概念 3 的测试效果最好。接下来，企业需要进行营销战略的制定，即把该电动汽车推向市场设计初步的市场营销战略。市场营销战略计划包括以下 3 个部分的内容。

（1）描述目标市场、计划的价值主张、预计的销量和市场份额，以及最初几年的利润目标。纯电动汽车的目标市场是年轻一代、受过良好教育、收入水平中上的个人、情侣或小家庭，他们寻找实用且环保的交通工具。该汽车被定位为富有驾驶乐趣，与一般的燃油汽车或混合动力汽车相比污染小。价格便宜、车身紧凑，方便城市出行和停车，每千米驾驶成本低。企业第一年的目标销量为 10 万辆，亏损不超过 1000 万元；第二年的目标销量为 20 万辆，计划获利 1500 万元。

（2）描述产品在第一年的计划价格、分销策略和营销预算。纯电动汽车的车身颜色包括粉红色、金黄色、天蓝色，以全套配件为标准配置。该纯电动汽车的零售价格为 7.8 万元人民币，其中 15% 为经销商利润。每月销售 20 辆以上的经销商还将获得当月销售车辆每辆 5% 的额外提成。营销预算为 1 亿元人民币，按照 4∶3∶2 的比例用于全国性的媒体宣传、网络和社交媒体营销、当地事件营销。广告、网站和各种数字内容将强调该车的驾驶乐趣和低排放、出行方便理念。第一年市场调研的费用为 20 万元，用以研究什么样的顾客会购买汽车及他们的满意程度。

（3）描述预计的长期销量、利润目标，以及营销组合战略。企业计划最终获得 3% 的汽车市场份额，并实现 15% 的税后投资回报。为了实现这一目标，从一开始就要生产优质产品，并不断地通过技术改进来进一步提高质量。如果竞争和经济状况允许的话，那么价格将在第二年和第三年有所提高。营销总预算每年增加 10%。第一年后，每年的营销调研费用减少到 10 万元。

5. 商业分析

即对选定的产品概念进行效益分析，评价其在经济上是否可行。重点是从财务上分析预测该产品的预期销量、成本、利润及投资回收期等，以判断开发该产品是否有利于实现企业目标。只有符合企业目标的产品概念，才能进入产品研制阶段。

为了估计销量，企业需要查看以往同类产品的销售记录，并且进行市场调查。随后，企业会评估最多销量和最少销量，以确定风险范围。完成销售预测后，企业就可以估计产品的预期成本和利润，包括营销、研发、运营、会计和融资成本。最后，企业运用预测的销售和成本数据分析新产品的财务吸引力。

6. 产品开发

产品开发就是把通过商业分析的产品概念移交研究开发部门或工程技术部门，进行产品实体的开发。在这个阶段，要根据选定的产品概念塑造出若干个"产品原型"，并对产品原型进行严格的功能试验和消费者试验。功能试验主要在实验室进行，目的是测试新产品的性能、安全性、可靠性等是否达到了规定的标准；消费者试验则可以请顾客来实验室做，也可以提供样品给顾客试用，以了解顾客的意见、建议和偏好等。

新产品不仅要在功能上符合既定要求，而且要传达预计的心理特征。例如，电动汽车应该使顾客感到质量好、舒适且安全。管理层必须了解顾客是根据什么因素来判断车辆的优势的。对有些顾客来说，可能意味着关车门时的声音听起来可靠；对另一些顾客而言，可能意味着汽车在试验中经得住撞击。企业还会邀请顾客参加试驾来评价汽车的性能。

7. 营销测试

如果企业高层管理人员对某种新产品开发试验结果感到满意，就着手用品牌名称、包装和初步市场营销方案把这种新产品装扮起来，把产品推上真正的顾客舞台进行营销测试。营销测试可以帮助市场营销人员提前了解产品正式上市时可能出现的具体情况，以检验产品和营销计划，包括目标市场选择和产品定位策略、广告策略、分销策略、价格策略、品牌策略、包装策略及预算水平。

不同产品进行的营销测试规模不同。当推出一款新产品需要大规模资金投入且风险较高，管理层对该产品或其营销计划没有充分的把握时，企业就需要做大量的营销测试。星巴克花了20年开发VIA速溶咖啡，这是该公司有史以来最大规模、最具风险性的产品。在全美范围内推出该产品之前，星巴克先在芝加哥和西雅图的门店进行了为期数月的营销测试。这样的营销测试是值得的。如今，星巴克的VIA速溶咖啡的年销售额超过3亿美元。

但是，营销测试可能花费很高，而且如果时间太长，也容易使竞争对手占便宜。当开发和推出新产品的费用较低，或者管理层对新产品很有信心时，企业只需进行少量的营销测试或根本不用进行营销测试。事实上，消费品企业近年已经减少了营销测试。对于产品线延伸出来的产品或对竞争对手的成功产品的模仿品，企业一般不进行营销测试。例如，国内一些网红产品，就很少进行营销测试，推出后才进行大量的营销活动来推广产品。长沙本地怀旧食品品牌——文和友，没有经过严格的营销测试就推出了。

企业可以运用受控的市场测试或模拟市场测试来替代广泛的、代价高昂的标准市场测试。通过受控的市场测试，企业可以在受控的顾客和商店样本中测试新产品和营销战略。通过综合每位受测顾客的购买信息及其人口统计特征和媒体信息，企业评价店内和到户营销努力的影响。研究人员运用模拟市场测试，可以测试顾客对在实验商店或模拟网站上出售的新产品及其营销战略的反应。受控测试和模拟测试都能有效地降低测试成本，加快测试过程。

8. 商业化

营销测试大体上为管理层提供了制定是否推出新产品的最终决策所需要的信息支持。如果企业决定将产品商业化，即将新产品推向市场，那么企业可能需要建立或租赁生产设施。如果是包装消费品，那么企业第一年可能还要花费数亿元的广告费、促销费及其他营销努力。例如，华为在推出智能手机时，仅在电视广告上的花费就高达上亿元，在中央电视台的黄金频道、黄金时间段进行广告播放。安踏推出奥运会运动服装时，选择新产品代言人和赞助奥运会等活动进行事件营销可能要花费数十亿元人民币。

企业要推出新产品，首先要确定上市时机。如果某企业生产的新型纯电动汽车将会影响其他汽车的销售，推出的时间就可能会被延迟。如果该纯电动汽车能够进一步改进，或者当前经济形势不好，该企业也可能等到下一年再推出。但是，如果竞争对手准备推出某一款纯电动汽车，那么该企业就要赶在竞争对手之前或紧随其后推出。

（三）新产品开发的策略

企业在进行新产品开发时，要有正确的策略。只有采取正确的策略，才能使企业的新产品开发获得成功。常用的新产品开发策略有以下几种。

1. 挖掘顾客需求策略

满足顾客需求是新产品的基本功能。挖掘顾客需求策略是以市场为中心的开发策略，以顾客需求、欲望作为开发新产品的出发点，从市场潜在的或未满足的需求入手，强调应开发什么，而不是能开发什么。

2. 挖掘产品功能策略

挖掘产品功能策略，实际上就是让老产品重获新生的策略，即通过赋予老产品新的功能、新的用途，使老产品获得新生而重占市场。挖掘产品功能具体表现为产品多能化、产品功能完善化、产品小型化和微型化、产品结构简化、产品使用方便化等方面。例如，根据普通打火机在刮风时不能使用的缺点，开发出防风打火机；根据普通雨伞伞柄较长不易携带的缺点，开发出伞柄可伸缩的雨伞；等等。

3. 创造产品特色策略

创造产品特色能增强本企业产品与其他企业产品的差异性。创造新产品特色的基本策略是新奇策略，即新产品要做到新奇美观、新奇实用、新奇时尚，以满足人们求新、求异和追求个性化的心理需求。例如，一些化妆品包装瓶的新奇造型常常使女性朋友爱不释手，由此促进了化妆品的销售。

除以上新产品开发策略以外，还有开发边缘产品策略、利用别人的优势开发产品策略等。总之，在开发新产品时，首先应了解市场的现实需求和潜在需求，想顾客所想；其次考虑竞争对手未考虑到的，注意别人容易忽视的地方，从而使产品"无孔不入"地得到开发。但是，开发新产品切忌频繁地转移阵地，这样会使开发出来的产品难以获得预期的效果。

五、建立强势品牌策略

许多市场营销专家认为品牌是企业最持久的资产，比企业任何具体的产品或生产设备的生命都要长。全球快餐巨头麦当劳前 CEO 曾经说过："如果我们拥有的每一项资产、每一座建筑，以及每一套设备都毁于一次可怕的自然灾难，只要还有品牌，我们就可以再融资，使这一切重新恢复——品牌的价值比这一切都贵重。"由此可见，品牌是强有力的资产，需要妥善地经营和管理。下面我们将介绍如何通过认识品牌权益与品牌价值建立强势品牌。

（一）品牌权益与品牌价值

1. 品牌权益

品牌并不仅是一个名称或一个象征，它是企业与顾客建立关系的一个关键要素。品牌表达了顾客对某种产品及其性能的认知和感受，即产品在顾客心中的意义。正如一位市场营销人员所说："在工厂里制造产品，在顾客头脑中创造品牌。"强势品牌具有较高的品牌权益。品牌权益是一种差异化的效应，指在品牌名称影响下顾客对产品及其营销的反应。它是对品牌能够获得顾客偏好和忠诚能力的一种测量方法。与具有普通品牌或无品牌的相同产品相比，当顾客更偏好某一品牌的产品时，该品牌就拥有了正的品牌权益；与无品牌的产品相比，若顾客对某一产品的相同产品较少好评，则该品牌的品牌权益为负。

品牌在市场上的影响力和价值各不相同。一些品牌，如海尔、娃哈哈、格力等，多年来在市场上保持了强势地位。另一些品牌创造了新的顾客喜爱和忠诚，包括腾讯、京东、百度、李宁、安踏。这些品牌能在市场中获胜，并不仅仅是因为它们传递了特殊的利益或可靠的服务，更在于它们与顾客建立了深厚的关系。例如，对忠诚的李宁爱好者而言，这一品牌不仅仅意味着运动鞋、服装和运动装备，还代表着朝气蓬勃的运动精神、中华民族的骄傲，以及一种不断向上的追求，正如李宁的口号"一切皆有可能"。

我们可以从顾客能够感知的 4 个维度来测量品牌优势：差异化（是什么使得该品牌独树一帜）、关联度（顾客感知的产品满足其需要的程度）、品牌知识（顾客对该品牌的了解程度）、尊重（顾客关心和敬重该品牌的程度）。拥有强势品牌权益的品牌在这 4 个维度上得分都很高。一个品牌必须是容易识别的，否则顾客就没有理由在众多品牌中选择它。海尔在家用电器中的品牌知名度很高，因为海尔"零缺陷"的质量和"真诚到永远"的服务独树一帜。但事实上，品牌具有高度的差异性并不一定顾客就会购买，品牌还必须在与顾客需求相关联的各个方面表现突出。例如，海尔不仅在质量与服务方面差异化，还有发达的销售渠道和售后服务网点，顾客能够方便购买并获得较好的售后安装和维修服务。但即使一个差异明显且关联度高的品牌，仍然与成功相差甚远。顾客在对品牌做出反应之前，必须首先了解它。海尔在推出新产品时，都会进行大力的广告宣传，让顾客了解产品的功能和使用方法，对品牌产生强烈的认知。因此，正的品牌权益源于顾客对该品牌的感觉及关联度。一个拥有正品牌权益的品牌是企业非常有价值的无形资产，也被称为品牌价值。

2. 品牌价值

品牌价值，是一个品牌所具有的财务价值。但要评估品牌价值，实际是比较困难的。目前比较有名的评估体系是世界品牌实验室（World Brand Lab）和英国著名品牌价值评估权威机构（如 BrandZ）。2022 年度由 BrandZ 全球最具价值品牌 10 强榜公布的品牌价值排名及其相应价值为：苹果 9470.62 亿美元，谷歌 8195.73 亿美元，亚马逊 7056.46 亿美元，微软 6114.60 亿美元，腾讯 2140.23 亿美元，麦当劳 1965.26 亿美元，Visa 1910.32 亿美元，Face book1864.21 亿美元，阿里巴巴 1699.66 亿美元，路易威登 1242.73 亿美元。

国内知名品牌评估机构（GYbrand）发布了"2022 年中国品牌价值 500 强"排行榜，排名前十的品牌总资产价值达到 4.45 万亿元，占 500 强品牌资产总价值的 17.32%。其排名依次为：华为、中国工商银行、国家电网、中国建设银行、腾讯、中国农业银行、中国平安、茅台、中国石油、阿里巴巴。

正品牌权益为企业提供了多方面的竞争优势。强势品牌享有很高的顾客品牌知晓度和忠诚度。由于顾客期望商店经营正品牌权益的商品，因此，企业在与经销商谈判时就拥有更大的主动权。因为强势品牌的可信度高，企业利用强势品牌能够更容易推出新产品线或进行品牌延伸。强势品牌为企业抵御激烈的价格竞争和其他竞争性营销行动提供了一定的保障。

顾客将品牌视为产品的一个重要部分，它代表了产品的质量和企业的信誉，一个好的品牌被称为"无声的广告"，能够帮助企业与顾客建立良好的品牌联系，从而为企业带来产品增值。

（二）如何建立强势品牌

市场营销人员都希望为自己经营的产品建立起强势品牌形象，使品牌在目标顾客心目中占据有利位置。图 7-5 列出了建立强势品牌的管理决策。品牌管理决策包括品牌定位、品牌名称选择、品牌持有和品牌开发。

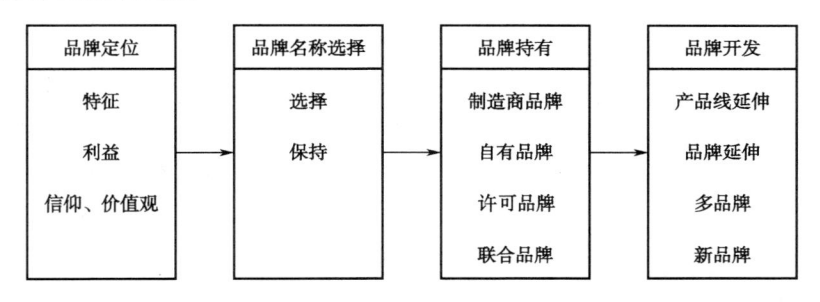

品牌定位	品牌名称选择	品牌持有	品牌开发
特征	选择	制造商品牌	产品线延伸
利益	保持	自有品牌	品牌延伸
信仰、价值观		许可品牌	多品牌
		联合品牌	新品牌

图 7-5　建立强势品牌的管理决策

1. 品牌定位

市场营销人员让自己经营的品牌在目标顾客心目中确定一个特定的地位，这个过程被称为品牌定位。品牌定位可以从 3 个层次中的任意层次进行。

（1）通过产品特征来进行品牌定位，这是最低的层次。例如，宝洁公司将生产的纸尿裤命名为帮宝适品牌，就是因为帮宝适品牌具有吸收性好、舒适度高及一次性使用等产品特征。产品特征通常只能算品牌定位的最低层次，竞争对手很容易模仿这些特征。更重要的是，顾客对产品特征并不感兴趣，他们更关心的是产品能为自己带来什么好处。

（2）通过强调产品带给顾客的利益来进行品牌定位，这是第二个层次。在此层面上，帮宝适的营销人员可以不再谈论产品的成分和功效，而是谈论帮宝适可以带给宝宝健康、干爽，以及带给父母省心、安心。一些强调利益而成功定位的品牌包括海尔（质量和服务）、沃尔玛（低价）、沃尔沃（安全）、微信（人与人之间及时联系）。

（3）通过强有力的信仰和价值观进行品牌定位，这是最高层次，其定位超过了强调产品特征和利益，这种定位强调的是品牌的情感冲击。通常更少地依赖实体产品的属性，而更多地依赖品牌带给顾客的惊喜和兴奋。成功的品牌往往能够从更深的感性层面吸引顾客，宝洁公司意识到，对于父母而言，帮宝适不仅只有吸收和干爽。下面我们一起来看看宝洁公司帮宝适的定位分析。

案例启示

帮宝适——更高层次的定位

宝洁公司的品牌经理曾这样说道：过去，我们通常从功能利益角度考虑宝洁这个品牌。但是，当我们近距离倾听顾客心声的时候，顾客告诉我们，帮宝适绝不仅仅在于产品的功能，它更多的是对母婴关系和全方位婴儿护理的诠释。所以，我们说，我们想要的是顾客的消费体验，我们想做的是在婴儿成长和发育过程中为父母和婴儿提供全方位的帮助。起初，人们认为我们在胡说，一条纸尿裤能够影响儿童的发育吗？但是，我们要知道，儿童使用纸尿裤的时间通常会达到三年之久。这一点也让我们重新设计了研发战略，试图回答一系列问题，比如，我们如何才能帮助儿童拥有更好的睡眠？我们为什么要考虑儿童睡眠质量的问题呢？因为睡眠对于大脑的发育非常重要。基于这样一种考虑，我们能够帮助顾客改善生活质量。伟大的品牌必须让顾客或组织感受到其价值所在。你要知道，直到我们将帮宝适的定位从干爽转变到帮助父母照顾儿童发育的时候，其公司的儿童护理业务才能出现快速发展的势头。

资料来源：《市场营销原理》（第14版），（美）菲利普·科特勒著，郭国庆译

在品牌定位时，市场营销人员必须建立品牌使命和愿景来描述品牌存在的意义。一个品牌是公司始终如一地向顾客传递特定的产品、利益、服务和体验的过程。品牌承诺必须简单、诚实，与其定位相符，不要向顾客承诺无法兑现的条件和服务。例如，维也纳连锁酒店承诺提供干净的房间、低廉的价格和方便预订，但不承诺提供奢华的家具和宽大的浴室；而喜来登酒店则承诺提供优美的环境、豪华的房间及难忘的记忆，但不承诺提供低廉的价格。

2. 品牌名称的选择

一个好的名字可以大大促进一个产品的成功。然而，找到最好的品牌名称并不是一件简单的事情。首先，需要认真地评价产品及其利益、目标市场及准备实施的营销战略。其次，选择品牌名称既是科学又是艺术，还要考虑品牌名称将来注册商标的法律规范。

理想的品牌名称具备以下几个方面的属性。

（1）品牌名称应当表明产品的质量及其所带来的利益。如晚安（床垫的品牌名）、梦洁（床上用品品牌名）、帮宝适（婴儿纸尿裤品牌名）、博士伦（隐形眼镜品牌名）。这些名称都与产品带给顾客的利益直接相关，与产品类型一致。

（2）品牌名称应当易于发音、识别和记忆。短名称比较好记，如汰渍（洗衣剂品牌名）、旺旺（食品品牌名）、美的（电器品牌名）、华为（手机品牌名）。这些名称文字简短，发音简单，易于记忆和传播。

（3）品牌名称应当独特、鲜明。如李宁、安踏作为运动品牌名称；七天连锁、维也纳国际酒店作为酒店名称；奔驰、宝马作为高档汽车名称；百度、搜狐作为搜索引擎品牌名称。听起来都有名副其实的感觉，一点儿都不违和。

（4）品牌名称要便于扩展，可以延伸到不同领域发展业务，如阿里巴巴，当初主要在电子商务领域，现在同样可以发展到物流、金融行业。海尔也是一个扩展性很好的中性名称，可以在家用电器领域，也可以在物流、地产甚至生物制药领域发展。

（5）品牌名称应当易于翻译成外语，如海尔（Haier），其翻译成英文及其他文字都不会出现歧义，因此当海尔向海外市场扩张时，品牌的传播比较容易。而"白象"作为品牌名称，如果直接译成英文"White Elephant"，在英文里的意思则是"昂贵而无用的东西"。

（6）品牌名称应当能够注册并得到法律保护。《中华人民共和国商标法》有严格要求，如已经注册的商标受法律保护，如果用作品牌名称，就不能进行注册。还有如国家、省会城市名称既不允许注册商标，也不能用作品牌名称。

品牌名称一经选定，就必须严加保护。许多企业竭力树立自己的品牌名称，希望它能够最终代表整个产品类别。北京烤鸭（地方食品）、邦迪（创可贴）、六味地黄丸（中成药）等品牌都是以这种方式取得成功的。但是，这种成功的品牌只是一个商业名称，如果没有注册商标，企业并不拥有这一名称的所有权。许多起初受到保护的品牌名称，如阿司匹林、尼龙、煤油、油布、热水瓶和精小麦等，现在已经成为任何经销商都可以使用的普通名称。

因此，为了保护自己的品牌，市场营销人员要使用品牌这一词汇及注册商标的符号®，就像"邦迪®"创可贴，娃哈哈®矿泉水。企业要保护自己的品牌资产价值，除了注册本名称商标，还要考虑相近或相似名称的注册保护，以及注册不同领域、不同地域进行保护。除了名称，还有标志和包装也需要注册商标进行保护。

3. 品牌持有

一个制造商可以在 4 种品牌所有权形式当中进行选择。一是产品可以用制造商品牌推出，就像海尔、华为用自己的品牌标定产品来进行销售。二是制造商可以把产品销售给经销商，使用经销商自有品牌标定产品来进行销售。三是制造商使用许可品牌经销产品，也就是贴上他人的品牌来进行销售。例如，玩具制造商使用动画片中的形象做品牌名称，生产玩具——"小猪佩奇""蓝精灵"等。四是两家企业可以联合对一种产品使用合作品牌。例如，联想与微软和英特尔进行联合。在联想的笔记本电脑上同时有 3 个品牌标识，"intel inside""Windows 7""Lenovo"。下面我们来依次介绍这些选择。

（1）**制造商品牌**。制造商品牌长期以来统治着零售业，虽然近年来这种情况有所改变，越来越多的零售商和批发商建立了自有品牌或商店品牌。但在我国目前特定的经济环境下，制造商品牌占统治地位估计还会持续较长的时间。制造商品牌的优势体现在统一品牌形象上，可以建立全国甚至全球品牌，品牌影响力大，容易在更大范围内创立名牌，提升品牌资产价值。当然，制造商品牌与自有品牌相比也存在其劣势，首先是对零售商的依赖，必须通过零售商来进行销售和促销；其次，零售商如果不能承诺品牌定位带给顾客的价值，将损害制造商品牌的形象；最后，知名度高、经销能力强的零售商需要的营销费用很高。因此，制造商品牌产品的价格普遍高于零售商自有品牌产品的价格。

（2）**自有品牌**或称商店品牌。许多大型零售商营销自有品牌产品，其产品的组合技术非常高，自有产品特色鲜明。如屈臣氏零售店自有品牌产品非常多，许多产品都是委托如宝洁公司之类的品牌制造商加工制造出来的，当然，也有其自主研制的护理用品和副食品等。沃尔玛、家乐福这些全球性的大零售商也经营众多自有品牌产品。自有品牌的零售商在与制造商的品牌大战中占有许多优势。它们可以自由决定自己进什么货，各种产品放在货架什么位置，在当地广告中突出宣传什么产品。零售商定价时会把自有品牌产品的价格定得低于制造商品牌，从而更容易吸引到对价格敏感的顾客。自有品牌可以为分销商提供竞争对手无法提供的独特产品，从而在顾客心目中形成更高的自有品牌忠诚度。我们看到屈臣氏总是开在与家乐福和沃尔玛为邻的地方，销售的产品似乎与大超市重叠，但为什么仍有那么多顾客愿意光顾，因为它的自有品牌产品是大超市中没有的，这深深地抓住了顾客的猎奇心。现在京东也纷纷推出了许多自营品牌产品来吸引顾客。

（3）**许可品牌**。一些企业通过许可方式使用其他制造商已经建立的名称或符号，也可以是知名人士的名字，或流行读物、时髦电影中的角色名字。企业通过支付一定的费用，便能够很快获得已经被认可的品牌名称。企业使用许可品牌的优势是能够在短期内迅速提升产品的知名度，吸引顾客注意，节省品牌开发的时间和精力。特别是对于一些中小型制造商来说，采取这种方式可以花较少的品牌建立费用，获得较大的品牌影响力。例如，服装及服装配饰的经销商都在通过许可品牌方式创建自己独特的品牌名，古驰（Gucci）、阿玛尼（Armani）和路易威登（Louis Vuitton）这些全球知名的奢侈品牌都是由经许可的人名命名的。还有迪士尼作为全球最大的许可经营商，拥有一个电影制片厂，麾下的众多角色广受欢迎，从迪士尼公主和迪士尼仙女，到电影《玩具总动员》和《汽车总动员》中的英雄们，再到诸如米奇和米妮等经典角色。2019年，迪士尼角色周边产品的全球销售额近450亿美元。许可品牌经营在我国还没有得到很好的发展，商家对于许可品牌也缺乏正确的认识，知识产权保护方面也存在许多漏洞。有的商家使用一些电影或电视里的卡通人物作为品牌形象，但并未进行注册，也没有获得许可，这是法律所不允许的。

（4）**联合品牌**。就是将不同企业的现有品牌用在同一种产品上。企业采用联合品牌有许多好处。由于每个品牌在各自领域已经非常知名，采取强强联合，整合后的品牌对顾客将具有更强的吸引力和更高的品牌权益。例如，可口可乐与麦当劳、雀巢等知名品牌联合，推出新的饮料和食品。可口可乐与世界知名品牌结盟，其战略意图非常明显，就是为了抓住共同的目标顾客群体，联合将产生良好的协同效应。

联合品牌策略还可以使得一家企业将其现有品牌扩展到一个新的产品类别。例如，耐克和苹果合作品牌"Nike+iPod"，让跑步者将他们的耐克鞋与iPod连接起来，实时追踪和强化跑步效果。"你的iPod Nano或iPod Touch将成为你的教练，你专属的私人教练，你最喜爱的伙伴。""Nike+iPod"品牌给苹果公司创造了在运动和健身市场展露身手的机会。同时，帮助耐克为其顾客创造新价值。

当然，联合品牌也存在一些局限性，要达成联合品牌关系需要签订复杂协议和许可证书。联合品牌的双方都必须周密协调它们的广告、促销和其他营销努力。一旦开始采取联合品牌策略，双方就必须精心呵护自己的品牌。如果其中一个品牌形象受损，就会株连另一个品牌和联合品牌。

4. 品牌开发

关于品牌开发，有 4 种策略可供企业选择（见图 7-6）：产品线延伸、品牌延伸、多品牌策略和新品牌策略。

	产品类别	
	现有产品	新产品
品牌名 现有品牌	产品线延伸	品牌延伸
品牌名 新品牌	多品牌策略	新品牌策略

图 7-6　品牌开发策略

（1）**产品线延伸**，是指企业将现有品牌名称运用到现有产品类别中的新样式、新颜色、新型号、新成分或新口味。例如，宝洁——汰渍洗衣粉品牌延伸至新香型、新规格包装的洗衣粉种类。利用产品线延伸品牌策略可以为推出新产品降低成本和风险，同时满足顾客多样化的需求，利用过剩的生产能力，或者仅仅是从分销商那里争取更多的货架空间。不过产品线延伸品牌策略如果过度使用，也会带来许多问题。首先，顾客容易混淆同类产品，购买时目标不明确；其次，新产品可能会侵蚀原产品的销量。例如，可口可乐公司在美国提供了两个子品牌，健怡可乐和零度可乐。而健怡可乐又根据其有无咖啡因及口味和香味不同进一步细分为无咖啡因健怡可乐、樱桃健怡可乐、黑莓香草味健怡可乐、柠檬味健怡可乐、酸橙味健怡可乐等 10 种以上健怡可乐子品牌。顾客真的能够辨别这些子品牌的差异吗？答案并非那么乐观。

（2）**品牌延伸**，是指企业利用已出名的成功的品牌推出改进型产品或全新产品。如联想集团将联想品牌从电脑成功延伸至智能手机、数码相机等新产品类别上。品牌延伸策略使新产品能够迅速获得认可，大大节省了新产品的推广费用。华为在智能手机领域创立品牌后，以华为品牌为名开发了平板和笔记本电脑、运动手表和耳机音箱、智慧屏（电视）等新产品。华为品牌延伸至智慧家居领域效果非常好，其新产品与核心品牌的价值完美契合，并建立了自己的优势。

同时，品牌延伸也有风险。延伸的品牌可能会混淆主要品牌形象。而且延伸品牌如果失败，也会损害顾客对同一品牌下其他产品的态度。因此，企业必须慎重利用现有品牌来延伸新产品，品牌延伸适合那些与原产品关联度较高的新产品，而如果跨度太大，就会不被顾客接受。如果格力进行品牌延伸，直接把格力生产的汽车以格力品牌命名，大家会怎么看待格力汽车呢？海尔延伸至生物医药领域，如果有一款感冒药直接命名为海尔感冒灵，大家能够接受吗？

（3）**多品牌策略**，是指企业在已有的产品类别中引入多种不同的品牌名称。例如，宝洁公司在中国洗发用品市场销售沙宣、海飞丝、飘柔、潘婷等多种品牌产品。多品牌提供了一种新的方式，这种方式能够针对不同的顾客需求建立不同的品牌特征，从而获得更多的经销商货架空间，占领更多的市场份额。宝洁洗发水品牌众多，让所有顾客都能购买到适合自己的产品，因此其在中国洗发水市场占有率永远领先于其他企业的品牌产品。

多品牌策略的主要缺陷在于每个品牌可能都只占有较小的市场份额，并且每个品牌形象要树立起来都必须单独进行推广和宣传，企业将资源分配在几个品牌上，最终却没有获得足够的盈利。这时，企业应当减少在某一产品类别中销售的品牌数量，并且建立更加严格的新品牌筛选程序。通用汽车就是这样做的，近年来它从自己的品牌组合中删减了许多品牌。福特公司在扭亏为盈战略中，剔除了水星产品线，出售了沃尔沃给中国吉利公司，并将福特麾下的车型从97个减少为不足20个。

（4）**新品牌策略**，由于企业原有品牌的力量正在下降且必须引入一个新品牌来改变这种状况，或者企业在进入一个全新领域而与企业现有品牌不适合的情况下，都可能创立新品牌。例如，湖南英氏乳业有限公司，其原有品牌英氏主要用于婴儿食品系列产品，而现在英氏要进入婴儿用品领域，如主推纸尿裤，吃与用还是有很大差异的，特别是中国人传统上很不习惯将吃与拉放在一起，因此纸尿裤如果与奶粉同一个品牌，就不太容易被顾客接受，于是英氏果断推出新品牌——舒比奇。还有一种情况是企业如果将品牌向高端延伸，也需要命名新品牌名称，如丰田为瞄准豪华轿车的顾客建立了雷克萨斯品牌，海尔向高端延伸时推出了卡蒂尔和统帅两个品牌。

就像采取多品牌策略一样，建立过多的新品牌可能造成企业的资源过度分散，每一个品牌都缺乏市场竞争力。因此，一些大企业正在进行品牌整合，将一些竞争力小、市场份额少的品牌取消，集中资源将几个品牌做成行业内的第一或第二品牌。

（三）品牌保护与管理

企业需要建立一个好的品牌，更要维护好品牌，使之不断升值。企业要防范来自企业内外的各种损害和侵权行为，确保品牌应有的形象和价值得到维护。企业对品牌的保护包括4个方面，即设计保护、打击假冒、自律保护和社会保护。

（1）设计保护。设计保护是指企业在进行与品牌相关的图案、色彩、包装物等设计时，使用专业化的设计和防伪技术，使其他企业无法仿制品牌标志，或者在仿制时需要付出高昂的代价，从而起到保护品牌的作用。例如，培生公司在其出版发行或授权出版发行的图书上，一律贴有防伪标志，这在一定程度上阻止了盗版图书的泛滥，起到了保护品牌的作用。随着科技的发展，防伪手段也有了很大进步，现在大多使用二维码扫描技术来识别产品的真伪。因为二维码的唯一性，很好地防止了假冒产品。

（2）打击假冒。假冒伪劣是最主要的品牌侵权行为。仿制品不仅以低价抢占正品企业的市场份额，而且会因仿制品质量、功能、服务等方面的缺陷严重损害正品企业的品牌形象。例如，一款正品方便面——康师傅方便面，曾经出现过"康帅傅"等类似产品，这有可能混淆顾客对两个产品的认知，从而影响了"康师傅"品牌的形象。

为了保护品牌，企业必须借助法律手段保护自身的品牌免受侵害或少受侵害。对于向企业提供假冒伪劣产品信息的部门和人员，企业要给予奖励；对于政府法律部门等开展的打假活动，企业要积极予以配合。同时，企业要主动出击，收集假冒伪劣信息，找寻假冒伪劣源头。必要时，企业甚至可以考虑成立打假办公室，由它专门负责打假工作。例如，娃哈哈集团和健力宝集团，就曾专门成立从事打击假冒伪劣的内部机构。

（3）自律保护。企业自己树立的良好品牌，还需要自身来努力维护，要特别防止企业自身砸牌子的事件发生，品牌综合体现了企业各方面的工作。因此，企业也必须依靠所有部门和员工的自律行为来保护品牌，避免出现由于内部人员行为不当使品牌形象受损。首先，企业必须严格控制产品质量，确保产品性能、功能、特色等的一贯性，坚决杜绝不合格产品流向市场。

其次，企业必须坚持做一家遵纪守法、有良好的伦理道德和社会责任心的企业，避免因为一些不当的突发事件对品牌造成伤害。另外，企业必须要求所有员工的日常行为处处展现企业的品牌形象，避免不当的行为举止，特别需要避免内部员工自我诋毁企业品牌形象。最后，企业要在动态发展中不断提升品牌的形象和价值，从动态来看，打造更好的品牌是对品牌的最佳保护方式。

（4）社会保护。政府部门、新闻媒体、社会舆论等都是惩恶扬善强有力的武器，在保护品牌过程中发挥着十分重要的作用。企业不仅要利用法律打击假冒品牌，还应该充分利用政府部门拥有的行政权力，积极推动政府部门出台保护品牌的强有力措施，支持政府部门开展有效保护品牌的工作。新闻媒体在揭露侵害品牌的不当行为、宣传知名品牌方面发挥着独特的作用，企业应该充分利用媒体监督和打击假冒伪劣等行为的喉舌作用。另外，企业应该在全社会范围内努力营造一种尊重品牌、保护品牌的氛围，特别要让社会公众意识到保护品牌不仅仅是为了保护企业的利益，同时是为了更好地保护顾客的合法权益。

品牌管理，企业除保护好已经建立的品牌不受损害之外，还必须持续做好与顾客之间的品牌沟通、培养员工的品牌意识和品牌审计工作。首先，必须持续地与顾客沟通品牌的定位。为了创造顾客知晓及偏好和忠诚，许多知名品牌每年在广告上都会花费巨资。2020年，国产品牌广告投放排名前十的分别是：伊利（54.9亿元）、蒙牛（42.7亿元）、华为（25.9亿元）、百雀羚（23.2亿元）、安踏（13.9亿元）、五粮液（9.6亿元）、海尔（9.5亿元）、美的（9.4亿元）、自然堂（9.2亿元）、茅台（8.4亿元）。伊利、蒙牛、华为、海尔、茅台、五粮液这些耳熟能详的老品牌还花费如此大的广告投入，其目的就是保持与顾客之间的联系，帮助创造品牌名称识别、品牌知识，甚至品牌偏好。然而，维护品牌依靠的不是广告，而是品牌体验。如今，顾客通过广泛的联系和接触点来了解某个品牌，既包括广告，也包括对该品牌的亲身体验、口碑传播、企业网页及其他很多方式。企业必须像对待广告一样，谨慎地管理好这些接触点。

企业的品牌定位要想取得成功，必须让员工也参与进来。因此，企业必须让员工树立"以顾客为中心"的思想。有些企业更进一步，积极开展内部品牌建设，帮助员工理解企业的品牌承诺并对其保持热情。更有甚者，许多企业鼓励分销商和经销商为顾客提供优质服务，传递与企业一致性的品牌定位形象。

最后，企业需要定期审计品牌的优势和劣势。为此，企业应该时常问自己：我们的品牌是否能够传递对顾客真正有价值的利益？品牌是否被很好地定位了？是否所有的顾客接触点都支持这一品牌定位？通过品牌审计，企业可以了解哪些品牌需要更多的支持，哪些品牌应该被撤掉，哪些品牌由于顾客偏好改变或新竞争对手的出现而必须重新定位。

小结

扫描二维码获得内容

任务七：小结

复习与思考

扫描二维码获得内容

任务七：复习与思考

模块二　实训操练

实训一：案例分析

一、实训内容

认识产品组合、新产品开发与品牌策略在企业营销中的重要作用。

二、实训准备

1．授课老师从现实中寻找相关企业实例提供给学生；
2．以 4～5 人为一个小组，上网或实地调查案例的背景资料；
3．充分掌握案例资料多个方面的内容和企业的最新发展动态；
4．根据案例留下的问题开展小组讨论。

三、实训组织

1．授课老师按小组组织课堂案例讨论；
2．小组代表陈述讨论的结果，其他成员补充；
3．授课老师引导各组之间进行辩论，激发创新思维；
4．最终由授课老师进行点评，发表参考意见。

四、实训评价

单位：分

评价对象	评价项目	内容描述	评价要求	分　值	得　分
团　队 （60%）	讨论组织	组长负责	组织有序 时间高效	10	
	讨论参与	围绕案例 讨论问题 自由发言	讨论热烈 紧扣问题 有理有节	10	
	讨论结果	总结归纳 形成结论	原理正确 观点鲜明	20	

续表

评价对象	评价项目	内容描述	评价要求	分值	得分
团　队（60%）	汇报成果	课堂汇报	表述流畅配合默契	20	
个　人（40%）	小组考勤	组长考勤	按时参加讨论，主动积极	20	
	小组贡献	小组评分	提出独特观点和新思想	20	
最终评分					

参考资料

扫描二维码获得内容

盐津铺子食品股份有限公司的产品策略

实训二：产品和服务策略

一、实训内容

任务六已经为选定的企业产品进行了定位，明确了营销目标，制定了产品和服务策略，以实现目标市场定位和营销目标。

二、实训准备

1．重温任务六中目标市场定位的相关资料；
2．分析企业产品组合及研究产品的特点；
3．分析主要竞争对手的产品和服务策略；
4．通过上网和实地调查收集信息资料。

三、实训组织

1．根据目标市场定位分析产品应该传递的核心利益；
2．品牌、包装与定位之间的关联性分析；
3．产品应该具有的服务和体验设计；
4．重新提出完整的产品和服务策略。

四、实训评价

单位：分

评价对象	评价项目	内容描述	评价要求	分值	得分
团　队（60%）	任务布置	制定产品策略	明确产品策略的内容、产品策略设计的要求，小组分工	10	

续表

评价对象	评价项目	内容描述	评价要求	分　值	得　分
团　队 （60%）	实训实施	综合任务三、任务六实训成果，收集产品信息	组织管理有序，时间效率高，资料完整齐全	10	
	实训成果	产品策略方案	产品策略方案内容全面，产品策略与目标市场定位一致，与营销组合的其他策略融合，具有可行性和创新性	20	
	团队协作	课堂汇报	PPT制作精美、内容清晰、表述流畅、团队协作好	20	
个　人 （40%）	小组考勤	组长考勤	积极参与产品策略方案的制定	20	
	小组贡献	小组评分	完成分配任务 具有良好协作精神	20	
最终评分					

【附件】你是营销人员：大自然饮料公司的新产品营销计划（6）

扫描二维码获得内容

你是营销人员：大自然饮料公司的新产品营销计划（6）

任务八 制定价格策略

任务目标

思政目标

1. 培养法治意识和诚实守信的道德品质；
2. 坚定维护价格政策和相关法律法规。

知识目标

1. 理解价格定义及定价在营销中的重要性；
2. 理解企业定价的目标与影响因素；
3. 掌握企业定价的一般程序与方法；
4. 掌握定价的策略与调价的技巧。

能力目标

1. 能运用定价方法对现实产品进行定价；
2. 能制定合理的价格策略；
3. 能运用定价技巧调整产品价格。

模块一　理论指导

案例导入

阿里巴巴对阵拼多多，电商价格战血雨腥风

2020年9月的一天，拓路者服饰有限公司的负责人黄德华指着在杭州郊区运行了快十年的制衣工厂，满眼不舍地说："最多三五年，厂房就得关了。"他计划把产能逐步转移到成本更低的家乡——上饶市，省下的20%的成本是这家长期做电商生意的厂家能否盈利的关键。2019年，中国两大实物电商平台——阿里巴巴和拼多多展开了激烈的价格战。"以前T-恤衫卖十几块钱，现在只卖9.9元还包邮，甚至更便宜，我们实在做不出来。"黄德华用"惨烈"来形容目前的电商价格战。

2020年第二季度，拼多多用户持续高速增长，年活跃用户数与阿里巴巴的差距进一步缩小，两家平台的用户重合度也越来越高。两家公司的财报显示，第二季度拼多多年活跃用户数达6.83亿人，同比增长41%，阿里巴巴的这一数据是7.42亿人。光大证券根据模型估测，第二季度阿里巴巴整体GMV（下单销售额）增速为18%~20%，低于电商整体增速，这意味着市场普遍担心的阿里巴巴市场占有率下滑已是既成事实；天猫代表的品牌市场以27%的增速强劲回弹，表明品牌商在阿里巴巴的地位稳固。然而，面对拼多多上大量"白牌"商家提供的低价商品，淘宝等阿里巴巴的主要App流量有限，很难全力支持。2020年，主打批发生意的1688平台走到台前，同年3月淘宝特价版上线，不到半年两者直接合并，批发平台走到了零售端。淘宝特价版的整个流量主要是在下沉市场用户，其实和拼多多用户有很高的重叠。

面对阿里巴巴的变阵，2020年7月底，拼多多悄然上线了一个名为多多批发的网站，定向邀请商家。2020年9月初，多多批发业务正式在商家应用后台打开入口，随即在产业带展开招商。多多批发和拼多多从商品到物流信息全部打通，批发商家和零售商家将在同一个后台竞争，叠加拼多多的拼团模式，平台对于批发商的话语权进一步加大，用量逼迫商家进一步降价。由此，阿里巴巴和拼多多两家电商平台的价格战拉开序幕。

阿里巴巴为了与拼多多抢夺下沉市场用户，集中火力，重塑聚划算。从2019年第四季度开始，阿里巴巴真正给聚划算大量倾斜资源。先是大手笔采买信息流量，四处冠名流量节目，之后与"央视春晚"达成合作，撒币20亿元，希望借"春晚"这一契机，进一步抢夺下沉市场用户。另外，阿里巴巴战投部也与行业一样全面收缩战线，从流量投放和用户补贴等支出方面来看，以聚划算为代表的淘系核心电商又重回集团"明星"地位了。2020年，聚划算仍然会作为阿里巴巴"打拼"施压对手的头号选手，其他业务则要为聚划算"让路"。在这种程度的支持下，聚划算盘子里的一些SKU（库存单品）已经跟以低价闻名的拼多多不相上下，甚至有时能做到更低。两年前，淘宝曾经释放出的信号是"不会再走9.9元包邮的老路"，但现实则是此一时彼一时，只要能扼杀拼多多的增长，阿里巴巴会不惜一切代价。

据说，阿里巴巴已经表明要把对拼多多的施压放在当下所有业务的最高优先级。2019年，在面临品牌商遭遇事实上"二选一"的挤压之下，拼多多推出"百亿补贴"来打品牌战，用扩

任务八 制定价格策略

大亏损补贴苹果、戴森等正品经销商，来试图洗刷创业前三年落下的"山寨""假货"等恶名。长期来看，"百亿补贴"是一个平台在早期的一种快速有效的获客手段，却不是一种可持续的商业模式。当拼多多的高端用户形成规模之后，补贴的比例范围和作用就会相应缩小。而消费者尽管享受过拼多多的补贴实惠，当享受与拼多多竞争的淘宝、京东的补贴实惠时，却仍然只会忠于具体的品牌，不太可能忠于拼多多这样的渠道。

如果在沉淀出长期价值之前拼多多的现金流或某一环链条出现问题，那么这种简单、粗暴、直接的补贴模式就难言成功。那什么才是有长期价值的呢？主打C2M（用户直连制造）模式的"拼工厂"就是，只是短期内还看不到转化成果；拼多多也有一直在打消费者心智的品类农产品，只是农业的数字化改造难度更大，需要更长期、更耐心的投入。另外，比如在农产品领域，拼多多还面临迟早要与美团一战的潜在压力。从"Eat better"到"Live better"的美团立志做餐饮全产业链，农产品领域就不可能拱手相让。

目前看来，拼多多的现金流一直是正的，GMV一直在增长；但这是有原因的，如对商家的付款方面比较苛刻，供应商普遍反映拼多多的账期很长，这意味着高杠杆，从而就需要所有人对拼多多有足够的信心。很多商家和供应商正是看中拼多多的流量仍然在高速增长，而给拼多多做单能帮助自己做大规模，规模提上去后再说利润。但这一链条本身就很脆弱，外部有阿里巴巴和京东强势竞争、商家供应商叫苦连天，内部则持续高价挖人招聘、员工"996"高压工作，这家公司在跟时间和人性赛跑。

此外，拼多多比起阿里巴巴还有物流方面的隐患。阿里巴巴早已大比例入股申通、中通、圆通和百世汇通，并计划控股韵达至少10%的股份。拼多多已经建立了自己的电子面单系统避免数据被阿里巴巴掌握，可一旦阿里巴巴找到机会对"四通一达"施压一起提价的话，拼多多上许多依赖9.9元包邮的商家利润空间就会进一步被缩减，从而重新考量其在拼多多上销售的必要性。目前看来，拼多多这个平台对广大中小商家来说还是增量的，有机会通过在拼多多上的运营成为头部，那么即便利润微薄也愿意先做。而一旦拼多多的用户侧增长失速，导致的结果就会比淘宝增长失速严重得多，对投资者、商家、员工来说都有影响。一旦人们对拼多多的信任崩塌，几百亿美元的拼多多神话也就难以持续。

思考：
1. 分析拼多多低价策略获胜的原因。
2. 电商价格战能够长久持续下去吗？

在任务七中我们已经介绍了营销组合的第一种工具——产品策略，接下来我们将介绍营销组合的第二种工具——价格策略。如果说有效的产品开发、促销及分销播下了成功的种子，有效的定价就是收获。成功地利用其他营销组合来创造顾客价值的企业，最后必须利用定价来交换这一价值，获得价值回报。

如今，企业面临激烈的竞争和快速变化的定价环境。追求价值的顾客给许多企业带来了越来越大的定价压力。由于一些因素的影响，全球经济衰退、互联网的比价能力增强，如今更加节俭的顾客到处搜寻少花钱的门道。一时间，似乎所有的企业都在想办法降价。

然而，降价并不总是一种好办法。不必要的降价导致利润减少或引发毁灭性的价格战，还可能暗示顾客，价格比品牌所递送的价值更重要。无论经济情况好坏，企业都应该销售价值，而不是价格。市场营销人员要尽量说服顾客，为获得企业或品牌提供的特殊利益，值得支付更高的价格。

一、企业定价的目标和程序

（一）什么是价格

从狭义上来看，价格（Price）是为产品或服务收取的货币总额。从广义上来看，价格是顾客为了获得、拥有及使用某种产品或服务的利益而支付的价值。长期以来，价格一直是影响顾客购买决策的重要因素。近年来，非价格因素越来越受到重视。即使这样，价格始终是决定企业市场份额和盈利性的最重要因素之一。

价格是营销组合中唯一与收益直接相关的要素，其他的营销组合要素都意味着成本。与其他营销组合要素相比，定价是最灵活的要素之一。与产品特征和渠道投入不同，企业可以迅速改变价格。市场营销人员将定价视为创造和获得顾客价值的重要工具。价格小幅度的提升可能带来盈利大幅度的增长。更重要的是，作为企业整体价值主张的一部分，价格在创造顾客价值和建立顾客关系中发挥着关键作用。但制定合适的价格是许多企业面临的最重要而且最棘手的问题，不少企业无法妥善地处理定价问题。接下来，我们先介绍定价目标及定价程序。

（二）定价目标

企业在定价之前，先要考虑一个与企业总目标和市场营销目标相一致的定价目标，作为确定价格策略和定价方法的依据。企业可供选择的定价目标有以下几种。

1. 以追求最满意的利润为目标

企业追求一定时期内可能获得的最高盈利额，这几乎是所有企业的共同愿望。而最满意的利润或利润最大化取决于合理定价所推动的销售规模，因而追求最满意的利润并不等于追求最高价格，当一家企业的产品在市场上处于某种绝对优势地位时，如有专卖权或形成垄断等，可以实行高价策略，以获得超额利润。还有那些时尚潮流产品，由于其市场生命周期很短，企业想在短时间内收回投资，必须在顾客对该产品失去兴趣前获得尽可能多的利润，通常采取高价策略。但由于市场竞争的结果，任何企业要想在长时期内维持一个过高的价格几乎是不可能的，必然会遭到来自各个方面的抵制。例如，需求减少，替代品的出现，竞争对手增多等。

企业通常会以预期的利润作为定价目标。企业将某项产品或投资的预期利润水平规定为销售额或投资额的一定百分比，即销售利润率或投资利润率。产品定价是在成本的基础上加上目标利润，根据实现目标利润的要求，企业要估算产品按什么价格销售、销售多少才能达到利润目标，一般来说，预期销售利润或投资利润率要高于银行存款利率。以目标利润作为定价目标的企业，应该具备两个条件：一是企业具有较强的实力和竞争能力，在行业中处于领导地位；二是采用这种定价目标的多为新产品、独家产品及低价高质量的标准化产品。

也有企业为了保全自己，减少市场风险，或者限于自身实力不足，以满足于适当利润作为定价目标。例如，按成本加成方法来决定价格，就可以使企业投资者得到适当的收益。而它的限度，则可以随着产量/销量的变化、投资者的要求和市场可接受的程度等因素有所变化。这种情况适合于那些处于市场追随者地位的企业。

2. 以保持或扩大市场占有率为目标

市场占有率是企业经营状况和产品在市场上的竞争能力的综合反映，对于企业的生存和发展具有重要意义。较高的市场占有率是企业满足消费需求变化，保证和扩大产品销路，实现对市场及其价格的控制，从而实现企业稳定盈利的保障。事实证明，市场占有率越高，企业对市场的控制能力就越强，其盈利就越高。提高市场占有率比追求短期盈利意义更为深远。正因为如此，提高市场占有率通常是企业普遍采用的定价目标。许多资金雄厚的大企业，喜欢用低价渗透和高密度广告宣传来开拓销路，逐步占领市场，以提高市场占有率。一些中小型企业为了在某一细分市场获得一定的优势，也十分注重扩大市场占有率。一般当企业处于以下情况时，适合采用这种定价目标。

（1）该产品的价格弹性较大，低价会促使市场份额扩大。
（2）该产品成本随着销量增加呈现逐渐下降的趋势，而利润有逐渐上升的可能。
（3）低价能阻止现有和可能出现的竞争对手。
（4）企业有雄厚的实力能承受低价所造成的经济损失。

3. 以提高竞争能力为目标

许多企业对所经营的产品，常常有意通过定价进行价格竞争，价格竞争是市场竞争的重要手段。因此，处在激烈市场竞争环境中的企业经常会通过价格的调整来提高企业产品在市场上的竞争能力。实力强大的企业经常利用价格竞争排挤竞争对手，借以提高其市场占有率；反之，当企业处于不利环境中，受到原材料价格上涨、供应最新产品加速替代等方面的猛烈冲击时，为避免倒闭，企业往往进行大幅度的降价，以保本作为定价目标，甚至小于成本价格出售产品以求收回资金，维持营业，以争取度过财务危机和赢得新产品研制的时间，重新问鼎市场。这种定价目标只能作为企业特殊时期的过渡性目标，一旦出现转机，此目标将会很快被其他目标所代替。

当市场存在领导者价格时，新加入者要想把产品打入市场，争得一席之地，只能采取与竞争对手相同的价格。一些小企业因生产、销售费用较低，或某些企业扩大市场份额，定价会低于竞争对手。只有在具备特殊优越条件，诸如资金雄厚、拥有专有技术、产品质量和服务水平高等情况下，才有可能把价格定得高于竞争对手。

4. 以提升企业和产品形象为目标

良好的企业形象是企业无形的资源与财富，是企业成功地运用市场营销组合取得的顾客信赖，是企业长期积累的结果。为了维护企业良好的形象，实力雄厚的大企业必须在定价上避免同政府、中间商、顾客发生严重摩擦，利用价格来维护企业及其产品在市场中的声望。如有些行业中的大企业在原材料价格上涨或行业发生大的波动时，不随波逐流，通过稳定价格来给顾客和中间商一种实力雄厚、靠得住的感觉，以维护其良好形象。一般来说，当行业中大企业利用价格进行多轮竞争确立了自己在市场上比较稳固的地位后，为了保证自己稳定的收益，都会采用此种定价目标。对中小型企业而言，由于大企业不随意降价，其利润也能得到保障。这种定价目标，可以避免新的不必要的价格竞争风险。

顾客通常依据价格来判断产品质量。市场营销人员知道价格不仅能向顾客传递有关产品质量的信息，而且可以在顾客头脑中建立起产品的某种特定形象。定价能够提升形象，对于名贵产品而言尤为重要。大多数人都能接受这样的观点：劳力士手表或劳斯莱斯汽车的价格高昂，不仅表明产品优越的质量，还在人们头脑中塑造出一种只有富有的顾客才能拥有这样的特殊产品的概念。当然，低价位在向顾客传递产品形象方面也同样重要。例如上海手表，拥有与瑞士手表同样卓越的品质和时尚设计，价格却低很多。有时企业选择低价为的是向顾客传递这样一种产品形象：该产品不但品质卓越而且价格很合理。

（三）定价程序

企业必须综合各种因素制定具有竞争力的价格，使之既能满足顾客的期望，又能保证企业营销目标和财务目标的实现。要想制定出合理的营销价格，我们可以采取以下 6 个步骤。

1. 确定定价目标

价格作为企业市场营销的重要措施，是同其他各项营销组合因素密切配合来实现企业营销目标的。为了能够适应企业营销目标的要求，并与其他营销组合因素配套，企业在制定价格时，首先要确定定价目标，以明确定价思路的基本走向。

2. 估算成本

任何企业在进行市场营销定价时都会面临一个成本估算的问题，先保本分析，再确定一家企业可参照的最低价格——保本价格。

3. 测定需求

测定需求主要是分析目标市场对产品的需求数量和需求强度，预测顾客对产品定价的接受程度。如果目标市场对产品的需求数量多且需求强度大，对价格的接受程度高，则对企业产品的定价较为有利。同时，市场需求是一个可变的量，它反过来又会受到价格水平的影响。因此在定价中，企业应根据需求弹性理论来测定产品的不同价格水平对市场需求数量和需求强度的影响，以便确定市场需求最大时顾客所能接受的价格上限——最高价格。

4. 分析竞争

分析竞争的目的是为企业产品确定一个最有竞争力的价格。对市场竞争的分析，主要包括对市场竞争的格局分析、主要竞争对手实力的分析、竞争对手应变态度和策略分析等。一般情况下，当市场竞争格局对企业有利或竞争对手实力较弱时，企业能较自主地制定本企业产品的价格；当市场竞争格局较为均衡或竞争对手实力与本企业相当时，企业在制定价格时应特别慎重，避免价格的对峙而形成"价格战"；当市场竞争格局对本企业不利或竞争对手实力强大时，则只能根据竞争对手的价格水平来制定本企业产品的价格。另外，企业在制定和调整价格时，还应分析竞争对手的应变态度和策略。例如，企业在价格调整后，竞争对手可能会针锋相对地调整价格，进行价格竞争；竞争对手也可能不调整价格，而在营销组合的其他因素上下功夫，与该企业进行非价格竞争。

5. 定价方法

企业定价方法的选择，其根本原则就是为实现企业的定价目标，进而实现企业的经营目标所确定出一种最可行的定价方法。一般来说，企业在定价时，要综合考虑成本、需求和竞争 3

个基本因素。而在实施定价中，由于当时所处条件和环境的差异，通常会侧重其中一个因素，从而形成 3 种类型的定价方法：成本导向定价法、需求导向定价法和竞争导向定价法。

6. 确定最终价格

企业运用一定的定价方法确定出了初步价格后，还不能交付使用。因为依据每种方法制定出来的价格都有一定的片面性，因而需要在全面分析的基础上进行调整，以确定最终价格。在调整时，应从以下 3 个方面进行：一是将初步价格按照国家现行有关规定、法律进行调整，以使价格不与国家现行有关规定、法律相冲突；二是将初步价格按照企业市场营销组合的需要进行调整，以使产品价格与营销组合的其他因素相配套；三是将初步价格依据目标顾客的心理需求进行调整，以使产品价格能被顾客所接受。

二、分析影响产品定价的主要因素

影响产品定价的因素是多方面的，包括企业自身、市场需求、市场竞争、社会经济、法律和政策等因素。

（一）企业自身因素

1. 产品成本

产品成本是营销定价的基础，是产品价格的最低经济界限。一般来说，产品价格必须能补偿产品生产及市场营销活动中的所有支出，并补偿企业为经营该产品所承担的风险支出。尽管在营销活动中，有些企业在某些时候因各种原因采取了低于成本的定价，但这种定价是不能长期维持的，且很可能会被政府有关部门判定为倾销行为而被禁止。

企业的成本有两种形式。即固定成本和变动成本。固定成本是不随产量和销量的变化而变动的成本。例如，不论产出水平如何，企业每年都必须提取固定资产折旧，而且每月要支付租金、贷款利息和基本工资。固定成本与具体产品的销量不直接发生联系，它是通过分摊的形式计入单位产品价格中的。变动成本是随着产量和销量的变化而直接变动的成本。例如，联想生产的每台电脑都包括 CPU、硬盘、内存条、显示屏和其他零配件。对于企业生产的每件产品而言，这些成本是相同的，之所以被称为变动成本，是因为它们的总量随着产量而变化。总成本是指在一定生产水平下固定成本和变动成本的总和，管理人员制定的价格至少要弥补既定生产水平下的总生产成本。企业必须密切关注其成本水平，如果企业的生产和销售成本高于竞争对手，就不得不收取更高的价格或赚取较少的利润，这样便会处于竞争劣势。

固定成本虽然与产量和销量变动没有直接关系，但并不意味着企业可以超过既定生产能力来降低单位产品固定成本。为了明智地定价，管理人员必须清楚企业在不同生产水平下的成本情况。例如，某医疗仪器生产工厂，其生产能力水平是每天可以生产 1000 台血压计。图 8-1（a）表示典型的短期平均成本曲线（SRAC），说明如果该工厂每天只生产几台血压计的话，每台血压计的成本很高。但是随着产量逐步上升到每天生产 1000 台血压计，单位平均成本随之下降。因为固定成本被分摊到更多的产品上，平均每件产品承担的固定成本就减少了。但是，当工厂每天生产的产量超过 1000 台血压计时，平均成本会提高，因为工厂效率降低。工人不得不等待设备，而设备因为过度使用可能会更加频繁地出现故障，工人也可能会碍手碍脚地相互影响。

如果这家医疗仪器生产工厂每天可以出售 2000 台血压计，就应该考虑增加一条流水线，或者建立一个规模更大的工厂。工厂需要准备效率更高的机器设备，优化工作安排。这样，每天生产 2000 台血压计的单位成本将比生产 1000 台血压计的单位成本低，长期平均成本曲线（LRAC）如图 8-1（b）所示。实际上，每天生产 3000 台血压计的工厂可能更有效率。不过，当工厂每天生产 4000 台血压计时，效率降低，因为有太多的工人需要管理，大量的文案工作延缓了进度，规模反而不经济。如果有足够需求支持的话，每天生产 3000 台血压计是工厂最理想的规模。

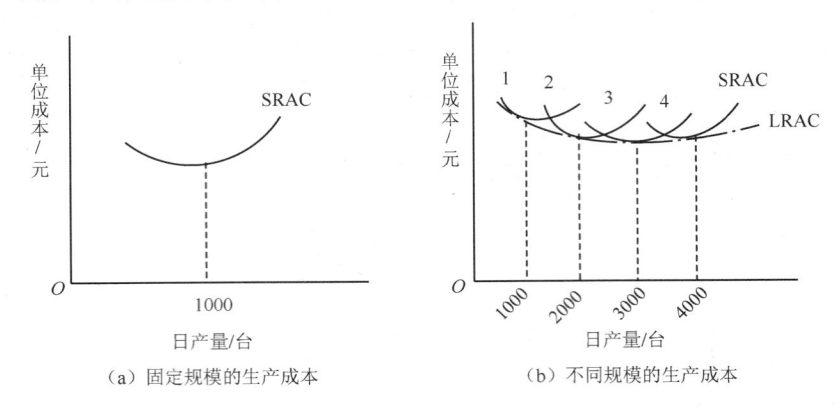

（a）固定规模的生产成本　　　　（b）不同规模的生产成本

图 8-1　不同生产水平下的单位成本

2. 市场营销战略和营销目标

价格只是众多市场营销战略要素中的一种。企业在制定价格之前，必须为产品或服务确定其整体市场营销战略。有时，一家企业围绕"价格—价值定位"制定自己的整体战略。例如，永辉超市采取独特的"价格—价值定位"使之成为国内增长较快、深受顾客喜爱的超市。

案例启示

永辉：民生超市、百姓永辉

永辉超市成立于 2001 年，是我国首批将生鲜产品引进现代超市的流通企业之一，被国家七部委誉为中国"农改超"推广的典范，通过农超对接，以经营生鲜特色及物美价廉的产品受到顾客认可，被誉为"民生超市、百姓永辉"。

自创办以来，永辉超市持续高质量发展。目前，永辉超市已在全国发展超千家连锁超市，业务覆盖 29 个省份，583 个城市，经营面积超过 800 万平方米。永辉超市位居 2020 年中国超市百强第二位、2020 年中国连锁百强第四位。

永辉超市将"天天实惠、始终如一"作为经营宗旨，与"洋超市"差异化竞争，以经营生鲜产品为主。在永辉超市，生鲜产品的经营面积占超市总面积的 50% 以上。永辉超市能够保证"天天实惠、始终如一"，与永辉集团实力密不可分。永辉集团是一家以零售业为龙头，以现代物流为支撑，以食品工业和现代农业为两翼，以实业开发为基础的大型企业集团。集团拥有现代食品工业园，建立了一批自营和合作的蔬果生产基地，并在全国范围内建立了庞大的过程采购体系，即山东果品采购中心、海南果蔬采购中心、广东服装采购中心、浙江百货采购中心、福建海鲜采购中心、江西水产采购中心等。

任务八 制定价格策略

永辉集团依靠布点密集和低价策略，以生鲜超市、折扣超市等各种形式不断拓展经营，契合了顾客的消费习惯。由于价格低、商品质量有保障，永辉超市受到家庭主妇的青睐。永辉超市开发了大量自有品牌产品，诸如永辉优选、优悦宝呗、惠相随、田趣、食货乐园、佐餐诱厨等，而这些自有品牌产品绝对价格并不一定低，但与顾客在别处要想获得同样质量的东西价格相比，的确划算。正如永辉集团使命所说"为满足顾客需求，提供安全、健康、高性价比的生鲜产品"。永辉超市追求一种价格与价值的平衡，让顾客在永辉超市购物时有一种物超所值的愉悦体验。

资料来源：永辉超市官网，有改写

当企业仔细地选择了目标市场和定位后，市场营销组合战略（包括定价）就显而易见。例如，亚马逊将其 Kindle Fire 平板电脑定位为以较低价格提供相同甚至更多的价值，其价格不足苹果 iPad 和三星 Galaxy 的 40%。它瞄准有孩子的家庭，将 Kindle Fire 定位为"完美的家庭平板电脑"，价格低至 159 美元每台，与 Kindle Free Time 捆绑销售，后者是一种适合 3~8 岁孩子阅读图书、看电影和电视的打包软件产品，每月仅需 2.99 美元的订阅费用。因此，市场定位在很大程度上决定了 Kindle Fire 的价格策略。

定价在企业实现不同层次目标的过程中，发挥着重要的作用。企业可以制定优惠的价格来吸引顾客，或者有利可图地留住现有顾客；企业可以将价格定得较低，阻止竞争对手进入市场，或者跟随竞争对手定价来稳定市场；企业可以通过定价来争取中间商的支持，并保持它们的忠诚，或者避免政府的干预；企业还可以暂时降低价格，促成某种品牌的热销。一种产品的价格还可以用来促进产品线中其他产品的销售。定价还与市场营销组合的其他因素密切相关。

3. 市场营销组合因素

企业的价格策略必须与产品设计、分销和促销策略相互协调，形成一致而有效的整体市场营销组合方案。其他营销组合策略也会影响价格策略。例如，一项把产品定位在高质量的决策，可能意味着市场营销人员必须定高价来补偿其高成本。当需要中间商支持和促销其产品时，生产者必须给予中间商较高的商业折扣，而这些成本都必须计入产品的销售价格中。

企业经常先通过价格来为它们的产品进行定位，然后按照定价来调整其他的营销组合策略。在这里，价格是决定产品市场、竞争和设计的重要定位因素。许多企业通过目标成本法来支持这一定价策略。目标成本法反转了通常的首先设计一个新产品，算出其成本，然后按成本计算出价格的传统定价方法。目标成本法以顾客价值为基础，在制定顾客可以接受的销售价格的起点上，反过来确定产品的成本，再根据成本来设计产品和服务。例如，本田公司要设计飞度车（Fit）时，它首先制定了一个 7.8 万~8.5 万元的起始价格及每升汽油可行驶 22 千米的产品。然后，在能够允许它为目标顾客提供以上价值的成本条件下，设计出一辆在高速运行时性能良好的时尚小汽车。

另一些企业不那么强调价格，而是运用其他市场营销组合策略建立非价格定位。在很多情况下，最佳战略并不是收取最低价格，而是以差异化营销提升顾客的感知价值，并获得匹配的价格。例如，慕思 T10 为其床垫产品确立高价值，并收取符合这一品质和价值水平的高价格。

案例启示

慕思：智能床垫，物超所值

慕思新一代智能床垫 T10 由亲肤触感的针织面料＋动态支撑的乳胶复合组成，通过控制盒、睡眠管理器和云端进行睡眠管理，用户先使用小慕精灵App与智能床垫互联，然后根据需要选择不同的软硬度模式。该产品根据人体工程学，科学设计背、腰、臀三段分区。通过左右独立分区设计，可以设置不一样的软硬度，实现双人不同睡感。另外，床垫内置睡眠管理器，可以检测床上用户的心率、呼吸等数据，并上传到云端分析生成睡眠报告，帮助用户提高睡眠质量，避免睡眠风险。据慕思总裁姚吉庆介绍，T10是慕思睡眠科技的集大成者。慕思深耕健康睡眠领域16年，一直致力于以数字化解决睡眠问题，目前已经掌握了数百万人体睡眠工学大数据，通过AI人工智能和大数据分析，形成了行业领先的软硬度调节算法，这些睡眠科技成果都在智能床垫T10上全面体现。相对于上一代人工智能床垫，智能床垫T10的软硬度调节更为智能、人性化，调节时间缩短至原来的九分之一，睡眠监测数据更为丰富，睡眠报告更详尽，价格比上一代智能床垫下降了很多。但慕思智能床垫T10的价格比传统产品贵很多，其价格可能是优质床垫价格的6倍，3D软床垫价格的3倍。而喜欢慕思智能床垫T10的用户非常满意，他们愿意支付更高的价格以获得更多的利益。毕竟，有钱难买好睡眠。

资料来源：知乎，慕思智能床垫T10测评，有改写

因此，市场营销人员在制定价格时，必须考虑整体的市场营销战略和营销组合策略。但是，即使以价格为主要特征，市场营销人员也必须记住，顾客不是仅仅根据价格购买。相反，他们会比较所得的利益与所付出的价格，寻求那些能够为自己提供最高价值的产品。

（二）市场需求因素

市场需求是市场营销定价的主要参考因素。在一般情况下，如果市场对某产品的需求量大于供应量，则产品的定价可适当提高，反之则应适当降低。脱离市场需求的定价，顾客是不会接受的。实际上，市场需求与价格之间是相互影响、相互作用的，市场需求状况会制约某种产品的价格水平，而产品价格水平的上升或降低，反过来又会影响市场需求。一般来说，人们会用需求弹性来分析和揭示两者的关系。

1. 价格与需求的关系

企业制定的每种价格都可能造成不同的需求水平。价格和对应需求量的关系如图8-2所示。需求曲线展示了在某价格水平下，市场所需要的产品数量。在一般情况下，需求量与价格呈相反方向变动，也就是价格越高需求量越小；反之，价格下降，需求量上升。理解这一变化，对于制定价格非常重要。

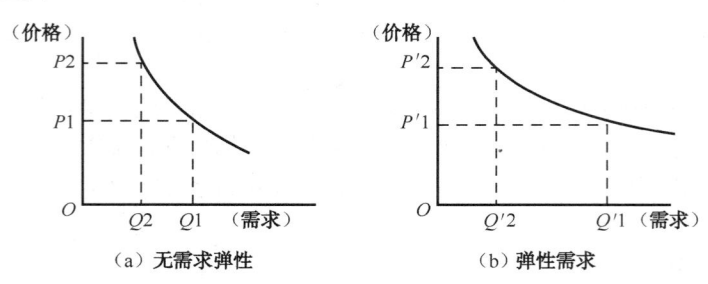

图8-2 价格和对应需求量的关系

长沙欣欣快餐店在为务工人员和出租车司机提供自助套餐定价时对此深有体会。

任务八 制定价格策略

案例启示

10元自助餐

欣欣快餐店专门为来长沙务工的外地人或出租车司机提供10元一份的自助餐,这个历史可以追溯到2000年,顾客对此形成了较为稳定的预期。10元一份的自助餐已经成为其品牌诉求的关键要素。两年前,当欣欣快餐店老板试图将自助餐价格从10元提高到12元来弥补日益增长的食材和人工成本时,顾客可不高兴了。结果,来用餐的人数减少,经营收入下滑,迫使欣欣快餐店以团购价格出售,并恢复原来10元一份的定价。为了在该价格上挣钱,老板正努力通过降低食材成本,并且将自助方式改为盒饭来控制成本。但是,随着成本一再上涨,快餐店根本无法再以10元的价格提供一份像样的盒饭了。欣欣快餐店再次面临涨价的压力。只有一些基本餐食维持在10元一份,其他餐食调整到12元一份,也提供更营养美味的15元一份的盒饭。价格上涨后,虽然短期内经营业绩下降了,但从长期来看,只要能够为顾客提供有价值的餐食,仍然可以创立高价值快餐品牌形象。

资料来源:市场调查收集,原创案例

从这个案例中我们可以分析出价格与需求之间存在的密切关系。如果价格上升带来的利润能够弥补需求下降失去的利润,那么调价是有效的。相反,欣欣快餐店的这种情况,人们习惯了低价,突然调高价格,会造成需求急剧下滑,则不应随便调高价格,可以通过减少服务或替换价格太高的配料与原材料来降低成本,以维持习惯性的价格,也可以在保留习惯性定价的同时,开发不同等级的产品,区分定价。

2. 需求的价格弹性

需求的价格弹性,是指因价格变动而引起的需求相应的变动率,反映需求变动对价格变动的敏感程度。在正常情况下,市场需求会按照和价格相反的方向变动,价格提高,市场需求就会减少,反之市场需求就会上升。所以,需求曲线是向下倾斜的,但是也有例外情况。菲利普·科特勒指出,显示顾客身份地位的产品的需求曲线有时是向上倾斜的,如金银首饰在提价后,其销量反而有可能增加。

正因为价格会影响市场需求,所以企业制定产品的价格会影响企业产品的销售,因而会影响企业营销目标的实现。因此,市场营销人员在定价时必须了解需求的价格弹性,即了解市场需求对价格变动的反应。

还以图8-2为例,图中有两条需求曲线。在图8-2(a)中,价格从$P1$上升至$P2$,引起了需求量从$Q1$减少至$Q2$,价格变动的幅度与需求变化幅度几乎相等;而在图8-2(b)中,价格从$P'1$上升至$P'2$,引起了需求量从$Q'1$减少至$Q'2$,价格做较小变动,引起需求较大变动。当价格的变动对需求量变化影响较小或做相等变动时,称为无需求弹性,或需求缺乏弹性;反之,当价格较小变动引起需求量较大变化时,则称弹性需求,或需求富有弹性。需求的价格弹性一般用系数 E 表示,E 等于价格变动的幅度与需求变化幅度比值的绝对值。

ΔP 代表价格的变动量,下降或上升的百分比,ΔQ 代表由于价格变动带来的需求增加或减少的百分比。

$$E = |\Delta Q / \Delta P|$$

如果市场营销人员将产品的价格提高 2%，则需求量下降 10%，那么需求的价格弹性系数绝对值为 5，表明需求是富有弹性的；如果产品价格提高 2%，则需求量下降 2%，那么需求的价格弹性系数绝对值为 1，这表明需求的价格缺乏弹性，价格变动带来的销售收入保持不变；如果产品价格提高 2%，则需求量下降 1%，那么需求的价格弹性系数绝对值为 0.5，需求的价格缺乏弹性。当 E≤1 时，产品或服务需求缺乏弹性；当 E>1 时，产品或服务需求富有弹性。当需求对价格缺乏弹性时，市场营销人员可以保持价格稳定或适当提高价格。相反，当需求对价格富有弹性时，市场营销人员可以利用价格策略来调整需求，以降价来刺激销量增加。

在以下条件下，需求可能缺乏弹性：①当市场上没有替代品或没有竞争对手时，顾客对价格不敏感；②当产品是独一无二的，或者质量很高、有威望或专有的时候，顾客对价格的敏感性也不高；③如果购买产品的价格与收入比起来微不足道，或者费用不全是自己支出的，顾客对价格也就不敏感；④当顾客对产品有较强的购买习惯且不易改变时，可能对价格的敏感性也不高。如果某种产品不具备上述条件，那么这种产品的需求就有弹性。在这种情况下，市场营销人员须考虑适当降价，以刺激需求，增加营销收入。

3. 需求的交叉弹性

需求的交叉弹性，是指一种产品因价格变动引起其他相关产品需求量的相应变动率。企业在为产品线定价时必须考虑各产品的项目之间相互影响的程度，产品线中某一个产品项目很可能是其他产品的替代品或互补品。

替代品是消费时使用价值可以相互替代的产品，如冷冻速食与外卖快餐，企业同时推出两种品牌的洗发水等。当顾客在消费可以相互替代的产品时，在没有明显偏好的情况下，一种产品价格的提高会造成另一替代品需求量的上升；反之，价格下降会造成另一种替代品需求下降。

互补品是消费中使用价值必须相互补充的产品，如洗发水与护发素。当其中一种产品价格上升时，不仅该种产品需求量会下降，而且其互补品的需求量也会下降；反之，当其中一种产品价格下降时，两种互补品的需求都会跟着上升。不同产品的交叉弹性各异，企业在定价时不仅要考虑价格对其自身产品需求量的影响，还要考虑市场上相关产品价格对其产品需求的影响。特别是企业本身产品线比较多时，应区别对待。替代品的定价要同时兼顾各品种间需求量的影响，选择恰当的比价；互补品的定价则应错落有致，高低分明，以一种产品需求的扩大来带动另一种产品需求的增加，从而实现销量与盈利水平同时增长。

案例启示

疫情助推牛奶价格提升

受疫情的影响，世界各地各个行业都受到了一定的冲击。由于经济的不确定性使人们更在意支出，整个市场总体需求有所减少。很多公司为了增加销量，下调产品和服务的价格，增加促销的频率和力度。但仍然有很多公司成功地保持了稳定的价格，并且能取得与疫情之前相当的或更多的销量。

在疫情期间，乳制品行业成为经济恢复最快的行业之一。喝牛奶已经成为很多人的生活习惯，经济形势对于人们的饮食习惯的影响很小，而对于生活必需品的品牌偏好在顾客心目中却早已根深蒂固。一场突如其来的疫情激发了民众对于喝牛奶来增强免疫力和抵抗力的认知，进一步增加了乳制品的消费需求。由于需求激增、奶源锐减，疫情带来的市场变化，不少乳制品行业通过提价来保利润。但在国产牛奶"涨价潮"的情况下，乳制品市场依然呈现出旺盛态势，需求量稳步提升。

乳制品头部厂商对基础白奶（典型产品为纯牛奶）提价，乳制品行业的各项费用层层传导给渠道商。在商超和便利店，乳制品零售价格比之前大幅上涨。国内市场牛奶终端价格涨幅为15%～25%。但乳制品作为生活必需品，需求弹性很低，提价几乎不影响销量。国家统计局数据显示，2020年，全国规模以上乳制品企业有572家，主营业务销售总收入为4195.6亿元，同比增长6.22%，利润总额为394.85亿元，同比增长6.10%。

资料来源：中国工业报，有改写

从乳制品在后疫情时期提高价格获得更多利润可以看出，需求价格弹性小的产品可以采取适当提升价格的策略，因为价格对需求量并不会产生多大的影响。相反，价格提升，使得单位产品利润提高，整体利润增加。但值得注意的是，企业应该考虑顾客的感受，不能趁顾客之危。

（三）市场竞争因素

市场营销理论认为，产品的最低价格取决于该产品的成本费用，最高价格取决于产品的市场需求。在最高价格和最低价格的幅度内，企业把这种产品价格定多高，则取决于竞争对手同种产品价格水平。同类产品的竞争最直接地表现为价格竞争。企业都试图通过制定适当的价格，以及调整价格来争取更多的顾客。市场竞争的程度不同，对市场营销人员制定产品价格产生的影响也不同。

1. 完全竞争市场

完全竞争市场是一种不受任何阻碍和干扰的市场结构，指那些不存在足以影响价格的企业或消费者的市场，是经济学中理想的市场竞争状态。完全竞争市场上有众多的企业和顾客，他们交换同质的产品，单个的企业和顾客都不能对流行的市场价格产生影响。进入市场很容易并且资源可以随时从一个使用者转向另一个使用者，市场信息是完全的和对称的，企业和顾客都可以获得完备的市场信息，双方不存在相互欺骗，价格在多次市场交换中自然形成，买卖双方均是价格的被动接受者。例如，粮食、棉花等农产品市场，贵重金属、金融证券等金融市场。在完全竞争市场中，市场营销研究、产品开发、定价、广告和促销几乎都不起作用。因此，销售人员不会在市场营销策略上花费太多精力。

2. 完全垄断市场

完全垄断市场，是一种与完全竞争市场相对立的极端形式的市场类型。企业没有竞争对手，独家或少数几家企业联合控制市场价格，定价基本上可以不考虑竞争因素。完全垄断市场的假设条件有3个方面：第一，整个市场的产品、劳务或资源都由一家企业提供，顾客众多；第二，没有任何接近的替代品，顾客不可能购买到性能等方面相近的替代品；第三，进入限制使新的企业无法进入市场，从而完全排除了竞争。但是，多数完全垄断市场的定价受到政府干预和约束。

3. 垄断竞争市场

垄断竞争市场是指市场由许多不同价格而非单一价格交易的企业和顾客构成。市场竞争激烈，企业都会认真分析竞争对手的价格策略，密切注视其价格变动动向并及时做出反应。在垄断竞争的情况下，市场上很多的市场营销人员和顾客，他们的交易价格在一定的范围内有很多种，而不是一种。价格有一定的范围，这是因为市场营销人员可以让他们的产品对于顾客来说是差异化的。市场营销人员努力为不同细分市场的顾客销售差异化的产品，并且除了价格，他们还通过品牌、广告来区别于竞争对手。例如，丰田汽车公司通过强大的品牌经营和广告来使自己的普锐斯汽车品牌与众不同，以降低价格带来的影响。它的广告称第三代的普锐斯可以将你从"已经低70%的排放中拿走0到60"。从而确立了其品牌节能、环保、实用、经济的形象，获得了许多顾客的喜爱。

4. 寡头竞争市场

寡头竞争市场是由几个对彼此定价和市场营销策略很敏感的企业组成的。例如，在移动通信领域，国内基本由中国移动、中国联通和中国电信三家公司控制。因为市场营销人员少了，每一个市场营销人员对竞争对手的价格策略和行动都保持高度警觉和迅速反应。在争夺顾客的战役中，价格成为主要的竞争武器。如中国电信为了从中国移动和中国联通那里吸引顾客，推出天翼低价转网优惠、锁定价格及免费的高清服务。

价格竞争只是同类产品竞争的一个方面。实际上，同类产品的竞争体现在产品的开发、研制、销售的全过程，包含了以产品为核心的价格、渠道及促销的全面竞争。价格竞争的实质是通过价格的调整，改变产品的质量价格比、效用价格比，促使顾客对产品重新做出评价。顾客的购买行为只有在期望得到的满足与愿意付出的货币量至少相等时（满足≥付出）才会发生。因此，企业在定价时既要关注竞争对手的价格策略，又要对其产品策略、渠道策略及促销策略加以重视。

（四）社会经济因素

社会经济因素主要是指一个国家或地区的经济发展状况，它从宏观上对企业产品定价产生软约束。也就是说，企业产品的定价水平，必须符合目标市场的经济发展水平，只有这样，企业的营销定价才能为目标市场所接受。对企业营销定价有约束作用的社会经济因素主要有以下几个。

1. 社会生产的发展状况

在一般情况下，当社会生产发展较快或建设处于扩充期时，由于社会需求量增大，产品价格容易上涨；反之，当社会生产出现萎缩或处于衰退期时，社会需求减少，产品价格就会下跌。社会生产若处于良性平衡发展阶段，则社会物价整体水平平稳；社会生产若处于失衡发展阶段，则必然会出现结构性供求失衡矛盾，社会物价水平便会发生动荡。这些都会影响企业产品的定价。

2. 社会购买力水平

社会经济发展与社会购买力水平是紧密相连的，在社会经济发展的同时，人们的购买力水平会相应地提高。在此情况下，顾客对价格的敏感程度会有所下降，产品价格可适当提高；反之，产品价格则应适当降低。

3. 社会货币发行量

社会货币发行量与价格水平有着密切的关系。货币的发行量如果超过了产品流通中的正常需要量，就意味着通货膨胀，货币贬值，产品价格就会上涨；如果国家保持适度从紧的货币政策，控制信贷规模，货币发行量与流通中对货币需要量保持基本一致，产品价格就会稳定。

4. 社会资源状况

社会资源的稀缺程度及利用状况对产品定价也有重要的影响。当资源供应充足时，企业可以选择价格较低的原材料进行生产，使产品成本降低，企业在定价时就会扩大价格选择余地；当资源供应紧张时，原材料价格上涨，产品成本会增加，企业在定价时就会缩小价格选择余地。

（五）法律和政策因素

市场经济的发展、价值规律、供求规律和竞争等的自发作用，会产生某些无法自我完善的弊端。在我国社会主义市场经济中，政府制定了一系列的政策和法规对市场进行管理，并制定和建立了较为完善的价格监管体制。这些政策、法规和措施对企业定价具有监督性、保护性和限制性。价格政策在市场经济中制约着价格的形成，是企业定价时的重要依据，企业在制定价格策略时都不能违背。国家在某些特殊时期，会利用行政手段对某些特殊产品实行最高限价、最低保护价政策，如对农民的粮食规定了最低收购价，以确保农民种粮积极性；为刺激或抑制需求、扩大或减少投资而采取的提高或降低利率和税率的经济政策；为保护竞争、限制垄断，促进市场竞争的规范化、有序化而通过立法手段制定的一些相应法规，如《中华人民共和国价格法》《中华人民共和国反垄断法》《价格违法行为行政处罚规定》等。

三、确定产品定价的一般方法

影响定价最基本的 3 个因素是产品成本、市场需求和竞争。因此，定价方法也可以分为 3 类：基于成本的定价、基于顾客价值的定价和基于竞争的定价。

（一）基于成本的定价

基于成本的定价是以产品的成本为基础的，将成本加上预期利润来制定价格的方法。这是一种按企业的意图来定价的方法，体现了"以产定销"的经营思想。企业先设计一种自以为不错的产品，然后汇总制造该产品所需的成本，制定一个能够弥补成本和实现目标利润的价格，再由市场营销人员说服顾客相信，以这一价格购买是值得的。这种方法注重成本的补偿，成本设定了企业定价的底线，其他外部因素的变化对定价不产生实质性影响。其具体定价方法包括成本加成定价法、盈亏平衡分析和目标利润定价法两种。

1. 成本加成定价法

成本加成定价法包括完全成本加成定价和进价加成定价。完全成本加成定价是制造企业普遍使用的一种方法。这种方法的定价程序是：首先确定单位变动成本，其次加上平均分摊的固定成本组成单位完全成本，在此基础上加上一定的加成率，最后形成销售价格。这里的加成率就是销售利润率，即预期获得的投资利润。例如，建筑公司往往先估计项目的总成本，再加上一个标准的利润加成来确定竞标的价格。律师、会计和其他专业人士也是在成本上加一个标准加成来确定价格的。对于制造企业而言，其计算公式为：

产品出厂价=单位完全成本÷(1-成本加成率)

例如，某台灯制造商预期销售 10 万个台灯，公司固定成本为 30 万元，每个台灯的变动成本为 45 元，预期销售回报，即成本加成率为 20%。

固定成本	300 000 元
单位变动成本	45 元
单位完全成本（45+300 000÷100 000）	48 元

故产品出厂价=48÷(1-20%)=60（元）

制造商以 60 元的价格将台灯卖给零售商，其利润为 12 元，产品销售利润率为 20%。

如果制造商以 60 元出售给零售商，而零售商打算在出厂价格上赚 20%，则零售价格为：

产品零售价=进货价格÷(1-加成率)=60÷(1-20%)=75（元）

在成本加成定价法中，加成率的确定是定价的关键。一般来说，加成率的大小与产品的需求弹性和企业预期盈利有关。需求弹性大的产品，加成率低，以求薄利多销；需求弹性小的产品，加成率较高，高价可以帮助企业获得高利润。通常以银行的存款利率和贷款利率为参考标准。

成本加成定价法的优点是：首先，这个定价方法简便易行。通过将价格与成本联系起来，企业可以简化定价决策过程，不需要随着需求变化频繁地调整价格。其次，如果行业中所有企业都运用这一定价方法，市场价格会倾向一致，价格竞争的可能性较小。最后，许多人感到成本加成定价法对买卖双方更加公平。企业以其投资为基础赚取公平回报，不会在顾客需求变得强烈时利用顾客。

其缺点是：缺乏灵活性和适应性，因为它忽视了市场的需求和竞争对定价的影响，难以适应市场变化；加成率难以确定，其主观色彩较浓；固定成本分摊的不合理性，因为在价格既定的情况下，企业难以准确得知对应价格水平的市场销量，使固定成本费用分摊难保其合理性。

2. 盈亏平衡分析和目标利润定价法

盈亏平衡分析，实际是一种目标利润定价法的变化形式。企业试图找到一种价格，使得企业的收入与成本相抵后保持平衡，即找出利润为零时的销量水平，或达到期望利润时必须增加的销量为多少。

盈亏平衡分析利用盈亏平衡图展示了在不同的销量水平下期望的总成本和总收入。图 8-3 提供了某企业台灯制造商盈亏平衡的情况，不管销量是多少，固定成本都是 30 万元。单位变动成本相对稳定，而总变动成本随产量的增加而增加。总收入从 0 元开始，随销量的增加而增加。总收入曲线的斜率表示单位产品的价格是 60 元。

总收入和总成本曲线在产量为 20 000 个时相交，这是盈亏平衡点的产量。当台灯价格是 60 元时，公司至少要销售 20 000 个台灯，才能达到盈亏平衡，也就是总收入和总成本相抵。盈亏平衡量的计算公式为：

盈亏平衡点销量=年分摊的固定成本÷(价格-变动成本)

盈亏平衡点销量=300 000÷(60-45)=20 000（个）

如果公司希望获得一个目标利润，就必须以 60 元的价格出售 20 000 个以上的台灯。假设台灯制造商在这笔生意上共投资了 100 万元，并期望获得 30%的投资回报，即想要实现目标利润额为 30 万元，那么就必须以 60 元一个的价格出售至少 40 000 个台灯。

其计算公式为：保本销量+盈利额÷(价格-变动成本)

20 000+300 000÷(60-45)=40 000（个）

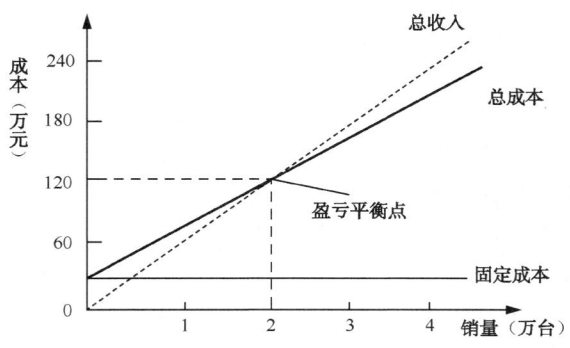

图 8-3 某企业制造商盈亏平衡分析

如果制造商提高价格，不必出售这么多台灯就可以实现其盈利目标。但是，如果价格过高，市场需求可能不足，这在很大程度上取决于需求对价格的弹性和竞争对手的价格。

制造商必须考虑不同的价格，估计不同价格下的盈亏平衡产量、可能的需求量和利润水平。表 8-1 显示了随着价格的提高，盈亏平衡产量逐步下降（第二列），但是与此同时，对台灯的需求随着价格的提高也在下降（第三列）。当台灯售价为 50 元一个时，由于每个台灯边际利润只有 5 元（50 元减去 45 元变动成本），制造商必须使得销量达到 60 000 个，才能实现盈亏平衡。虽然低价格能够吸引更多的顾客，由于竞争原因，销量仍然达不到盈亏平衡产量，制造商出现亏损。在另一个极端，当台灯售价为 62 元一个时，制造商每出售一个台灯的边际利润为 17 元（62 元减去 45 元变动成本），只需要出售 17 650 个台灯就可获得盈亏平衡。但是在如此高的价格下，顾客的预期需求量太少，利润总额仍然为负。表 8-1 还显示了当售价为 57 元时，利润最大。值得注意的是，没有一种价格可以使得制造商实现其 30 万元的目标利润。为实现这一目标，公司必须想方设法降低固定成本或变动成本，使得盈亏平衡产量下降。

表 8-1 不同价格下的盈亏平衡产量和利润

单位：元

价格①	盈亏平衡产量（个）②	既定价格的期望需求量（个）③	总收入 ④=①×③	总成本 ⑤	利润 ⑥=④-⑤
50	60000	55000	2750000	2775000	-250000
55	30000	45000	2475000	2325000	150000
57	25000	40000	2280000	2100000	180000
60	20000	30000	1800000	1650000	150000
62	17650	15000	930000	975000	-45000

注：假定固定成本为 30 万元，单位变动成本为 45 元/个。

（二）基于顾客价值的定价

产品价格是否合适，最终由顾客决定。定价决策，就像其他营销组合要素决策一样，必须能够以传递卓越顾客价值为基础。如果说基于成本定价是产品的价格底线，那么基于顾客价值定价，就是价格的最高限。

图 8-4 比较了基于成本定价和基于顾客价值定价的区别。尽管成本是制定价格时必须考虑

的重要因素，但以成本为导向的定价通常是生产观念和产品观念指导下的定价方式，仅考虑了企业成本和利润，忽视了市场需求和竞争。如果企业成本高于市场平均水平，价格定得太高，企业要么降价，要么减少销量，两者都将造成不理想的盈利水平。

而基于价值的定价方法与以上过程截然相反。企业首先评价顾客的需要和价值感知，然后根据顾客的感知价值制定目标价格。企业以这一目标价值和价格决定目标成本，并以此引导产品设计和开发。也就是说，定价决策始于对顾客需求和价值感知的分析，制定的价格符合顾客的感知价值。

基于成本的定价

设计优秀的产品 → 确定产品成本 → 基于成本确定产品价格 → 说服顾客相信产品的价值

基于价值的定价

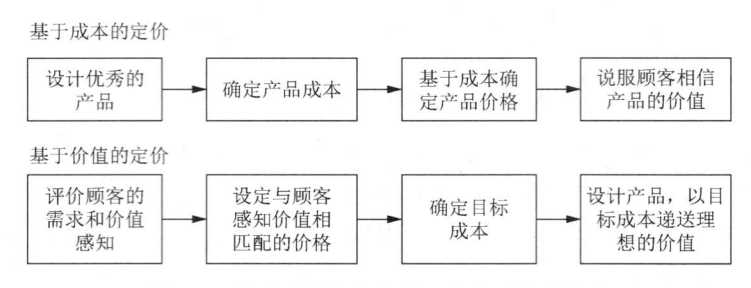

评价顾客的需求和价值感知 → 设定与顾客感知价值相匹配的价格 → 确定目标成本 → 设计产品，以目标成本递送理想的价值

图 8-4　基于成本定价与基于价值定价的比较

在基于价值定价时，企业往往发现要衡量顾客对产品附加价值的感知非常困难。瑞士手表劳力士到底值多少钱？从品牌创始人汉斯·威尔斯多夫传奇故事、独一无二的设计、品牌代言人形象、创新精神、非凡的品质等来评价，这些价值非常主观，因不同的顾客和不同的情境而变化。然而，顾客恰恰以这些感知价值来评价产品价格，所以，企业必须不断地测量它们。有时，企业询问顾客愿意为基础产品付多少钱，为每一种增加的利益付多少钱。或者，企业会通过试验来测试顾客对不同产品和服务的感知价值。如果企业要价高于顾客的感知价值，企业的销售会下降。如果企业的要价过低，虽然产品畅销，但所得利润低于按照感知价值定价可以获得的利润，造成企业本可通过提高价格而获得的利润损失。还有一些顾客完全是依据价格来感知价值的，许多奢侈品牌的感知价值完全是精神层面的，顾客需要市场营销人员的引导，才能感知产品或品牌的溢价。

接下来，我们引进美国营销之父菲利普·科特勒《市场营销原理与实践》（第 17 版）中介绍的两种基于价值的定价方法：高价值定价法和价值增值定价法。

1. 高价值定价法

全球性的经济衰退，顾客对价格和质量的态度发生了根本性和持久性的变化。许多企业正在调整自己的定价方法，以适应变化中的经济条件和顾客价格感知。越来越多的市场营销人员采用高价值定价战略，即以公平的价格提供优质产品和服务的恰当组合。例如，阿里巴巴推出了淘宝特价版和聚划算；而拼多多在本来以价格优势竞争的情况下，进一步推出多多批发；京东则推出了京喜微信拼购业务，让顾客能够获得在同样价格条件下更多的价值。实体企业也纷纷推出知名品牌的便宜版本，如许多百货商业集团，开发奥特莱斯这种品牌折扣模式。沃尔玛推出了"质优价更优"的自有品牌商品，价格甚至比已经很实惠的品牌"惠宜"还要低，为特别节省的顾客提供价格较低的日用品。

高价值定价不限于低价格产品，也可以推出高端溢价的高价值版本。例如，奔驰推出入门级 A180L，售价为 21 万元，这一价格与人们心中豪华汽车价格动辄上百万元相比，显得较低。

新车采用了全新的家族化设计，硕大的奔驰 Logo 依然在最中心的位置，给人的感觉较为稳重，不再那么张扬，大灯依旧犀利。内饰显得简约而时尚，方向盘上有全系标配的换挡拨片。在 10.25 寸中控屏幕的下方是 3 个并排出风口，这样的造型显得与时俱进也贴近豪华。4S 店的汽车销售人员这样宣传：2019 款 A180L 价格更低了，车身也更长了，对于想享受奔驰的科技感和豪华感的人来说是十分值得的。

沃尔玛是零售业高价值定价的代表，它承诺店内出售的商品"天天低价"。天天低价指日常的价格很低，但很少或没有临时的价格折扣。与之相反，也有一些公司采取高低定价，即平时收取较高的价格，但是经常选择性地对某些产品暂时低价促销。例如，一些百货公司经常采取这种价格策略，季节性折扣、节假日折扣及对于持有会员卡的顾客提供特别的优惠。

2. 价值增值定价法

基于价值定价并不意味着顾客希望支付多少，企业就制定什么价格，或者一味地以低价来适应竞争。相反，许多企业采用价值增值定价法，它们不是为适应竞争而降低价格的，而是通过增添提高价值的属性和服务，使产品或服务差异化，进而维持高于平均水平的价格。

沃尔玛在中国的大卖场不断压缩，而社区超市和山姆会员店的数量在增加，充分满足消费者市场的两极分化的需求。一是价格敏感的普通顾客，随着经济下行，普通顾客的消费能力受到影响，消费水平下降，"天天低价"很重要。沃尔玛社区超市模式很好地满足了这部分普通顾客的需求。沃尔玛在大卖场萎缩的情况下，社区超市得到了很大的发展。二是追求生活品质的高端顾客，经济下行对高端消费人群影响不大，因为他们有丰富的资金积累和稳定的收入，追求品质生活，购买高质量生活用品和食品。山姆会员店模式满足了这部分人的需求。它提供的生活用品品类丰富、品质高，与其他零售店差异化。例如，原装进口的化妆品、护肤品及其他日用品，进口乳制品、肉制品及海鲜产品，特色副食品，以及标注原产地的有机蔬菜和优质进口水果等。这些产品价格都不便宜，但其购物环境好，产品品类齐全，品质有保障，这些都是附加价值，顾客愿意为这些附加价值付更多的钱。山姆会员店产品定价就是价值增值定价，这种模式特别适应省会城市及一线城市高端顾客的需求。尽管山姆会员店产品价格较高，可在省会城市或一线城市，由于目标人群规模稳定且消费能力强，经常出现双休日及节假日店内顾客爆满的情况。

（三）基于竞争的定价

基于竞争的定价是以市场上相互竞争的同类产品价格为定价基本依据，随着竞争状态的变化而确定和调整价格水平的定价方法。成本定价决定企业可以制定价格的下限，顾客价值定价则决定价格的上限，而竞争定价则在下限和上限之间依据竞争产品价格进行价格调整，以获得价格上的竞争优势。

在执行竞争定价的过程中，企业应当明确几个问题：首先，企业与竞争对手相比，谁的产品或服务能提供更多的顾客价值。如果顾客对企业的产品或服务有更高的感知价值，企业就可以收取更高的价格。如果顾客感到竞争对手的产品或服务价值更高，企业就只能收取较低的价格，或者改变顾客的感知价值，使其相信高价的合理性。

其次，企业需要判断现有的竞争对手有多么强大，它们正使用何种价格策略。如果企业面对的是一群势力弱小的竞争对手，且其定价高于顾客感知价值，则可以制定低价来削弱小型竞争对手并将之驱逐出该市场。如果市场被低价的大型竞争对手主宰，则企业可以通过提供高价的增值产品来瞄准未被满足的补缺市场。

重要的是，企业的目标并不是价格一定要与竞争对手相当或比竞争对手更低。相反，企业的目标是根据相对于竞争对手而言所创造的相对价值来设定价格的。如果企业能够为顾客创造更高的价值，而且能够让顾客感知这些附加价值，收取更高的价格是顾客完全能够接受的。例如，格力以制造优质空调而闻名，尽管其价格高于其他竞争品牌，但其在国产空调行业中确定了主导地位。一位顾客曾问格力的经销商，为什么一台3匹的格力空调要7500元，而其他品牌同样功率型号的空调只要6500元？格力的经销商向顾客出示了一份详细的分析清单：

- 与同类竞争产品相比其核心产品的价格　　　　6500元
- 比同类竞争产品更耐用、更可靠带来的增值　　500元
- 比同类竞争产品更经济、更安静带来的增值　　500元
- 比同类竞争产品更好的服务带来的增值　　　　500元
- 折扣　　　　　　　　　　　　　　　　　　　-500元

格力空调最终价格　　　　　　　　　　　　　　7500元

尽管顾客为格力空调支付了超出竞争产品价格1000元的溢价，实际上却获得了产品使用寿命中1500元的增值价值。顾客这样一算当然选择购买格力空调了。

依据竞争对手的价格策略及竞争产品的价格来制定本企业的产品价格的方法主要有通行价格定价法、主动竞争定价法、密封投标定价法等。

1. 通行价格定价法

通行价格定价法是竞争导向定价法中广为流行的一种。其定价原则是使本企业产品的价格与竞争产品的平均价格保持一致的水平，这种定价方法的特点如下。

（1）平均价格水平在人们的观念中常被认为是"合理的价格"，易被大家接受。

（2）试图与竞争对手和平相处，避免激烈竞争产生的风险。

（3）一般能为企业带来合理、适度的盈利。

这种定价适用于竞争激烈的产品，如大米、面粉、钢铁及某些原材料的价格确定。在寡头垄断竞争条件下常采用这种方法。

2. 主动竞争定价法

与通行价格定价法相反，主动竞争定价法不追随竞争对手的价格，而是根据本企业产品的实际情况及竞争对手的产品差异状况来确定价格。首先，将市场上竞争产品价格与企业估算价格进行比较，分为高于、一致及低于3个价格层次。其次，将本企业产品的性能、质量、样式、产量等与竞争企业进行比较，分析造成价格差异的原因。再次，根据以上综合指标确定企业产品的特色、优势及市场定位，在此基础上，按定价所要达到的目标确定产品价格。最后，跟踪竞争产品的价格变化，及时分析原因，相应调整本企业的产品价格。一般来说，实力雄厚或产品独具特色的企业采用主动竞争定价法。

3. 密封投标定价法

密封投标定价法主要适用于投标交易方式。投标价格是投标企业根据对竞争对手的报价进行估计来确定的，而不是按企业自己的成本费用或市场需求来确定的。企业参加投标的目的是希望中标，所以它的报价应低于竞争对手的报价。一般来说，报价高、利润大，但中标机会小，

如果因价高而招致败标，则利润为零；反之，报价低，中标机会大，但利润低，其机会成本可能大于其他投资方向。因此，企业在报价时，既要考虑实现企业目标利润，也要结合竞争状况考虑中标概率。最佳报价应是使预期利润达到最高水平的价格。此外，预期利润是指企业目标利润与中标概率的乘积，显然，最佳报价即目标利润与中标概率两者之间的最佳组合。运用这种方法，最大的困难在于估计中标概率，这涉及对竞争投标情况的掌握，但一般也只能通过市场调查及对过去投标资料的分析大致估计。在国际上，建筑包工和政府采购往往采用这种定价方法。

投标定价法有以下几个步骤。

（1）招标。招标是由招标者发出公告，征集投标者的活动。在招标阶段，招标者要完成下列工作。

① 制定招标书。招标书也称招标文书，是招标人对招标项目成交所提出的全部约束条件。招标书包括招标项目名称、数量、质量要求与工期，开标方式与期限，合同条款与格式等。

② 确定底标。底标是招标者自行测标的愿意成交的限额，它是评价能否中标的极为重要的依据。底标一般有两种，一种是明标，它是招标者事先公布的底标，供投标者报价时参考；另一种是暗标，它是招标者在公证人的监督下密封保存，开标时当场启封的底标。

（2）投标。投标者根据招标书的规定提出具有竞争性报价的标书送交招标者，标书一经递送就要承担中标后应尽的职责。在投标中，报价、中标、预期利润三者之间有一定的联系。

（3）开标。招标者在规定时间内召集所有投标者，将报价信函当场启封，选择其中最有利的一家或几家中标者进行交易，并签订合同。

企业在决定相比竞争对手而言应该定什么样的价格时，不管定什么价格，基本的原则就是要提供给顾客比价格更多的价值。

四、制定产品价格的基本策略

企业市场营销价格策略，就是把产品定价与企业市场营销组合的其他因素结合起来，制定出最有利于市场营销的价格，以实现企业营销目标的一种价格措施。价格策略的全部奥妙，就是在一定的营销组合下，如何把产品价格定得既能被顾客所接受，又能为企业带来比较多的效益。价格策略主要有新产品价格策略、产品组合价格策略、价格调整策略和价格变动策略。

（一）新产品价格策略

价格策略在产品生命周期的不同阶段常常要做出不同的改变，尤其是在产品的投入阶段，更有挑战性。当企业推出一种新产品时，就面临着第一次定价的挑战。企业可以采取两种价格策略：市场撇脂价格策略和市场渗透价格策略。

1. 市场撇脂价格策略

市场撇脂价格策略，又称高价策略。许多企业将发明的新产品推向市场时，制定很高的初始价格，在市场上一层一层地"撇取"收益，以期在短期内收回投资并取得较高的回报。苹果公司经常使用这一策略，每次以高价推出新一代苹果 iPhone、iPad 或 Mac 电脑，待更新的产号面市时，再将这些老产品的价格向下调整。用这样的方法，苹果公司在各细分市场获得了最大的收益。

市场调研机构 Counterpoint Research 的数据显示，苹果公司在 2021 年第二季度占据了全球智能手机市场 75% 的利润，但是其全球市场份额仅有 13%。对此，该市场调研机构 Counterpoint Research 相关人员表示：尽管三星公司在年度出货量方面是全球最大的智能手机供应商，但在营收和利润份额方面要落后于苹果公司，并且差距较大。此后，苹果公司依旧会继续保持优势，使其能够继续对手机收取溢价，从而保持较高的运营利润率。

高价策略的优点：第一，采用高价策略，有利于企业树立产品高品质形象，扩大销售。最初上市的产品，往往需求弹性小，竞争对手尚未进入市场，加上顾客对产品还不熟悉，可利用其求新好奇心理，以偏高价格提高产品身价，刺激顾客购买，配合产品品质较高的特性，有助于开拓市场，扩大销售；第二，采用高价策略，有利于企业掌握价格主动权。当高价引发了竞争或市场反应不佳时，可以主动降价；第三，采用高价策略，企业可在市场上一层一层地获取收入，就像苹果公司一样，不断扩大消费群体。

高价策略的缺点：第一，会损害顾客利益。价格远高于价值，必然损害顾客利益，引起顾客反感；第二，不利于拓展市场。当新产品在顾客心目中的声誉尚未建立时，初期高价不利于开拓市场，甚至无人问津；第三，容易诱发竞争。如果高价投放，在销路旺盛时，就极易诱发竞争，迫使价格惨跌，影响企业本身的长期目标，因此往往好景不长。

只有在特定条件下，市场撇脂定价法才是可取的。首先，产品的质量和形象必须支持其高昂的定价，并有足够的顾客愿意在高价位购买；其次，小批量生产的成本不会太高，以至于抵消高价带来的收益；最后，竞争对手不能轻易进入市场和降低价格。

2. 市场渗透价格策略

市场渗透价格策略，又称低价策略。它是指在产品上市初期，制定一个较低的初始价格，旨在迅速和深入地渗透市场，短期内吸引大量顾客，赢得较高的市场份额。低价策略以扩大市场占有率，扩大销量为目标。较高的销量可以降低成本，使得企业有可能进一步降低价格。例如，世界家居巨头宜家就是采取市场渗透价格策略成功进驻我国家居市场的。为吸引挑剔的中国顾客，宜家采取与多数西方零售商店相反的做法，将中国市场的产品价格削减到世界最低水平。通过不断增加在中国本土制造的产品，宜家将部分产品的价格压低到中国以外市场的 70% 以下。2021 年宜家斥资 2 亿元用于更低价格的投入，有超过 250 款产品下调价格，这一数字占宜家整体 SKU 比例的 5% 左右。这些更低价格的产品并非源自促销，而是通过全产业链优化和技术的改进，实现成本的降低。市场渗透价格策略使得宜家快速占有中国不断增长的家居市场。2019 年，中国市场所经营的 28 家宜家商场共接待了 1.08 亿人次的访客，销售额共计人民币 157.7 亿元，位于中国家居榜单第一名。

低价策略的优点：第一，低价易为顾客接受，有利于迅速打开产品销路；第二，低价可以有效地排斥竞争对手介入，因而能在较长时期内占领市场；第三，低价能带来销售额的迅速增长和市场占有率的扩大，从而保证企业长期稳定地发展。

低价策略的缺点：第一，由于新产品刚上市就实行低价，影响了其他同类产品的销路，造成同类产品寿命周期缩短；第二，不利于企业高质量产品形象的确立，往往会影响企业的声望；第三，企业因成本发生变化等需要提高产品价格时，会引起顾客的反感，从而影响销路。

要使低价策略生效，必须符合一些条件。首先，市场必须对价格高度敏感，从而低价格会产生更大的销量和市场份额；其次，产品的生产和分销成本必须随着销量的增加而降低；最后，低价必须有助于排斥竞争对手，而且采取渗透定价的企业必须保持其低价定位。否则，价格优势只是暂时的。我国手机市场以低价定位胜出的要属小米了。

案例启示

小米的市场渗透定价

知名调研机构 Canalys 发布的最新报告显示，2021 年第二季度，小米首次超越苹果公司成为全球第二大智能手机厂商；三星智能手机出货量占市场份额的 19%，小米以 17% 的份额首次位居第二，苹果公司以 14% 的份额名列第三，OPPO 和 vivo 则保持强劲的增长势头，跻身前五。小米正迅速拓展海外业务，在拉美、非洲和西欧这 3 个市场的出货量分别猛增逾 300%、150% 和 50%。

小米成功的主要原因是它的高配低价。相比三星和苹果，小米平均售价分别便宜约 40% 和 75%。拿 2021 年旗舰"守门员"小米 11 来说，这是一款全性能的综合手机，延续了小米以往高配超低价的风格，无论是硬件还是外观，抑或是售价都格外让人满意。小米 11 搭载高通骁龙 888+6400Mbps 的 LPDDR5 内存+更快速度的 UFS 3.1 闪存，采用一亿像素主摄，支持 OIS 光学防抖；主摄传感器为 1/1.33 的 HMX，支持像素四合一技术；正面采用的是三星 E4 材质的 2K 分辨率 AMOLED 四曲面屏幕，入选 DisplayMate A+认证；3999 元的起售价，相比后续友商机型，性价比优势展现得淋漓尽致，迎合了追求高性价比的广大"米粉"的消费心理。

小米之所以能以如此之低的售价获取如此高额的利润，可能源自其成本低廉但行之有效的营销策略。老牌竞争对手都花费了巨额资金投放电视广告和其他传统广告，但小米的营销主要集中于社交媒体和互联网论坛，那里有很多用户发表评论、表达诉求。由于经常与用户在线互动，而且会根据用户的反馈调整产品功能，帮助小米建立了忠实的用户基础。分析师认为，这项战略不仅有效地保留了用户，而且帮助该公司节省了一大笔营销开支。

资料来源：电子发烧友网站，有改写

（二）产品组合价格策略

产品组合价格策略，是企业依据产品结构特点及产品组合策略，寻求一组价格，使整个产品组合的利益最大化的方法。由于各个产品的需求、成本，以及面对的竞争程度各不相同，因此定价的难度较大。企业通常可以采取以下 5 种产品组合定价方法：产品线定价、备选产品定价、附属产品定价、副产品定价和一揽子定价。产品组合价格策略如表 8-2 所示。

表 8-2　产品组合价格策略

价格策略	内容描述
产品线定价	对同一产品线内的不同产品差别定价
备选产品定价	对与主要产品一起出售的备选产品或附加产品定价
附属产品定价	对必须与主要产品一起使用的产品定价
副产品定价	对低价值的副产品定价以弥补处理它们所花费的成本或利用它们挣钱
一揽子定价	对共同出售的产品组合定价

1. 产品线定价

企业通常会开发产品线而非单一产品。在产品线价格策略中，管理人员必须决定同一条产品线中不同产品的价格差距，确定同一条产品线中不同产品之间的价格差距，应该考虑不同产品之间的成本差异。更重要的是，应该反映顾客对不同产品属性的感知价值。

例如，小米系列产品的价格，根据其不同型号及内存进行区分定价。尽管小米 11 "12GB+256GB" 的性能并不比 "8GB+128GB" 的性能强，但其运行速度更快，内存增加一倍，可以储存更多信息，因此顾客乐意付出更多的钱。小米的任务就是创造可被顾客感知的价值差别，来让顾客接受不同型号的价格差异，愿意为自己的感知价值买单。

2. 备选产品定价

许多企业在销售与主要产品配套的备选产品或附加产品时，采用备选产品定价。例如，购买汽车的顾客可能会选购车载卫星定位系统、防盗系统和蓝牙无线交互设备，购买冰箱的顾客可能会顺带配备制冰器。当顾客选购一台新电脑时，他要在一系列令人眼花缭乱的中央处理器、硬盘、内存系统、软件和服务计划中进行选择。企业必须为这些与主件配套的备选产品进行定价。为备选产品定价是很复杂的，企业必须决定哪些项目需要包括在基本价格以内，哪些项目可以不包括在基本价格以内。

3. 附属产品定价

如果企业生产的产品必须与一个主要产品一起使用，就需要使用附属产品定价。例如，剃须刀片、电子游戏及打印机墨盒都是附属产品。企业常常对其主要产品（剃须刀架、电子游戏机和打印机）的价格定得较低，但对这些附属产品的价格定得较高来获利。例如，亚马逊以低利或无利的价格推出 Kindle 电子书和平板电脑，希望通过出售在设备上观看的电子书、音乐、电影和其他内容来弥补这一亏损，并挣更多的钱。亚马逊的 CEO 贝佐斯声称："我们希望在人们使用我们的设备时挣钱，而不是在他们购买时。"

然而，使用附属产品定价的企业必须谨慎行事。在主要产品和附属产品之间找寻价格的平衡是最为棘手的。一款移动净水器只需要 180 元，附赠两个滤芯，每个滤芯可以使用 1 个月。移动净水器需要不断更换滤芯才能保证用水质量，而滤芯价格为 50 元一个。购买移动净水器的顾客当时被 180 元就可以每天喝到纯净水而吸引，却因为每个月要花 50 元换滤芯而不满，按照纯净水价格，50 元可以直接购买现存纯净水 50 千克，完全没有必要买净水器了。

在服务行业，这种附属产品定价法被称为二分定价。该定价分为固定费用和可变动使用费用两部分。例如，在张家界景区你可以购买一张整个景区全程门票，但内不含缆车和其他设施的使用费用。许多公园门票很便宜，甚至免费，但里面的游乐设施和个别项目是需要额外付费的。

4. 副产品定价

生产产品或进行服务的过程往往会产生副产品。如果这些副产品没有价值，并且处理掉的成本较高，会影响主要产品的定价。企业对副产品定价，为这些副产品找到一个市场，以弥补储存和运输它们的成本，从而可以帮助企业降低主要产品的价格，使其更具有市场竞争力。

有时副产品甚至可以盈利，即变废为宝。例如，用煤炭发电的电力公司，会产生大量的粉煤灰，这种副产品是建材混凝土的重要添加剂，通过出售粉煤灰可以降低煤炭发电的成本。动物园里动物的粪便，管理人员可以将其收集起来制成混合肥料，出售给蔬菜种植基地或果园，不仅可以变废为宝，还对环境有益，绿色环保。

5. 一揽子定价

在使用一揽子定价时，企业常常将几种产品组合在一起，以低于各项单品的价格出售。例如，快餐店将汉堡、薯条和软饮料打包，以"套餐"价格销售；超市对肥皂和洗衣粉、洗衣液三合一套装进行定价；移动通信公司将互联网宽带业务、短信、电话捆绑，低价销售。这种一揽子定价可以促进顾客购买一些原本不会购买的产品，但是组合的产品价格必须足够低，以吸引顾客购买。

（三）价格调整策略

针对不同的顾客差异和变化的形势，企业通常会调整基础价格。表8-3中总结了7种价格调整策略：折扣与津贴定价、细分市场定价、心理定价、促销定价、地理定价、动态定价与网上定价、国际定价。

表8-3 价格调整策略

价格策略	内容描述
折扣与津贴定价	为回报顾客大量购买、较早付清货款或促销产品等行为而降低价格
细分市场定价	调整产品的基本价格以适应不同的顾客、产品和销售地点
心理定价	根据心理因素调整定价
促销定价	暂时降低产品价格，以促进短期销售
地理定价	针对顾客的地理位置差别调整价格
动态定价与网上定价	持续调整价格，以适应顾客个体需要和环境特点
国际定价	为国际市场调整价格

1. 折扣与津贴定价

许多企业通过调整基础价格，以回报顾客的特定行为，如较早地付清货款、大量购买和淡季购买等。这些价格调整被称为折扣与津贴定价，有多种形式：现金折扣、数量折扣、功能折扣、季节折扣、津贴等。

（1）现金折扣，即（卖方）对按约定日期以现金付款的顾客，按原价享受一定折扣的策略。实行这种策略的目的是鼓励顾客及时付清货款，减少赊销。使用现金折扣，企业应考虑3个方面的因素：一是折扣率的大小；二是给予折扣的限制时间的长短；三是付清货款期限的长短。典型的例子如"2/10，n≤30"的付款方式，意思是对于30天内付清货款的顾客的价格减让方式，如果顾客在10天内付清货款，就可以享受2%的折扣。例如，某企业与顾客成交某产品，货款为100万元，全额付款时间为30天；如果顾客能在10天内付清货款，企业可按原价的2%给予现金折扣，顾客只需支付98万元就可以收到100万元的产品。

（2）数量折扣，是企业根据顾客的购买数量或金额的多少，分别给予大小不同折扣的策略。对于购买数量大、购买金额多的顾客，给予其折扣也愈大，以此鼓励顾客大量购买，或吸引顾客长期购买本企业的产品。数量折扣有两种具体形式。

① 累计数量折扣。即在一定时期内，按照顾客购货累计达到的数量或金额的大小给予不同

的折扣。根据时间的长短，可以任意制定为一周、一月、一季、半年、一年等。这种策略有利于稳住顾客，鼓励顾客长期购买，使之成为企业可以信赖的老顾客。企业掌握的这类顾客越多，就越易掌握产品的销售规律。但这种策略在实施中也会遇到一些问题，如顾客为获得较多的折扣率，常在规定期届满之际大批进货，直接影响到企业市场营销计划的平衡性。

② 非累计数量折扣。即规定顾客每次购买达到一定数量或金额时，给予其一定的折扣优惠。购买的数量、金额越多，折扣率就越大，目的在于鼓励顾客一次性地大量购买。因为购买量大，企业费用开支并不成比例增加，反而可以节省费用，加速资金周转，增加盈利。目前，很多企业都采用了这一策略，使销量迅速增加，营销效果极为显著。

(3) 功能折扣，又被称为交易折扣，是指企业根据中间商的不同交易职能而给予不同价格折扣的策略。例如，批发商为供应商承担仓储职能、产品推广职能；零售商承担促销职能、导购职能等。如某生产厂家的产品零售价格为100元，其交易折扣率分别为15%、10%、5%。表示零售商从批发商购进的价格为100×(1-15%)=85（元），批发商从总经销商购进的价格为85×(1-10%)=76.5（元），总经销商从厂家购进的价格为76.5×(1-5%)=72.68（元）。实行交易折扣的依据是企业的性质。不同性质的企业，处于分销渠道的不同环节，所担负的功能不同，开支的费用存在差异，需要企业以各不相同的折扣率补偿。因此，交易折扣率的大小，应根据企业和产品性质，特别是企业所提供的功能性服务而定。

(4) 季节折扣，是指生产或经营季节性产品的企业对提前进货的顾客给予一定的价格优惠，或者对过季产品折价出售的策略。其目的是鼓励批发商、零售商提前进货，增加库存；顾客在淡季购买，以便充分利用企业设备，减少资金占用和仓储费用，有利于常年的均衡生产或经营。季节折扣目前也可以应用于非产品买卖的第三产业中，如旅游业，往往在旅游淡季也实行折扣，以招揽游客。

(5) 津贴是另一种类型的价格减让。例如，以旧换新津贴是对购买新产品时返还旧产品的顾客提供价格减让。这在汽车销售中最为流行，其他耐用消费品的销售也经常使用，如创维电视推出以旧换新业务，而且通过上门收旧货来鼓励顾客购买新产品。促销津贴，是指生产商对开展广告和促销活动的中间商给予减价或津贴，以作为报酬的策略。其目的在于鼓励中间商对生产商的产品进行推广宣传。如刊登地方性广告，特设新产品展销橱窗等，以提高生产商产品在该地区市场的影响力和知名度。这种策略特别适用于新产品的投入期。

2. 细分市场定价

企业常常通过调整基础价格以适应不同的顾客、产品和销售地点。通过细分市场定价，企业以两种或多种价格销售具有相同成本的产品和服务。细分市场定价有以下几种形式。

(1) 顾客细分定价，是指对于同一种产品，不同顾客支付不同的价钱。例如，公交车车票、公园门票分别有学生票、军人票。年满60岁的老人在许多公共设施和旅游景点免票，只需要凭身份证出入。有的书店专门为教师和学生购书提供折扣定价。

(2) 产品细分定价，是指对不同款式的产品制定不同的价格，但并不是因为成本差异。例如，一些啤酒在超市的零售价为几元钱一瓶（500mL），而罐装的啤酒在酒吧可能需要几十元一听（330mL），这些啤酒品质并没有区别，而且罐装容器比瓶装容器还要小一点儿，但价格差异很大，因为一种是满足普通顾客需求，另一种是满足娱乐的高端顾客需求。

(3) 地点细分定价，即企业在不同销售地点制定不同的价格，即便销售成本相同。例如，同一飞机上，有商务舱和经济舱，其价格差异很大；在观看戏剧和演唱会时，座位不同票价也不同，离前台近的门票价格高，离前台远的门票价格便宜。

（4）时间细分定价。电影院白天顾客少、票价便宜，而晚上顾客多、票价贵；飞机提前订票可以获得较多优惠；酒店房间淡季价格便宜、旺季价格上涨；一些新鲜水果和蔬菜甚至按小时定价，上午价格高、接近商店打烊时价格低。

细分市场价格策略要达到预期效果，必须满足一些条件。市场必须是可以细分的，不同的子市场在需求上必须有差别；细分市场和进入市场的成本不能超过差别定价带来的利益。还有，细分市场定价必须是合法的。例如，春运期间各种交通工具都比较紧缺，但也不能随意涨价，因为关系民生，必须受国家物价管理部门统一管理。

细分市场定价必须真正让不同顾客感知价值的真实差异。例如，高价购买商务舱的乘客应该享受与普通舱不一样的小环境和更加舒适的、周到的服务，即让高价顾客感知他们所花的额外金钱得到的价值对得起这一高价格。

3. 心理定价

心理定价是企业根据顾客在购买产品时的心理需要而采取的价格策略。价格能表明产品的一些特性。例如，许多顾客以价格来判断产品质量。一瓶香水可能只装有价值30元的香料，却有人愿意花600元来购买它，这表明价格能表现一些特殊的东西。

在心理定价时，市场营销人员不仅要考虑经济学方面的因素，还必须考虑与价格有关的心理方面的因素。例如，顾客通常认为较高价格的产品质量较好。当顾客可以检验产品质量或通过过去的经验判断产品质量时，他们不怎么用价格衡量质量；但当他们缺乏必要的信息和技能来判断产品质量时，价格就成为重要的质量标志。例如，一名律师的服务费为100元一小时，而另一名律师的服务费为500元一小时，哪名律师更好？为客观地回答这个问题，你不得不深入研究这两名律师的材料。尽管如此，你也不一定能够准确判断。大多数人会简单地认为要价较高的律师更好。心理定价的形式很多，具体包括参考价格、非整数定价、整数定价、分级定价、招揽定价等。

（1）参考价格，即顾客在观察某种特定产品时，心里会想到的价格。顾客可能因为注意到了当前的价格，记起了过去的价格，或者评价当时的购买情境而形成参考价格。例如，超市将标价为10元500克的私有品牌蛋糕紧挨着标价为20元500克的徐福记蛋糕陈列。或者企业将并不热销的高价产品与其他同类价格更高的产品放在一起，让顾客有一个比较，从而促进销售。格兰仕开发了一款价格为600元的智能微波炉，随后增加了一款价格为1000元的智能微波炉。后者自然少有人购买，而前者销量翻番。

（2）非整数定价，即企业在制定产品价格时，根据顾客求廉心理，以零头数结尾或拆整为零，以促进顾客购买欲望的一种策略。例如，一双运动鞋定价为99元，比定价为100元要受欢迎。非整数定价在顾客偏重价格低廉时使用最佳。

顾客之所以欢迎非整数定价，有3个方面的原因：第一，顾客对非整数定价有一种信任感。对于整数价格，如1元、30元、100元，顾客从心理上会认为这是一种概略性价格；而非整数定价，如0.9元、29.9元、99元，则给顾客一种经过了精确计算、对顾客负责任的价格概念。第二，非整数定价有一种便宜感。人们在购物时，往往重视价格的最高数位而忽视价格的零头数，因此，用非整数定价制定出来的价格虽然与整数价格十分接近，有时只相差几分钱，但给人低一级数目的便宜感觉。当然，要使顾客产生这种感觉，在具体定价时，要使用靠近整数以下的零头数，如9.9元、89元，而不要使用整数以上的零头数，如10.5元、90.8元。所以，非整数定价只要使用得当，便会使顾客产生便宜感。第三，企业可以顺应某些地区、民族的风俗习惯。如中国人和日本人忌讳4，基督教徒忌讳13。如果产品价格正好在这些数字上，应进行调整和变通。如把价格改为3.98元、12.98元等。西方人喜爱奇数，所以以奇数结尾的定价在欧洲市场较受欢迎；而东方人喜欢偶数，所以以偶数结尾的定价在东方市场较受欢迎。另外，在非整数定价中，很多定价人员根据中国人对数字迷信或崇拜的心理，利用一些特殊数字的谐音，给顾客留下一个吉祥、发财的联想，如"158元""168元""666元""888元"等。

（3）整数定价，即企业在制定产品的价格时，根据顾客价高质优的心理，以整数出现，不用零头数，以满足顾客心理需要的一种策略。适合采用这种价格策略的产品，主要是顾客偏重质量的产品，如高档产品、耐用消费品、礼品等。因为顾客对这些产品质量缺乏了解，往往凭借价格的高低来进行判别，容易产生"一分钱一分货"的消费心理。在当代社会，随着人们生活水平的提高，产品及其定价除了满足人们物质生活需要，还应满足其精神生活需要，人们容易产生高价消费心理。在顾客有按质论价心理和高价消费心理需求时，产品或服务宜采用整数定价。例如，在一项研究中，让人们在只有价格不同的激光视力矫正手术中做选择，一个标价为3000元，另一个标价为2990元。两者只差10元，但是心理差异要大得多。选择3000元的人明显更多，人们认为2990元的价格要低许多，这让他们非常担心手术质量和存在的风险。

（4）分级定价，即零售商根据不同层次顾客的不同消费心理，将众多规格、型号、款式的同类产品分成几个档次，每个档次制定一个价格，以满足不同顾客需求的价格策略。例如，皮鞋店将各种样式的皮鞋分为5组，分别标价为188元、218元、318元、488元、588元，形成价格系列。这样标价，可使顾客感到高低档次的差别，档次高的，可以满足高收入顾客优越的心理需要；档次低的，可以满足低收入顾客求廉的心理需要。顾客根据自己的需求能力和期望目标，很快就能做出购买决策。运用这种策略应注意的是，分级不宜过细或过粗，档次价格不宜拉得太大或太小，否则就失去了档次的差别感；分级太粗或价格差别太大，就容易失去顾客，减少销售机会。

（5）招揽定价，是企业利用顾客的求廉、好奇心理，暂时将少数几种产品降价来吸引顾客，以招揽生意的一种策略。现在经常看到网上的爆款产品，就是借助低价来吸引顾客的，以增加顾客流量，从而增加顾客购买产品的机会和可能性。当顾客被吸引到商店购买特别产品时，商店还可以继续运用连带推销、增加售中服务等，促使顾客购买其他众多的非特价品，以扩大企业销量。例如，根据季节或某些节日，采用大减价，或者大肆宣传，以招揽生意、吸引顾客登门选购。企业在采用招揽定价时应注意以下几点：第一，特价品必须是广大群众常用的、价值不大的产品；第二，特价品的价格必须真正削价，使价格接近成本，才能取信于顾客；第三，实行特价品定价的产品，必须是规模较大、经营产品种类多的商店；第四，特价品应有一定的限制，数量上应有一定限额，并经常变化品种。

4. 促销定价

促销定价是指企业暂时制定低于正常水平，甚至低于成本的价格，以引起顾客的兴奋感和紧迫感。促销定价有多种形式。市场营销人员可以仅在正常价格上提供折扣，以增加销量和减少存货。市场营销人员在某些特殊时节也使用这种策略，以吸引更多的顾客。例如，在"五一"

国际劳动节或"国庆节"时对家用电器进行促销定价,以吸引顾客进入商店购买。网上秒杀、爆款等限时促销活动能制造紧迫感,让顾客感觉得到某种优惠自己很幸运。

制造商有时对那些在特定时段购买产品的顾客采用现金返还的优惠方式,即将现金直接送到顾客手里。近年来,汽车制造商、手机生产商尝试使用现金返还的方法进行促销。这种定价方法也适用于日用消费品。一些制造商提供低息贷款或免息分期付款、长期质量担保或免费维修服务,以此来降低顾客的心理"价格"。这种做法在汽车行业广受欢迎。

促销定价有助于推动顾客尽快做出购买决策。例如,为鼓励顾客转换购买雪铁龙汽车,雪铁龙汽车经销商发起了"轻松以旧换新"的促销活动,无论你原来购买的是何种品牌的汽车,都可以通过二手车评估机构进行评价,旧车由经销商回收,评估价可以抵扣新车价格,同时享受整车价格5%的折扣。如此优惠的价格促销能够激发强有力的购买和品牌转换动机。

但促销定价如果使用太频繁,也会带来许多负面的影响:一方面,促销定价会制造出一批"优惠倾向"顾客,他们在品牌降价之前是不会进行购买的;另一方面是频繁降价会使得品牌在顾客心目中贬值。市场营销人员有时为了促使短期销量上升、完成销售任务,将促销定价作为一条捷径,而不是去努力为品牌建立长期有效的战略。

5. 地理定价

地理定价,是企业根据顾客所在地区或路途的远近,考虑产品的运费负担的一种价格策略。这种策略主要是在价格上灵活反映和处理运输、装卸、仓储、保险等多项费用。当运费开支比较大时,企业在定价时必须考虑这方面的问题,以提高顾客进货的积极性。地理价格策略主要包括原产地定价、统一交货定价、地区定价、基点定价和减免运费定价5种方式。

(1) 原产地定价,又叫离岸价格(FOB-origin pricing),即由企业在产地制定出厂价或产地价格,由顾客负担全部运杂费用。这种策略在地理价格策略中应用最普遍。原产地定价对企业来说,是最单纯、最便利的定价,适用于各地的顾客,但实际上不利于路途较远、运输费用较高和运输风险较大的顾客,因而会限制企业产品的销售范围。

(2) 统一交货定价,即企业对顾客不论路程远近,将货物运送到顾客所在地,收取同样的价格。在运费低廉的地方或运费占成本比重小,以及产品质量轻、体积小的情况下,企业都倾向于采用这种定价。它使顾客认为运送是一项免费的服务,因而有利于巩固企业的市场地位。

(3) 地区定价,是介于原产地离岸定价和统一交货定价之间的一种定价法。即企业将市场划分为几个区域,以每个区域与企业的距离分别定价,对同一区域的所有顾客收取统一的运费,距离越远,价格越高。

按地理位置将我国国土划分为东部地区、中部地区和西部地区。如果企业的销售点在中部地区,则可以采取3种价格:中部地区距离最近,价格最低;东部地区交通发达,距离比西部地区短,则价格高于中部地区且低于西部地区;西部地区距离相对较远,价格最高。这时同一地区的顾客不会从企业得到价格优势,同一地区内距离较近的顾客会抱怨为其他顾客承担了一部分运输成本。

(4) 基点定价,即企业选择一个特定的城市作为"基点",向所有顾客收取从该基点城市到顾客所在地的运输成本,而不考虑产品实际装运的城市。例如,三一重工可以选择郑州为基点城市,向所有顾客收取同样的产品价格和从郑州到目的地的运费。如果同一地区的企业都选用相同的基点城市,就可能消除价格竞争。

(5)减免运费定价,即由企业承担部分或全部实际运费,以争取所期望的生意。这是因为如果能够获得生意,平均成本就会下降,所得利润会超过额外的成本。减免运费定价适用于市场渗透,以及竞争日益激烈的市场。例如,大部分的网络购物都采取包邮的方式。

6. 动态定价

动态定价是对于长期以来由企业制定统一固定价格的做法提出的由双方协商决定价格的定价方法,或企业根据市场变化不断地调整价格以适应单个顾客的特性、需求及环境。动态定价在网上特别普遍。

互联网的灵活性允许网络销售商即时、迅速地对大量产品的动态需求做出价格调整(有时也被称为实时定价)。动态定价彻底颠覆了传统的企业固定价格定价法,顾客通过在易拍之类的拍卖网上出价或团购网上讨价还价,从而控制价格。

动态定价对市场营销人员来说,具有许多优点。企业从顾客网上浏览和购买记录中进行数据挖掘,获得顾客的特点和行为特征,并以此为基础定制产品和价格。例如,一位最近购买去北京的头等舱机票的顾客可能随后会收到一份新款哈曼卡顿(Citation)无线影院的报价信息,而另一位网上浏览和购买记录更节俭的顾客可能收到相同音响5%的折扣和包邮的优惠信息。

动态定价不仅仅发生在网上。许多零售商店和其他组织现在也可以每天、每小时甚至每分钟调整价格。国外一些百货店内已经开始使用电子价格标签,根据供求情况和店内客流量等随时调整价格。他们甚至可以在数小时内组织促销,而不是像以前那样需要数天时间,才能了解与其网上竞争对手很接近的价格。像优步这样的共享出行服务公司采用所谓"动态提价"做法,在需求量高峰或低谷时动态地调整价格。类似地,从演出门票到停车位和高尔夫球场费用、航空公司机票价、酒店客房价等各种产品或服务如今都可以根据供求变化实时调整价格。

当然,互联网对定价的影响是双向的,顾客也常常从网上和动态定价中获利。多亏有网络,顾客可以在淘宝、京东等平台上随时比较各个商家的产品和价格。有时顾客在商店购物时扫描条形码,然后搜索网上和附近商店找到数千条评论或价格比较,甚至包括可以立刻打开网上的购买链接。掌握了这些信息,顾客常常可以更好地议价。机敏的顾客利用商家之间持续的价格竞争,或利用零售商价格匹配政策获得优惠。许多零售商发现便利的网上比较赋予顾客太多优势。大多数零售商现在纷纷制定战略应对顾客"逛展厅"的行为。拥有智能手机的顾客来到店里检视产品,进行网上比价,然后以更低的价格在网上购买。这一行为被称为"逛展厅",因为顾客运用店铺零售商作为淘宝、京东等网上零售商的展厅。

实体店如今正采取各种战略对抗"逛展厅"和跨渠道购物行为,甚至成功地转化为一种优势。例如,永辉超市、沃尔玛社区超市与拼多多、京东等网上零售商进行价格匹配。这些规模较大的实体连锁店推测,一旦弱化价格作为购买因素,它们就可以凭借其训练有素的店员随时提供帮助、便利的选址、网上下单店内取货或退货的能力等诸多非价格优势,将只逛不买的惠顾者转化为店内购买者。同时,它们也加强网上和移动营销的力度,顾客在家里收集信息,到店里进一步了解情况,然后下单,希望产品能如期送达,让实体店购物成为更好的体验。

动态定价有积极的一面,但把握不好同样会给企业带来不好的影响。从积极的方面来看,动态定价可以帮助商家通过与市场条件相吻合的定价最优化销售,并更好地服务顾客。例如,航空公司通常根据竞争对手的价格和预期的座位供给量,运用动态定价来持续调整特定航线的票价。同一家航空公司,同一航班,相同的座位,在起飞前三天预订,可能价格较高;如果提前一个月预订，可能价格较低；而在起飞前几个小时预订，可能是特价。

除运用动态定价与竞争对手进行价格匹配之外，许多商家还借助它根据顾客特征或购买场景特征定价。在大数据时代，商家常常可以根据顾客的购买记录或个人数据，因人而异地收取不同的价格。例如，一些商家为购物车里待付款项目较多的顾客提供特别折扣，还有一些商家对生活在较富裕社区的顾客报价较高。一家网上旅行社甚至对使用苹果电脑和苹果智能手机的用户报价较高，因为他们认为苹果粉们的家庭收入高于平均水平。

当顾客知道在大多数情况下根据顾客的购买记录因人而异地定价是完全合法的之后，都会感到吃惊。当他们知道真相时，90%的人表示不赞同。不论合法与否，动态定价并不总是被顾客接受。企业操作不当的话，可能令顾客感到困扰、有挫败感，甚至愤怒，将好不容易建立起来的顾客关系毁于一旦。定价只是购买等式的一部分，无论是采用固定价格还是动态定价，企业必须维持价格与顾客看重的其他要素之间的平衡。

7. 国际定价

从事国际市场营销的企业必须在不同的国家制定不同的价格。有时，企业能够在世界范围内收取统一的价格。例如，波音公司在所有地方以同样的价格出售其喷气式飞机。但是，大多数企业会根据当地市场条件和成本因素调整价格。例如，苹果在发达国家精心挑选成熟的细分市场和新兴经济体中富裕的消费群体，采取撇脂定价推出设计精巧、功能齐全的高档智能手机。现在面临在规模巨大但富裕程度不高的发展中国家市场对旧机型折让和开发简单机型的压力，在那里即使折价让利的苹果旧机型的售价也是其竞争性低价产品的3~5倍。

成本在国际定价中起到很重要的作用。国际旅行者常常惊异地发现，在母国比较便宜的产品在其他国家居然标着惊人的高价。一条李维斯牛仔裤在美国售价为30美元，在中国可能要卖500元人民币，相当于70美元左右（按1美元=7.28元人民币计算，后同）；一支欧乐B牙刷在美国售价为2.49美元，在中国卖70元人民币，相当于10美元左右；一个古驰手袋在意大利米兰仅售140美元，在中国可能要卖2000元人民币，相当于280美元左右，是意大利价格的2倍。

这种价格升高的原因主要是产品在另一个国家有较高的销售成本，包括运营成本、产品调整费用、运输费用和保险、进口汇率波动及实体分销等的额外费用。此外，关税和税收也会增加成本。我国对进口产品诸如手表、时装、鞋和皮制箱包等奢侈品征收25%的关税，还对化妆品和高档手表分别征收30%和20%的消费税，因此我国进口产品的售价会比欧洲本地的售价高出50%。

对于那些试图进入新兴市场的企业而言，价格已经成为国际市场营销战略的关键因素之一。典型地，西方国家进入诸如中国、印度、俄罗斯和巴西等经济一直保持两位数增长速度的市场，意味着瞄准这些市场中迅速增长的中产阶层。但是，最近随着经济在全球增长速度放缓后，发达国家许多企业正将它们的视线转向新目标市场，就是所谓"金字塔底层"，世界上不富裕的国家构成的许多尚未涉足的广大市场。在这一市场中，价格是主要的考虑因素。中国正在推行的"一带一路"倡议，国内的一些企业可以借助"一带一路"倡议打开这些非洲和东南亚市场。我们来看看联合利华针对发展中国家的价格策略。

拥有多芬、立顿和凡士林等著名品牌的联合利华公司缩小产品包装，制定低价，让世界上不富裕的顾客也能买得起。通过开发一次用量包装的洗发水、洗衣液和其他产品，联合利华在新兴市场出售小包装产品获得利润。如今，联合利华50%以上的收入来自新兴市场。尽管这一战略对联合利华来说很成功，但大多数企业仍然在学习如何适应"金字塔底层"的特殊要求来实现盈利，而不仅仅是改变包装或简化现有的产品然后以低价出售。与那些越来越富有的顾客相同，低收入的顾客也想要功能性和情感性的产品。许多企业正努力创新，力求开发不仅能以非常低的价格销售，而且会带给"金字塔底层"顾客更多价值的产品。例如，我国传音手机不仅以价格低来满足非洲顾客需求，而且多项功能都是针对非洲用户的特点进行设计研发的，比如深肤色摄像技术，配置大容量电池，可以实现超长续航等。所以传音手机在短短几年迅速占领了整个非洲市场，成为最受非洲人们欢迎的手机，甚至被称为"非洲手机之王"。

（四）价格变动策略

由于市场形势或企业产品的成本的变化，产品价格执行一段时间后就需要调整。价格变动按本企业是否率先行动分为主动性调价和被动性调价；按调价的方向分为提价和降价。

1. 主动性调价

主动性调价是指在同行业其他企业尚未变动价格之前，本企业出于自身经营或适应市场的考虑而率先改变价格。按调价方向，有主动性提价和主动性降价。

（1）主动性提价的原因：原材料价格上涨，造成成本上升；产品供不应求，再购率提高；产品处于垄断地位等。主动性提价有直接提价和间接提价两种方式。直接提价表现为直接提高原价、降低价格折扣等。间接提价则主要表现为提高批发起点及各档次数量折扣的数量（或金额），改送货制为提货制，变免费服务为收费服务，或提高定金标准及预收货款等。主动性提价的幅度不宜太大，一般不能超过25%。由于主动性提价是本企业率先进行的，为了维护企业形象，必须选择好提价的时机，主要应选择在产品成长期、市场严重供不应求时期、需求旺季及市场价格普遍上涨时期。

在对产品进行提价时，企业必须避免被顾客视为"价格暴徒"。例如，面对快速上涨的燃油价格，愤怒的顾客控诉大型的石油公司为了敛财而牺牲顾客利益。顾客不会轻易忘记和原谅，他们将最终离开那些要价过高的公司，有时甚至是整个行业。在极端的情况下，关于价格欺骗的诉讼甚至引发政府加强管制。

有一些技巧可以帮助企业避免这些问题。任何提价行动都要保持公平，企业提价需要与顾客进行恰当的沟通，告诉顾客为什么价格要上涨。

只要有可能，企业应该想方设法在不提高价格的情况下，解决成本增加或需求过量的问题。例如，企业可以考虑采用更高效的方式来生产或分销产品；可以分拆其产品，删除一些属性、包装或服务，对各个组成部分分别定价；或者简化产品，推出低端版本，更换便宜的零部件或成分，而不是一味地提高价格。就像宝洁公司为维持汰渍品牌的价格不变，而将原本100盎司的包装缩减到92盎司，50盎司的包装缩减到46盎司。实际上，在没有改变产品原来售价的情况下，每盎司单价的增幅超过8%。类似地，士力架巧克力棒以前重2.07盎司，现在只有1.86盎司，有效地将价格提升了11%。纸制品公司通过减少包装内卫生纸和面巾纸的数量来提价。

（2）主动性降价的原因：一是产能过剩，市场供过于求，产品严重积压；二是面对激烈的价格竞争或低迷的经济，市场需求下降。企业可能大幅度降价以促进销售和维持市场占有份额。但是，结合航空公司、快餐、汽车、家用电器等产业最近几年已有的教训，在一个产能过剩的行业内降价将会引发残酷的价格战，因为所有的竞争对手都想竭力维持自己的市场份额。

企业削减价格的原因还可能是希望通过成本的优势主导市场。在这种情况下，企业要么一开始就比竞争对手成本更低；要么寄希望于通过降价获得更多的市场份额和销量，从而进一步降低成本。例如，我国智能手机市场的领导者小米就是以低价打入印度等其他新兴市场的，并得到迅速拓展。

2. 被动性调价

被动性调价是指当竞争对手调价之后本企业再采取的相应调价举动。被动性调价，按其调价方向，也有被动性提价和被动性降价两种。不论哪一种，其调价的目的主要是应对竞争。所以，企业在采用被动性调价策略时，首先要了解竞争对手率先调价的意图及调价的品种和调价幅度，然后分析与预测其他竞争对手可能做出的反应和顾客的反应，最后确定本企业相应调价的品种与幅度。

如果企业针对竞争对手价格变动决定采取有效的措施，可以有以下 4 种做法。第一，可以直面竞争对手高价。如果企业认为市场具有较高的价格敏感度，竞争对手降价会抢走自己大量的市场份额，就可能降低价格与竞争对手针锋相对。降价会造成企业损失短期利润，有些企业力图通过降低产品质量、减少服务和市场营销沟通来维持原有的利润水平。但从长期来看，这样做最终会损害顾客关系并影响市场份额。企业在降价时，也必须保持产品质量。

第二，维持价格不变，但提高产品或服务的感知价值。企业可以加强沟通，强调产品的价值比低价竞争对手的产品价值高。企业也许会发现，维持原价，将钱用于提高感知价值要比降价、减少利润更合算。

第三，企业可以改善产品质量并提高价格，使其品牌进入一个更高端的定位，只有高质量支持的高价格才能保证企业获得更高的利润率。华为针对苹果、三星等高端智能手机竞争对手推出了价格更高的华为保时捷款手机。

第四，企业可以推出一个低价位的战斗品牌，即在产品线中增加一个价格较低的产品项目，或者另外推出一个低价位的品牌。如果竞争对手降价威胁到的细分市场对价格高度敏感，而且对质量不太在乎的话，就很有必要采用这种方法。

华为针对小米、OPPO、vivo 等中、低端竞争对手，推出了荣耀这一品牌，其价格在中端机市场更实惠。

3. 顾客对价格变动的反应

顾客并不总是以简单的方式理解价格变动的。价格升高通常会降低销量，但也会对顾客产生一些正面影响。例如，海尔最新款的冰箱价格提高了，你会怎么想呢？也许，你认为海尔冰箱生产技术更高、质量更好了，所以价格定得越来越高了。

同样，顾客对价格降低也会有多种想法，一种是认为购买这种产品可以获得更多的优惠，另一种想法是，产品降价，会不会有质量问题？而且企业经常有对降价产品不提供质量保证的做法，还有一种是降价后销量并不一定提高，因为顾客期待价格还会下降。例如，在房地产行业，价格下降时交易量并不一定上升，反而价格上涨时交易量增加，人们习惯买涨不买跌。

4. 竞争对手对价格变动的反应

企业在考虑价格变动时，不但要考虑顾客的反应，还必须关注竞争对手的反应。当价格变动影响到的企业少，产品同质性较高，顾客对产品和价格的了解比较充分的时候，竞争对手最容易做出反应。

竞争对手对对方企业的降价活动有多种看法。它可能认为对方企业试图抢占更大的市场份额；认为对方企业经营不善，因此想要扩大销售；或者认为对方企业想让全行业降低价格以促进总需求增加。对方企业要预测竞争对手的反应，以准备好对策。

小结

扫描二维码获得内容

任务八：小结

复习与思考

扫描二维码获得内容

任务八：复习与思考

模块二　实训操练

实训一：案例分析

一、实训内容

分析价格策略对企业营销战略的影响。

二、实训准备

1. 授课老师提前布置案例分析资料；
2. 以 4～5 人为一个小组分工协作，收集案例的背景资料；
3. 分析案例中价格策略的运用情况，提出个人观点。

三、实训组织

1. 在授课老师指导下运用头脑风暴法开展案例讨论；
2. 每个小组长记录下每位学生提出的不同观点；
3. 对核心的观点进行再讨论得出结论；
4. 每个小组由一名代表陈述讨论的结果；
5. 授课老师引导学生对一些重要观点进行辩论；
6. 授课老师对讨论进行最后的点评。

四、实训评价

单位：分

评价对象	评价项目	内容描述	评价要求	分 值	得 分
团 队（60%）	讨论组织	组长负责	组织有序 时间高效	10	
	讨论参与	围绕案例 讨论问题 自由发言	讨论热烈 紧扣问题 有理有节	10	
团 队（60%）	讨论结果	总结归纳 形成结论	原理正确 观点鲜明	20	
	汇报成果	课堂汇报	表述流畅 配合默契	20	
个 人（40%）	小组考勤	组长考勤	按时参加讨论，主动积极	20	
	小组贡献	小组评分	提出独特观点和新思想	20	
最终评分					

参考资料

扫描二维码获得内容

比亚迪与特斯拉的价格竞争

实训二：产品定价策划

一、实训内容

在已经完成的任务七中实训二——产品和服务策略的基础上，进行产品定价策划。

二、实训准备

1. 认真分析上次实训收集的资料；

2. 分析企业产品的成本构成；
3. 分析竞争品和替代品价格策略；
4. 分析目标顾客对企业产品价格的反应；
5. 分析现有价格的优势和不足；
6. 拟定价格方案。

三、实训组织

1. 以 4~5 人为一个小组进行定价方案讨论；
2. 每位学生对拟订方案提出个人观点；
3. 综合考虑做出最终的定价决策；
4. 每个小组派一名代表陈述新产品的定价方案；
5. 授课老师引导学生进行方案讨论；
6. 编写书面价格策划报告。

四、实训评价

单位：分

评价对象	评价项目	内容描述	评价要求	分 值	得 分
团 队（60%）	任务布置	制定产品价格策略方案	明确价格策略方案的内容，任务分工及时间管理	10	
	实训实施	依据任务六目标市场定位、任务七产品策略收集与竞争产品相关的价格信息	整理资料，信息数据完整，认真讨论定价方法与价格策略、制定产品价格策略	10	
	实训成果	产品价格策略方案	价格策略与目标市场定位一致，价格策略与产品策略协调，运用价格策略得当	20	
	团队协作	课堂汇报	PPT 制作精美、内容清晰、表述流畅、团队协作好	20	
个 人（40%）	小组考勤	组长考勤	积极参与价格策略方案制定	20	
	小组贡献	小组评分	完成分配任务 具有良好协作精神	20	
最终评分					

【附件】你是营销人员：大自然饮料公司的新产品营销计划（7）

扫描二维码获得内容

你是营销人员：大自然饮料公司的新产品营销计划（7）

任务九 制定分销渠道策略

任务目标

思政目标

1. 遵守流通领域的法律法规；
2. 培养诚实守信的渠道经营意识。

知识目标

1. 理解分销渠道的概念与作用；
2. 了解分销渠道模式与渠道策略；
3. 了解中间商的作用、类型；
4. 了解营销物流的一般内容。

能力目标

1. 能正确设计渠道策略；
2. 能有效地管理渠道人员。

模块一　理论指导

案例导入

娃哈哈渠道的成功与困惑

娃哈哈已经成为全球第四大饮料公司，其销售规模仅次于可口可乐、百事可乐、吉百利 3 家跨国公司。娃哈哈成功的四大法宝：集权管理提升公司的运作效率；保证金制度捍卫公司资金安全；联销体激发经销商热情；科技创新确保娃哈哈品牌经久不衰，朝气蓬勃。四大法宝中有两个因素是渠道的作用。

娃哈哈的产品并没有很高的技术含量，其市场业绩的取得和它对渠道的有效管理密不可分。娃哈哈在全国各地选择了 1000 多家能控制一方的经销商，组成了几乎覆盖中国每一个乡镇的联合销售体系，形成了强大的销售网络。娃哈哈非常注重对经销商的促销激励，公司会根据一定阶段内的市场变动、竞争对手的行为及自身产品的状况而推出各种各样的促销政策。针对经销商的促销政策，既可以激发其积极性，又保证了各层销售商的利润，因此可以做到促进销售而不扰乱整个市场的价格体系。娃哈哈对经销商的激励采取的是返利激励和间接激励相结合的全面激励制度。娃哈哈通过帮助经销商进行销售管理，提高销售效率来激发经销商的积极性。娃哈哈各区域分公司都有专业人员指导经销商，参与具体销售工作；各分公司派人帮助经销商管理铺货、理货及广告促销等业务。

娃哈哈的经销商分布在全国各地，为了对其行为实行有效的控制，娃哈哈采取了收取保证金的形式，要求经销商先交保证金，对于按时结清货款的经销商，娃哈哈偿还保证金并支付高于银行同期存款利率的利息。娃哈哈总裁宗庆后认为："经销商先交保证金的意义是次要的，重要的是维护相互之间的独特信用关系。我们要求经销商先付款再发货，但我给他利息（保证金部分的利息），让他的利益不受损失，每年还返利给他。这样，我的流动资金十分充裕，没有坏账，双方都得了利，实现了双赢。娃哈哈的联销体以资金实力、经营能力为保证，以互信互助为前提，以共同受益为目标指向，具有持久的市场渗透力和控制力，并大大激发了经销商的积极性和责任感。"

为了从价格体系上控制窜货，娃哈哈实行价差体系管理制度。根据区域的不同情况，制定总经销价、一级批发价、二级批发价、三级批发价和零售价，使每一层次、每一环节的渠道成员都可以取得相应的利润，保证了有序的利益分配。

同时，娃哈哈与经销商签订的合同中严格限定了销售区域，将经销商的销售活动限制在其市场区域范围之内。娃哈哈发往每个区域的产品都被打了编号，编号和出厂日期印在一起，不能被撕掉或更改，借以准确监控产品去向。娃哈哈专门成立了一个反窜货机构，巡回全国严厉稽查，保护各地经销商的利益。娃哈哈的反窜货人员经常巡察各地市场，一旦发现问题马上会同公司相关部门及时解决。总裁宗庆后及各地的市场营销经理也时常到市场检查，一旦发现产品编号与地区不符，便严令彻底追查，按合同条款严肃处理。娃哈哈奖罚制度严明，一旦发现跨区销售行为将扣除经销商的保证金，情节严重的将取消其经销资格。娃哈哈全面激励和奖惩严明的渠道政策有效地约束了上千家经销商的销售行为，为庞大渠道网络的正常运转提供了保障。

有学者将娃哈哈的成功模式归结为"三个一"即"一点，一网，一力"。一点指的是娃哈哈的广告促销点，一网指的是娃哈哈精心打造的销售网，一力则指的是经营经销商的能力。"三个一"的运作流程：首先，娃哈哈通过强力广告推新产品，以轰炸式广告把市场冲开，形成销售的预期；其次，娃哈哈通过严格的价差体系做销售网，通过明确的价差使经销商获得第一层利润；最后，娃哈哈常年推出各种各样的促销政策，将公司的一部分利润通过日常促销与年终返利让渡给经销商。但这种模式也存在着问题：当广告愈来愈强调促销的时候，产品就会变成"没有文化"的功能产品。而不是像可口可乐那样成为"文化产品"，结果会造成广告与产品之间的刚性循环：广告要愈来愈精确地找到"卖点"，产品要愈来愈多地突出功能，结果必然是广告的量要愈来愈大，或者产品的功能要突出新意才能保证销量。

娃哈哈"联销体"具有强大的生命力，并支撑娃哈哈从一个代售小公司成长为世界饮料巨头。不过，随着饮料行业竞争加剧、电子商务的迅速发展、人们消费方式的改变，娃哈哈的"联销体"模式也遇到了挑战。比如，"联销体"使得终端掌控力变得薄弱，渠道层级不断膨胀。随着我国城镇化率的提高，娃哈哈在农村的品牌形象受到了可口可乐、康师傅等国际知名品牌的正面竞争，农村市场优势弱化。而且，其他知名饮料品牌早已开发线上渠道，而娃哈哈长期固守实体店，线上渠道发展较晚，至2020年娃哈哈才成立了自己的电子商务公司，公司经营范围包括食品经营、食品互联网销售、货物进口和进出口代理等。娃哈哈如果要保持在国产饮料中的领先地位，除产品创新之外，渠道创新也是非常重要的。

资料来源：娃哈哈：渠道的成功与困惑，有改写

思考题：
1. 娃哈哈"联销体"渠道模式成功的原因与特点是什么？
2. 娃哈哈现有渠道模式面临怎样的挑战？应该如何创新？

任务七和任务八分别介绍了营销组合的两种工具，即产品策略和价格策略，任务九要介绍的是营销组合的第三个工具，即分销渠道策略。渠道是连接生产者与消费者的桥梁，是实现产品或服务从生产者手中转移到消费者手中的纽带。企业的渠道决策直接影响着其他营销决策。正如以上娃哈哈的渠道策略，直接影响到一级批发、二级批发及零售商的定价，也影响针对区域独家分销商给予多大的促销支持、培训、激励，以及针对零售商的激励政策，企业的广告策略如何选择等。因此，企业的渠道选择和管理非常重要，任务九重点介绍分销渠道的作用与类型、分销渠道行为和组织、分销渠道设计与管理决策、典型中间商——零售商与批发商、营销物流的基本内容。

一、分销渠道的作用与类型

很少有制造商可以直接将它们的产品卖给其最终消费者。相反，大多数制造商通过中间商将产品投放在市场上进行销售。通过一些相互依赖的组织联合起来，形成一条价值供应链，传递产品或服务价值，以满足消费者或产业用户的需要。我们将这条价值供应链称为分销渠道或营销渠道。

（一）分销渠道的含义

分销渠道，也叫营销渠道，指某种产品或服务从制造商向消费者或产业用户转移所经过的流通途径和路线。美国市场营销学专家菲利普·科特勒这样定义分销渠道：分销渠道是指某种货物或劳务从制造商向消费者移动时，取得这种货物或劳务的所有权或帮助转移其所有权的所有企业和个人组成的销售网络。因此，渠道成员包括制造商、中间商、消费者或产业用户。

分销渠道在传递产品或服务的同时，也在传递信息、转移产品的所有权和回笼资金，并承担促销，以分销渠道为载体形成了物质与非物质的各种"流"，即实体流、所有权流、付款流、信息流和促销流。

由于制造商与消费者之间存在时间、空间和所有权上的差距，因此，分销渠道就起着联系生产者与消费者的桥梁和纽带作用。

（二）分销渠道的作用

为什么制造商将一部分销售工作交给中间商去做？毕竟这意味着制造商在如何销售、销售给谁等方面失去了部分控制权。制造商使用中间商主要是由于它们在为特定市场提供产品方面具有更高的效率，通过它们的关系、经验、专门知识和经营规模，中间商通常能做到制造商自己做不到的事情。

图 9-1 表明了制造商使用中间商取得经济效益的情况。图 9-1（a）所示的 3 家制造商，分别通过直销的方式触达 3 个消费者，这一过程需要 9 次不同的交易。而在图 9-1（b）中，3 家制造商与同一家中间商联系，再由这家中间商与 3 个消费者进行交易，这一过程只需要 6 次不同的交易。很显然，中间商减少了以往由制造商和消费者完成的大量工作。

图 9-1 制造商使用中间商取得经济效益的情况

从经济系统的观点来看，中间商的作用是将制造商生产的各种产品分装成消费者需要的各种组合产品。在实际生活中，制造商生产的产品种类有限，但每种产量都很大，而消费者需要多种产品，但每种数量不多。中间商大批量地向多个制造商采购产品，然后将这些产品分装成消费者需要的小包装和多品种。

例如，宝洁公司每周都会生产几百万块舒肤佳香皂，虽然单个消费者一次只买一块或几块香皂，但由于消费群体的总需求量大，因此沃尔玛和家乐福这些中间商就可以大批量地采购，然后把它们摆在超市的货架上。消费者除了购买香皂，还可能购买牙膏、洗发水或其他物品。

由此可见，中间商在匹配供应和需求之间扮演着一个重要角色。

在将产品或服务从制造商转移到消费者手中的过程中，中间商通过消除产品或服务与消费者之间存在的时间、空间和所有权上的差距实现了增值。中间商承担了许多关键的工作，有些工作协助他们完成交易。

（1）信息。中间商收集和发布计划及协助交易所需要的关于消费者、制造商与营销环境中其他行动者和主要影响因素的信息。

（2）促销。中间商通过宣传和传播有关产品的富有说服力的信息，来吸引更多的消费者购买。

（3）联系。中间商通过自己的销售队伍，开拓市场，寻找潜在的消费者并与之进行联系。

（4）匹配。中间商根据消费者的需求进行匹配以提供合适的产品，包括生产、分类、组装与包装等活动。

（5）谈判。中间商就价格和其他条件形成协议，以完成所有权或使用权的转移。

其他有助于达成交易的工作如下所述。

（6）实体分销。运输和储存货物。中间商拥有仓库、经营场所和运输工具，以实现产品运输与货物储存。

（7）融资。获得和使用资金，补偿渠道工作的成本。中间商之间可以通过预付款、商业信用等形式解决相互之间资金短缺的情况。

（8）风险承担。承担渠道工作的风险。中间商拥有产品所有权，同时承担了产品经营的各种风险。

问题不在于上面的工作是否需要做，而在于由谁来做，因为这些工作总是要做的。如果让制造商去做这些工作，成本就会增加，产品价格也会随之而上涨。如果将这些工作中的一部分转移到中间商身上，制造商的成本和产品价格就会下降；但中间商也会把产品价格提高，以补偿其工作的成本。在分配渠道工作时，应该将不同的工作分配给那些在一定成本下可以使价值增值最大化的中间商。

（三）分销渠道的类型

制造商可以设计不同形式的分销渠道，使消费者更容易获得产品或服务。凡是可以完成某些工作使得产品及其所有权更贴近消费者的每一层中间商都代表一个渠道层级。由于制造商和最终消费者在这一过程中也发挥了一定的作用，因此他们也是分销渠道的一部分。

1. 直接分销渠道和间接分销渠道

由于个人消费者和产业用户购买的产品性质及购买行为决策的差异性，企业采用两种不同的分销模式，即消费者分销渠道和组织分销渠道。而这两种模式都可按是否有中间商划分为两种类型，即直接分销渠道和间接分销渠道。

图9-2（a）表示了消费者分销渠道模式，图9-2（b）表示了组织分销渠道模式。渠道1称为直接分销渠道，没有中间商，制造商直接向消费者或产业用户销售产品。例如，玫琳凯化妆品公司和安利公司通过上门推销、家庭或办公室聚会及互联网进行销售；有的公司通过邮寄目录、电话或互联网销售产品；国内许多金融和保险机构主要是通过互联网和电话进行直销的。近年来，许多制造商利用各类小程序及直播带货进行产品直销。市场营销人员可以直接利用自

己的销售队伍向产业用户进行销售。渠道2、渠道3都属于间接分销渠道，它包含了一层或多层中间商。

2. 长渠道与短渠道

分销渠道可以按渠道层级的数量划分为长渠道与短渠道。渠道层级是指将产品或产品所有权带给最终消费者的过程中的每一类中间商，如批发商与零售商就属于不同的层级。渠道层级为一个或以下的为短渠道，渠道层级为两个或以上的为长渠道。图9-2（a）(b)中的渠道1和渠道2均为短渠道，渠道3为长渠道。

无论是消费者市场，还是组织市场，都可以选择渠道层级更多的分销渠道，如可口可乐、娃哈哈这些快速消费品，由于它们的市场范围广，竞争激烈，为了开辟农村市场，目前已采取的渠道可能有三到四层。但渠道过长，渠道成本和渠道管理的难度增加。从制造商的角度来看，更多的渠道层级意味着更弱的渠道控制力和更复杂的渠道结构。而且，分销渠道的所有成员都由几种"流"联系在一起，包括产品实体的物流、所有权流、付款流和信息流。这些"流"的存在会使得即使只有一个或几个层级的渠道，也变得十分复杂。

（a）消费者分销渠道模式　　　　（b）产业用户分销渠道模式

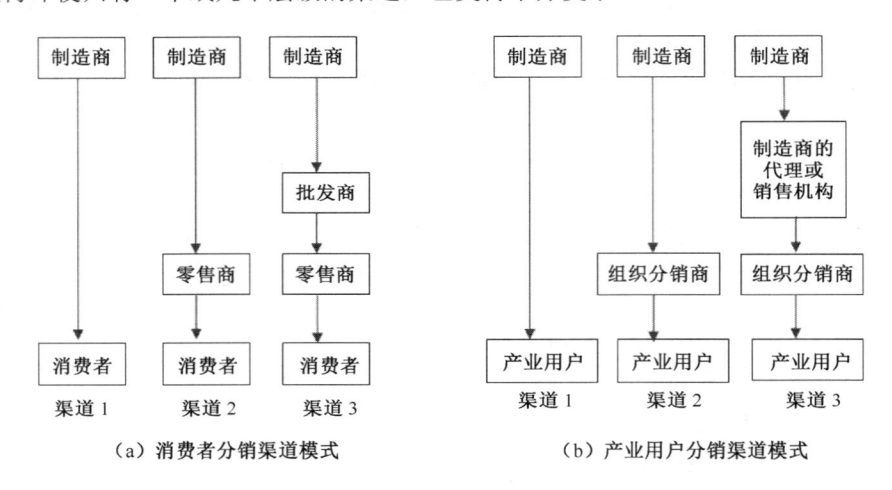

图9-2　消费者分销渠道模式和组织分销渠道模式

3. 宽渠道与窄渠道

分销渠道也可以按各个渠道层级中拥有中间商数目的多少划分为宽渠道与窄渠道。宽渠道是指制造商在同一渠道层级中选择多家中间商作为合作伙伴，开展营销活动；窄渠道则是指制造商只选择一家或少数几家中间商合作营销。宽渠道适用于产品单位价值低、市场范围广、经济状况好的情况；而窄渠道则适用于产品单位价值高、技术含量高、服务要求高、市场范围有限的一些特殊产品或某专用品的销售。如日用品就适合在宽渠道营销，而古玩字画则适合在窄渠道专营。

4. 单渠道与多渠道

分销渠道还可以按照制造商所采用的渠道类型的多少划分为单渠道和多渠道。单渠道是指制造商在所有市场区域内只采用一种渠道分销产品，如安利日用品在美国刚上市时只选择了人员推销这样的直接渠道。但更多的制造商则采用多渠道分销，即在同一市场区域内选择多种渠道类型，或在不同市场区域采用不同的分销渠道、形成渠道组合。有的制造商在本地销售时采用直接渠道模式，在外地销售时则采用间接渠道模式；有的制造商在新产品刚上市时采用窄渠道模式，而在产品成熟期则采用宽渠道模式。

近年来，分销渠道不断创新，线上、线下全面融合，既方便了消费者，也为制造商带来了新的渠道模式。例如社区电商的出现，使得消费者购买日常生活用品变得更加方便、快捷。兴盛优选就是这样一家社区电商企业。

案例启示

兴盛优选：彻底改变了消费者的日常消费渠道

兴盛优选是一家有温度的社区电商平台，采用"线上预售+门店自提"的方式，为社区家庭消费者解决以生鲜水果为核心的全品类精选的商品需求，所有商品当日下单，次日到门店自提，享受100%售后。兴盛优选拥有自建的物流体系，其业务遍布全国省会城市。与此同时，兴盛优选还将以省会城市为圆心，深度布局地级市、县、乡镇，实现"211"的物流配送服务，即消费者当天晚上11点前下单，第二天上午11点前到货，让消费者具有极致的购物体验。

兴盛优选为消费者提供了便利的购物渠道，彻底改变了他们的日常消费渠道，极大地刺激了他们日常消费需求的增长。同时，为供应商提供了全新的零售平台，减少了中间环节，节省了渠道成本。

公司在进行社区消费者调查中反馈的信息显示：城市社区消费者不再需要每天挤公交，或步行长距离到超市购买蔬菜和其他日用品，他们只要在平台上下单，需要的商品第二天就可以到达家门口的便利店。农村消费者感受更深，过去购买日用品或生鲜产品，必须乘长途汽车或公交车进城，耗时费力，而如今在兴盛优选上选购十分便利，足不出户就可以买到各类商品。消费者普遍认为社区电商平台不仅带给他们购物的便利，还刺激了他们的购买欲望，促进了消费需求的增长。

资料来源：百科搜索整理

二、分销渠道行为和组织

分销渠道并不是将各家企业简单地连接起来就行了。一些分销渠道上的企业只保持松散的非正式接触，而另一些分销渠道企业则有很强的组织结构来引导正式交往。而且，渠道系统并不是一成不变的，新的中间商不断出现，全新的渠道系统因此而不断发展。下面我们来了解分销渠道行为，以及明白渠道成员是如何组织起来发挥作用的。

（一）分销渠道行为

分销渠道由那些被共同利益结合在一起的企业组成，每个渠道成员都依赖于其他成员。例如，红旗轿车的经销商依赖于中国第一汽车集团有限公司设计满足消费者需求的轿车，而中国第一汽车集团有限公司则依赖于经销商吸引消费者，说服他们购买红旗轿车，并在销售之后提供服务。红旗的每一位经销商还依赖于其他经销商良好的销售和服务表现，从而能够保持红旗轿车生产企业和经销商整体声誉。每一位红旗轿车经销商的成功都取决于整个红旗轿车生产公司分销系统与其他汽车制造商渠道系统的竞争状况。

每个渠道成员都在渠道系统中发挥着自己的作用，扮演着一项或多项角色。例如，日用品制造商宝洁公司的角色是生产出消费者喜欢的日用品，并通过全球性的广告创造需求；而大润发、华联、沃尔玛超市的角色则是选择有利的地点、合适的货架摆放和展示宝洁产品，回答消费者的问题，并完成销售。如果我们选择的每个渠道成员都是其任务的最好完成者，那么这个渠道系统就是最有效的。

由于单个渠道成员的成功依赖整个渠道的成功，因此理想的状况是所有渠道成员之间都能保持良好的关系，协同努力，彼此理解和承担各自的任务，相互合作以达到整体目标。但单个渠道成员并不总是这样全面考虑，合作完成渠道的总目标。它们经常为自己的短期利益最大化而工作，放弃渠道的总目标，损害整体利益。渠道成员经常在各自的职能上发生争论，比如谁做什么，该得到怎样的回报等。这些对目标和职能的不同意见就产生了渠道冲突。渠道冲突形式分为水平冲突和垂直冲突两种。

1. 水平冲突

水平冲突发生在同一渠道层级、执行同一渠道职能的企业之间。例如，在华南地区的一些红旗轿车经销商抱怨这个区域的其他经销商"抢走"了自己的生意，控告它们通过降价或在签约区域之外做广告，"抢走"了自己的生意。维也纳国际酒店的特许经销商抱怨，其他维也纳国际酒店的经销商收取的费用过高或服务欠佳，损害了整个连锁酒店的形象。

2. 垂直冲突

垂直冲突是指发生在同一渠道内处于不同层级的企业之间的冲突，这种冲突更为常见。例如，近年来，上喜咖啡连锁总部与它的特许经销商之间发生着持续不断的冲突，这种冲突发生在增加广告花费，统一推出新品，再到一些特惠咖啡饮品定价等事情上。下面的例子就是这一咖啡连锁总部对特许经销商发号施令的权利之争。

案例启示

上喜咖啡连锁渠道上的价格冲突

上喜咖啡以其良好的服务、超低的定价而出名。上喜咖啡连锁总部在全国特许经销商中推出吸引顾客的"超级饮品单"。但最近，一款拿铁咖啡的定价问题在上喜咖啡的特许经销商中产生了很大的争议。悬而未决的一个争议是，上喜咖啡连锁总部坚持迷你拿铁咖啡的售价不能超过10元人民币一杯，同它的饮品单上的其他项目保持一致，提供"超级饮品单"。上喜咖啡将低价视为在目前经济环境下有效竞争的关键。但是公司的特许经销商认为在这种定价下，他们将亏本。为了解决这个争议，气愤的特许经销商们提起了法律诉讼，他们宣称上喜咖啡的特许经销合约并没有允许上喜咖啡连锁总部控制定价。在数个月的公开辩论之后，上喜咖啡连锁总部最终同意让特许经销商各行其是。上喜咖啡连锁总部推出了价格仅为10元人民币一杯的迷你拿铁咖啡，其咖啡杯比原正常杯子缩小了1/3，看上去非常可爱和迷人，由于大大节约了原材料，降低了成本，更以超低的价格来吸引顾客。而常规的拿铁咖啡仍然出现在饮品单上，但价格为20元人民币一杯。

一些渠道冲突是以良性竞争的形式出现的，这样的冲突推动渠道不断创新，如上喜咖啡连锁总部与其特许经销商之争，推动新产品推出，改善连锁总部与特许经销商的互利共赢关系。但有的冲突会影响到渠道效率，损害品牌形象。因此，公司应该变革渠道组织模式，避免渠道管理超出自己的掌控范围。

资料来源：市场调查收集资料，原创案例

（二）渠道组织变革

为了整个渠道系统能够良好的发展，每个渠道成员都必须专注于自己的角色，渠道冲突应当得到很好的管理。如果渠道系统中有一家企业、机构或机制，拥有领导地位或权力来分配任务和进行冲突管理，渠道就会有更好的表现。近年来，分销渠道方面最大的发展之一就是提供了渠道领导的垂直营销系统的组织管理形式。图 9-3 对比了传统分销渠道与垂直营销系统的组织管理形式。

传统分销渠道，由一个或多个独立的制造商、批发商和零售商组成。每个渠道成员都是独立的，往往为了自身短期利益最大化而不惜牺牲渠道系统的整体利益；渠道中没有一个成员可以对其他成员进行控制，也没有正式的划分职能和解决冲突的方式。

相比之下，垂直营销系统中的制造商、批发商和零售商作为一个统一的系统采取行动。其中一个渠道成员通过订立合同的方式控股其他成员，或者拥有一定的权力以至于其他成员必须来配合其完成任务。

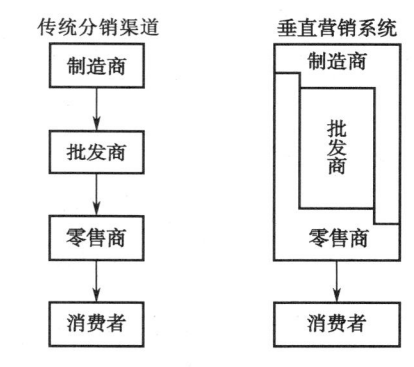

图 9-3 传统分销渠道与垂直营销系统的比较

1. 垂直营销系统

垂直营销系统可以由制造商、批发商或零售商来主导和控制。垂直营销系统主要有 3 种类型：统一型、契约型和管理型。每种类型都采用不同的方法来建立渠道中的领导地位和权力。

（1）**统一型垂直营销系统**，将一系列从生产到分销的步骤统一起来，归于同一个所有权下。协调和冲突管理工作通过常规的组织渠道完成。如广东省惠州市的一家制鞋企业拥有自己的产品设计中心、生产制造基地和全国近 1000 家直营专卖店。这家制鞋企业采取垂直营销系统，对市场反应迅速，新产品上市快，产品没有积压，市场上价格比较稳定，树立了良好的品牌形象。一家食品商店拥有制冰设备生产厂、软饮料装瓶厂、冰激凌工厂和点心厂，供应它所销售的从饮料到蛋糕的一切产品，整个营销系统都由零售商控制。

（2）**契约型垂直营销系统**，由处在不同的生产和分销层级的企业组成，它们通过合同连接在一起，以达到比各自单独经营更大的经济规模或销量。渠道成员通过订立契约来协调行动和管理冲突。特许权组织是最常见的一种契约型关系，特许经销授权商的渠道成员把从生产到分销过程中的多个步骤联系起来，如国内快餐、咖啡、汽车 4S 店，其特许经销授权商和它们的特许经销商的经济产出规模在日益扩大。目前，主要有 3 种特许权形式。

第一种是制造商主导的零售商特许权系统。例如，在汽车产业，福特公司及其独立的特许经销商就组成了网络。福特公司的经销商都注册了公司，它们都是独立的商业公司，同意遵守各种销售和服务的条件。

第二种是制造商主导的批发商特许权系统。例如，在软饮料产业，可口可乐公司在各种市场给负责装瓶的批发商特许权，这些批发商购买可口可乐公司的浓缩液，加入碳酸气，装瓶，然后售给本地市场的零售商。

第三种形式是服务企业主导的零售商特许权系统。服务型企业给零售商特许权，让它们向消费者提供服务。例如，在快餐业，麦当劳公司给负责经营麦当劳快餐的零售商特许权，零售商则承诺按总部的要求统一形象，并提供标准化的服务。这样的例子还有许多，如教育培训机构、酒店行业、健身行业等。

（3）**管理型垂直营销系统**，指垂直营销系统中的领导地位并不是通过所有权或契约建立的，而是一家或几家占统治地位的渠道成员凭借其规模和实力赢得的。一家拥有优势品牌的制造商可以获得中间商强有力的促销协助和支持。例如，宝洁、娃哈哈可以获得中间商特别的协助和支持。制造商能够指挥中间商安排产品展示、货架空间、促销和价格政策。相反，像沃尔玛、苏宁易购、华联等大型零售商可以对供应商施加很大的影响。

2. 水平营销系统

渠道的另一个发展方向是水平营销系统，处于同一层级的两家或多家企业为把握新的营销机会联合起来。通过合作，这些企业可以将财务、产能和营销资源优势结合起来，以达到单家企业无法实现的目标。

企业可以和竞争者或非竞争者联合，进行暂时或长期的合作，甚至可以成立一家新企业。例如，沃尔玛与麦当劳合作，在沃尔玛门店中开设"快捷"餐厅。麦当劳可以从沃尔玛大量的客流中获利，而沃尔玛也留住了那些购物中感到饥饿的顾客，避免他们去别的地方用餐而损失客流。

又比如，可口可乐公司与雀巢公司合作，在世界范围经销速溶咖啡和茶饮料。可口可乐公司提供在世界上经营和分销饮料的经验，雀巢则提供两个著名的品牌——雀巢咖啡和雀巢奶茶。各企业通过共同工作将资产、生产能力或营销资源结合起来，以达到单一企业不可能达到的经营效果。

微软与雅虎这两个竞争对手已经联合起来建立了一个水平型的互联网搜索联盟。微软的必应（Bing）将成为雅虎网站的搜索引擎。而雅虎则将专注于创造一个更丰富的搜索体验，整合海量的雅虎网站内容，提供工具来个性化雅虎用户体验。通过合作，它们可能成为谷歌的一个强有力的挑战者。

3. 混合营销系统

过去，许多企业使用单一渠道在一个或多个细分市场上进行销售。如今，随着消费者细分市场多样化和渠道形式的不断增加，越来越多的企业开始采取混合营销系统。当一家企业为到达一个或多个消费者细分市场而建立两个或多个营销渠道时，就产生了混合营销。

如图 9-4 所示，制造商通过邮寄目录、电话或互联网，直接向消费者细分市场 1 销售；通过零售商向消费者细分市场 2 销售；通过分销商和经销商间接向组织细分市场 1 销售；依靠自身的销售队伍向组织细分市场 2 销售。

现在，几乎每家企业都采用混合渠道进行分销。例如，中国家电知名品牌格力，通过各地代理商和零售商销售产品，也借助京东、淘宝、苏宁易购等电商渠道销售产品，同时开发了格力电器公众号、格力官网、董明珠直播带货等直复营销渠道。

混合营销系统给那些面对大规模且复杂市场的企业提供了许多好处。企业通过多渠道可以扩大市场覆盖率，赢得市场机会，调整产品或服务以满足各种消费者细分市场的需要。但混合渠道很难控制，经常出现渠道之间为争夺市场和消费者而发生冲突的现象，如格力向某大型零售商直接供货，就遭到已经建立起来的各地经销商的抵制，因为制造商向大型零售商直接供货时，抢占了经销商的市场份额。如果通过互联网与零售商销售相同产品，且互联网平台上的价格优势明显，就会遭到实体店的抵制。

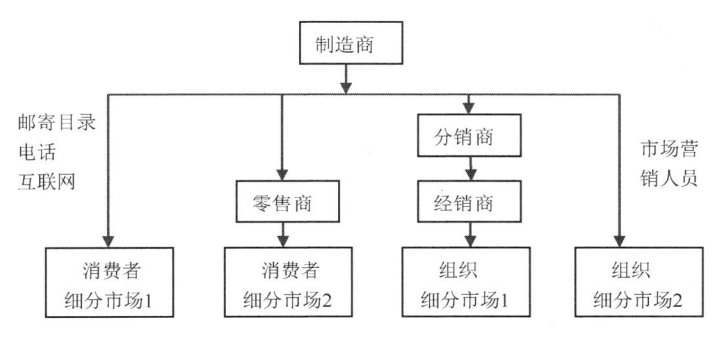

图 9-4　混合营销系统

4. 渠道组织的演变

渠道组织在不断发展与变化，中介弱化是渠道变化的一个主要趋势。直销、网络营销的迅猛发展，对营销渠道的性质和设计产生了深远的影响。产品或服务的制造商可以轻易绕过中间商，直接向最终消费者销售，或是以全新的渠道中介替代传统的渠道中介。

因此，在许多产业中，传统的中间商面临着巨大的挑战，并渐渐走向衰落。网络营销正在迅速崛起，逐步取代了传统的实体零售店。例如，京东、淘宝、拼多多等电子商务平台及兴盛优选、美团等 O2O 社区新零售平台的出现，完全把零售商从营销渠道中去掉了，直接将产品卖给最终消费者。

中介弱化对于制造商和中间商来说既是机遇也是挑战。为了避免被淘汰，传统的中间商必须找到新的方式为渠道增值，如传统的书店开始建立自己的销售网站，并提供音乐下载服务，同时实体商店可以增加体验，书店设计为舒适的且可以听音乐、喝茶、看书的场所。为了保持竞争力，产品或服务的生产商必须发展新的渠道机会，如互联网和其他直接的渠道。

然而，这些新渠道常常与已经建立的渠道产生直接的竞争，从而造成冲突。为了解决这一问题，企业常常想方设法使直接销售作为整个渠道的补充，而不是竞争。

例如，沃尔沃汽车集团，如今属于中国汽车厂商吉利，吉利宣布计划开始在其所有的市场通过互联网出售沃尔沃汽车。大约 80%的沃尔沃卖家已经在网上直接销售了。"一说起电子商务，最初经销商们都感到非常紧张。"沃尔沃的营销负责人说。为了避免渠道冲突，沃尔沃将所有的网上销售通过已有的经销商发货。这样，沃尔沃自己和渠道成员都能在由直复营销取得的销售增长中获益。

三、分销渠道设计与管理决策

（一）影响分销渠道选择的因素

影响分销渠道选择的因素有很多，制造商在决定选择什么样的分销渠道前，应对产品因素、市场因素、生产企业本身的因素及其他因素等进行综合分析，以便做出正确的决策。

1. 产品因素

（1）产品的单位价值高低。单位价值低的产品，往往通过中间商来进行销售，让中间商承担部分销售成本，增加市场的覆盖面。其分销路线长、销售层级多，且每个层级的中间商数量多，即采取长而宽的分销渠道。反之，单位价值高的产品，则采取短而专的分销渠道。

（2）产品的体积与质量。体积大、分量重的产品，往往意味着高的装运成本和高的重置成本，一般应尽量选择最短的分销渠道，如机械设备多数只通过一个环节，甚至取消中间环节由制造商直接供应给消费者。

（3）产品的易腐性、易毁性。产品是否会迅速腐烂、容易损坏，这是一个在实体运输和储存中非常关键的问题。易腐、易毁的产品，应尽量缩短分销渠道，迅速地把产品出售给消费者，如生鲜产品的渠道一般都较短。

（4）产品的技术和服务要求。技术要求比较复杂、对售后服务要求较高的产品，如计算机、大型机电设备等，生产企业要派出专门的人员去指导消费者安装、操作。因此，这些产品一般由生产企业直接销售给消费者，其分销渠道是短而窄的。因为中间商可能对产品的各项性能不是很了解，有可能对消费者产生误导，为以后的销售埋下隐患。

（5）产品的时尚性。时尚程度较高的产品，即样式或款式较容易发生变化的产品，如各种新奇玩具、时装等，分销渠道应尽量缩短，以免流转环节较多、周转时间较长。而过时或时尚性不强、款式不易发生变化的产品，分销渠道可以适当长一点儿，以便广泛销售。

（6）产品的标准化与专用性。一般而言，渠道的长度与宽度是与产品的标准化程度成正比的。产品的标准化程度越高，渠道的长度越长，宽度就越宽。而对于专用性产品一般采用短渠道或直销、专卖店经销。

（7）产品的生命周期。处于产品生命周期不同阶段的产品，渠道也应有所不同。对处于投入期的新产品，企业为了尽快地打开市场，通常应采取强有力的推销手段去占领市场，生产企业往往不惜为此付出大量的资金以组建推销队伍，直接向消费者推销。在情况许可时，也应考虑利用原来合作紧密的经销商分销。而对于成熟期的产品，以间接渠道销售较多。

2. 市场因素

（1）市场范围的大小。在一般情况下，产品销售范围越大，分销渠道就越长。如果产品要在全国范围内销售或准备进入国际市场，则要选择长渠道与宽渠道，广泛利用中间商；如果产品销售范围很小，或就地生产就地销售，则由制造商直接销售或选择短渠道、窄渠道销售。

（2）潜在消费者的地理分布情况。如果某种产品的潜在消费者分散在全国各地，制造商就要通过若干不同的中间商将产品转卖给潜在消费者，此时应使用较长的分销渠道；如果某产品的潜在消费者集中在少数地区，制造商就可以直接销售而不用中间商，此时应使用较短的分销渠道。

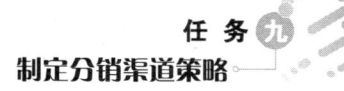

（3）消费者的购买习惯。消费者的购买习惯，也影响分销渠道的选择。一些日用生活必需品，其价格低，消费者数量大，购买频率高，消费者不必做仔细的挑选，希望随时随地都能买到。制造商应尽量多采用中间商，扩大销售网点，其分销渠道应长而宽。对于一些耐用消费品，制造商一般只通过少数几个精心挑选的零售商去推销产品，甚至在一个地区只通过一家零售商去推销产品，其分销渠道可以短而窄。总之，通过分析消费者的需求来确定渠道类型，要了解消费者在获取某种产品时，是希望在附近的便利店购买还是到较远的商业中心去购买；他们愿意亲自购买，还是通过邮寄目录、电话或互联网购买；他们看重产品类型多样化还是专业化；消费者注重大量增值服务（运送、安装、维修），还是愿意从别的地方获得这些服务。一般来说，送货速度越快，产品类型越丰富，提供的附加服务越全面，渠道的服务水平就越高。

（4）市场上竞争者使用分销渠道的情况。一般来说，企业要尽量避免和竞争者使用相同的分销渠道。如果竞争者使用和控制着传统的分销渠道，企业就应当使用其他不同的分销渠道来推销其产品。有时，同类产品也采取与竞争者相同的分销渠道，以便让消费者进行产品价格、质量等方面的比较。

（5）市场的其他特点。销售季节性的变化、节日产品等市场的其他特点也都是企业选择分销渠道时应考虑的因素。例如，中秋节、国庆节等传统节日，某些企业会发放职工福利，通过采购来选择福利产品，这也是零售企业和制造企业的销售渠道。

3. 生产企业本身的因素

（1）生产企业的声誉与资金。生产企业的声誉越高，资金越雄厚，越可以自由选择分销渠道，甚至还可以建立自己的销售网点，采取产销合一的方法经营，而不使用其他中间商。如果生产企业财力微薄，或声誉不高，则必须依赖中间商提供服务。

（2）生产企业自身的销售力量和销售经验。一般来说，如果生产企业自身有足够的销售力量，或者有丰富的销售经验，就可以少用或不用中间商；否则，就只有将整个销售工作交给中间商来做了。

（3）生产企业对分销渠道的控制要求。如果企业的市场营销策略要求严格控制产品的价格和新鲜程度，或者为了产品的时尚，则要选择尽可能短的或尽可能窄的分销渠道，因为短而窄的分销渠道，企业比较容易控制。

（4）生产企业提供服务的态度和能力。如果生产企业愿意为最终消费者提供更多的服务，则可采用较短的分销渠道；如果生产企业愿意且有能力为中间商提供更多的服务，就会吸引更多的中间商来经营本企业的产品。

4. 其他因素

影响分销渠道选择的因素除上述因素之外，还有经济、政策、法律和技术等因素。例如，在经济萧条的情况下，制造商希望通过最经济的方式来进行分销，采用短渠道，去掉那些抬高了产品价格而不必要的附加服务。

（二）分销渠道设计决策

分销渠道设计是在充分考虑影响分销渠道因素的基础上开展的一项工作，包括确定备选的渠道方案、评价主要的渠道方案。

1. 确定备选的渠道方案

确定备选的渠道方案的主要内容包括中间商的类型、中间商的数量及中间商的责任。

（1）中间商的类型。企业在设计渠道时首先要依据影响渠道的各种因素进行综合分析，确认渠道的长短，即渠道上中间商的层级多少。企业是选择直销或零售商一个层级的短渠道还是多级批发商再到零售商的长渠道类型。例如，戴尔公司还是只通过其复杂而精准的电话和网络营销渠道向最终消费者和产业用户进行直销；还通过自己的直接销售代表向大型企业、机构和政府进行销售。然而，为了触达更多的消费者，以及应对与像惠普这样的对手竞争，戴尔也开始通过百思买和沃尔玛这样的零售商来销售。同时，戴尔还通过"增值中间商"进行间接销售，这些拥有计算机系统和应用程序的独立分销商和经销商可以很好地满足中小型产业用户的需求。

在渠道中使用多家中间商有利也有弊。例如，戴尔将经销商和增值中间商作为其直销渠道的补充，这样就可以触达更多不同类型的消费者。然而，新的渠道会加大管理和控制的难度。直接和间接渠道会因为共同的最终消费者和产业用户而想到竞争，从而引起潜在的冲突。事实上，戴尔已经发现自己处于进退两难的尴尬境地，直接销售代表抱怨零售商带来了新的竞争，而增值中间商则抱怨直接销售代表通过降价抢生意。

分销渠道越短，制造商承担的销售任务就越多，信息传递越快，销售越及时，就越能有效地控制渠道。越长的分销渠道，中间商承担的销售渠道任务越多，信息传递越慢，流通时间越长，制造商对渠道的控制就越弱。制造商在决定分销渠道长短时，应综合分析制造商的特点、产品的特点、中间商的特点及竞争对手的特点。

（2）中间商的数量。制造商在确定采用间接渠道来分销后，还必须确定各个层级上中间商的数量，即渠道宽度。有3种策略可供选择：密集性分销、独家分销和选择性分销。

密集性分销，是指制造商广泛利用大量的中间商经销自己的产品，一旦消费者需要这些产品，就能方便快捷得到。该策略通常用于日用消费品和工业品中标准化、通用化程度较高的产品（如小件工具、标准件等）的分销。这类产品的消费者在购买产品时注重产品购买过程的快捷和方便，而不太重视产品品牌、商标等。其制造商则希望自己的产品能尽量扩大销路，使广大消费者能及时、方便地买到。例如，牙膏、洗衣粉之类的日常生活用品在数以万计的商店里销售，最大限度地展示了品牌，也为消费者创造了便利。宝洁、娃哈哈和其他一些快速消费品生产商都采用这种渠道来销售产品。采取密集性分销可使得产品与消费者接触机会多，广告的效果好，但制造商基本上无法控制这类渠道，与中间商的关系也较松散。

独家分销，是指制造商在一定的市场区域内仅选择一家经验丰富、信誉度高的中间商销售本企业的产品。在这种情况下，双方一般都签订合同，规定双方的销售权限、利润分配比例、销售费用和广告宣传费用的分担比例等；合同规定在特定的区域内不准许制造商再找其他中间商经销其产品，也不准许所选定的中间商再经销其他企业生产的同类竞争性产品。这种策略主要适用于消费者挑选水平很高、十分重视品牌和商标的特殊品，以及需要现场操作表演和介绍使用方法的机械产品。例如，劳斯莱斯汽车的经销商就很少，在整个湖南省仅在长沙市有一家经销商，在全国的经销商数量都很有限。通过独家分销，生产商可以获得分销商强有力的支持，并且能够很好地控制价格、促销、信用和服务。独家分销也可提高品牌形象，保证高盈利。

选择性分销，是介于密集性分销与独家分销之间的一种方式，是指制造商从愿意合作的中

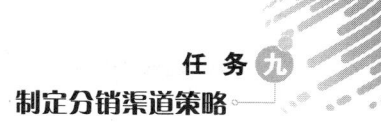

间商中选择一些条件较好的中间商去销售本企业的产品。这种策略的特点是制造商只在一定的市场上选择少数几个有支付能力、有销售经验、有产品知识及推销知识、信誉较好的中间商来推销本企业的产品，适用于消费者需要在价格、质量、花色、款式等方面精心比较和挑选后才能决定购买的产品。例如，海尔会选择在苏宁易购和当地一些连锁家电超市销售电器产品。使用选择性分销的企业能够与所选择的中间商保持良好的合作关系，并获得高于平均水平的销售努力。选择性分销还强化了海尔的品牌形象，使其能更好地在中间商增值服务中获得更高的利润。

（3）中间商的责任。制造商和中间商需要对合作条款及每个渠道成员的责任达成一致，包括各成员应遵守的价格政策、销售条件、地区特权和具体服务。制造商应当为中间商提供价格清单和公平的折扣政策。另外，企业还必须划定每家中间商的经营区域，在安排新的中间商时，要特别注意这一点。

中间商的义务和责任应当仔细地以书面方式明确，尤其是特许经营和独家分销渠道。例如，麦当劳为特许经销商提供促销支持、记录保存系统、培训课程及一般管理协助。反过来，特许经销商必须符合企业制定的标准，包括达到实体设施和食品质量标准、配合新的促销计划、提供必要的信息，以及购买指定的产品。

2. 评价主要的渠道方案

当一家企业设计了几个可供选择的渠道方案时，希望从中选出一个最能满足长期经营目标的渠道方案。可按照经济性、可控性和适应性标准对每个方案进行评估。

首先，企业在使用经济性标准的时候，需要比较各渠道方案的潜在销量、成本和盈利性，还要评估每种渠道方案需要多少投资、会带来多少回报。

其次，企业还必须考虑可控性。企业使用中间商通常意味着要将一些产品营销方面的控制权让渡给它们，而有的中间商会要求更多的控制权。在其他条件相同的情况下，企业倾向于尽可能多地保留控制权。

最后，企业还要考虑适应性标准。渠道成员之间通常会达成长期的合作，但是企业希望能够根据环境的变化灵活调整渠道策略。因此，如果建立长期的渠道契约，这个渠道系统必须在经济性和可控性方面具有明显的优势。

（三）分销渠道管理决策

市场营销人员在进行渠道选择，并确定了最好的渠道设计方案之后，必须实施和管理选中的渠道系统。渠道管理的主要任务是选择、管理和激励中间商，并定期评估他们的工作表现。

1. 选择中间商

各个制造商在吸引合格的中间商方面的能力各不相同。有的制造商与中间商签订合约是很容易的事情。例如，宝洁公司的日用品进入中国市场，许多日用品批发商和零售商争相经销，实际上宝洁公司还要拒绝许多中间商。相反，有的制造商必须做出很大的努力去吸引足够合格的中间商。企业选择什么样的中间商作为渠道合作伙伴，将直接影响分销效率和品牌形象。企业在选择中间商时必须考虑以下条件。

（1）中间商的市场范围。即企业所要选择的中间商的经营范围，应该与制造商的产品销路大致对口，这是最基本的条件。例如，专门生产高档服装的制造商，应该选择知名的服装商店，或选择大型的综合商厦设立专柜销售。

（2）中间商的地理位置。即企业选择的零售商的地理位置，最好是企业产品的消费者经常到达之处；而企业选择的批发商的地理位置，要能较好地发挥其储存、分销、运输的功能，这样有利于降低销售成本。

（3）中间商的产品结构。即中间商的产品构成中是否也有竞争者的产品。具体地说，如果本企业的产品优于竞争者的产品而价格又不高的话，则适宜选择这个中间商，否则不宜选择。

（4）中间商的人员素质及服务能力。如果中间商在销售产品的过程中能够向消费者提供比较充分的技术服务与咨询指导，具有懂技术、善经营、会推销的营销人员，则适宜选择这个中间商，否则不宜选择。

（5）中间商的储存、运输设备条件。即企业选择的中间商要具备能经营本企业产品的必要的仓库、运输车辆等储运设施设备。

（6）中间商的资金力量、财务和信誉状况。资金力量雄厚、财务状况良好、信誉度高的中间商，不仅能及时付款，而且能够对有困难的制造商给予适当的帮助，有利于形成制造商与中间商的联合或密切结合。否则，中间商的财务状况不好、信誉度不高，不仅不利于产品销售，甚至会给制造商带来风险。

（7）中间商的营销管理水平和营销能力。如果中间商不仅是行家里手，而且精明强干，工作效率很高，企业管理得井然有序，显然推销能力就强，产品销售业绩就好。否则，就难以使产品占领市场。

由此可见，制造商对中间商的选择是否恰当，不仅关系到营销渠道是否畅通无阻，而且关系到产品销路的好坏和企业营销活动的成效。因此，制造商应全面考虑以上条件，慎重选择中间商。

2. 管理和激励中间商

中间商选定后，企业就需要不断地管理和激励它们发挥最大的潜力。在渠道管理中，激励中间商是分销渠道管理最基本、最重要的内容，是制造商为促进中间商在实现制造商销售目标时相互协作而采取的一切措施或活动。

制造商和中间商以某种契约为纽带，以"风险共担，利益共享"为基本原则，结成产供销一体化经营的产业系统，共同分享来自生产、加工和销售环节的增值利益。因此，合理地分配共同的经济利益，是中间商实现联合的基石。这就需要制造商通过一系列的激励机制和约束机制来维系和调节。

然而，与制造商相比，中间商的需求和面临的问题是完全不一样的，存在典型的区别，主要表现在以下几个方面。首先，中间商并不认为自己是制造商供应链中的一员，而是追求自身利益最大化，因此在利益关系上，与制造商是相互冲突的。其次，中间商首先是消费者的采购代理商，然后是制造商的销售代理商，更多地关注消费者的需求，更愿意为消费者提供其所需要的系列产品。再次，中间商除非得到一定的激励，否则不会愿意保留单一品牌的销售信息，甚至故意隐瞒对制造商的产品、定价、包装或促销计划有用的信息。由此看来，制造商与中间商并不是上令下行的关系，维系相互之间合作关系的纽带是对利益的追求。因此，对制造商而言，为了使整个系统有效运作，制造商不断地增强维系双方关系的利益纽带，针对中间商的需求持续地提供激励，日益成为制造商进行渠道管理的重头戏。

制造商给中间商提供激励和各种支持，以激发中间商的经营积极性，其形式是多种多样的，从本质上来讲，通常可以分为直接激励方式和间接激励方式。

（1）直接激励。制造商通过给予物质或金钱奖励来肯定中间商在销量和市场规范操作方面的成绩。主要方式是给中间商提供物质、现金的奖励或更优惠的价格让步，来肯定中间商的销量和市场规范管理方面的业绩，以激发中间商的积极性，更好地实现制造商的销售目标。制造商为提高销量和盈利，刺激中间商进货和付款力度，使不同市场区域的中间商展开竞争，设立专门的奖项，目前比较普遍的有返利和等级奖励两种。但是这种直接奖励实质上等同于变相降价，类似于一种短期销售行为，虽然可以提高中间商的经营利润，刺激其销售积极性，但在实施过程中易造成许多负面影响，使中间商之间产生无序竞争，产品市场价格一片混乱，甚至形成恶性循环，最终损害制造商和中间商的长期共同利益。

在实践中，根据返利的不同目的，分为过程返利和销量返利两种。前者是一种直接对管理销售过程进行激励的方式，通过考察市场运作的规范性来激励，使用的衡量指标包括铺货率、售点气氛、开户率、安全库存、指定区域销售、规范价格、专销、积极配送和守约付款等。而销量返利主要是为了提高销量和利润，直接刺激中间商的进货力度而设立的一种奖励，有销售竞赛、等级进货奖励和定额返利3种形式。

（2）间接激励。为了提高中间商的经营效率，使制造商与中间商建立长期稳定的合作伙伴关系，甚至是建立利益共享的企业战略联盟，不断地帮助中间商加强促销和销售管理，来激发其销售积极性。在不同的市场区域，不同的制造商会采取不同的间接激励方法，其方法和形式也多种多样。常用的间接激励方法有：给中间商提供广告费用补贴、制造商随销售产品发送赠券以促进销售、帮助中间商建立自动记录的数据库系统来加强库存与销售管理、培训中间商的销售人员和管理人员、免费送货上门以减轻中间商的运输成本、特定时期给中间商提供资金支持或多种保护措施等。所有这些激励方法在适当的条件下都能够起到很好地激发中间商经营积极性的作用。

大多数生产者将中间商视为首要的客户和伙伴。它们通过有效的伙伴关系管理和中间商形成长期的伙伴关系，从而建立起可以同时满足企业和营销伙伴需求的价值递送系统。为了管理中间商，企业必须说服中间商彼此联合以形成具有凝聚力的价值递送网络，使其相信这样能够比单独行动取得更大的成功。企业必须与渠道中的其他成员密切协同，寻找为消费者递送价值的更好方法。因此，宝洁公司与亚马逊为实现它们的共同目标，通过在网上出售消费者包装产品来获利而紧密合作。

案例启示

欧莱雅与渠道合作为顾客创造价值

今天的成功企业深知它们不可能单独为顾客创造价值。相反，它们必须创造由同心同德、团结合作的供应商、生产商和分销商构成的有效的价值递送系统。企业与供应商和分销商合作可以产生显著的竞争优势。

欧莱雅是世界上最大的化妆品制造商，有23个全球品牌，从美宝莲到兰蔻。欧莱雅密集的供应商网络提供从聚合物和油脂，到喷雾罐和包装，再到生产设备和办公用品等各种供应物。

欧莱雅非常尊重供应商。一方面，欧莱雅对供应商在设计创新、质量和社会责任行动等方面有很高的预期。公司仔细遴选新供应商和定期评价当前供应商的业绩。另一方面，欧莱雅与供应商紧密合作，帮助它们达到明确的标准。有些公司为追求短期利益，对供应商提供不合理的要求并"压榨"它们，欧莱雅却始终以互惠互利和共同增长为基础，与供应商发展长期的关系。

根据公司的供应商网站所示，它对待供应商"完全尊重它们的业务、文化、增长及工作人员"。每层关系都建立在对话和共同努力之上。欧莱雅追求的是不仅仅帮助供应商达到自己的期望，而且通过提升创新和竞争力的机会来帮助它们实现增长。最终，75%的欧莱雅供应商伙伴与公司合作长达数十年甚至更久。公司采购部门的负责人说："CEO 希望使欧莱雅成为业绩突出，且全球最受尊敬的企业之一。被尊敬也意味着受到我们供应商的尊敬。"

资料来源：《市场营销原理与实践》（第17版）菲利普·科特勒、加里·阿姆斯特朗著，楼尊译，有改写

3. 评估中间商

制造商除选择、管理和激励中间商之外，还必须定期检查它们的绩效。制造商营销目标能否实现，高度依赖于中间商绩效所达到的程度。

制造商对中间商进行绩效评估的衡量指标主要有销售定额的完成情况、平均存货水平、向消费者交货的时间、损毁和丢失货物的处理、企业促销和培训计划的配合度及消费者服务水平。企业应当认可并奖励有卓越表现、为消费者增加价值的中间商；对表现欠佳的中间商则应给予协助，必要时进行替换。

最后，企业应当对中间商的需求保持高度敏感。那些苛刻地对待中间商的企业不仅会面临失去中间商支持的风险，还会引发一些法律问题。

四、典型中间商——零售商与批发商

分销渠道设计的一个重要工作就是选择渠道上的中间商，渠道上有两种典型的中间商，即零售商与批发商。它们分别承担分销渠道的两项重要职能，即零售与批发。

（一）零售商

1. 零售商的概念及作用

谈到零售商，大家并不陌生，超市、百货商店，如沃尔玛、家乐福、大润发、华联超市、王府井百货这些都是零售商，但安利的销售代表、京东、淘宝、酒店和正在给病人看病的医生等也是零售商。零售商是指把产品或服务直接销售给最终消费者，以满足消费者个人或家庭消费的中间商。

零售商在大多数营销渠道中扮演着十分重要的角色。2020年，我国消费品零售总额达到39.2万亿元人民币。零售商将品牌与消费者连接在一起，是完成消费者购买的最后一站。消费者有大约40%的决策是在商店里面或附近做出的。因此，零售商店是"在关键时刻接触消费者，最终影响他们购买行动的点"。

许多市场营销人员现在正在接受购物者营销这个概念，即利用店内促销和广告来将品牌资产延伸到"最后一里"，鼓励对企业有利的店内购买决策。购物者营销认识到零售店自身就是一个重要的营销媒介。因此，市场营销人员必须在商店层面驱动购物者行动。例如，宝洁开始要

求所有的营销想法要在商店货架层面有效,然后从商店销售往后预估所需要做的工作,从消费者视角来构建自己的品牌。

在一个大型零售连锁商店的销售点营销,可以创造与热门电视剧后播放的广告所吸引的相同的观众数。例如,一个热门电视剧平均每集的收视人群可能有 2000 万人,而一个大型零售商如沃尔玛、家乐福连锁店在中国每周可以吸引的消费者超过 3000 万人。与电视广告的远程影响不同,销售点的促销正在影响做出实际购买决策的消费者。

购物者营销强调,将从产品和品牌开发到物流、促销和推销的整个营销过程,着力把在销售点逛商店的人转化为购买者。当然,每一个设计良好的营销方案都在关注消费者购买行为,但是购物者营销这一概念指出这些方案应该与购物过程本身进行很好的协调。从商店销售着手,向后预估所要做的工作,你可以设计一个对消费者发挥作用的整合项目。

尽管大多数零售业务在零售店中完成,但近几年,随着电子商务的发展,无店铺零售比实体店零售发展得更快。

2. 零售商的类型

零售商以不同形式和规模出现在我们的生活中,从社区内的便利店到沃尔玛这样的大型超市。主要的零售商类型如表 9-1 所示。

表 9-1 主要的零售商类型

类 型	描 述	案 例
专卖店	经营狭窄的产品线但产品线内的花色品种繁多,如服装店、运动用品商店、家具店、花店和书店。一家服装店可以算是单一产品线的商店,男士服装店则可以称作有限产品线的商店,而男士衬衫店算得上超级专卖店	新华书店、萝莎蛋糕店、七匹狼男士服装店
百货店	经营数条产品线——一般包括服装、家具和家居用品,每条产品线都作为一个单独的部门由专业购买者或商人管理	王府井百货、平和堂百货、友谊百货、通程商业广场
超级市场	相对规模较大、成本低、薄利多销,自助式经营管理,以满足消费者对食品杂货和家居用品的全面需求	沃尔玛、家乐福、步步高超市
便利店	规模相对较小,位于居民区附近,一周营业 7 天,每天营业时间很长,经营品种不多、周转速度快,价格相对比较高	7-11 便利店、社区夫妻店
折扣店	以薄利多销的方式通过比较低的价格销售标准规格的产品	奥特莱斯名品折扣店、(深圳)人人乐超市折扣店
廉价零售商	销售从制造商或其他零售商那里减价购得的库存剩余品、特价品和不规则产品。廉价零售商以低于正常批发价购货,以低于零售价将产品卖给消费者	9 元店、10 元店、工厂直销店
超级商店	满足消费者对经常采购的食品和非食物产品的全面需要的大型购物场所,包括酒店、餐饮、娱乐等服务项目	武汉万达商业广场、北京东方新天地、上海华润时代广场、大连胜利广场

这些零售商可以根据提供服务的数量、产品线的宽度和长度、索要的相对价格及其组织形式等几个特征进行分类。

(1) 按提供服务的数量划分。不同的产品要求不同数量的服务,而消费者对服务的偏好也有差别。零售商可以提供 3 种服务水平中的一种:自助服务、有限服务和全面服务。

自助服务零售商，服务于那些愿意自己进行"寻找—比较—选择"的过程并从中寻求省钱途径的消费者。自助服务是所有折扣店运营的基础，而且通常被拥有便利品和全国性品牌、快速周转的消费品的销售者所采用，如超级市场、自助快餐店、仓储式商店。

有限服务零售商，提供更多销售支持，包括售前宣传、售中导购、售后服务等，如电脑城、零售药店。

全面服务零售商，市场营销人员在购物过程的每个阶段都为消费者提供帮助和支持，如手机专卖店和一流百货商店。全面服务的商店通常提供消费者需要帮助或建议的特种产品，这些产品的技术含量高，需要专业的市场营销人员解释；或因价格高昂和为体现消费者身份地位，需要专人接待。由于提供更多的服务带来了更高的运营成本，因此，产品价格也定得较高。

（2）按产品线的宽度和长度划分。零售商根据其产品组合的宽度和长度进行分类，可分为专卖店、百货店、超级市场、便利店和超级商店。

专卖店是专门经营某一类产品，或专门经营具有连带性的几类产品，或专门针对特殊消费对象而经营特殊产品的商店，如钟表店、眼镜店、妇女用品商店、体育用品商店、文化用品商店等、花店等。这类商店的特点在于经营的产品种类比较单一，专业性较强，产品品种、花色、规格较全。它有利于消费者为满足某种特定需求而广泛挑选，同时能够随时了解消费者的需求变化。专卖店的经营要求其经营者具有较高的专业知识和操作技能，能将销售与服务密切结合，以便提供周到的服务。

百货店是一种大规模、综合性、分门别类地销售品种繁多的产品零售企业，具有经营范围广、产品类别多、花色品种齐全，且能满足消费者多方面的购买需要的特点。实际上，它是许多专业商店的综合体。通常每一大类产品作为一个独立的部门，有各自的管理人员负责产品的进货业务、控制库存、安排销售计划等。

近年来，百货店受到双重排挤，一方面是出现了更加集中化和柔性化的专卖店，另一方面是出现了更有效率的低价折扣店和超级市场。面对这种情况，百货店通过增加促销活动以对抗折扣店的威胁；一些百货店通过发起商店品牌运动，设立单一品牌的设计师专属商店来与专卖店竞争；也有一些百货店通过开展电话购物和网上购物活动，并不断改善服务，如国内知名百货店——王府井百货、平和堂百货等，以百货品牌来吸引消费者。

超级市场，也叫自选商场，其特点是采取开架销售，定量包装，预先标价，由消费者自取自选，自我服务，在消费者出门时一次性交款，因而可以节省售货时间，节约商店的人力和费用，避免或减少消费者与售货员的矛盾。超级市场一般以经销食品和日用品为主，有的大型超级市场还兼营化妆品、文具、五金、服装等产品。目前，不少超级市场通过开设大型商场，扩大经营的品种、建造大型停车场、周密设计商场建筑和装潢风格、延长营业时间、广泛提供各种消费者服务来进一步扩大其销量和提高其方便性。

便利店，以经营最基本的日常消费品为主，产品线有限，规模相对较小，如位于住宅区附近的综合商店。便利店营业时间较长，有的是 24 小时营业，一般经营周转较快的方便产品，如日用百货、应急产品、方便食品、调料、饮料等。由于便利店能够随时满足消费者的即时需求，因此产品的价格相对较高。有人认为，根据居民的生活特点和消费需求，大约每 10 000 人应当配备一家便利店。

超级商店，是指由多家商店组合而成的大型产品服务中心，一般设在公共建筑物内，以一家或数家百货产品、超级市场为骨干，由各类专业商店、书店、餐馆、宾馆、银行、影院等组合而成，融购物、服务和娱乐休闲于一体。我国大型购物中心主要分布于经济发达地区的一线中心城市，如北京东方新天地、金源时代购物中心、上海华润时代广场、中融国际商城、广州天河中国第一商城、武汉万达商业广场、大连胜利广场等。

（3）按相对价格划分。零售商也可以根据其产品价格定位来划分，大多数零售商以正常价格提供一般质量的产品或服务，还有一些零售商以更高价格提供更高质量的产品或更好的服务，而另一些零售商以低价为特征，主要包括折扣店、廉价零售商。

折扣店，指以较低价格销售较大批量的标准产品、接受较低的毛利的零售商。目前，国内折扣店的发展还处于起步阶段。国外折扣店发展比较早，如沃尔玛、好事多在国外都是以折扣店形式经营的，早期的折扣店很少提供特殊服务，一般在租金低廉的仓库式设施内营业，把店面开设在人们往来频繁的街区，以此来削减费用。现在折扣店已经改善了店面环境并增加了服务，同时通过有效的运营来保持低价。

廉价零售商，当主要的折扣商店提高档次的时候，新一批的廉价零售商则进入市场，填补以超低价格出售大批量产品的空白。普通的折扣商以正常批发价进货，通过接受较低的毛利保持较低的价格。与之相反，廉价零售商以低于正常批发价的价格进货，又以低于零售价的价格将产品出售给消费者。廉价零售商有 3 种形式：独立的廉价零售商、工厂直销店和仓储会员店。

3. 零售商的组织管理

尽管许多零售商是独立经营的，但有一些则以某种形式的公司或契约组织联合起来，如表 9-2 所示，零售组织的主要类型有公司制连锁店、自愿连锁店、零售商合作组织、特许经营组织。

表 9-2 零售组织的主要类型

类 型	特 点	案 例
公司制连锁店	由两家或更多共同所有和控制的商店组成。在所有类型的零售组织中都有公司制连锁店出现，但是它们在百货店、折扣店、食品店、药店和餐馆里最为强大	湖南步步高超市有限公司、长沙友谊——阿波罗集团、湖南通程商业有限公司
自愿连锁店	由批发商发起，进行大批量采购和共同销售的独立零售商群体	饰品、精品连锁店，4S 汽车连锁店
零售商合作组织	组成一个集中采购组织并采取共同促销活动的独立零售商群体	食品杂货、五金零售商合作组织
特许经营组织	由特许经营商（一个制造商、批发商或服务组织）和授权经营商（经购买获得权利在特许经营组织中增开一个或多个店面的独立商人）组成的契约型组织	麦当劳、必胜客、肯德基、7-11 便利店、屈臣氏

公司制连锁店，是指由多家出售同类产品的零售商组成的一种规模较大的联合经营组织。其特点是由中心组织统一从制造商进货（选购产品），以较大的订购批量获得最大的价格优待；采取薄利多销的方针争取消费者；产品价格经常浮动，有竞争对手时便减价争取消费者，无竞争对手时则提价争取多盈利。

公司制连锁店可以获得促销上的经济性，因为其广告成本可以分摊到众多的商店及巨大的销量上。公司制连锁店的巨大效益促使很多独立零售商采用两种协议组织形式的某一种来共同使用品牌。其中一种是自愿连锁，即由批发商发起的独立零售商群体，它们进行集体采购和共同推销活动，如绝味鸭脖连锁店。另一种协议组织的形式是零售商合作社，即一组独立零售商组成一个共同拥有的集中批发组织，独立零售商采取共同采购组织和促销行动，如建立食品杂货店协会。这些组织给独立零售商提供了采购和促销的经济性，使得它们能够获得公司制连锁店那样的价格。

特许经营组织和自愿连锁店、零售商合作组织的主要区别在于，特许经营组织建立在特许经销商开发的独特产品或服务，经营的独特方法、商标、商誉或专利的基础上。特许经营组织主要涉及快餐、健康或保健中心、汽车销售和服务、汽车旅馆、物业管理、教育培训和家政服务等领域。麦当劳应该是全球发展最好的快餐特许经营商之一，2020年之前它已在100多个国家开设了超过3.6万家店面，仅中国就有2000多家店面。它每天接待近6900万名消费者，整个特许经营组织年销售额近980亿美元。全球超过80%的麦当劳餐厅是由特许经销商所有并运营的。

4. 零售商的发展趋势

零售商面临残酷而又瞬息万变的经营环境，这给它们既造成了威胁，也带来了机遇。消费者的人口学统计特征、生活方式和购物模式正在快速改变，与此同时零售技术也在飞速发展。为了赢得成功，零售商必须谨慎地选择目标市场并进行有效的定位。在规划和执行竞争战略的时候，应该考虑以下零售业的发展趋势。

（1）消费支出紧缩。

经济衰退，消费支出紧缩，使得零售商的财富不断减少，每年的零售总额也停滞不前。但有些零售商能从经济低迷中获利。例如，随着消费者紧缩开支，转而寻求以更低价格购物，大型折扣商比如奥特莱斯、低价超市从热衷打折的消费者那里获得新生意。类似地，诸如拼多多、兴盛优选这些电子商务和社区电商平台，以价格为导向吸引了国内众多普通消费人群。

但是，对大多数零售商而言，紧缩的消费支出意味着时日艰难。特别是受一些因素的影响，加上全球经济衰退的到来，许多人们熟悉的大型零售商规模在日益缩减，许多零售店关门歇业。如国外设在中国的零售商沃尔玛、家乐福、麦当劳、肯德基、星巴克等已大规模减少，本地一些大型超市也纷纷裁员，零售商通过降低成本，并提供大力促销，吸引预算紧张的消费者重新回到店里消费。许多零售商在自己的定位中增加新的价值内容。例如，当地零售商——步步高社区超市用更加节省的定位"更省钱，更多行动"替代了以前的"你动手，我们来帮助"的定位，开发了更加实惠的自有品牌。一些家常菜馆的出现，推出普通分量的特色菜品组合：开味菜10元、主菜20元，人均消费30元的团餐组合，并开发了外卖业务。

为了应对艰难的经济环境，零售商必须提防自己的短期行为损毁长期形象和定位。例如，以惊人的价格折扣可能增加当期销售但损害品牌忠诚。有的分析人员称其为"死于折扣"，并提醒说："所有零售商，无论高端还是低端，都深陷折扣陷阱之中，折扣已经成为消费者的预期而不再是一种意外收获。"如"5.20""6.18""双十一""双十二"等，零售商生造的节日层出不穷。与其依赖于削减成本和降低价格，零售商更应该致力于长期的定位战略中确立更高的顾客价值。

（2）新的零售业态和不断缩短的零售生命周期。

为适应新形势、满足消费者需求的变化，新的零售业态不断出现。然而与此同时，新零售业态的生命周期正在变得越来越短。百货店从西方开始经历过大约100年的发展，才达到了生命周期中的成熟阶段；而之后出现的业态如仓储商店，进入成熟期只用了 10 年时间。在这样的环境中，看起来很稳固的零售定位很快就可能被推翻。最早出现的一些零售模式如大型超市、蔬菜集市，逐渐被社区超市和社区电商平台代替。即使最成功的零售商，也不能固守一种成功模式。

新的零售业态层出不穷。如今最显著的零售趋势是网上零售，其借助网站、手机应用程序和社交媒体迅猛发展，既包括单纯电商，也包括实体店零售商。但是，也会有一些创新度略低的网红店出现，如小吃超市文和友，以地方文化为特点，吸引大量跟随潮流的年轻人。

互联网和移动网上也有类似的闪购网站，京东品牌闪购、秒杀、优惠券、PULS 会员，淘宝的一淘限时闪购等（闪购增加了消费者购买时的兴奋感和紧迫感）。在这种网站购物，就像每天打开一个新的藏宝盒，消费者永远不会知道自己将要得到什么，但可以肯定的是会有珍宝在等着他，这会让他网购上瘾。

如今的零售形式越来越集中。不同类型的零售商越来越向相同的顾客以相同的价格出售相同的产品。例如，就品牌家电而言，消费者可以在专卖店、家电超市、各类社区电商平台上购买到同样规格、品种和价格的产品。不同业态的零售商为争夺同样的消费者而展开竞争。这种消费者、产品、价格和零售商之间的融合称为零售集中。这种集中意味着不同类型的零售商很难在产品种类上进行竞争差异化，它们之间的竞争将更加激烈。

（3）巨型零售商的兴起。

巨型日用品商店和专业超级商店的崛起、垂直营销系统的形成及一系列零售兼并收购的涌现构建了超级巨型零售商的核心。凭借卓越的信息系统和采购能力，这些巨型零售商可以提供更好的产品选择、优质的服务和强有力的价格优势。因此，它们通过排挤那些实力较弱的小型竞争者，进一步发展壮大。

巨型零售商扭转了零售商与生产商之间势均力敌的态势。如今，为数不多的零售商控制了与消费者接触的通路，这使它们在与制造商进行交易谈判的时候处于优势地位。例如，苏宁易购、京东商城这些家电零售商已经成为品牌家电海尔、格力、美的、创维等的重要客户。它们凭借零售规模和零售品牌优势迫使品牌家电生产商和其他较小规模供应商做出让步。

（4）直复、网络、移动和社交媒体零售的增长。

年龄偏大的消费者仍习惯使用传统方式来完成绝大多数的购买活动：他们前往商店找到想要的产品，耐心地排队等待支付，然后把产品运回家。然而，年轻的消费者现在已经习惯于无店铺的购物方式，通过网络、移动应用程序和社交媒体进行直复与数字购物。

网络、移动应用程序和社交媒体也在很大程度上影响了店内购买。根据国家统计局数据，2020 年全国网上零售额达 11.76 万亿元，同比增长 10.9%，实物产品网上零售额达 9.76 万亿元，同比增长 14.8%，占社会消费品零售总额的比重接近四分之一。手机网络购物用户占网络购物用户的比重不断上升，截至 2020 年，手机网络购物用户规模达 7.80 亿人，总的网络购物用户数量有 7.82 亿人，占比已经超过了 99%。各类零售商依赖社交媒体吸引它们的消费群体。在国内主要是利用公众号来吸引消费者，同时开发自己的 App 来搭建消费者交流平台。而国外的经验是值得借鉴的，例如，麦当劳在脸书上的粉丝数量领先各大零售商，而推特粉丝数量最多的是星巴克，维多利亚的秘密在 YouTube 和 Instagram 上的粉丝数量最多。

网络、移动和社交媒体零售的迅速发展对店铺零售商而言既是福音也是诅咒。尽管这为它们提供了吸引消费者和提高销售额的新渠道，但也带来了网上零售商的竞争。对一些还没有引入电子商务的店铺零售商而言，许多消费者如今将实体店当作展厅，他们在那里考察产品，然后用移动终端设备在网上购买，有时甚至就在实体店里这样做。如今，90%拥有智能手机的消费者在实体店里购物时会使用手机进行搜索。

为此，许多零售商纷纷制定战略积极应对。还有些零售商干脆利用它作为机会展示店内购物与单纯网上购物的优势。例如，现在的超市，大多开发了线上、线下同时购物的环境，在店内或家里都可以线上下订单，然后，实体店还会提供 15 分钟到半小时送货上门的服务。

（5）全渠道零售的需求。

店铺和网络零售之间的界线正在迅速模糊。对大多数消费者而言，通过店铺还是网络购物已经不再重要了。互联网和移动终端设备催生了全新的消费者和购物方式。人们可以毫无障碍地跨越网络和实体店渠道完成整个购买过程。他们已经习惯了随时随地搜索和购买，无论是在店铺、网络还是在路上。为了满足这些全渠道消费者的需求，实体零售商必须掌握全渠道零售，整合店铺和网络渠道创造统一的购物体验。

越来越多的网络销售增长份额由成功融合虚拟和实体世界的全渠道零售商获得。不少实体商店的数字化已经取得显著的成功，而包括京东在内的网上零售商纷纷采用开办展厅、快闪店和其他与消费者面对面接触的方式实现扩张。一位分析人士说："局限于网上经营的零售商缺乏只有店内体验可以提供的高度互动。只针对线下来营业的零售商无法提供流畅、轻松的信息浏览体验，而这正是购买决策的起点。"对所有零售商而言，采取全渠道零售已经是不争的事实。

美国梅西百货的做法可供国内零售商借鉴。梅西百货发现跨渠道购物的消费者创造的价值是单一渠道消费者的 8 倍。它近来一直在精简实体店，积极推进多渠道战略。它在旧金山开办了一家创意实验室，创造网上购物技术的新创意。它还在俄克拉何马州的塔尔萨开办了一个 130 万平方英尺的巨型订单执行中心，每天可以处理 32.5 万份订单。梅西百货最近还为其移动应用程序增加了一项图片搜索功能，30 万名粉丝可以直接通过 Instagram 购物。梅西百货甚至在全美 17 个市场提供当天送达服务。梅西百货的首席全渠道官说："我们的目标是为消费者提供最佳购物体验，无论他选择何种方式与我们互动：移动、电脑、店铺，还是全部。"

（6）越来越重要的零售技术。

随着全渠道购物越来越普遍，零售技术已经成为极其重要的竞争工具。零售商采用精密、复杂的系统来完成收款扫描、射频识别存货跟踪、产品处理、信息分享及消费者互动。许多先进技术正在零售商展厅中使用，其中之一就是信息技术，蓝牙可以连接消费者的智能手机，当消费者在附近店铺购物时致以问候，并与他们互动。例如，当消费者步入王府井百货时，信息技术会唤醒智能手机或平板电脑中的应用程序，问候他们，提醒他们店铺特有的奖励、优惠和折扣，并且个性化地推荐店内产品。这项技术还可以链接店内和居家浏览；如果消费者在网上为某个产品点赞，应用程序会在他到店时提醒该产品的具体位置，播放简短的产品视频，或许还会为其提供专门的优惠。

还有零售商尝试使用虚拟现实技术来强化店内的购物体验。例如，消费者可以在户外用品商店内戴上虚拟现实头盔，在虚拟世界进行徒步健行、登山，或者定点跳伞等户外活动体验。英特尔开发了一间"智能"试衣间，消费者挥挥手就可以更换不同款式服装和同款式服装的不同颜色。汽车制造商奥迪正在经销商展厅测试虚拟现实技术，让消费者借助 iPad 选择任何一种奥迪车型之后，定制所有零部件，从发动机和轮胎，到油漆颜色和内部座椅。然后，戴上头盔和耳机在虚拟现实中体验自己定制的汽车的视野和声音。他们可以在车外四处看看，打开油箱和车门或引擎盖检查一番，甚至坐在驾驶座上。先进的零售技术带给消费者优越的体验感，激发其购买欲望。

（7）绿色零售的兴起。

如今的零售商越来越注重环境的可持续发展。它们正不断地"绿色化"自己的商店和运营模式，推广更加环保的产品，开展帮助消费者提高环境责任感的项目，与渠道商合作减少对环境的影响。在最基础的层次，大多数大型的零售商正通过可持续的建筑设计、施工和运营，努力使自己的门店更加环保。例如，在"有利于人类和地球"的可持续发展战略下，家居零售商——宜家长期的目标是实现100%可持续发展。

"有利于人类和地球"战略的第一步，是提高宜家遍布28个国家和地区的328家大型商店的能源效率和独立性。为了给商店提供能源，宜家一直努力开发和运作224台风力发电机，并安装了70万块太阳能板，其中90%的美国门店建有太阳能板。到2020年，宜家已经全面运用可再生材料生产自己所消耗的能源。在店内，宜家只使用LED节能灯照明。大多数店铺还将店内餐厅的废弃食物分类用于堆肥或送到处理中心，转化为动物饲料或为汽车和公交车提供能源的沼气。有些宜家门店为顾客提供塑料、纸张、CFL灯泡、电池，甚至报废电器等产品回收中心。

零售商还在不断绿化它们的产品采购。例如，宜家现在只在店铺里出售LED节能灯照明产品，其所售的家具中，越来越大比重的产品由棉花、木材和其他具有可持续性和可再生的资源制成。宜家供应商必须严格遵守其对供应商行为规范制度和可持续性标准。宜家的目标是让所售家具都由可再生或可循环使用或再生材料制成。可持续发展是宜家业务的核心，以确保企业对人类和地区的影响是积极的。

京东作为国内知名的电子商务零售商，其越来越关注人类和地球的绿色环保，2017年发起了物流绿色供应链行动——"青流计划"，即京东物流携手供应链上下游伙伴，推动供应链端到端（B2B2C）的绿色化、环保化。"青流计划"（绿色供应链）包括绿色制造、绿色仓储、绿色运配、绿色包装。

京东"青流箱"是取消BOPP封箱胶带，采用一次性可降解封签，食品级环保材料，箱体轻便可折叠，承重性能强，破损后可回收再造的箱体。"青流箱"已经在北京市、上海市、广州市、杭州市、成都市、武汉市等近50个一二线城市进行常态化使用。为了培养消费者的绿色环保意识，京东增加循环包装可选功能，消费者可自行选择支持绿色环保。每年废弃物排放量巨大，回收再利用问题亟待解决。因此京东拍拍二手发布"万物新生"计划，组建循环经济"朋友圈"；搭建废弃物回收—再生交易平台，不断推进循环经济。

2020年7月6日，京东物流"青流计划"宣布再升级，推出物流行业首个环保日，旨在进一步推动和落实全供应链的环保理念与实践，其主题是聚焦末端回收再利用。长期以来，京东物流一直通过发挥自身强大的产业链优势和品牌影响力，倡导更多企业参与推动可持续发展。为此，京东物流除了采取无纸化运营、包装耗材可循环等措施，还展开了纸箱、衣物、玩具等闲置物品回收的活动。截至2020年7月，已累计节省近130万吨纸张和5万吨塑料。

就在2020年的"6.18"购物节期间，京东物流减少快递垃圾4.2万吨，纸箱回收再利用3250万个，投放"青流箱"等循环包装近500万次，效果显著。京东物流一直在践行可持续发展，成为整个行业的榜样！

绿色零售有助于企业提高收益和降低成本。可持续的实践吸引希望支持环保企业和产品的消费者，进而提高零售商的收益；同时，通过降低成本帮助零售商增加盈利。

（二）批发商

1. 批发商的概念及作用

批发商是指从制造商或经销单位购进产品，供应其他单位（如零售商）进行转卖或供给其他制造商进行加工制造产品的中间商。批发商在工商企业之间进行交易活动，批发交易结束后，产品仍留在流通领域。

为什么制造商不直接将产品销售给零售商或消费者，而要借由批发商进行转卖呢？批发商的渠道职能有以下几点。

（1）销售和促销。批发商的销售能力有助于制造商以低成本接触到众多消费者。与遥远的制造商相比，批发商有更多的联系，经常更能得到消费者的信任。

（2）采购和产品类别管理。批发商能够根据消费者的需要选择产品种类，建立产品组合，因此，能大量节省消费者的时间。

（3）化整为零。批发商通过整车进货再化整为零，把大批量分成若干小数量，为消费者省钱。

（4）仓储。批发商保管存货，降低了供应商和消费者的存货费用和风险。

（5）运输。由于比制造商更加接近消费者，批发商能够更快捷地把货物送给消费者。

（6）融资。批发商通过提供信用为客户融资，通过提前订货和按时付款为供应商融资。

（7）承担风险。批发商保管货物并且承担失窃、损坏、消耗和过时老化的成本。

（8）市场信息。批发商向供应商和消费者提供有关竞争对手、新产品和价格变动的信息。

（9）管理服务和建议。批发商经常帮助零售商培训售货员，改进店面布置和陈设，并建立会计和存货控制系统。

2. 批发商的类型

批发商主要分成3类，包括独立批发商、经纪人和代理商，以及制造商和零售商的销售分支和办公室。主要批发商类型如表9-3所示。

表9-3　主要批发商类型

类　　型	特　　征
独立批发商	对经营的产品拥有所有权的独立存在的企业。在不同行业中，它们被称作中间商、分销商或工厂供应批发商，包括完全服务批发商和有限服务批发商
完全服务批发商	提供全套服务：保管存货，维持销售队伍，提供信用、配送及管理支持
有限服务批发商	比完全服务批发商提供的服务要少。有限服务批发商包括现货自运批发商、直运批发商、卡车批发商、货架批发商、邮购批发商等
经纪人和代理商	对产品不拥有所有权。主要职能在于促成购买和销售，因此根据售价赚取佣金。一般来说，根据产品线和顾客类型实现专业化
经纪人	主要职能在于把制造商和消费者撮合到一起，并协助商谈。由雇佣他们的一方支付报酬，经纪人不保管存货，也不涉及融资事宜或承担风险，如房地产经纪人、保险经纪人和证券经纪人
代理商	相比经纪人来说，能更长久地代表制造商或消费者当中的一方，包括制造商的代理商、销售代理商、采购代理商、佣金商人

续表

类 型	特 征
制造商和零售商的销售分支和办公室	不通过独立批发商,而是由制造商和消费者自己完成批发业务。各分支和办公室可以专门致力于销售或采购
销售分支和办公室	由制造商设立以改进存货管理、销售和促销。销售分支掌管存货,常见于木材及汽车设备与配件行业。销售办公室不掌管存货,在干货和小件日用品行业比较成功
采购办公室	扮演着和经纪人或代理商相似的角色,但是属于组织购买者的一部分。组织购买者一般会在有很多零售商的经济和商业发达的中心城市设立采购办公室

（1）独立批发商,是批发商当中最大的一个单独群体,大约占到整个批发业的50%。独立批发商包括完全服务批发商和有限服务批发商两大类。完全服务批发商执行批发商的全部功能,提供诸如存货、推销、顾客信贷、送货及协助管理等服务。它包括批发中间商和工业分销商。前者主要向零售商销售产品,并提供全面服务;后者向制造商提供生产性消费的产品或服务。有限服务批发商是指批发商为了减少费用,降低批发价格,因而只对其消费者提供有限的几项服务,如现货自运批发商、直运批发商、卡车批发商、货架批发商、邮购批发商等。

（2）经纪人和代理商与独立批发商的区别在于它们并不拥有产品的所有权,而且它们仅执行几项职能。

代理商接受制造商委托从事销售业务,其收益主要是从委托方获得的佣金或按销售收入的一定比例的提成,代理商一般不承担经营风险。代理商又分销售代理和采购代理。

经纪人俗称掮客,既不拥有产品所有权,也不控制产品实物价格及销售条件,其作用是沟通制造商和消费者促成交易;其主要任务是安排制造商和消费者的接触与谈判,交易完成后,从交易额中提取佣金,他们与制造商和消费者没有固定的关系。

（3）制造商和零售商的销售分支和办公室一般不通过独立批发商,而是由制造商和消费者自己完成批发业务。各分支和办公室可以专门致力于销售或采购。由制造商设立的销售办事处,主要负责所在区域的客户开发和管理,售后服务和零售配件供应,如汽车设备与配件销售办事处、工程机械销售办事处等。也有许多零售商设立采购办公室,扮演着和经纪人或代理商相似的角色,但它们是代表消费者进行产品采购的。

（三）批发商的发展趋势

大零售商和大批发商之间的界限越来越模糊。许多零售商开设的批发俱乐部和特级市场行使了很多批发商的职能。相应地,很多大批发商也开办了自己的零售店。例如,麦德龙既面向会员个人消费者做零售,也面向会员单位或会员零售商做批发;高桥的一家精品批发商,在各高校开发了数家精品连锁店,它既是批发商也是零售商。

批发商会继续增加它们提供给零售商的服务,如零售定价、联合广告、营销和管理信息报告、会计服务、在线交易等。但是,近年来全球经济衰退和服务需求增加,一再挤压批发商的利润空间。那些不能找到有效途径向零售商让渡价值的批发商将迅速被淘汰。幸运的是,计算机化、自动化和互联网的普遍应用,将帮助批发商控制订货、运输和存货保管成本,提高生产效率。

作为产品流通的重要环节,批发业的发展对于节约全社会的成本、降低交易成本、提高流通效率、促进经济增长具有重要作用。然而随着制造商和零售商向批发环节一体化进程的加快,我国批发业的发展陷入困境,整个流通体系呈现"两头活跃、中间萎缩"的基本格局,"批发无用论"观点开始盛行。从国外批发业的发展经验来看,批发与零售贸易的比率整体呈下降趋势,然而批发产品交易额依然呈上升趋势而且其在产品流通环节依然占有重要的地位。

产业调研网发布的《中国批发业行业现状分析与发展前景研究报告（2023 年版）》认为,从产品结构来看,中国矿产品、建材及化工产品,食品、饮料及烟草制品,纺织、服装及日用品等行业的批发业务主营业务收入所占的比重最大;而饮料及茶叶、烟草制品、服装、鞋帽、体育用品、图书、中药材及中成药、通信及广播电视设备等产品的批发业务毛利率较高。

五、营销物流的基本内容

（一）营销物流的特征与重要性

1. 营销物流的特征

营销物流又被称为实体分销,是指通过有效地安排产品的仓储、管理和转移,使产品在需要的时间达到需要的地点的经营活动。过去,实体分销商通常从产品出厂时开始规划,试图以低成本的解决方案将产品送达消费者。然而,今天的市场营销人员更倾向于以客户为中心的物流思路。这一思路始于市场,反向延伸至工厂甚至供应源。营销物流不仅涉及输出物流,即将产品从工厂运送到中间商和最终消费者,还涉及输入物流,即将产品和原材料从供应商处运送到工厂,以及反向物流,即将消费者或经销商退回的破损、滞销或多余的产品返回工厂。也就是说,这一思路涉及整个供应链管理（见图 9-5）,管理那些在供应商、企业、中间商和最终消费者之间流动的、涉及上下游渠道增值的原材料、最终产品和相关信息。

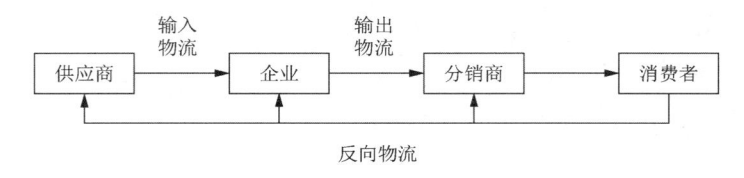

图 9-5 供应链管理

物流管理人员的任务是协调供应商、采购代理、市场营销人员和消费者的行动。这些行动涉及预测、信息系统、采购、生产计划、订单处理、存货、仓储及运输计划。如今,企业越来越重视物流。

2. 营销物流的重要性

第一,通过改进营销物流可以为消费者提供更好的服务和更低的价格,从而获得强大的竞争优势。

第二,无论是对企业还是对消费者而言,物流水平的提高都可以极大地节约成本。平均而言,高达 20%的产品成本是由运输成本构成的。这一比例远远超过了广告及其他营销成本。物流成本只要削减一小部分就意味着极大的节约。例如,沃尔玛最近开展了一个通过提高外包效率、优化存货管理和提高供应链劳动生产率来改善物流的项目，有望在未来 5 年内将供应链成本降低 5%~15%，这意味着惊人的 40 亿~120 亿美元。通用汽车自身任何时候都有亿万吨成品车、生产零部件、售后市场零件在运输途中，年物流费用高达 80 亿美元左右。即使某个环节物流成本略微降低，也意味着巨大的节约。

第三，产品种类的激增也从客观上要求物流管理必须改进。例如，20 年前的食品杂货店可能仅出售上百种产品，而现在的社区超市，出售的产品种类就达上万种。一家沃尔玛超市出售的产品可能超过了 5 万种，其中 3 万种为日常用品。订购、运输、储存和控制如此种类繁多的产品对物流工作而言是相当大的挑战。

信息技术的进步为极大地改善分销效率创造了机会。当今的企业正在应用完善的供应链管理软件、基于互联网的物流系统、自动销售扫描系统、无线射频标签、卫星跟踪，以及订单和支付数据的电子传输。这些技术使得企业可以迅速、高效地通过供应链来管理产品流、信息流和资金流。

第四，物流比其他任何一种营销职能都更显著地影响着环境及企业为实现环境可持续发展所付出的努力。通常情况下，运输、仓储、包装和其他物流职能是供应链中对企业环境影响贡献最大的部分，也是最可能实现成本节约的部分。许多企业已经开始建设绿色供应链。

（二）营销物流的主要职能

企业物流系统的目标一般描述为以最低成本来最大化地提供顾客服务。而现实却并不可能同时做到顾客服务最大化和成本最小化。顾客服务最大化意味着迅速交付、大量存货、灵活搭配产品种类、自由退货政策及其他方面，所有这些服务都会提高成本。相反，成本最小化则意味着缓慢交付、更小规模存货、更大的装运批量，而这些往往代表更低水平的顾客服务。营销物流的目标应该是以最低成本提供既定水平的顾客服务。物流的主要职能如下。

1. 运输

运输模式的选择影响产品的定价、递送效率和到达时货物的状况，而这些因素又进一步影响消费者满意度。在将产品运送至仓库、经销商和消费者的时候，企业可以选择的运输模式主要有五种：公路、铁路、水运、管道和空运，还有数字产品的递送模式——网络。

公路运输所占比例一直稳步上升，按质量和运输里程计算，现在已经占货物运输总量的 70% 以上。公路运输在行程和时间安排上非常灵活，通常可以提供比铁路更迅速的服务。对于高价值产品的短途运输而言，这一方式效率较高。

铁路运输占总货物运输的 8% 左右，主要是煤炭、矿石、农产品、林业产品这些大批量、远距离货物运输最具有成本效益的方式之一。近年来，铁路增加了多种运输服务，如设计处理特殊产品品类的新型设备、提供平台车厢装运卡车服务，以及提供诸如在途货物转港、转关之类的服务。通过这些方式，铁路运输拓展了客户服务范围。

我国水路运输占到了总货物运输的 14% 左右，水路运输具有成本低、运量大的特点，对于煤炭、谷物、油类、金属、矿石等大批量、低价值、不易腐烂的货物采用水路运输比较合适。

现在对于石油、天然气及化工产品从来源地运送至市场的专门运输方式，管道运输所占比例越来越大。

空运虽然在货物运输中占的比例不到 1%，但是空运仍然是一种重要的快速运输方式。空运的费率比铁路、公路要高很多，但当时间紧、距离远时，空运是理想的选择。最常使用空运方式的产品是易腐烂的产品（如活鱼、鲜花）和高价值、小批量的产品（如精密技术设备、珠宝）。空运方式可以降低存货水平、包装成本及需要的仓库数量。

互联网通过人造卫星、电缆、电话线路或无线信号将数字产品从制造商处传输给消费者。软件企业、媒体、音乐和视频公司及教育行业都在利用互联网进行数字产品传输。互联网在降低分销成本上极具潜力。飞机、卡车和火车转移的是货物和包装，而数字技术转移的则是信息比特。

物流大多采取联合运输方式，即将两种或两种以上的运输方式结合起来。主要联运包括背负式装运，即铁路和卡车的联合；卡车渡运，即水运和卡车的联合；车船运输是水运和铁路的联合；空中卡车则是空运与卡车联合。将几种模式结合起来可以提供单个模式无法实现的优势。每种联合模式都为托运人带来了一定的好处。大型物流公司往往可以提供单一来源的多形式运输方案。

2. 仓储

生产和消费周期很难完全匹配，所以大多数企业必须将待售的产品储存起来。例如，棉被加工企业、灭蚊器制造厂全年都在生产，它们在淡季将产品储备起来以应对冬夏时节的购买旺季。储备功能克服了生产和需求在数量和时间上的差异，保证了在消费者打算购买时能够及时提供产品。

企业必须决定仓库数量、类型及地理位置。企业可能会采取储备仓库或配送中心的形式。储备仓库用于中长期的货物储存，而配送中心则是用于配送货物而非仓储。配送中心是高度自动化的大型仓库，它们接收各个工厂和供应商的货物，接受订单并高效地供应相应的货物，最终尽快将货物交付消费者。

例如，京东物流运营全国最大面积仓配网络布局，现有仓库面积超过2100万平方米，在除港澳台地区之外的所有省会城市及直辖市均有物流中心或前端配送中心，已将京东商城当日达或次日达服务覆盖到全国大部分区县。京东物流不仅覆盖面广，更是向智能化要效率、要服务。京东亚洲一号就是智能化物流的代名词。据京东亚洲一号负责人介绍，分布在全国的23座亚洲一号各有特色。比如上海建成全球首个全流程无人仓；广州亚洲一号屡屡创造单体仓库日处理订单的峰值纪录；北京人机CP创新物流模式应用在货到人系统、智能Shuttle系统、大型分拣线、"黑灯仓库"等场景中，实现了人与机器混合作业的大范围应用；武汉建成了国内首个应用大型冷链货到人拣选系统的物流中心；西安是中国西北区最大的智能物流中心，成为"一带一路"倡议起点城市中的超级物流枢纽；京东在重庆将智能园区建设在群山环绕、地势崎岖的山河之间；在沈阳，中国实力雄厚的老工业基地与最前沿的物流黑科技进行完美结合；杭州则以亚洲一号为基础，让"江浙沪包邮区"再提速。"智能大脑"正在成为亚洲一号这个庞大的智能体系高效运转的"司令官"，消费者的每一次下单，其背后都需要数百次数据的处理。而在分拣中心，"智能大脑"在1分钟内即可完成千亿次计算。京东物流之所以能实现"211"履约，在很大程度上取决于仓库与分拣中心、分拣中心与配送站的距离是否足够短，亚洲一号的大规模启用算是助推器。目前，亚洲一号单体仓库的订单日均处理能力在10万单以上，广州、武汉、昆山等智能仓储的日处理能力在百万量级。无论是自动化立体仓库、地狼仓、天狼仓、智能分拣机，其运营效率均是传统仓库的至少3倍，一些应用成熟的机器人，自动打包机的订单处理速度更是传统仓库的 5 倍以上。

像当今的其他绝大多数事物一样,仓储技术近年来发生了巨大的变化。过时的物资处理方法正在被日新月异的、需要更少员工的计算机控制系统取代。计算机和扫描器读取订单信息,指示升降运送车、电动起重机或机器人来汇总货物,最后将货物运至装载码头并开具发票。

例如,京东物流引入统管全局的"智能大脑",在智能排产、包装耗材的智能推荐、拣货路径优化等方面进行了诸多创新。智能排产即由"智能大脑"统筹计算每个订单的生产和配送时间,对订单的处理进行优化组合,该功能将仓内自动组单的占比提升至 73%,组单合理性和出库效率大幅度提升。据统计,智能排产的功能上线以来,京东物流的促销活动催单率同比下降 8.2%。"精卫推荐"是京东物流在包装耗材推荐方面的一项创新,可以根据不同订单类型自动计算与商品最匹配的耗材型号,确保纸箱、手提袋的精确使用。数据显示,2019 年 3 月,北京某 3C 仓库,通过"精卫推荐"进行的耗材推荐准确率在 96.5%以上;在拣货路径优化方面,"智能大脑"通过蚁群算法计算出从主通道不同入口进入复核台的所需产品的最短拣货路径,减少员工无效拣货路径。

3. 存货管理

存货管理也会影响顾客满意度。在这里,管理人员必须保持精准的均衡,存货不能不足,也不能过量。若存货不足,企业就会面临在顾客需要产品的时候断货的风险。为避免这一情况,企业需要以极高的代价来建立应急运输和生产机制。而存货过量将造成不必要的存货成本和损耗。因此,在进行渠道管理的时候,企业必须在持有大量存货的成本与销售和利润之间进行权衡。

很多企业通过准时制物流系统大大降低了存货水平和相关成本。在这一系统中,制造商和零售商只储存少量的零部件或产品,通常只能维持几天的运营。新的存货会在需要的时候准时到达,而不是事先储存在仓库中等待。为保证所需货物及时送到,准时制系统要求进行精确的预测和快速、频繁、灵活的货物递送。但它确实能够大大降低存货水平和经营成本。

市场营销人员一直在寻求使存货管理更有效率的新方法。在不远的将来,存货管理可能实现完全自动化。例如,通过讨论射频识别技术,或称为"智能标签",将智能芯片嵌入或放置在花卉、剃须刀、轮胎等各种产品或包装上。"智能"产品可以使整个供应链实现智能化和自动化。使用射频识别技术的企业能够随时精确地跟踪产品在供应链中所处的位置。"智能货架"不仅可以让企业知晓何时需要下单,还可以自动向供应商下单。

4. 物流信息管理

企业利用物流信息管理供应链。渠道成员之间通常会互相连接共享信息,以便制定更好的联合物流决策。从物流的观点出发,如顾客交易、账单、装载量和存货水平甚至顾客数据等组成的信息流与渠道效率紧密相关。企业需要建立一个简单、易操作、精确的流程来获取、处理和分享渠道信息。

企业可以通过多种方式分享和管理信息,但目前绝大多数分享是通过传统的或基于互联网的电子数据交换(Electronic Data Interchange,EDI)即组织间计算机化的数据交换来进行的。例如,沃尔玛要求其 10 万家供应商保持 EDI,并以此联系销售数据系统。如果新的供应商不具备 EDI 能力,沃尔玛会与它们合作开发和实施所需要的工具。

有时，供应商可能会被要求为零售商生成订单并安排送货。很多像沃尔玛和大润发这样的大型零售商都会与宝洁或维达这样的主要供应商保持紧密合作，建立供应商库存管理（VMI）系统或连续存货更新系统。借助 VMI，零售商可以与供应商分享销售和当前存货水平的实时数据，从而由供应商全权负责存货管理和运送。一些零售商甚至会更进一步，将存货和运送成本全部转移给供应商。这样的系统需要买卖双方密切协作。

小结

扫描二维码获得内容

任务九：小结

复习与思考

扫描二维码获得内容

任务九：复习与思考

模块二　实训操练

实训一：案例分析

一、实训内容

认识分销渠道的作用与管理过程。

二、实训准备

1. 授课老师提供分销渠道的系列案例；
2. 学生通过网络或文献资料收集案例背景资料；
3. 分析案例中渠道成功的原因或存在的不足；
4. 对案例中采用的渠道模式与渠道管理提出改进建议。

三、实训组织

1. 以 4~5 人为一个小组，开展案例讨论；
2. 每位学生在组内发表个人观点；
3. 组长整理讨论内容，形成小组的分析结论；
4. 每个小组派一名代表陈述各组的观点；
5. 授课老师引导各组之间进行观点的辩论；
6. 授课老师对讨论进行点评。

四、实训评价

单位：分

评价对象	评价项目	内容描述	评价要求	分 值	得 分
团 队（60%）	讨论组织	组长负责	组织有序 时间高效	10	
	讨论参与	围绕案例 讨论问题 自由发言	讨论热烈 紧扣问题 有理有节	10	
	讨论结果	总结归纳 形成结论	原理正确 观点鲜明	20	
	汇报成果	课堂汇报	表述流畅 配合默契	20	
个 人（40%）	小组考勤	组长考勤	按时参加讨论，主动积极	20	
	小组贡献	小组评分	提出独特观点和新思想	20	
最终评分					

参考资料

扫描二维码获得内容

以移动应用程序为基础的网约车彻底颠覆城市交通渠道

实训二：分销渠道设计

一、实训内容

针对任务七、任务八中研究的真实企业及企业的产品进行分销渠道设计。

二、实训准备

1. 复习分销渠道的基本理论与渠道设计的主要内容;
2. 研究任务七、任务八的产品策略和价格策略;
3. 对企业产品原有的分销渠道进行分析。

三、实训组织

1. 以 4～5 人为一个小组,采用头脑风暴法进行讨论;
2. 每个学生提出个人设计方案,陈述理由;
3. 集中多数成员的意见,形成可供选择的多个方案;
4. 编写渠道设计方案书面报告,并制作成多媒体汇报形式;
5. 班内组织渠道设计方案答辩会;
6. 由学生组成评委小组进行评价。

四、实训评价

单位:分

评价对象	评价项目	内容描述	评价要求	分 值	得 分
团 队 (60%)	任务布置	制定渠道设计方案	渠道设计任务明确,时间管理到位	10	
	实训实施	个人设计与小组整合相结合	组织有序,讨论热烈,提出多个创新方案	10	
	实训成果	产品渠道设计方案	运用渠道管理与设计原理正确,充分考虑任务七、八策略的协调一致,渠道设计方案可行、创新	20	
	团队协作	课堂汇报	PPT 制作精美、内容清晰、表述流畅、团队协作好	20	
个 人 (40%)	小组考勤	组长考勤	积极参与渠道方案设计	20	
	小组贡献	小组评分	完成分配任务 具有良好协作精神	20	
最终评分					

【附件】你是营销人员:大自然饮料公司的新产品营销计划(8)

扫描二维码获得内容

你是营销人员:大自然饮料公司的新产品营销计划(8)

任务十 制定整合营销沟通策略

任务目标

思政目标

1. 遵守营销传播的法律法规;
2. 树立正确的信息沟通意识。

知识目标

1. 了解促销组合的定义及 5 种主要的促销组合工具;
2. 了解整合营销沟通的必要性及步骤;
3. 掌握促销预算和组合策略;
4. 掌握人员销售的基本内容;
5. 掌握销售促进的基本内容;
6. 掌握广告促销的基本内容;
7. 掌握公共关系的基本内容。

能力目标

1. 能正确运用促销组合策略;
2. 能设计有效的促销组合方案;
3. 能掌握人员销售的技巧。

模块一　理论指导

案例导入

蒙牛特仑苏：不是所有牛奶都叫特仑苏

"不是所有牛奶都叫特仑苏"这句耳熟能详的广告语，让我们记住了蒙牛特仑苏这一高端牛奶品牌。所有伟大的营销沟通都始于一则独特的品牌信息，它表达了品牌真正与众不同的东西。而品牌信息需要整合多种渠道来传播与沟通。

2005年，在普通液态奶市场竞争激烈的背景下，蒙牛集团推出新产品——特仑苏，其定位是"高蛋白，更好的营养"，旨在打造高端牛奶品牌。为了帮助消费者理解"不是所有牛奶都叫特仑苏"，在广告中、在包装上不断出现这样的信息："专属牧场，3.3g乳蛋白""中国与欧盟有机双认证""沙漠有机纯牛奶3.8g乳蛋白，限定沙漠绿洲奶源""3200小时全年日照，让牧草更好""沙漠有机，就是更好的有机"。为了让消费者知晓、接受、偏好、购买，蒙牛集团开展了大量的整合营销沟通活动。

2009年，蒙牛签约国际钢琴巨星郎朗为蒙牛"特仑苏"品牌大使，这是郎朗代言的第一个中国食品品牌，也是特仑苏首次签约代言人，同时郎朗还获得了"特仑苏名仕会荣誉会员"的身份。当时，蒙牛乳业集团副总裁白瑛表示，特仑苏在第27届IDF世界乳业大会上获得金奖，成为首个获此殊荣的中国企业。而郎朗也是首个获得格莱美古典音乐最佳演奏奖提名，并在颁奖仪式上演奏的中国人。其身份与成就和"特仑苏"的定位完全一致，其代言人形象受到国人普遍喜欢，特仑苏品牌形象得到了有效的推广。

2011和2012年，蒙牛集团成功举办了两届"与郎朗同台特仑苏新年音乐会"，音乐会在全国多个省会城市巡回演出，大获成功。伴随2013年的新年钟声，特仑苏再次携手郎朗，在国家大剧院为特仑苏名仕会会员打造了一次高规格的高雅艺术体验。在同天举办的"郎朗·国家大剧院五周年钢琴音乐会"上，特仑苏用邀约的方式，让名仕会会员及普通消费者近距离接触经典名曲和国际钢琴大师的魅力，进一步践行着普及高雅艺术的品牌责任。特仑苏高端品牌形象得到了极大的提升。

尽管大量的广告与高雅的艺术为特仑苏树立了高端品牌的形象。但牛奶市场竞争激烈，伊利也推出了经典有机奶，称"天赐有机，有机经典"，几乎是相同的定位，加上进口牛奶品牌越来越多。蒙牛面临巨大的挑战，只有不断创新、不断开发新产品，并实现品牌差异化，才能在竞争中占得一席之地。

2016年，特仑苏全新品质升级，推出3.6g优质乳蛋白、120mg原生高钙的纯奶产品。品质升级，其定位也相应升级，保留"不是所有牛奶都叫特仑苏"的口号，提出"更好"新定位。如"更好的特仑苏，更好的营养""更好的营养，成就更好的自己"。特仑苏还邀请著名表演艺术家陈道明作为全新升级的特仑苏的形象代言人。对于很多消费者而言，特仑苏不仅是营养和品质生活的引领者，还是更好精神营养的提供者。陈道明入行几十年来，他以在众多影视作品中塑造的经典角色、不流于俗的儒雅贵族气质及对自我的高品质苛求，受到一代又一代观众的喜爱。陈道明对于艺术和自我的严格苛求、孜孜不倦的进取态度与特仑苏的品牌精神极为契合。这位新晋品牌代言人成为诠释品牌内涵、引领大众思潮的新一代"精神领袖"。

除了电视广告，蒙牛还通过社交网站上的视频广告及微电影的植入和冠名综艺节目来提高品牌知名度。2017年至2021年，特仑苏与陈道明、靳东、易烊千玺等代言人合作连续推出主题为"更好的2017""更好的2018""更好的2021""做更好的自己"的网络视频，这些视频在爱奇艺、优酷、腾讯视频和哔哩哔哩（B站）轮番播放，激发新生代对"做更好的自己"的认同感，特仑苏在年轻消费者心目中树立了"更好"的形象。

2018年，特仑苏为了推出升级包装产品，独家冠名湖南卫视《声入人心》第一季，将"自然营养"与"自然声音"完美融合，从综艺理念到品牌主张都体现了对专业与品质的极致追求。其广告语为"汲自然营养，让更好发声"。

2019年，特仑苏更是加速发力，完成旗下系列全线产品梦幻盖升级，并继续冠名《声入人心》第二季，以"做更好的自己"的品牌态度，持续让"更好"发声。同时冠名了另一档火热的综艺节目《向往的生活》第三季。特仑苏梦幻盖有机奶成为节目嘉宾随时随地畅享的"团宠"饮品；嘉宾的美食菜谱中增加了各种利用特仑苏有机奶制作的潮流菜品，而这些美味菜品成了网上热议的话题。在梦幻盖一次次开启的镜头中凸显了特仑苏梦幻盖产品正在融入更多饮用场景与创新空间，借助用味觉快速占据消费者心智。"更好的特仑苏，给你满满的幸福感"。

2021年，在五四青年节之际，特仑苏发布了一支特别影片，"更好"的特仑苏《更好的青春》。由张大鹏执导，张晨光、钟汉良、高瀚宇三人组成父子档，诠释年轻人的青春态度。更好的青春不止一种，更好的答案不止一个。影片主题「更好」「更好的自己」，恰恰与特仑苏近几年来"更好"的品牌主张相契合。影片激起了年轻人的共鸣，引起了广泛关注。

在六一儿童节，特仑苏又推出了一支微电影——《更好的童年》，讲述了一个泪失禁小男孩突破自我、不断成长的故事，小男孩用行动驳斥了"是男子汉就不能哭"的思想观念。微电影上线之后引发了不少关注，很多家长观看之后表达了自己的共鸣。

蒙牛特仑苏坚持不懈地运用多渠道的营销沟通赢得了消费者，获得了高额的销售回报。2021年蒙牛旗下各品类均呈现强劲增长，而其中最大的亮点是明星产品特仑苏持续火爆，在2021年销售额达300亿元，成为全球乳业迄今为止体量最大的单品。

资料来源：网络资料收集，有改写

思考：
1. 蒙牛特仑苏在整合营销沟通中运用了哪些促销组合工具？
2. 思考蒙牛特仑苏还可以运用哪些促销组合工具进行营销沟通。

任务七~九已经介绍了营销组合的三大策略，即产品策略、价格策略和分销渠道策略。任务十将介绍营销组合的第四个策略，即整合营销沟通策略（促销策略）。如果说前面三大策略是为了创造顾客价值，那么促销就是为了清晰地、有效地向顾客沟通这种价值。促销不是一种简单的工具，而是多种工具的组合。在整合营销沟通策略下，公司必须仔细地协调这些促销组合工具以传递关于组织及品牌的清晰的、一致的和有说服力的信息。

任务十重点介绍促销组合工具中的人员销售、销售促进、广告和公共关系，任务十一将重点介绍直复与数字营销工具。

一、促销组合的工具

促销组合又被称为营销沟通组合，由人员销售、销售促进、广告、公共关系、直复与数字营销等特定的组合构成，用于有说服力地沟通顾客价值和建立顾客关系。以下是主要的促销组合工具及其定义。

（1）**人员销售**：公司的销售人员为实现达成销售和建立顾客关系的目的而进行的产品介绍和展示。

（2）**销售促进**：为鼓励产品和服务的购买或销售而进行的短期激励。

（3）**广告**：由特定广告主出资发布的非人格化的对观念、产品或服务的各种形式的展示和促销。

（4）**公共关系**：通过获得有利的宣传，建立良好的公司形象，处理或应对不利的言论、事故和事件，与公司的各种公众建立良好的关系。

（5）**直复与数字营销**：与仔细确定的单个顾客和顾客社群直接联系以获得即刻反馈和培养持久的顾客关系。

每一种促销组合工具都有与消费者沟通的特殊方式。例如，人员销售包括销售展示、展销和激励计划；销售促进包括折扣、优惠券、陈列和示范；广告包括广播、印刷、互联网、移动、户外及销售点海报等形式；公共关系包括新闻发布会、赞助、特殊事件及网页；直复与数字营销包括直接邮寄营销、购物目录营销、电话营销等。

同时，市场营销沟通并不局限于这些具体的促销方式。产品的设计、价格、形状和包装，以及出售它的商店，都会向消费者传递产品或企业的信息。因此，尽管促销组合是企业主要的沟通活动，但是为了取得最佳的沟通效果，整个市场营销组合，即促销与产品、价格和渠道，都必须协调一致，构成了整合营销沟通。

二、整合营销沟通的步骤

（一）整合营销沟通的必要性

在过去数十年中，销售人员的大众营销艺术已经趋于完美，即向广大消费者销售高度标准化的产品。一些大公司通常在电视、杂志、报纸或其他大众媒体上投入数百万元甚至数亿元的广告费，用单一的广告就可以影响数千万名的消费者。但是，如今销售人员面临新的营销沟通现实，数字时代，互联网和通信技术的发展正在改变营销沟通的面貌。

首先，消费者在变化。在这个数字化的无线时代，消费者在获得更加便利的信息的同时，具有更强的沟通能力。他们可以利用互联网和其他技术自主地搜索信息，而不必再依赖销售人员提供。而且，他们还能够方便地联系其他消费者交换关于品牌的信息，甚至创造自己的市场营销信息和体验。

其次，市场营销战略在变化。随着大众市场的细碎化，销售人员逐渐放弃了大众营销。他们越来越倾向于设计相对聚焦的市场营销计划，在精确定义的微观市场中，与消费者建立更加紧密的联系。

最后，通信技术的巨大进步极大地改变了公司与消费者之间的沟通方式。数字时代大量新

任务十 制定整合营销沟通策略

型沟通工具的出现，从智能手机和 iPad，到卫星和有线电视系统，再到互联网的电子邮件、社交网络、品牌网站等。这些新型沟通方式和工具的迅猛增长对营销沟通产生了很大的影响。就像大众营销曾经推动大众媒体沟通增长一样，新的数字媒体催生了新的市场营销沟通模式。

销售人员现在倾向于使用更加丰富的媒体组合和沟通手段，但这并非易事。如今的消费者受到各种品牌信息的干扰，公司常常不能有效地整合各种沟通渠道。大众媒体广告说的是一回事，店内促销所传达的是一回事，而公司网站、公众号或抖音上发布的短视频说的又是另一回事。

问题的根源在于这些信息通常来自公司的不同部门。广告信息由广告部门或广告公司策划和执行；公司内部的其他专家则负责公共关系、销售促进活动、网络或社交媒体内容。但是，消费者不会像销售人员那样区分信息来源之间的差别。在他们心目中，信息无论是来自电视广告、店内陈列、手机应用程序，还是来自微信的朋友圈或抖音上的视频，汇总起来就构成了公司或品牌的整体形象。如果不同渠道所传达的信息彼此冲突，就可能导致混乱的公司形象、品牌定位和顾客关系。因此，公司应当秉持整合营销沟通的理念（见图10-1），通过整合各种沟通渠道，传播关于组织及品牌的一致、清晰和有说服力的信息。

通常，不同的媒体在吸引、告知和说服消费者方面具有各自不同的作用。例如，一些研究表明，超过 2/3 的广告主与其广告代理商计划开展跨越媒体的广告运动，包括传统的电视和现代的数字、移动和社交媒体等多种观看平台的视频广告。这种"视频集成"将电视媒体广而告之的核心优势与数字媒体更加精准、互动和参与的长处相互结合在一起。公司需要精心地制订整合营销沟通计划，有效地协同这些媒体。

中国人民财产保险股份有限公司（以下简称"中国人民保险"，英文简称"PICC"），2017 年独家支持《辉煌中国》事件营销为我们提供了一个整合营销的成功范例。

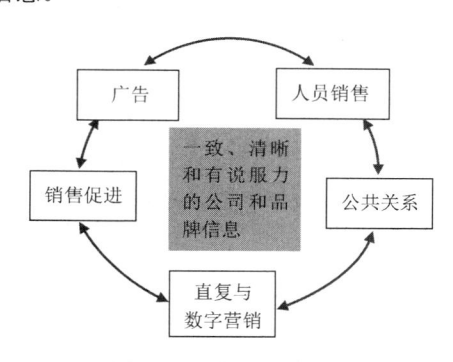

图 10-1　整合营销沟通

案例启示

中国人民保险：辉煌中国　人民保险

央视网，于 2017 年 9 月 19 日发布消息："中国人民保险邀您一起见证《辉煌中国》，由中宣部、中央电视台联合制作的六集电视纪录片《辉煌中国》，将于今日在中央电视台综合频道晚间黄金时间播出。全片以创新、协调、绿色、开放、共享的新发展理念为脉络，全面反映党的十八大以来中国经济社会发展取得的巨大成就。"通过每集 50 分钟回望中国这 5 年，国人看完深深震撼：中华民族实现了从站起来、富起来到强起来的历史性飞跃。

中国人民保险聚焦国家级大事件进行借势宣传，以中央电视台综合频道《辉煌中国》纪录片栏目独家支持的身份为中国人民保险宣传的核心爆点，打通中央电视台硬广、强化声量，运用 OTT 开机屏、头部新媒体资源、社交互动媒体进行内容深度的沟通，互联网媒体聚焦目标人群，户外媒体进行场景强关联，整合全媒体传播渠道，形成高效、立体化的品牌传播矩阵。

推出主题传播概念"**辉煌中国　人民保险**"，兼顾献礼祖国与彰显品牌形象。创意画面中将

285

中国人民保险的特色元素融入，突显祖国经济高速发展背后中国人民保险的力量。将品牌传播主题通过各大媒体资源广泛传播，形成一致的视觉记忆，全方位触达目标人群。"辉煌中国 人民保险"一语双关，即"辉煌中国，人民保险"或"辉煌，中国人民保险"。

此次，中国人民保险整合营销效果非常好，第三方权威数据显示，中国人民保险《辉煌中国》整合营销项目共带来近 5 亿次品牌曝光，有效扩大品牌传播，强势提升品牌形象！传播期间，除了收到网友的一致好评，还引发了中国人民保险企业员工的强烈自豪感，有效地促进了集团整体业务的发展。

资料来源：昌荣广告整合传播服务案例分享，有改写

（二）整合营销沟通的步骤

公司开展有效整合营销沟通和促销计划，必须遵循以下几个步骤：确定目标受众，明确沟通目标，设计信息，选择沟通渠道和媒体，选择信息来源，收集反馈。

1. 确定目标受众

营销沟通的第一步就是要确定目标受众。目标受众应该是当前或潜在的消费者、制定购买决策的人或影响购买决策的人，可以是个人、群体、特定公众或一般公众。目标受众将极大地影响营销沟通人员的多项重要决策，包括说什么、怎样说、何时说、在哪里说及谁来说等。

2. 明确沟通目标

一旦确定了目标受众，销售人员就必须明确沟通希望得到的反馈。当然，在许多情况下，消费者的购买行为是销售人员最终的目标。但购买只是消费者决策制定过程的最终结果。销售人员需要知道目标受众购买准备的各个阶段，以及需要发展到什么阶段。购买准备包括知晓、了解、喜爱、偏好、信服和购买 6 个阶段。

目标受众可能对产品一无所知，或只闻其名，或略知一二。销售人员必须首先建立产品的知晓度以增进目标受众对产品的了解。

例如，东鹏饮料（集团）股份有限公司（以下简称"东鹏饮料公司"）近年来大力推广东鹏特饮维生素功能饮料，其广告词"累了困了，喝东鹏特饮"在各种媒体广泛传播，还配上熟悉的音乐和生动形象的视频：上班时间，会议室内，一群年轻人正打瞌睡，显出疲态，让老板很生气。突然，桌上出现一瓶东鹏特饮，唤醒所有人。广告反复强调东鹏特饮的功能就是：消除疲劳，让人清醒和精神抖擞！

假设目标受众已经知道了产品，接下来他们会有何感想呢？东鹏特饮是 2013 年开始由谢××代言并向全国布局，受到了众多年轻消费者的关注，从此开始了与红牛饮料的差异化竞争。近年来密集式的广告及各种公关活动让其品牌知名度显著提高。但东鹏饮料公司希望推动消费者进一步对这种维生素功能饮料产生强烈的情感，包括喜爱、偏好及信服。

东鹏饮料公司的销售人员综合运用各种促销组合工具创造积极的情感，增加说服力。最初的广告侧重建立预期和品牌的情感联系；在东鹏饮料公司的社交媒体网站上的图片、文字和视频则吸引、娱乐和影响潜在消费者，介绍东鹏饮料的配方、功能和特点；公关活动及新闻发布会帮助保持消费者对该产品的兴趣和议论；东鹏饮料公司官网提供了产品家族信息、介绍了公司的发展及经营理念，并且直接与京东、天猫旗舰店链接。

东鹏饮料公司多年来助力运动健儿为荣誉而战,激发年轻人对体育的热爱和拼搏精神。2022年,东鹏特饮已先后成为"杭州 2022 年第 19 届亚运会"官方指定功能饮料和"2022 年 KPL 王者荣耀职业联赛"官方指定功能饮料。从与世界杯葡萄牙国家队、中国足球协会超级联赛、国际冠军杯等国内国际体育赛事绑定,再到赞助中国街舞国家队和 RNG 电子竞技俱乐部进行推广,东鹏饮料公司始终与年轻人同行,激励他们为梦想拼搏,不断奋进。

最后,部分目标受众被说服了,但还未做出购买决策。销售人员必须引导这些潜在消费者采取最后的购买行动。为了帮助犹豫的消费者克服决策障碍,东鹏饮料公司运用销售促进工具向消费者进行各种促销活动,如网上发布优惠券、扫码赢红包、团购批发、开瓶中奖,各大超市、便利店特价包装等活动,并引导消费者在公司网站和社交媒体网站上发表积极的评论来支持产品。

3. 设计信息

明确沟通目标之后,销售人员开始制定有效的信息。理想的信息应该能够引起注意(Attention)、产生兴趣(Interesting)、激发欲望(Desire)和促进行动(Action),这就是所谓的 AIDA 模型。实际上,很少有信息能够经历所有环节,将消费者从知晓阶段一直引导到购买阶段,但是 AIDA 模型提出了一则好信息的理想质量。

销售人员在组织信息时,必须决定说什么和怎样说的问题,即涉及信息内容、信息结构和信息形式 3 个方面。

信息内容。说什么是指信息的内容,销售人员必须提出恰当的诉求或主题,以产生预期的反应。诉求有 3 类:理性诉求、情感诉求和道德诉求。理性诉求与受众的自身利益相关联,展示产品将带来的预期利益。例如,说明产品的质量、经济性、价值或性能的信息。因此,在一则广告中,天然食品营销商宣称"一种使命,七种谷物",并询问消费者:"当你能够用柠檬草和椰子的时候,为什么要用人造香精和添加剂?"而瘦身产品制造商的广告告诉人们一个简单的事实:"瘦身的秘密,说到底就是没有什么秘密。"情感诉求旨在激起消极或积极的情结,从而刺激消费者购买。销售人员可以运用诸如爱、欢乐、幽默、恐惧和愧疚等情感诉求。情感信息的提倡者认为,情感诉求可以吸引更多注意,为广告主和品牌赢得信任。消费者在思考之前就已经开始产生情感,任何说服本质上都是有情感的。善于在广告中讲故事的品牌通常能激起消费者的情感共鸣。例如:南方黑芝麻糊的广告传递了一种温暖、温馨的情感诉求。

案例启示

南方黑芝麻糊:儿时温暖的记忆

广西南方儿童食品厂的南方黑芝麻糊广告以浓郁的怀旧情调展开:江南麻石小巷,天色渐晚。一对挑担的母女向幽深的陌巷走去,伴随着"南方黑芝麻糊哎——"的叫卖声,音乐响起。而在深宅大院门前,一个小男孩拨开粗重的檀栊,挤出门来,深吸着飘来的香气。小男孩再也等不及了,跑了出来,看着一位阿婆端着热气腾腾的芝麻糊,急得直搓手、舔唇。这时卖芝麻糊的阿婆给小男孩舀了一碗,他埋头猛吃,大碗几乎盖住了小脸庞。旁边的小女孩向他投去新奇的目光。小男孩也不在意,吃完了还将碗舔得干干净净的,逗得小女孩掩嘴笑起来。看着小男孩可爱的样子,阿婆爱怜地又给他添了一勺芝麻糊,轻轻地抹去他脸上的残糊。这时小男孩默默地抬起头来,目光里似羞涩、似感激、似怀想,意味深长。此时,字幕加画外音:"一股浓香,一缕温暖,南方黑芝麻糊。"

这则广告打动了无数观众,在每个人心底都留下了深刻记忆,不仅激发了孩子们对黑芝麻糊的好奇,更是激发了消费者(孩子的父母)记忆最深处、怀旧的情愫。

资料来源:根据南方黑芝麻糊电视广告内容整理改编

道德诉求帮助受众了解什么是"对的"和"恰当的"。它们通常用于鼓励人们支持社会事业,诸如保护环境或帮助弱势群体。例如,高露洁的广告运动敦促人们"在刷牙时关上水龙头"以节约资源。其中一则广告展现一个缺水地区的小男孩头顶一个水桶的画面,并提醒道:"你两分钟内浪费的水可满足他人一家人一天所需"。

信息结构。销售人员必须决定如何处理3个信息结构问题:第一,应该直接给出结论,还是让受众自己判断?研究表明,在许多情况下,广告最好提出问题,让消费者得出自己的结论。第二,应该在开始还是在最后提出强有力的论点?一开始就抛出强有力的论点虽然可以引起强烈的注意,但可能造成虎头蛇尾。第三,应该提供单方面的论点,如只提产品的优势,还是提出两个方面的论点,宣传产品优势的同时指出其不足?通常,单方面的论点在销售展示中更加有效,除非信息接收者受教育程度很高,或者可能听说过相反的意见,或者销售人员有需要克服的负面联想。例如,亨氏传达这样的信息:"亨氏番茄酱因为好,所以流出慢。"这些同时指出产品的优势和不足的信息可以提高广告主(卖家)的可信度,使消费者对竞争产品的诱惑具有抵抗力。

信息形式。销售人员还需要为其信息确定对目标市场有吸引力的形式。在平面广告中,销售人员必须选定标题、文案、插图和色彩。为了吸引注意,广告主可以运用虚构和对比、吸引眼球的图片和标题、独特的构图、文字的大小和定位,以及色彩、造型和变化。例如,米其林轮胎的广告:那只由轮胎组成的大白胖子手臂给人一种安心温暖的感觉。而这组由腾迈创作设计的平面广告就告诉了人们:大白胖子手臂一直在保护大家。画面中大白胖子手臂出现在弯道、雪地等恶劣驾驶环境中,为驾驶员护航助力,突出了米其林轮胎防滑、抓地、耐磨等特性(见图10-2)。

图10-2 米其林轮胎的广告

销售人员必须精心设计从开始到结束的每一个细节。如果信息通过产品或其包装来传达,销售人员还必须关注其质地、结构、气味、色彩、大小和形状。例如,色彩本身就能强调一个品牌的信息识别。一项研究表明,色彩增加了80%的品牌认知,如麦当劳(金黄色和红色)、海尔(海蓝色)、农夫山泉(深红色)。因此,在设计有效营销沟通的过程中,销售人员必须仔细考虑色彩和其他似乎微不足道的细节对产品的影响。

4. 选择沟通渠道和媒体

有效沟通的一个重要环节就是要选择合适的沟通渠道和传播媒体。沟通渠道有两种:人际沟通渠道和非人际沟通渠道。

人际沟通渠道。在人际沟通渠道中，两个或更多的人彼此直接沟通。他们的具体沟通方式包括面对面谈话、电话、通信、电子邮件，甚至网上聊天。人际沟通渠道之所以很有效，是因为人们可以直接对话和反馈。

有的人际沟通渠道由公司直接控制。例如，公司销售人员与目标受众接触。但是，有关产品的其他人际沟通渠道是通过不由公司直接控制的渠道到达消费者的，可能是独立的专家对消费者的忠告和建议，如消费者权益组织或网上购物指南等，也可能是目标受众与邻居、朋友、家人及同事交谈时进行的沟通。后者也被称为"口碑影响"，其影响在许多产品领域都不可小视。

非人际沟通渠道。非人际沟通渠道是没有人接触或反馈的信息传播途径，包括主要媒体、气氛和事件。主要媒体有印刷媒体（报纸、杂志、直接邮寄传单）、广电媒体（广播、电视）、陈列媒体（告示牌、标志、海报）及网络媒体（电子邮件、公司网站）。气氛是一种经过设计的环境，用于创造和强化消费者的产品购买倾向。因此，律师事务所和银行的设计注重表现信任、专业、权威等消费者可能看重的特质。事件是通过策划活动与目标受众沟通信息。例如，公共关系部门安排新闻发布会、盛大的开业典礼、展销会、公众参观日及其他事件。

非人际沟通直接影响消费者。而且，运用大众媒体常常引发更多的人际沟通，进而间接地影响消费者。沟通信息首先从电视、杂志和其他大众媒体传达到意见领袖，然后由这些意见领袖传达给他人。于是，意见领袖位于大众媒体与受众之间，将信息传播给那些较少接触媒体的人。有趣的是，销售人员常常在广告和促销活动中嵌入消费者代言人或意见领袖，利用非人际沟通替代或刺激人际沟通。

5. 选择信息来源

在人际沟通和非人际沟通中，信息对目标受众的影响也受到受众对销售人员看法的影响。来源可靠的信息往往更具说服力。于是，许多食品公司向医生和其他保健服务提供商进行促销，激励这些专业人士向受众推荐其产品。销售人员雇佣运动员、演员、音乐家甚至著名的卡通形象代言，向目标市场传递信息。不过，公司在选择这些人代言品牌时，必须格外小心。代言人选择不当可能使品牌陷入尴尬境地，甚至玷污品牌形象。

6. 收集反馈

信息发送之后，销售人员还必须调查它对目标受众的影响。这包括询问目标受众是否记得该信息，看过多少次，还能回忆起哪些要点，有何感受及对产品或公司过去和现在的态度。销售人员更乐意测量信息对实际行为的影响，即有多少人购买产品，是否与其他人谈论过产品，或者惠顾过商店。

根据市场营销沟通过程中的反馈，销售人员可能需要改变促销计划或产品本身。例如，王府井百货运用电视和报纸广告通知所在区域的消费者有关店址、服务和促销活动的信息。假设反馈调查显示，某区域的消费者中有80%可以回忆起看过的商店广告，知道其产品促销信息。这些知晓的消费者中有60%在上个月惠顾过王府井百货，但这些消费者中只有20%对购物体验感到满意。这一结果意味着尽管促销创造了高知名度，但王府井百货并没有给予消费者所期望的购物体验。因此，王府井百货需要在继续开展有效沟通的同时，改善消费者的购物体验。相反，如果调查显示，只有40%的消费者知道商店有促销活动，其中只有30%的消费者最近进行过购物，在购物的消费者中有80%很快再次惠顾，那么王府井百货就需要加强促销活动的宣传，首先吸引消费者来到店里，其次利用消费者满意的优势促进销量的提高。

三、制定总促销预算和组合

我们已经了解了有效沟通的步骤，下面将考虑公司应该如何决定促销总预算及其在主要促销组合工具之间的分配，以创造理想的促销组合。那么，公司将如何组合使用促销组合工具来建立整合营销沟通呢？

（一）制定总促销预算

公司面临最艰难的营销决策之一就是应该在促销上花多少钱，因为不同行业和公司在促销支出上存在很大的差别。消费者日常生活用品的促销费用可能占销售总额的 10%～12%，化妆品大约占 20%，工业机械产品只占 1%～2%。在特定行业中，既有促销费用很低的公司，也有在促销上投入大笔费用的公司。公司是如何决定其促销预算的呢？大致有以下几种方法：量入为出法、销售比例法、竞争对等法和目标—任务法。

1. 量入为出法

量入为出法，即以公司能够负担的水平为标准制定促销总预算。小公司常常运用这种方法，因为公司的广告花费不能超出现有的承受能力。它们从总收益中减去运营费用和资本费用，然后将剩余资金的一部分用于广告费。但以这种方法决定预算完全忽视了促销对销售业绩的影响。它倾向于在所有支出中最后考虑促销，即使在广告对公司成功非常关键的情况下也是如此，从而造成每年促销预算都不确定，销售人员很难制订长期的营销计划。量入为出法有时会造成在促销上花费过度，但更多的时候会造成促销费用不足。

2. 销售比例法

销售比例法，即公司按当前或预期销售额的特定比例来制定促销预算，或者按单位售价的一定比例来做预算。销售比例法有一定的优点，它易于操作，有助于管理人员思考单位促销支出、销售价格和利润之间的关系。

尽管具有这些显著的优点，但是其调整余地很小。它错误地将销售额视为促销的原因而非结果，尽管研究已经发现，促销支出和品牌优势之间正相关，两者的关系常常表现为效果和原因，而非原因和效果。强势品牌因为拥有较高的销售额，所以公司在使用这种方法时便可以获得更高的促销预算。相反，那些需要通过促销来提升销量的弱势品牌，由于现有的销售额低，其促销费用较少，因此容易形成恶性循环。

按销售额的一定比例来确定预算的做法是以资金的可获得性，而非市场机会为基础的。它可能会阻止为扭转销售额下降而增加促销投入。由于预算按照每年的销售额而变化，因此很难制订长期计划。

3. 竞争对等法

竞争对等法，即公司按照与竞争对手相当的标准制定促销预算。它们监视竞争者的广告，或者从公开的数据及行业协会获取行业促销费用的预算，然后根据行业平均水平制定预算。

有两种观点支持该方法：第一，竞争者的预算代表行业的平均水平；第二，与竞争者的促销费用相当有助于避免发生价格战。但这两种观点都不可靠，没有证据表明竞争者就比公司自己在促销费用的制定上技高一筹。而且，不同公司之间差异很大，每家公司都有自己独特的促销需求。最后，没有证据表明与竞争者对等的预算就可以真的避免价格战。

4. 目标—任务法

目标—任务法，即公司根据自己的促销目标和打算完成的任务来制定促销预算。公司在采用这种预算方法时必须做到以下几点：①确定特定的促销目标；②为了实现这些目标，需要完成的促销任务；③估计完成这些任务的成本，这些成本的总和就是计划的促销预算。

目标—任务法是最合乎逻辑的方法。其优点在于，它迫使管理层厘清促销费用与促销结果之间的关系。但这种方法很难操作，因为公司很难判断实现既定目标需要完成哪些特定的任务。例如，创维集团希望其最尖端型号W82变形电视在3个月的导入期内达到80%的知名度。为实现这一目标，公司应该采用哪些特定的广告信息和媒体计划呢？这些信息和媒体计划的成本是多少？创维集团的管理人员必须考虑这些问题，即使它们很难回答。

（二）构建促销组合

营销整合沟通的概念表明，公司必须仔细地协调各种促销组合工具，构建高度整合的促销组合。公司应当决定运用哪些促销组合工具，如何分配不同工具投入的经费和时段，以及如何配合一致。下面我们来了解影响销售人员选择促销组合工具的各种因素。

1. 各种促销组合工具的特点

每种促销组合工具都具有不同的特点和成本。销售人员在构建促销组合时，必须了解这些特点。我们将其特点简单列表分析如下（见表10-1）。

表10-1　各种促销组合工具的比较与分析

促销组合工具	优　点	缺　点
人员销售	直接沟通信息，反馈及时，可当面促成交易	占用人员多，费用高，接触面窄
广告	传播面广，形象生动，节省人力	只能针对一般消费者进行，且难以立即促成交易
公共关系	影响面广，信任程度高，可提高公司知名度和声誉	花费力量较大，效果难以控制
销售促进	吸引力大，容易激发购买欲望，可促使消费者当即采取购买行动	接触面窄，有局限性，有时会降低产品身份
直复与数字营销	针对性强，传播速度快，互动性好，反馈及时	技术要求高，公司需要网络化、数字化

人员销售。 在购买过程的特定阶段，尤其在建立消费者的偏好，使其信服并采取购买行动上，人员销售是最有效的工具。这种方式涉及两人或多人之间的互动，所以每个人都可以观察其他人的需求和特点，快速做出调整，有利于及时促成交易。人员销售还可以建立各种顾客关系，从销售关系到个人友谊。

但是，人员销售成本较高。建设一支销售团队比制作一则广告需要更多的长期投入，广告可以随时发布和停止，但是人员销售的规模很难在短时间内做出改变。人员销售也是公司最昂贵的促销组合工具，许多公司花在人员销售上的费用是广告费的2~3倍。

广告。广告能够将信息传递给地域分布广泛的目标受众，而且每次暴露的平均成本较低。广告主能够多次重复发布信息，一则受欢迎的电视广告可以借助网络和社交媒体进一步扩大其到达率。例如，元气森林拍摄的《元气森林0糖0脂0卡》电视广告除到达上亿名电视观众之外，还通过B站视频精准投放到目标受众，观看数量达到千万人次。因此，希望信息到达广大受众的公司，电视广告是最佳的选择。

电视广告除了到达率，大规模的广告传递了关于公司的正面信息，诸如规模、受欢迎程度等。因为广告的公众性，消费者往往认为广告中的产品可信赖。广告还有非常强的表现力，综合运用视觉、声音和色彩，艺术化和戏剧化地表现产品。一方面广告可以树立长期形象，如娃哈哈饮料广告；另一方面，广告可以刺激短期的销量提高，如"双十一"来临之前各平台的促销广告。

广告当然也有其不足之处。因为广告是非人际沟通，不像人员销售那样能直接地说服潜在消费者。广告只能与消费者进行单向沟通，消费者可能不注意或没反应。而且，广告费用很高。例如，时长为30秒的中央电视台黄金时段年广告费用可能高达几千万元，甚至上亿元。曾经有一款产品在中央电视台晚间新闻播放时段夺得广告标王，年广告费用为3亿元，由于广告费用太高，最终公司陷入财务困境。

公共关系。公共关系是通过新闻故事、特写报道、赞助和事件来传达公司和品牌信息的，对消费者而言似乎比广告更加真实、可信。公共关系是作为新闻，而不是以推销为目的的，可以到达许多不愿意接触销售人员和广告的潜在消费者。而且，公共关系可以与广告配合使公司或产品引人注目。但公共关系花费较大，见效时间长，难以控制。

销售促进。销售促进是立竿见影的促销组合工具，能够吸引消费者的注意力，激发其强烈的购买动机，还可以增强产品的吸引力，因此经常用于扩大产品供给和刺激疲软的销售。广告在劝说"买我们的产品吧"，而销售促进则在鼓励"现在就买"。但销售促进的效应是短期的，在建立长期品牌偏好和顾客关系上常常不如广告或人员销售那么有效。

直复与数字营销。直复与数字营销包括直接邮寄营销、购物目录营销、电话营销、电视直销及其他，其共同特点是：直复营销是非公众性的，信息通常直接针对特定的个人；直复营销是即刻的和定制化的，信息可以迅速地被收集好，并且针对特定消费者度身定制；直复营销是互动性的，它允许销售人员和消费者之间建立对话；直复营销信息可以根据消费者的反应进行及时的修改。直复与数字营销很适合高度目标化的市场营销活动，以及建立一对一的顾客关系。

2. 促销组合策略

促销组合策略是指公司在促销中综合运用各种促销手段进行促销，通常有推式策略和拉式策略两种。对于两种策略而言，具体促销组合工具的相对重要性是不同的。

推式策略，将产品通过分销渠道向最终消费者推广。制造商针对渠道成员开展销售努力，主要是利用人员销售和中间商（零售商和批发商）促销，旨在吸引他们购买产品并向最终消费者促销。这一策略需要大量的销售人员来推销产品，它适用于制造商和中间商之间关系紧密、对产品的认识一致的情况。推式策略风险小、推销周期短、资金回收快，但其产品推广的范围小，对推销人员的素质要求高，销售费用大，且要求中间商配合。推式策略适用于一些耐用的消费品，如农用拖拉机、电视机等产品的销售。

推式策略常见的形式有公司派销售人员上门推销及提供各种售前、售中、售后服务来促进产品的销售。推式策略模式如图10-3所示。

```
制造商 ──制造商营销活动──▶ 零售商和批发商 ──零售商营销活动──▶ 消费者
        人员销售、交易促销                    人员销售、广告、销售促进
```

图10-3　推式策略模式

拉式策略是公司针对最终消费者展开广告、宣传攻势，希望将产品信息传递给目标市场消费者，激起消费者强烈的购买欲望，形成迫切的市场需求，然后拉引中间商纷纷经销这种产品的策略。同时，公司开展广泛的公关活动，在消费者心目中树立良好形象，提高消费者的信任度。在市场营销过程中，经常会出现中间商与制造商对某些新产品的不同认识，对市场前景的不同看法，中间商往往对新产品的市场风险预计过高而不愿销售，在这种情况下，制造商必须直接向消费者推销产品，然后由消费者需求拉引中间商经销。拉式策略常见的形式有价格促销、广告、展览促销、代销、试销等，主要适用于快速消费品。例如，宝洁通过电视、印刷广告、品牌网站和其他渠道，向目标受众直接推销其洗发用品。拉式策略模式如图10-4所示。

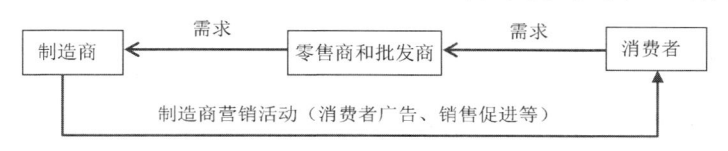

```
制造商 ◀──需求── 零售商和批发商 ◀──需求── 消费者
         制造商营销活动（消费者广告、销售促进等）
```

图10-4　拉式策略模式

有些工业产品公司只运用推式策略，有的网络营销公司只使用拉式策略。但是，大多数公司综合使用两种策略。例如，娃哈哈饮料公司每年在消费者促销和中间商促销上都会花费上亿元人民币，一方面通过广告和销售促进活动，在消费者中建立品牌偏好和吸引他们进店购买；另一方面，公司依靠自己和中间商的销售人员开展交易促销活动，推动零售商采购产品，保证货架上有充足的货源。

公司在设计其促销组合策略时，需要考虑许多因素，包括产品和市场类型，以及产品生命周期阶段。例如，在消费者市场和组织市场，不同促销组合工具的重要性存在差异。B2C公司通常首先更多地用拉式策略，将资金更多地投向广告，其次是销售促进，最后才是人员销售和公共关系。反之，B2B公司首先更倾向于运用推式策略，在人员销售上投入更多的资金，其次是销售促进，最后才是广告和公共关系。

（三）整合促销组合

制定促销组合预算和构建促销组合之后，公司必须采取措施确保促销组合中所有的营销要素可以完美地整合在一起。在公司整体沟通战略指导下，各种促销要素应该相互合作传递公司独特的品牌信息和卖点。整合促销组合应该从消费者出发，无论是广告、人员销售、销售促进、公共关系，还是直复与数字营销，在每个消费者接触点上的沟通都必须传递一致的信息和定位。整合的促销组合确保每一个消费者接触点上的沟通方式是以消费者希望的时间、地点，以及消费者偏爱的方式进行的。

为了有效地整合促销组合，公司所有职能部门必须合作，共同沟通计划。许多公司甚至在沟通计划的各个阶段将消费者、供应商和其他利益相关者都包括进来了。公司范围内分散的或割裂的促销活动可能稀释营销沟通的影响力，削弱或模糊定位。相反，整合促销组合能使公司所有促销努力的协同效应最大化。

接下来重点介绍人员销售、销售促进、广告和公共关系四大促销工具的基本内容。

四、人员销售的基本内容

（一）人员销售的性质

人员销售是指公司派出销售人员直接与消费者接触、洽谈，宣传产品或提供服务，以达到促进销售目的的活动过程。人员销售是较古老的职业之一。通常，人们对从事销售工作的人有各种各样的称呼，如推销员、销售代表、代理、区域经理、客户经理、销售顾问、销售工程师、代理人及客户开发代表等。人们对销售人员抱有很多成见，包括一些不好的印象。推销员可能让人联想起在电视购物频道大声吆喝、叫卖各种产品的人员。在过去，销售人员看上去似乎不具备什么专业知识，销售工作被指没有技术含量。但是，现代的销售人员与这些老套的形象大不相同。大多数销售人员是受过良好教育和培训的专业人士，他们为消费者增加价值并维持长期的顾客关系。他们听取消费者意见，评估消费者需要，组织力量解决消费者问题。最好的销售人员是那些为了相互的利益与消费者精诚合作的人。让我们来看看三一重工（SANY）的重型机械销售业务。

要出售一台价格高达100万元的高科技重型机械可不是仅靠能说会道和亲切微笑就能成交的。在这个行业中，一笔大买卖动辄数十亿元。SANY的销售人员背后有一个全面且专业的团队，所有人都在想方设法地满足大客户的需求。对客户而言，购买一台高科技重型机械往往涉及来自采购组织各个层次很多位决策制定者及不同层次的影响者。销售流程是非常伤脑筋的，而且很慢。一次重要的销售从最初的销售演示到最后的交易达成，可能会耗费数月甚至更长时间。一旦得到订单，销售人员就必须不断地保持接触，密切追踪客户的设备需求，确保客户始终满意。真正的挑战是基于卓越的产品和密切的合作，与客户建立日复一日、年复一年的伙伴关系，最终赢得生意。

（二）人员销售的作用

人员销售是促销组合工具中通过人际互动进行促销的方式。广告在很大程度上是与目标消费群体间的非人员沟通。相反，人员销售涉及销售人员与消费者之间的人际互动。包括面对面人员销售、电话、邮件，或者借助视频和网络会议及其他新媒体沟通工具。在更加复杂的环境中人员销售比广告更有效。销售人员可以对消费者进行深入的调查，以了解更多的问题，调整营销提供物和展示内容，以适应每个消费者的特殊需求。销售人员在各家公司的作用虽然有所不同，但总体来说主要表现在以下两个方面。

1. 连接公司和顾客

销售人员在公司和消费者之间起到关键的纽带作用。在很多情况下，销售人员同时为两个

任务十　制定整合营销沟通策略

主顾服务：一个是卖方，另一个是买方。首先，他们代表公司与消费者接触，发现并发展新的消费者，将公司的产品和服务信息告诉消费者。他们通过接近消费者、介绍产品、回应反对意见、谈判价格和条件、达成交易、提供服务和维持顾客关系来出售产品。

同时，销售人员代表消费者与公司打交道，在公司内部扮演着消费者利益的维护者，管理买卖双方的关系。销售人员将消费者对公司产品和服务的看法转达给相关人员。他们了解消费者需求，与公司内的其他营销人员或非营销人员一起努力，提高顾客价值。

对于消费者来说，销售人员就是公司的化身。消费者只有对销售人员认可和忠诚才会对公司和产品产生忠诚感。这种忠诚感是确保消费者与公司建立牢固顾客关系的关键。因此，销售人员在建立公司与消费者之间的关系中起到了关键的作用，他们必须始终以消费者解决之道为核心。

2. 协调营销和销售

公司的销售人员必须与公司其他的人员（包括营销策划人员、品牌经理和调研人员等）紧密合作，共同为消费者创造价值。然而，一些公司仍然将"营销"和"销售"视为两个独立的部门。遇到消费者提出的问题，彼此会推卸责任。两个部门都不愿意充分地肯定对方的贡献。如果不能很好地修复营销部门和销售部门间的这种分裂，顾客关系和公司业绩难免会受到损害。

公司可以采取多种措施来帮助营销部门和销售部门更密切地合作。首先，公司可以通过安排联席会议和明确沟通渠道来增加两者之间的沟通，也可以创造机会让两个部门的人员一起工作，品牌经理和调研人员还可以跟踪销售电话或出席销售计划会议。反之，销售部门的人员可以参与营销计划会议，分享他们最真实的和前沿的顾客知识。其次，公司可以为营销部门和销售部门建立共同的目标和奖励制度，或指定营销与销售联络人，这些联络人来自营销部门，他们能与销售部门共同合作，并帮助协调营销部门和销售部门的计划和行动。最后，公司可以任命一位首席客户官或被称为更高层的市场营销经理，负责同时监督营销部门和销售部门的工作。承担这种角色的人能够帮助营销部门和销售部门以创造顾客价值、获取市场回报为共同目标进行协作。

案例启示

两个卖粥小店的生意差别

在一条大街上有两个卖粥的小店，位于大街左边的小店和位于大街右边的小店每天的顾客相差不多，都是川流不息、人进人出的，然而晚上结算的时候，左边这个小店总是比右边那个小店多出百十来元，天天如此。

于是，我走进了右边那个小店。服务员微笑着把我迎进去，给我盛好一碗粥。问道："您加不加鸡蛋？"我说："加。"于是她给我加了一个鸡蛋。每进来一个顾客，服务员都要问一句："您加不加鸡蛋？"有说加的，也有说不加的，大概各占一半。第二天，我又走进了左边那个小店。服务员同样微笑着把我迎进去，给我盛好一碗粥。问我："您是加一个鸡蛋，还是加两个鸡蛋呢？"我笑着说："加一个。"再进来一个顾客，服务员又问同样的问题："您是加一个鸡蛋，还是加两个鸡蛋？"爱吃鸡蛋的顾客就要求加两个，不爱吃鸡蛋的顾客就要求加一个，也有要求不加的，但很少。一天下来，左边这个小店要比右边那个小店多卖出很多个鸡蛋。

资料来源：编者原创

由此可见，人员销售在公司的营销活动中起到了非常重要的作用，优秀的销售人员能够为公司创造更多的销售业绩，与顾客建立牢固的关系。

（三）人员销售管理

我们可以将人员销售管理理解为分析、计划、执行和控制销售人员的活动，它包括设计销售团队的策略和结构，以及招募、选拔、培训、激励、监督和评估销售人员。人员销售管理的主要步骤如图 10-5 所示。

设计销售团队的策略和结构 → 招募和选拔销售人员 → 培训销售人员 → 激励销售人员 → 监督销售人员 → 评估销售人员

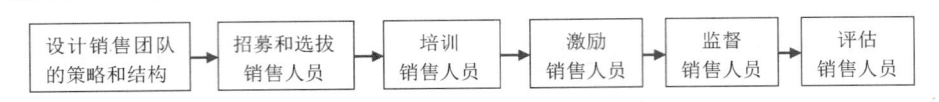

图 10-5　人员销售管理的主要步骤

1. 设计销售团队的策略和结构

公司可以根据产品线来划分销售责任。如果公司只向一个行业销售一种产品，而且顾客分布于各地，公司可采用区域销售组织结构；如果公司向许多不同的顾客销售多种不同的产品，就可能需要采用产品销售组织结构、顾客（客户）销售组织结构或两者的结合。

区域销售组织结构，它是指每个销售人员都将分配到一个专职服务的区域，并在该区域内向所有顾客推销公司的产品或服务。这是一种最简单的销售组织结构，如图 10-6 所示。这种组织结构有以下优势：结构清晰，便于整体部署；销售人员的活动范围与责任边界明确，有利于管理与调整销售力量，能激励销售人员努力工作；销售人员的活动区域稳定，有利于与当地商界及其他公共部门建立良好的关系；销售人员活动范围较小，相对可节省差旅费。区域销售组织通常由多层级的销售管理职位来支持。例如，每个地区的销售代表向区域经理汇报，区域经理向大区经理汇报，大区经理向销售总监汇报。

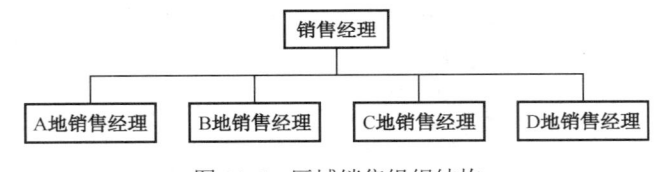

销售经理
├── A地销售经理
├── B地销售经理
├── C地销售经理
└── D地销售经理

图 10-6　区域销售组织结构

产品销售组织结构，如果公司拥有的产品种类繁多且复杂，就可以按照产品线来设计销售组织，即每个销售人员负责一个大类产品的销售业务，其组织结构如图 10-7 所示。这种组织结构有以下优势：销售人员熟悉所负责产品的供销情况，有利于预测产品的销售趋势，及时组织货源；销售人员能够运用专业知识为顾客服务，有利于扩大顾客群；产品结构式组织形式对销售人员的产品专业知识提出了更高的要求，有利于促进销售人员不断学习、更新知识、提高素质。

这种组织形式一般适合产品技术性强、生产工艺复杂、对营销技术要求高、产品品种多而顾客又大不相同的公司。例如，华为公司在其主要业务的不同产品和服务事业部里雇用不同的销售人员，将其销售团队分为个人及家庭产品、商用产品服务团队。没有哪个销售人员能够成为所有产品类别的专家，所以根据产品线划分销售团队很有必要。

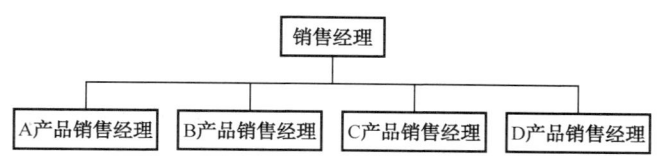

```
                    销售经理
        ┌──────────┬──────────┬──────────┐
   A产品销售经理  B产品销售经理  C产品销售经理  D产品销售经理
```

图 10-7　产品销售组织结构

顾客（客户）销售组织结构，它按照顾客或行业来组织销售人员。按照行业的不同，是服务现有顾客还是寻找新顾客，以及是服务大客户还是服务一般客户，据此分别设立不同的销售团队，其组织结构如图 10-8 所示。这种组织结构的好处是：销售人员与顾客直接打交道，有利于销售人员深入了解特定顾客的需求，在销售中有的放矢，提高工作效率；销售人员与顾客在产品买卖中经常交往，有利于彼此间培养感情、增进友谊，从而建立更加紧密的顾客关系。许多公司甚至组建特殊的销售团队来专门处理个别大客户的需求。如联想集团的销售代表整合成不同的客户业务开发团队，每一支团队都专门服务于某个重要客户，如政府机关、事业单位和经销商。其中，联想的高校客户业务开发团队与各高校设备采购人员紧密合作，根据高校信息教学及专业建设发展要求提供专门的服务，全面满足各专业机房建设需求。

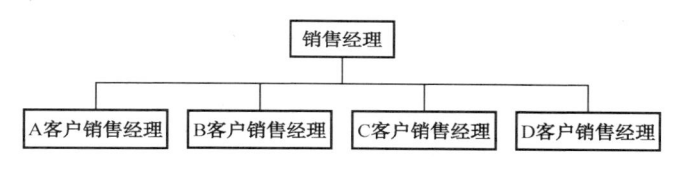

```
                    销售经理
        ┌──────────┬──────────┬──────────┐
   A客户销售经理  B客户销售经理  C客户销售经理  D客户销售经理
```

图 10-8　顾客（客户）销售组织结构

2. 招募和选拔销售人员

人员销售管理成功的关键是招募并选拔优秀的销售人员。普通的销售人员与优秀的销售人员在业绩上有天壤之别。在典型的销售团队中，排名前三的销售人员能够带来 60%的销售额。因此，谨慎选择销售人员可以大幅提高总体销售业绩。除了销售业绩上的差距，选拔工作不当还会造成高代价的人员流动。当销售人员离职时，公司不得不额外支出重新寻找和培养新人的成本，加上丢失的销售额，其代价将非常高。而且，销售团队中存在太多新人势必会降低工作效率，而销售人员过于频繁流动也会破坏与重要客户之间的关系。

优秀的销售人员与普通的销售人员有哪些区别？某研究机构对大量销售人员进行采访和调查后发现，优秀的销售人员必须具备 4 种非常重要的品质：思想素质、知识修养、销售能力、个性素养。

（1）思想素质。一名优秀的销售人员应具有强烈的事业心和敬业乐业的精神，具有强大的使命感；热切希望为顾客带来利益，为公司创造价值；具有高尚的职业道德，遵守国家的法律法规。

（2）知识修养。销售人员经常要与各种各样的顾客打交道，需要具备较广的知识面和广泛的兴趣爱好，具备企业的生产技术和产品方面的基本知识，对市场营销的理论要充分予以掌握，另外要有一定的经济和管理方面的知识，以及政治与法律知识，甚至要懂得社会学和心理学等知识。

（3）销售能力。优秀的销售人员应具有较强的业务推销能力、人际关系处理能力、为顾客服务的能力及较强的应变能力,更要有团队协作能力,要善于收集及研究市场的信息情报,掌握市场的变化动态,提出自己的市场营销建议。

(4)个性素养。优秀的销售人员应该具有热情奔放、当机立断的外向型性格特征,仪表端庄、举止大方、态度和蔼的外表条件,能给顾客一种亲切、愉快和满意的感觉;要有较强的语言表达能力,善于针对不同的性别、年龄、文化、籍贯、职业等类型的顾客,灵活地选用不同的语言和讲话技巧。

公司招募销售人员的途径:一种渠道是人力资源部门通过现有销售人员推荐,或者使用招聘代理机构,或者利用网络和社交媒体发布招聘广告及校园招聘。还有一种渠道就是从其他公司吸引优秀的销售人员,这些人不需要经过太多培训就能够很快地参与工作。

招募工作可能会吸引很多求职者,公司必须从中挑选最优秀的。选拔的方式有很多种,从简单的非正式面谈到正式的笔试和面试。许多公司对应聘者进行正式测验,一般考察销售能力、分析和组织技能、个性和其他特性。但是,测验分数只能提供某个方面的参考信息,还要考虑个人特征、证明材料、以往的从业经历和面试反应等。

3. 培训销售人员

新的销售人员通常会接受为期数周或数月,甚至一年或更长时间的培训。完成最初的培训之后,绝大多数公司会通过研讨会、销售会议和在线学习等方式为销售人员的职业生涯提供持续的培训。虽然培训会投入一些成本,但也会带来很高的回报。培训有多种目标,涉及的内容也非常丰富,主要包括以下几个方面。

(1)公司知识。销售人员要了解公司各方面的情况,一般包括公司的历史和经营目标,组织机构设置和权限情况,主要的负责人员,公司的财务状况和措施,以及主要的产品和销量。

(2)产品知识。销售人员应学习和掌握产品的基本知识,这些知识包括产品的品质、性能和主要特点,以及使用和维护知识。

(3)市场知识。销售人员要深入了解本公司各类顾客和竞争对手的特点,了解各类顾客的购买动机、购买习惯,还要了解本公司和竞争对手的策略和政策。

(4)销售技巧。销售人员要熟练地掌握销售技巧和展示技巧,他们要接受销售技巧的基本训练,还要学会揣摩顾客的心理,用最有效的手段去说服顾客。

(5)工作责任。销售人员要懂得日常销售工作的程序和责任,了解怎样在现有顾客和潜在顾客之间分配时间,合理支配费用,撰写报告,拟定有效的推销路线。

培训的方式包括课堂讲授、角色扮演、观看有关销售技巧的视频,以及参观和跟班实习等。在整个培训过程中,要特别强调理论与实践相结合,可以组织优秀的销售人员现身说法,或者相互之间进行经验交流,来提高整个培训的效果。

今天,许多公司在销售培训中增加了在线学习的方式。网上培训可以是对产品的简单文字描述,也可以是用于锻炼销售技巧的网络销售练习,还可以是再现现实中销售访问场景的动态过程的高级仿真练习。最基础的形式之一是虚拟导师培训,利用销售练习软件平台,销售人员远程登录一个网络会议网站,由销售导师运用网上图像、视频和其他互动工具引导培训过程。

网上培训取代现场培训可以减少差旅费和降低其他培训成本,也可以少占用销售人员的工作时间,它还可以为销售人员提供即时的点播培训,随时随地根据需要提供培训内容。许多公司现在应用富有想象力的和成熟的在线学习技术使销售培训更加有效,有时甚至更加有趣。

4. 激励销售人员

（1）薪酬计划。

为了吸引优秀的销售人员，公司的薪酬计划必须足够吸引人。薪酬由几个要素组成：固定报酬、浮动报酬、费用津贴和附加福利。固定报酬，一般指工资，是销售人员的固定收入。浮动报酬，可能是佣金或奖金，根据销售业绩而定，旨在激励销售人员更努力地工作并取得更好的业绩。

薪酬计划应该既能激励销售人员，又能指导他们的活动。薪酬计划应该指导销售人员从事与整体销售和营销目标一致的活动。例如，如果公司的战略旨在获得新业务和实现快速增长，那么薪酬计划可以包括较高比例的佣金和新顾客奖金，用来鼓励销售人员提高销售业绩和开发新顾客。相反，如果公司的目标是追求当前顾客的利润最大化，则薪酬计划中底薪所占比例可较高，并针对当前顾客销售额和顾客满意度进行额外奖励。

事实上，越来越多的公司不再使用高佣金奖励计划，因为这很容易使销售人员在业务上追求短期效益。公司担心过分追求短期业绩的销售人员会逼迫顾客购买而破坏顾客关系。相反，各公司现在设计的薪酬计划旨在鼓励那些建立持久顾客关系和长期顾客价值的销售人员。

（2）指导销售。

对新销售人员并不是分配一个销售区域、给予薪酬、进行培训就可以了，还要对他们进行指导和督促。指导的目的是帮助销售人员以正确的方式做正确的事，从而提高工作效率。

各公司对销售人员指导的密切程度是不一样的。有的公司帮助销售人员识别目标顾客并制订拜访计划；有的公司可能还具体规定销售人员应该花多少时间用于寻找新顾客，以及其他时间安排上的先后顺序。一种方法是制定每周、每月、每年的拜访计划，提示需要拜访哪些现有的或潜在的顾客，以及进行哪些活动；另一种方法是时间—责任分析，除了安排销售的时间，该方法还安排了销售人员旅行、等待、休息和处理杂事的时间。

图 10-9 展示了销售人员如何利用他们的时间。一般来说，实际销售时间只占销售人员总工作时间的 37%。公司一直在寻找节约时间的方法，通过简化行政事务，制订更好的销售拜访计划和路线，为销售人员提供更多、更优质的顾客信息，使用电话、电子邮件或视频会议代替出差。

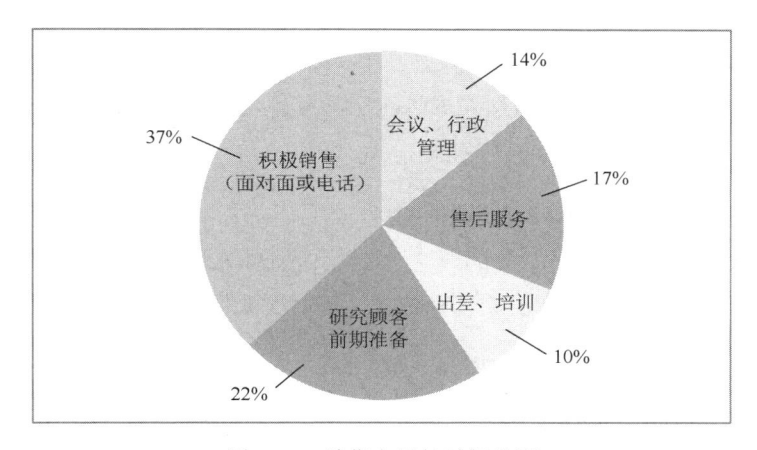

图 10-9 销售人员的时间分配

资料来源：《市场营销原理与实践》（第 17 版）菲利普·科特勒，加里·阿姆斯特朗著，楼尊译

许多公司已经采取了销售人员自动操作系统,使销售团队的操作计算机化、数字化,随时随地帮助销售人员更有效率地工作。各公司现在普遍使用高科技来武装自己的销售人员,如配备笔记本电脑或平板电脑、智能手机,并提供无线网络连接、视频会议技术、顾客接触和关系管理软件。凭借这些技术装备,销售人员能够更有效地整理现有和潜在顾客的资料,并分析和预测销售情况、安排销售拜访、进行演示、准备销售、费用报告及管理顾客关系,最终实现更好的时间管理、改善的顾客关系、更低的销售成本和更高的销售业绩。总之,技术已经改变了销售人员执行任务和吸引顾客的方式。

(3)组织气氛。

有些销售人员可能不需要太多管理和督促就能完成销售任务,对他们而言,销售或许是非常有吸引力的工作。但销售有些时候也是一份非常枯燥的工作,销售人员经常单独工作,有时候必须出差,远离家人。他们也可能面临强大的竞争对手和难以相处的顾客。因此,销售人员经常需要一些特殊的激励才能做得更好。管理人员可以通过组织气氛,如销售配额和正向激励来提升销售人员的积极性和业绩。组织气氛是指销售人员对自己有机会获得好业绩、体现自身价值并得到回报的感觉。公司必须把销售人员看成价值贡献者,为销售人员提供加薪和晋升的机会。这样公司将会获得更高的销售业绩和更低的离职率。

公司在激励销售人员时经常采取销售配额的方法,即规定销售人员的最低销量及销售额在公司产品间的分配比例。销售人员的薪酬往往与他们完成的销售额直接挂钩。公司也可以使用正向激励来鼓舞销售人员。例如,通过组织销售会议给销售人员提供一种社交场合,让他们暂时摆脱日常工作放松一下,并且有机会见到公司的同事以促进彼此交流,在一个大集体中找到归属感。公司也可以举办销售竞赛来激励销售人员完成超过预定的销售额,还可以授予荣誉称号、发放实物或现金奖励、安排度假及利润分享计划等。

5. 监督和评估销售人员和团队业绩

管理部门对于销售人员的管理不仅需要培训、激励,还要有平时的监督与最终的评估和考核。管理部门可以从以下几个方面获得销售人员的相关信息来作为监督、评估和考核依据。

(1)销售报告。这是销售人员工作最重要的信息来源,包括每周、每月工作计划及所在区域的长期营销计划。

(2)费用报告。销售人员要对所完成的活动撰写访问报告,并提交部分或全部报销的费用报告。

(3)销售业绩。公司可以监控销售人员所在区域的销售和利润业绩数据。

(4)其他信息。管理人员对销售人员的个人观察、顾客调查及与其他销售人员的谈话等。

评估一般围绕两个方面进行:销售人员规划工作的能力和完成计划的能力。正式的评估要求管理层制定清晰的业绩评估标准并及时沟通。评估必须为销售人员提供建设性的反馈,激励他们更努力地工作。

管理层还必须评估整个销售团队的业绩。销售团队是否实现了既定的顾客关系、销售额和利润目标?是否与营销部门的其他团队和公司的其他部门进行了有效的合作?销售人员产生的成本是否与其产出相匹配?与其他营销活动一样,公司同样要衡量销售投入的回报。

（四）人员销售的过程

人员销售的历史非常古老，人员销售的技巧也十分丰富。成功的销售人员是能够把基本的销售原理与自己的实际情况相结合，并总结出自己的准则加以充分发挥的那一部分销售人员。在人员销售过程的不同阶段，对销售人员的要求不同，且必须运用相应的销售技巧。

1. 人员销售的步骤

如图 10-10 所示，人员销售包括 7 个步骤：发掘潜在顾客和核查资格、销售准备、接近顾客、介绍和示范、处理异议、成交、跟进和维持。

```
发掘潜在顾客 → 销售准备 → 接近顾客 → 介绍和示范
和核查资格
      ↓
处理异议 → 成交 → 跟进和维持
```

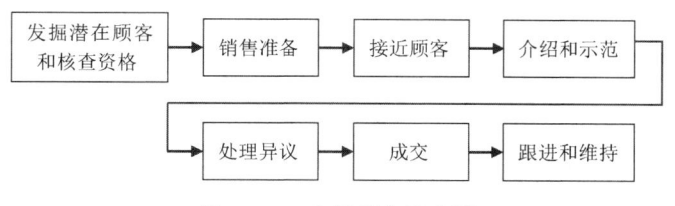

图 10-10　人员销售的步骤

（1）**发掘潜在顾客和核查资格**。发掘潜在的顾客是整个销售过程的第一步。接近合适的潜在顾客对于成功推销至关重要，销售人员不想随意拜访所有的潜在顾客，他们希望拜访那些最可能欣赏和响应公司价值主张的人。销售人员必须经常联系足够的潜在顾客才能获得订单。虽然公司也会提供线索，但销售人员还需要具备自己发现潜在顾客的技巧。

最好的来源就是熟人推荐。销售人员可以请求现有顾客提供潜在顾客名单，或求助其他信息来源，如供应商、经销商、非竞争的销售人员，以及网站和其他社交网络。销售人员还可以通过工商名录或网上寻找潜在顾客，利用电话或邮件来追踪线索；或者"贸然拜访"，即未经预约直接到各处办公地点拜访顾客；当然，也可以加入预期顾客所在的组织和行业协会，并接触他们，如出版社加入各高等院校专业教学研究协会，就有可能找到编写教材的老师和订购教材的顾客。

销售人员还需要知道如何核查顾客，即如何识别合格的并过滤不合格的潜在顾客。通过核查潜在顾客的财力、营业额、特殊需求、所在位置及增长潜力，销售人员可以确定潜在顾客是否合格。

（2）**销售准备**。在拜访潜在顾客之前，销售人员应尽可能多地了解潜在顾客的需求是什么，谁将参与购买及采购人员的性格和购买风格，这一步被称为销售准备。一次成功的销售早在你踏进潜在顾客的办公室之前就已经开始了。销售准备始于细致的调查，销售人员可以查找行业标准指南和在线资源、熟人和其他人来了解这家公司，也可以仔细搜索潜在顾客的网站和社交媒体主页了解关于其产品、顾客和购买过程的信息。

首先，销售人员应该设定拜访目标，可以是核查顾客资格、收集信息或是马上达成交易。其次，销售人员要确定好接近方法，如亲自拜访、电话联络、邮寄信函或发送电子邮件；销售人员还要考虑一天或一周中最佳的拜访时机，因为许多潜在顾客在某些时段会很忙。最后，销售人员应该针对该顾客制定一个总体的销售策略。

（3）**接近顾客**。在接近顾客阶段，销售人员要知道如何会见顾客，并使彼此的关系有一个良好的开端。这一步涉及销售人员的仪表、开场白及随后的谈话。在拜访和会见顾客时，销售人员必须着正装，保持仪容整洁，符合商务礼仪规范。开场白应该积极，力求在双方关系的开始阶段就建立好感。开场白之后，可以接着洽谈几个关键的问题以更多地了解顾客的需求，或者展示样品，以吸引顾客的注意力和好奇心。在销售全过程中，倾听顾客心声是最重要的。

（4）介绍和示范。在销售过程中的介绍阶段，销售人员会向顾客讲述"价值故事"，解释公司的产品如何能够解决顾客的问题。顾客问题解决型的销售人员比那些强硬推销型或急速交易型的销售人员更符合如今的营销观念。

这一步的目标应该是展现公司的产品和服务怎样满足顾客的需求。如今的顾客需要的是解决问题，而不仅是笑脸；需要的是结果，而不是令人厌烦的吹嘘。顾客需要的不仅仅是产品，他们还想知道你的产品会怎样为他们的业务增加价值。他们希望销售人员倾听他们所关心的事情，理解他们的需求，并且用正确的产品和服务解决他们的问题。

优秀的销售人员，首先必须制订介绍计划。顾客最不喜欢销售人员在推销产品时施加压力、迟到、欺骗、未做准备、没有条理或喋喋不休。他们希望销售人员善于倾听、有同情心、诚实、有责任感、周到细致和有始有终。其次，销售人员要事先准备介绍时使用的工具。良好的人际沟通技巧只有在有效的销售介绍中才能体现出来。销售人员必须掌握演示技术，能够向一人或多人进行多媒体演示，包括对复杂演示软件、网上演示技术、互动白板、数字投影仪等的熟练操作。

（5）处理异议。在倾听销售人员讲解产品或被要求下订单时，绝大多数顾客会表示异议。这些异议有的是合理的，有的完全是出于顾客个人心理的，并且有很多异议并没有直接说出来。顾客的异议是成交的障碍，但它也表明顾客已经对销售人员的讲解给予了关注，对产品产生了兴趣，销售人员只要解决了顾客的异议，就能够达成交易。应对异议的有效办法是把握产生异议的原因，对症下药。销售人员应该采取积极的态度，寻找隐含的异议，要求顾客陈述清楚异议，并把这些异议作为提供更多信息的机会，最终把这些异议转变为购买的理由。每一位销售人员都需要接受异议处理能力方面的培训。

（6）成交。在处理了顾客的异议之后，销售人员应该设法达成交易。有些销售人员无法进入成交阶段，或者不能把它处理好。他们可能对自己缺乏信心，或者对要求顾客下单有畏惧感，或者没有掌握适当的成交时机。销售人员应该识别顾客发出的成交信号，包括身体的动作、言辞或意见、表情等表露出的购买意向。例如，顾客可能在座位上身体前倾，不断点头赞许，或者询问价格及付款条件，或者询问更多关于产品的信息。这些都是成交意愿的表示。

销售人员可以使用各种达成交易的技巧。例如，销售人员可以要求潜在顾客下单，重申双方协议的要点，提议帮助顾客填写订单，询问顾客想要这一种型号还是另一种型号的产品，或者可向顾客提供一些成交的特殊理由，如特价优惠或赠送其他服务等。

案例启示

消除担忧，达成交易

某办公用品销售人员到某公司去推销碎纸机。办公室主任在听完产品介绍后摆弄起样机，自言自语道："东西倒是挺合适的，只是办公室这些小年轻们毛手毛脚的，只怕没用两天就坏了。"销售人员一听，马上说道："这样好了，明天我把货送来的时候，顺便把碎纸机的使用方法和注意事项给大家讲讲，并提供非常详细的使用手册。这是我的名片，如果使用中出现故障，请随时与我联系，我们负责维修。主任，如果没有其他问题，我们就这么定了？"办公室主任看销售人员对自己的产品这么有信心，而且会进行现场讲解和提供详细的使用手册，后续维修也有保障，马上消除了自己的担忧，最终达成了交易。

资料来源：编者原创

（7）**跟进和维持**。签订合同或达成交易之后，并不是销售工作就完成了。如果销售人员希望保证顾客满意并在日后重复购买，跟进和维持是非常重要的一步。在达成交易后，销售人员应着手履约各项具体工作，安排送货时间、购买条款及其他事项。当货物送达后，销售人员应该安排一次跟进拜访，确保产品的安装、指导及服务都正确无误。这种后续工作可以发现存在的问题，使顾客相信销售人员的承诺，减少可能出现的任何认识上的不一致，从而提升顾客的满意度。

2. 人员销售与顾客关系管理

以上介绍的人员销售的各个阶段都是交易导向的，其目标就是帮助销售人员与顾客达成一笔具体的买卖。但在大多数情况下，公司并不只是简单地追求一次性销售，其更希望与顾客建立长期深入的关系。在建立长期共赢的顾客关系上，销售人员扮演着很重要的角色。

成功的销售组织认识到，要赢得并保持顾客，仅仅靠制造优质产品和指导销售人员达成交易是不够的。如果公司只希望达成交易以获得短期业务，那么它只需要简单地将价格削减到等于或低于竞争对手的价格就可以了。相反，大多数公司希望销售人员进行价值销售。所谓价值销售，就是向顾客展示并传递更高的顾客价值，并基于该价值获得对顾客和公司双方都公平的回报。

在现实中，销售人员往往更关注达成交易，因此，他们常常通过降价而不是销售价值来获得短期销售业绩。销售管理人员的挑战就是敦促和指导销售人员从削价来讨好顾客转向为公司创造价值。下面我们来看看这家自动化设备公司的销售人员是如何展示价值来获得订单并维持长久的顾客关系的。

案例启示

供应商为客户提供价值解决方案

在沃尔玛降价的压力下，一家调味品生产商要求几个彼此竞争的供应商代表，帮助自己设法降低运营成本，其中包括罗克韦尔自动化公司的销售代表杰夫。杰夫接到客户的要求后，亲自到调味品生产工厂进行了考察，很快发现了主要问题：该客户 32 个大型调味品蓄水池的抽水泵运行不佳，经常停工，致使生产不畅。杰夫迅速收集成本和使用数据，运用个人电脑上罗克韦尔自动化公司的价值评价工具为客户的抽水泵问题制定了一个有效的解决方案。

第二天，当他和竞争对手的销售代表向生产经理展示各自的降低运营成本方案时，杰夫提出了以下价值主张："采用罗克韦尔自动化公司的抽水泵方案，通过减少停工期、降低加工中的管理成本和减少在维修零件上的开支，贵公司每台抽水泵一年至少可以节省 16 268 美元，你们共有 32 个抽水泵，一年可以节约运营成本 520 576 美元"。与竞争者的方案相比，杰夫的解决之道非常明确地提出了如何通过提高生产效率来降低运营成本，而竞争对手的销售代表都只提供了含糊的承诺,而没有说明为客户节约的准确成本,大多数只是简单地降低自己产品的价格。

杰夫的价值主张令人印象深刻,虽然其初始价格较高,但工厂经理更愿意购买和试试罗克韦尔自动化公司的抽水泵。当试用效果甚至比预期还好时,客户订购了一批抽水泵。通过解释有形价值而不是压低产品价格,杰夫不仅达成了这次交易,而且为公司赢得了一个忠诚的顾客。

资料来源:《市场营销原理与实践》(第 17 版)菲利普·科特勒,加里·阿姆斯特朗著,楼尊译

销售人员需要倾听顾客意见,理解他们的需求,精心协调公司的全部力量来创建基于顾客价值的长期关系。

五、销售促进的基本内容

(一)销售促进的含义和特点

1. 销售促进的含义

销售促进,是指公司在特有的目标市场中,为迅速地刺激需求和鼓励顾客购买的促销策略。它是短期的激励活动、刺激性强的手段。人员销售和广告经常与销售促进密切配合,来实现公司短期的销售目标。广告为顾客购买某一种产品或服务提供了理由,而销售促进则提供了立即购买的理由。

销售促进的例子随处可见,实体店内海报上打出了醒目的特价促销产品的名单,理发店把印刷了优惠券的传单发到了周边的学校,网上店铺各种秒杀、爆款活动及团购折扣等,还有"双十一""520"等创造出来的节日促销。当你走进超市的促销陈列柜时,高高堆起的成箱可口可乐,12 瓶一箱,"买两箱送一箱"的活动,诱惑着顾客冲动购买。购买联想电脑,可以免费升级内存。南方航空公司推出 3600 元包一年的任意旅行机票。创维电视,"以旧换新"活动规定一台旧电视机可以获得 400 元代金券。销售促进是各种以激发更迅速或更强烈的市场反应为目的的促销手段。

2. 销售促进的特点

(1)刺激需求效果的显著性。销售促进以"机不可失,时不再来"的较强吸引力,给顾客提供了一个特殊的购买机会,打破了顾客购买某一种产品的惰性,刺激需求效果显著,花费费用较小,在局部市场上能取得较大收益。

(2)销售促进形式的局限性。销售促进的形式较多,如提供咨询服务、举办展销会、现场示范、赠送纪念品等,但适合销售促进来促销的产品品种有限,在大多数情况下,品牌效果较好的产品不能过多地采取销售促进的形式,而是要依靠品牌形象来获得顾客的青睐。如果销售促进选择的产品和运用的时机不当,不但起不到促销作用,反而会降低产品的品牌价值。与广告和人员销售等促销手段相比,销售促进不能经常使用。销售促进只是用于完成一些短期的、具体的促销任务。

(二)销售促进的目标

销售促进的目标因促销对象的不同而不同。针对消费者促销的目标是增加短期顾客购买量或加强顾客品牌参与度。针对零售商和批发商的交易促销目标是让中间商接受新产品和增加更

多库存、提前购买、宣传本公司产品，并给予更多的货架空间。针对经销商和代理商的产业促销是让它们产生业务兴趣，刺激购买，回报顾客和激励销售人员。对于销售人员而言，促销目标包括得到对现有或新产品的更多支持，或者签下新的顾客。

销售促进常常和广告、人员销售、直复与数字营销或其他促销组合工具一起使用。消费者促销通常要做广告，也可以给广告和其他营销内容带来兴奋点和推动力。交易和销售人员促销可以有力地支持公司的个人销售过程。

在经济低迷和销售不景气的情况下，企业往往会提供更大幅度的折扣以刺激顾客购买。总之，销售促进不仅仅是创造短期销售额或暂时的品牌转换，它应该有助于强化产品定位和建立长期的顾客关系。如果设计合理，每一种促销工具都有建立短期的兴奋点和长期的顾客关系的潜力。销售人员越来越注意避免只顾价格的快速成交式促销，而倾向于能建立品牌价值的促销。所有的"常客营销计划"和近年来迅速增加的"会员制"就是典型的例子。大多数酒店、超市和航空公司，甚至药店和理发店向经常惠顾的顾客提供常客折扣，以吸引他们再次惠顾。各类公司都提供奖励计划，这类促销计划实际上是通过增加价值而非降价来建立顾客忠诚度的。

例如，你是某航空公司的常客，有时会获得升舱的奖励，让你感觉被尊重；你在理发店一次性充值达到一定额度时，就能享受特定的折扣并获赠额外的服务；在京东或天猫只要充值几十元就可以成为终身会员，而且会收到会员专享优惠券或享受会员折扣价，有机会买到专属会员的限量版产品和参加各种活动，甚至有机会受邀参加公司举办的"6.18"或"双十一"等各类庆祝活动。

（三）销售促进的工具

许多工具都可以用来实现销售促进的目标，以下主要介绍针对消费者、中间商、产业用户和销售人员的促销工具。

1. 针对消费者的促销工具

针对消费者的促销工具有很多，包括样品赠送、折扣券、现金折扣、实物奖品、特价包装、售点陈列、有奖销售（竞赛、抽奖等）、会员销售等工具。但往往需要与广告配合，否则很难在某种促销策略实施的有效时间内让更多消费者获得这一信息并立即做出反应，避免造成促销的效率损失。

（1）样品赠送。向消费者赠送样品，通过他们了解产品的使用效果，传播信息来争取扩大销量。如纳爱斯在推出新产品"纳爱斯洗衣皂粉"前，将50克一袋的新样品作为样品送给消费者试用，使顾客在试用产品的过程中了解产品的使用效果，传播信息，产生兴趣，引起购买欲望。这种方式适用于价值低廉的日用消费品，宜进行小包装、差异明显且目标消费群体能区别的产品，可以通过消费者亲身试用来提高接受度。样品可以挨家挨户地派送、邮寄，也可以在商店或摊位上分发，还可以随同另一产品附赠或在广告和电子邮件中强调。有时，将样品整合成样品包，用于促销其他产品和服务。赠送样品可以是一种有效的促销工具。我们来借鉴美国本杰瑞冰淇淋店每年开展的样品促销活动。近40年来，本杰瑞每年都会安排一天作为"免费甜筒日"，邀请消费者到其冰淇淋店免费品尝经典口味的冰淇淋。这一独特的样品促销在全美各地取得了巨大的成功，每到那一天，该品牌大多数门店外的队伍都会排得很长。本杰瑞利用"免费甜筒日"致谢消费者，创造独特的惊喜。同时，样品项目也会产生大量热议，本杰瑞希望因此吸引到店的消费者能够成为常客。

（2）折扣券，是一种凭证，当消费者购买特定产品时，可以享受一定的优惠。多数消费者喜欢折扣券，它能够促进新品牌的早期试用，或者刺激成熟品牌的销售额增加。不过，如今折扣券泛滥，消费者对折扣券优惠产生怀疑，有时可以使用折扣券的产品并不是消费者喜欢的，或许是商家滞销的产品。因此，大多数零售商已经降低了折扣券的发放频率，更加努力地提高针对性。同时，销售人员正在寻求分发折扣券的新方法，如超市货架折扣券分发机、售点折扣券电子打印机、网络和移动折扣券计划。数字折扣券是现在增长最快的折扣券类别，它可以实现高度的针对性和个性化，这是纸质折扣券所做不到的。随着智能手机的普及，越来越多的人将其视为生活的一部分，现在购物支付、搜索产品信息都离不开智能手机。企业也将折扣券、传递优惠信息和其他营销信息发送至智能手机上。例如，京东、拼多多都向消费者发送各种优惠券，消费者可以直接将优惠券存入微信卡包或其他平台的卡包中，在规定条件下调出使用，非常方便。

（3）现金折扣，为了鼓励消费者一次性支付大额货款而给予的折扣。例如，房地产销售商对于一次性付清房款，不需要按揭贷款的消费者给予9.8折优惠；或者对于提前预付定金2万元的消费者，在正式签订购房合同时，2万元可以抵房款4万元的促销活动。

（4）实物奖品，是为激励顾客购买产品，以免费或很低的价格提供的某些产品，从儿童玩具到电话卡和其他产品。实物奖品可以附在产品的包装内（外）随货赠送或通过邮寄发放。例如，酸奶在做促销活动时附在包装外的杯子和碗；麦当劳在儿童套餐中提供的Hello Kitty玩具，而且这些Hello Kitty是一个家族系列，必须通过多次消费才能集齐家族成员，这样便有效地带动了麦当劳套餐的需求。

（5）特价包装，制造商对其产品的正常零售价给予一定折扣的优惠，并把原正常价格与限定优惠价标在产品包装或标签上。特价包装的形式，可以将同种产品包装起来减价出售，也可以采用两件或多件相关产品包装在一起组合销售，但价格比单独购买每件产品的价格之和要优惠。这种方式适用于非耐用性消费品、购买频繁、价格较低，短期促销效果明显。例如，瓶装洗衣液与袋装洗衣液捆绑在一起销售，价格比两件产品单独购买要优惠很多，或者将两瓶同样的洗衣液捆绑在一起销售，第二瓶只要半价。

（6）售点陈列，制造商在零售店占据有利位置以进行橱窗陈列、货架陈列、流动陈列，同时进行操作使用示范，以展示产品的性能与特长，打消消费者疑虑。这种方法在新产品进入市场，以及在食品、家电、化妆品等行业促销活动中广为应用。但现在面临的问题是，许多零售商不愿意处理每年由制造商提供的大量陈列用品、招牌和海报。制造商不得不提供更好的售点宣传材料，帮助零售商布置现场，并配合使用电视、印刷材料或网络来展示和传递信息。

（7）有奖销售，采用竞赛、抽奖、游戏为消费者提供赢得奖项的机会，如现金、旅游或产品，获得这种机会可能全凭运气或需要付出额外的努力。竞赛是由消费者提交参赛作品，如广告词、广告设计，由评审小组选出最佳的参赛者。抽奖要求消费者报名参加抽奖或凭购买小票参加抽奖。参与抽奖的消费者在每次购买产品时，将得到猜奖数字或遗失的字母之类的东西，这些也许能使消费者得奖，也许不能。各家公司都使用抽奖和竞赛来创造品牌关注度，提高消费者参与率。腾讯通过英雄联盟电竞活动引起消费者对腾讯手机游戏的关注，公司建立了英雄联盟赛事官网，每年举办LPL职业联赛、全球总决赛、季中冠军赛、德玛西亚杯、高校联赛等国内外赛事，丰富的英雄联盟赛事资讯与各类大型赛事直播尽在英雄联盟赛事官方网站。东鹏特饮 2021 年开展"一物一码"促销活动，终端门店开箱扫码即可领取 0.5 元/箱的现金红包奖励及 10 个左右"壹元乐享"兑换额度，若给消费者扫码核销中奖瓶盖，则可进一步获得赠品返货券及 1.58 元的现金红包。因此，若消费者中奖，则终端门店在约 1.5 元进销差额的基础上，可额外获得 2.58 元的现金收入（消费者支付 1 元换购金额，公司支付 1.58 元现金红包），由此鼓励门店开箱及参与兑换活动、加快产品销售。而消费者通过"一物一码"促销活动可以实现"再来一瓶"，而且无须打开瓶盖就可以扫码，比传统"再来一瓶"更加刺激。这一活动推广后，效果非常明显，据统计，经销商、终端门店、消费者累计扫码超过 10 亿次，小程序去重后用户约为 1.2 亿人。有奖促销不仅增加了销售额，更增加了消费者对东鹏特饮的关注度。

（8）会员销售，又叫俱乐部营销，它是指公司以某种利益或服务为主题，将各种消费者组成俱乐部的形式，开展宣传、促销和销售活动。加入俱乐部的形式多种多样，可以交纳一定金额的会费，也可以将产品与特定消费者联系起来。会员销售容易培养消费者的品牌忠诚度，缩短厂商与消费者之间的距离，增强销售竞争力。

2. 针对中间商的促销工具

制造商绝大部分的促销费用是针对零售商和批发商（大约占到 79%）的，而非最终消费者（只占 21%）。针对中间商的促销，又被称为交易促销，能说服零售商和批发商为某一品牌提供货架空间，在广告中促销，并向最终消费者积极推销。在货架空间如此紧缺的今天，制造商必须经常提供降价、补贴、退货保证或免费产品给零售商和批发商，为自己的产品在渠道商那里争得"一席之地"，并且持续保有足够的货架空间。

制造商使用多种交易促销手段，许多消费者促销手段也可用于交易促销，以下列举了交易促销的主要形式。

（1）产品展销会和订货会。制造商利用展销会和订货会邀请中间商参加，在会上陈列产品，公司销售人员介绍产品的相关知识，同时可以现场操作演示。销售人员在展销会和订货会上可以与前来参观的客户代表进行直接洽谈，接受咨询，引导其签订购货合同。

（2）销售竞赛。制造商为了激励中间商全力推销产品并完成规定的销售任务，而在中间商中开展的一项竞赛活动。在活动中，获胜者可以得到制造商的奖励。竞赛通常以销售额、销售增长率、货款回笼速度、售后服务质量等一系列指标为标准进行评价，而奖励的形式也是多种多样的，除可获得制造商的财务支持、福利支持外，还可获得更多的促销支持。

（3）价格折扣。价格折扣经常用于促进中间商大量进货，包括制造商给予中间商数量折扣或职能折扣两种基本形式。前者是指中间商在一定时期内进货到达一定的批量就可享受一定的价格折扣率，后者是指当中间商为产品做了广告宣传而给予其费用补贴或对中间商特意陈列产品而给予相应津贴。

（4）赠品。赠品不仅是刺激顾客的有力工具，对于中间商来说也是一种重要的刺激手段。首先，它表现为一种实际的利益；其次，它又表现为制造商与中间商之间稳定的合作关系。给中间商的赠品可以是有关产品销售的陈列货架、储藏设备、广告赠品等。

（5）列名广告。制造商在广告中列出中间商的名称、地址，告诉顾客前去购买，提高经销商的知名度。

3. 针对产业用户的促销工具

公司每年用于产业用户促销的花费是十分高的，有时甚至超过了针对消费者和中间商的促销费用。产业用户可以理解为一些大型的经销商和代理商。产业促销能够产生潜在的产业用户、刺激购买、奖励顾客并激励销售人员。产业促销有很多与消费者促销或交易促销相同的手段。

许多公司和行业协会组织产业会议和展销会来推广产品。例如，全国或地方每年举办的农业博览会、汽车博览会、家居博览会、糖酒商品交易会等，更大的展销会如中国国际进口博览会、中国进出口商品交易会。参展厂商会得到很多好处，如创造新的销售机会、联络顾客、介绍新产品、会见新顾客、出售更多产品给现有顾客，并以刊物和视听材料来展示产品。展销会还能帮助公司接触销售人员没有接触到的众多潜在顾客。

一些展销会的规模非常大。例如，2021中国跨境电商交易会于2021年3月18～20日在福州举办，展销会规模达7.2万平方米，共吸引2000多家供货企业、33个跨境电商主流平台、200多个跨境电商服务商参展，全国跨境电商专业客商到会采购达13万人次。得到政府、外贸、跨境、会展等各界的一致认可。2021年在中国举办的国际进口博览会，有100多个国家和地区的企业参展。国际进口博览会主办方将以中国各省、自治区、直辖市为单位，组织各地企业到会采购，同时邀请第三国客商到会采购，国内外专业采购商达到15万家。

4. 针对销售人员的促销工具

销售竞赛的目的在于激励销售人员或经销商在某一时期内提高销售业绩。销售竞赛激励并认可业绩好的员工，他们可以获得免费旅行、现金奖励、培训机会或其他礼物作为奖励。有些公司采取根据业绩积点的方法，得到一定点数的员工可以将点数换成不同的实物奖品。销售竞赛在与可测量、可达到的销售目标相联系时，效果最好。经常考核的指标包括开发新顾客数量、恢复老顾客数量、增加顾客利润率、直接完成销量目标等。

（四）设计促销方案

销售促进除了选择促销类型，销售人员还要设计完整的促销方案，包括以下几项决策。首先，必须确定激励规模。促销要取得成功，较低限度的激励是必需的，较高限度的激励将产生更多的销售额。其次，销售人员还要制定参与条件。激励可以针对所有人或只限于某些特定的群体。再次，销售人员必须决定如何宣传并实施促销活动。即设计促销活动及活动的组织实施。例如，一张5元的降价折扣券可以放在包装盒中、摆在店内、夹在广告页内，也可以通过互联网或移动终端设备下载等形式分发出去。每种分发手段的接触范围和成本都不一样。越来越多的销售人员综合使用多种媒体进行促销活动宣传。还有，促销活动时间的长短也很重要。如果促销活动时间过短，许多潜在顾客在那段时间可能不购买，或错过机会；如果促销时间过长，顾客又认为是长期性的降价推销，而使促销活动失去激发顾客立即购买的动机。最后，销售人员还必须对促销效果进行评估。销售人员应当衡量其促销投入的回报，就像他们评估其他营销活动的回报一样。最常见的评估手段是比较促销活动前后及过程中销售额的变化，主要评估指标包括：促销吸引了多少新顾客，原有顾客购买额增加了多少，企业能否留住这些新顾客重复购买，长期顾客关系及从促销中获得的销售额是否能证明所投入的成本具有合理性。

总之，销售促进在整个促销组合中起到了重要作用。为了恰当运用销售促进，销售人员需要确定销售促进目标、选择最佳的工具、设计销售促进活动方案、实施销售促进方案及评估结果。销售促进还必须与整合营销的沟通活动中其他的促销组合要素进行有效的配合。

六、广告的基本内容

公司不仅要创造顾客价值,还要清楚且有说服力地向目标顾客沟通这些价值。广告是指通过使用付费媒体向顾客沟通公司或品牌的价值主张,以达到告知、劝说及提醒顾客的目的。

我国是世界上最早发布广告的国家之一。早在西周时期,便出现了音响广告。《诗经》的《周颂·有瞽》一章里已有"箫管齐举"的诗句,据汉代郑玄注说:"箫,编小竹管,如今卖饧者吹也。"唐代孔颖达也疏解说:"其时卖饧之人,吹箫以自表也。"可见西周时,卖糖食的小贩就已经懂得以吹箫管之声招徕生意。

然而,现代的广告和早期的形式相比已经有了显著的差别,现代广告形式多样,传播内容丰富,广告已成为一个巨大的产业。根据国家市场监督管理总局公布的数据,2021年全国广告业事业单位和规模以上企业的广告业务收入达到 11 799.26 亿元,2022 年全年广告行业市场规模达到了 12 300 亿元,预计 2027 年广告行业市场规模有望超过 17 000 亿元。广告不仅是商业公司用来宣传品牌、推广产品的手段,同时,各种非营利性机构、专业机构和社会机构也借助广告向各自的目标顾客宣传自己的使命和目的。而一些公益广告,向人们传递正确的观念和思想,如禁烟广告、节约资源广告、保护环境广告等。无论是销售产品,还是公益宣传,广告是一种吸引、告知和劝说的好方法。

营销管理部门在制定广告方案时,需要做出 4 个重要决策:确定广告目标、编制广告预算、制定广告策略和评估广告效果。

(一)确定广告目标

一家公司要实施广告决策,首先要确定广告活动的具体目标。没有具体有效的广告目标,公司就不可能对广告活动进行有效的决策、指导和监督,也无法对广告活动效果进行评价。广告的总体目标是通过沟通顾客价值来帮助吸引顾客和建立顾客关系。下面介绍具体的广告目标。

广告目标,是在一定期限内针对特定的目标对象而设定的一项具体的沟通任务。广告的目标可以根据告知、劝说和提醒等目的来分类。表 10-2 列出了 3 种广告形式的目标。

表 10-2　3 种广告形式的目标

告知广告的目标	
沟通顾客价值	介绍产品的新用途
建立品牌和公司形象	通知市场价格变动
告知市场有新产品出现	描述公司所能提供的服务
介绍产品功能	更正错误的印象
劝说广告的目标	
树立品牌偏好	劝说顾客立即购买
鼓励顾客改用本公司产品	劝说顾客接受推销访问
改变顾客对产品价值的感知	说服顾客向他人介绍本公司产品

续表

提醒广告的目标	
维持顾客关系	提醒顾客购买的地点
提醒顾客可能不久会用到此产品	在销售淡季使顾客仍记得该品牌

资料来源：《市场营销原理与实践》（第 17 版）菲利普·科特勒，加里·阿姆斯特朗著，楼尊译

1. 告知广告的目标

告知广告主要用于新产品导入时期，目标是建立基本需求。因此，高清电视早期制造商首先告知顾客这一新产品的图像质量和便利性。随着竞争的加剧，告知广告目标基本达到，接下来就是要劝说顾客选择。

2. 劝说广告的目标

产品进入成长期，由于大量竞争者将其引入市场，随着竞争的加剧，劝说广告愈加重要，其目标是建立选择性需求。例如，当高清电视的优点被潜在顾客广泛认可之后，三星公司开始试着劝说顾客，自己的品牌能够在相同价位提供更好的品质。这些广告旨在吸引顾客和创造品牌社群。

一些劝说广告已经演变成了比较广告或进攻性广告，公司直接或间接地与一个或几个其他品牌进行比较。比较广告的范围很广，从软饮料和快餐到出租车、信用卡、移动通信服务。例如，百事可乐长期采用比较广告，将矛头直指可口可乐。

案例启示

百事可乐挑战可口可乐

百事可乐与可口可乐这两大可乐饮料的巨头在饮料市场竞争激烈，大家都知道可口可乐比百事可乐早了近10年来中国大力开拓市场，在人们心目中形成了定势，一提起可乐，就非可口可乐莫属。百事可乐作为市场挑战者，"比较"一直是它采取的主要广告策略。

百事可乐针对可口可乐的挑战直接从定位入手，这一点不难从广告中看出来。通过广告，百事可乐力图树立其"年轻、活泼、时尚"的形象，而暗示可口可乐的"老迈、落伍、过时"。百事可乐曾有两则经典的比较广告，让许多看过的人印象深刻。其中，一则广告的开头是一个小男孩从自动售货机取了两瓶可口可乐放在了地上，然后双脚踩上去，再在自动售货机上按下位置较高的百事可乐，最后如愿以偿地喝着百事可乐离开了自动售货机。在另一则广告里，大雪过后静静的街道旁，两台自动售货机并排放着，百事可乐的售货机前，一条被踩踏出来的通道清晰可见，而旁边的售货机已被冰雪覆盖，无人问津的售货机前一个足印都没有。虽然在冰雪的掩盖之下并没有看到可口可乐的字样，但是热烈的红色和特有的波浪线，让每一个看到广告的人第一时间就认出这是可口可乐的售货机。

资料来源：根据电视广告画面编写

从百事可乐做出的一系列广告中，都不难看出其目的性，那就是与可口可乐的竞争。同样是世界知名品牌，百事可乐与可口可乐的目标群体不同，百事可乐通过自我的定位入手拍摄的一系列广告，的确是有打击可口可乐而提升自己的效果。但是它似乎忘了也为可口可乐做了免费的广告。虽然在广告中有贬低可口可乐的意思，但是作为顾客来说，就会去拿这两种产品做

比较,要比较就会两种产品都要消费。因此,百事可乐等于间接地为可口可乐免费做宣传。

比较广告运动往往引发争议。很多时候,这恰恰是运用它们的原因和意义。已经确立地位的市场领导者希望将其他品牌阻隔在顾客的考虑之外,而挑战者希望有所改变,竭力将自己的品牌挤进顾客的视野,争取与市场领导者平等的地位。例如,蒙牛有着很长时间成功开展比较广告的历史,无论是针对市场领先的竞争对手发起挑战,还是防范挑战者的攻击。当伊利推出金典牛奶,其广告宣称:但凡珍品,源自自然的恩赐,源自甄选牧场,出自优质荷斯坦奶牛,选取奶源精华,每一滴融入金典的牛奶都经过57道层层甄选,纯粹如金典的品质,只给你最爱的人。而针对金典牛奶,蒙牛推出特仑苏,其比较广告词:不是所有牛奶都叫"特仑苏",其广告画面是特仑苏产地,优质奶源带,严格检测,这些与金典相似,区别是100mL 牛奶中蛋白质含量达到 3.8g,高出国家每 100mL 纯牛奶中蛋白质含量 2.8~3.3g 的标准 15%以上,强调营养更高、口味更香、更浓、更滑,突出蛋白质,增强免疫力功能。

但是,广告主在使用比较广告时必须谨慎,要遵守《中华人民共和国广告法》第十三条的规定:广告不得贬低其他生产经营者的商品或者服务。比较广告往往会激起竞争对手的反击,导致广告战,最后两败俱伤。被惹恼的竞争者可能会采取更激烈的行为,甚至向相关部门投诉引起虚假广告诉讼。

3. 提醒广告的目标

提醒广告在产品成熟阶段很重要,它帮助维持顾客关系,并且使顾客一直记住该产品。耗资巨大的可口可乐电视广告并非要告知或劝说顾客立即购买,而是建立并维持可口可乐的品牌关系。同样,宝洁公司每年为旗下的各个品牌都投入巨额的广告费用,也是为了维持与顾客的品牌关系。

广告的目的是帮助顾客做出对公司有利的购买决策。一些广告设计旨在让顾客立即采取行动。例如,每年"双十一""6.18"促销节日之前,各个电商平台都会通过各种渠道发布促销广告,鼓励顾客上网抢购。然而,许多广告的重点是建立或巩固长期的顾客关系。例如,表现知名运动员身穿李宁的运动装备进行训练的电视广告,从来不直接要求顾客购买。正相反,其目的是在一定程度上改变顾客考虑和感受李宁品牌的方式。

(二)编制广告预算

确定广告目标之后,公司就要为每种产品编制广告预算了。广告预算可以采取促销费用预算的一般方法。即前面提到的:量入为出法、销售比例法、竞争对等法和目标—任务法。

除此之外,广告预算还需要考虑其他一些额外的因素。

1. 产品生命周期阶段

一个品牌的广告预算通常取决于产品生命周期处于哪个阶段。例如,新产品通常需要较高的广告预算,以建立知名度并争取顾客试用;而成熟的品牌通常需要相对于销售额较低百分比的广告预算。

2. 竞争情况及竞争者广告预算

当产品处于竞争者众多并且广告密集和混乱的情况下,品牌必须做大量的广告才能在鱼龙混杂中脱颖而出,吸引足够的注意力,此时应该增加广告预算。对于那些同质性很高的产品,诸如软饮料、洗涤剂之类，可能需要高额的广告费用使自己与众不同。当公司的产品与竞争对手的差别很大时，可以用广告向顾客指出这些差异。

不管使用什么方法，编制广告预算都不容易。公司如何才能知道自己的广告费决策是否正确呢？许多大公司都建立了精细的统计模型，来决定促销费用与品牌销售额之间的关系，以帮助制定对不同媒体的"最优投资"决策。当然，影响广告效果的因素非常多，有些因素可控，有些则不可控，所以衡量广告费用的效果仍然是一个颇有争议的问题。在很多情况下，编制广告预算必须在进行大量定量分析的同时，依赖销售人员的经验判断。

（三）制定广告策略

广告策略包括两个方面的内容，即广告创意和选择广告媒体。过去，广告媒体通常被认为是次要的，广告创意才是最重要的。今天，暴涨的媒体成本、更加聚焦的目标市场营销战略，以及新型数字媒体和社交媒体的发展，都提升了媒体策划的重要性。关于广告运动是使用电视、报纸、杂志、视频、网站还是使用社交媒体、移动电话或电子邮件中何种媒体的决策，有时比广告运动的创意元素更加重要。所以，越来越多的广告主致力于努力实现精心策划的创意与表达该创意的媒体之间的珠联璧合。

1. 广告创意

广告创意是指构思广告信息和品牌内容，不论预算水平高低，只有能够赢得关注并且发挥良好沟通作用的广告才是成功的。在如今耗资巨大且鱼龙混杂的广告环境中，出色的广告创意尤为重要。

顾客可以收看的电视节目有上千套，除此之外，还有各种各样的杂志、报纸。再加上众多户外媒体、电子邮件和网络、社交媒体上的广告及信息，顾客在家庭、工作场所及往返两者之间的所有场所都可能被广告"轰炸"。广告扎堆的情况给顾客及广告主造成了巨大的困扰。

电视观众曾经一直是广告主热衷于捕捉的受众，但如今的数字技术向顾客提供了大量新的、丰富的信息和娱乐选择。诸如互联网、视频点播、社交和移动媒体、平板电脑和智能手机。数字技术使顾客能主动选择观看或不看某个节目，也可以选择不看广告。

因此，广告主已不能再通过传统媒体向被动的顾客灌输千篇一律的广告创意。如今，仅仅为了获得并抓住顾客的注意力，广告创意也必须有更完善的规划、更丰富的想象力，对顾客而言应更具娱乐性和情感联系。以强行入侵式的传播作为营销的前提已经不再奏效。广告提供的信息必须有趣、有用或足够娱乐，否则顾客就会跳过。

广告创意的趋势，为了突破广告扎堆的重围，销售人员正探索广告和娱乐相互融合的模式。广告娱乐的目的是使广告本身非常具有娱乐性或非常有用，使人们想要看它。例如，一些娱乐广告或其他品牌信息在电视上播出之前，人们就已经在抖音、优酷视频等平台上观看过了。

除了使常规广告更具有娱乐性，广告主还创造新的广告形式，使之看上去不那么像广告，反而更像微电影。大量新型品牌信息平台，如网络视频短片和移动应用程序使得广告和娱乐之间的界限日益模糊。例如，TCL 的创意微电影广告——"爱，从未离家"，讲的是一个小萌娃经过长途跋涉，走过漫长回家路。当萌娃按下门铃时，迎接他的是一位两鬓斑白的老母亲，镜头一转，萌娃变成了大人。那一声"妈"真的不知感动了多少人，又让多少人心头一紧，潸然泪下。"爱，从未离家"抓住了年前这波营销浪潮，区别于其他品牌热闹红火的广告推广，TCL另辟蹊径，做起了小清新的微电影。没有高成本的明星投入，没有盲目跟风的电视推广。仅凭借"走心的选择形式+走心的选择内容+走心的选择受众"，就获得了大众最走心的好评。

广告娱乐的另一种形式就是将品牌或产品植入电影或综艺节目，使品牌成为其他娱乐形式不可分割的一部分。例如，澳牧牛奶冠名综艺节目——《谁知盘中餐》，节目中出现在农家的澳牧牛奶配送箱，小朋友们喝的澳牧牛奶，给观看节目的家长和小朋在不经意中留下了深刻印象；还有欧丽薇兰橄榄油植入《十二道锋味》节目中；方太抽油烟机出现在《中餐厅》真人秀节目中。

植入广告甚至可能写入电影或电视剧的剧本中实现无缝衔接。北京汽车BJ40在《战狼2》中就有亮眼的表现，并且《战狼2》的题材也符合其"越野世家"的品牌定位。从而让北京越野车在当年的暑期档大热了一波。在《中国机长》中，长城汽车展出了多款车型，其中就有WEY VV7 GT和哈弗F7、F4。WEY作为长城汽车高端品牌，影片中的机长驾驶着VV7 GT在城市中穿梭，与其机长身份相当吻合。而哈弗F7则是在救援过程中担当着各种角色，经过了各种山路，最终抵达观测点，这与哈弗品牌作为普通消费者用车的定位非常贴近。这次长城汽车没有选择硬性植入，而是通过精确的定位来完成传播，避免了观众对植入的反感，也达成了植入效果的最大化。

广告创意的形成。有效地进行广告创意的第一步，就是决定向顾客传播什么样的信息。广告主必须设计一个激发兴趣的创新性概念，用以指导广告活动中具体诉求的选择。广告的诉求应具有3个特点：第一，它们应当是有意义的，能明确指出使顾客渴望和感兴趣的产品利益。第二，它们必须是可信的，顾客必须相信产品或服务的确能够提供所承诺的利益。而那些最有意义和最可信的产品利益未必是最适合强调和突出的特色。第三，诉求点还应当是独特的，可以说明自己的产品与竞争品牌相比好在哪里。例如，冰箱最有意义的利益是冷藏保存食物，然而，通用电气公司的咖啡冰箱因安装了内置过滤热水处理器和单杯冲泡系统为顾客提供咖啡、茶和其他热饮而与众不同。类似地，手表最有意义的利益是准确计时，但如今已经很少有手表广告会强调这种利益。相反，根据产品可提供的独特利益，手表广告主可以从多个广告主题中选择一个。劳力士的广告从来不谈论计时，而是突出其品牌的"完美魅力"，强调"一个多世纪以来，劳力士始终代表奢华和地位"的事实。天美时公司一直生产让人买得起的"轻轻触动，永不停息"的手表。饮料最有意义的利益是健康营养，而东鹏特饮强调的是提神醒脑功能——"年轻，就要醒着拼"，表达了一种积极的人生态度。

广告创意的执行。有了好的创意之后，广告主必须把它转换成能赢得目标市场关注的真正广告。创意团队必须找到最好的方法、风格、格调、文字和样式来执行创意。任何创意都可以用不同的执行风格来呈现。

- 生活片段。这种方式表现一个或多个"典型"人物在正常环境下使用某种产品。比如，海尔智能家广告的内容，从公众号视频、海尔智能家App、旗舰店直播，到平面广告和电视广告，都是表现人们在使用家用电器及在线客服方面智能化控制的幸福生活场景。
- 生活方式。这种方式表现一种产品怎样符合某种特定的生活方式。例如，某明星代言的无烟烧烤锅，适合那些喜欢吃烧烤又不愿外出的人们，这种产品有无烟的特点，"终于可以在家，肆无忌惮地吃烧烤了。"

- 幻境。这种方式围绕产品及使用创造一种奇妙的情境。例如，在2021年，为纪念上海迪士尼乐园开园5周年，上海地铁11号线特别打造了几列迪士尼专列，有极其可爱的广告涂装，不定时在线路上运营，使人们仿佛进入了一个奇妙的卡通世界。
- 情调或形象。这种方式围绕产品或服务建立一种情调或形象，如美丽、爱情、好奇、宁静或骄傲。除暗示外，不做产品性能的说明。中国太平洋保险的植入广告"我的四季"优酷视频，讲述一对父母从孩子出生开始的点滴付出，直到他们老去，最后给孩子留下一张太平洋保险单，这就是父母，一生为孩子着想。故事感人，让人印象深刻。
- 人物象征。这种方式塑造一个代表产品的人物。这个人物可以是动画形象，也可以是真实的形象。例如，麦当劳叔叔，李宁品牌的创始人李宁。
- 专业技术。这种方式展现公司在制造产品方面的专业知识。例如，舒比奇婴儿纸尿裤拥有防红臀的专利技术；伊利的金典牛奶经过严苛的工艺，每滴金典牛奶都经过57道层层甄选，纯粹如金的品质。
- 科学证据。提出该品牌优于其他品牌的调研结果或科学证据。多年来，佳洁士一直用科学证据来使顾客信服，它的牙膏比其他品牌的牙膏更能防止蛀牙；云南白药通过医学证据让顾客相信它的牙膏比其他品牌的牙膏更能防止牙龈出血。
- 语言或代言。这种广告的特色是邀请可信度高或受欢迎的人来代言该产品。可以邀请一个普通人讲述他多么喜欢该产品。例如，老年保健品经常邀请广场舞大妈来做广告，这样更真实，让老年顾客感觉更亲切；也可以邀请名人代言，如体育品牌邀请体育明星代言。

广告主还要为广告词确定一个基调。例如，宝洁公司总是用一种肯定的语气讲述产品的优点。而其他广告主可能用幽默的方式使自己的广告词脱颖而出，奥利奥、士力架的广告词一向很幽默。

广告主必须在广告词中使用引人注意、让人难忘的字眼。例如，某太阳镜不是简单地宣称既能保护眼睛又非常时尚，其广告词说："防晒霜永远不可能这么好看。"宝马汽车并没有宣称其卓越的性能和高贵的品质，而是运用更有创意和影响力的词汇："终极驾驶机器。"格力并没有宣称其空调的质量和服务，其广告词说："好空调，格力造。"海尔的广告词："真诚到永远！"其承诺让顾客放心。

广告的格式也非常重要，直接影响广告的效果和成本。广告格式包括3个要素：插图、标题和文案。在平面广告中，插图是读者第一眼注意到的东西，它必须足以吸引顾客的注意力。其次，标题必须有效地吸引和引导目标顾客阅读相关内容。最后，广告的主要文案必须简洁且有说服力。这3个要素必须有效地融为一体来展现顾客价值。新颖的格式会让一则广告在众多广告中脱颖而出。

我们来看一则长沙网红奶茶——茶颜悦色海报设计（见图10-11）：上方插图是一位古典美女图像，这与茶颜悦色的品牌标志保持一致，左下方精致的小茶几、紫砂壶、落地的茶墩，一缕茶雾轻轻升腾，空中飘着两三片绿色的茶叶，整个构图清新脱俗，吸引眼球。标题：茶颜悦色，用行书字体，醒目清晰；副标题：饮一杯鲜茶，穿越中西古今，一语击中了产品带给人的价值。更精彩的是文案，采取古体诗词排列

图10-11 茶颜悦色海报设计

方式，从右至左。茶词牌：山泉煎茶有怀，词句：坐酌泠泠水，看煎瑟瑟尘。无由持一碗，寄与爱茶人。这哪是茶，分明是心情和心境，仅凭海报就深深地吸引了顾客，使人们迫切地想去品尝和体验。

2. 选择广告媒体

选择广告媒体的主要步骤包括确定广告范围、频率、效果和参与度；选择主要媒体类型；选择特定媒体载体；选择媒体时段。

确定广告范围、频率、效果和参与度。为选择媒体，广告主必须先确定为达到广告目标需要的广告范围和频率。范围衡量在给定的时期内，目标市场中接触到该广告运动的人数所占的比例。例如，广告主希望在前3个月宣传活动中能接触到70%的目标市场。频率衡量目标市场中一般人接触到广告的次数。例如，广告主可能希望平均每人接触3次。

但广告主想要的不仅是以一定的频率接触到一定数量的顾客，更期望媒体效果，即通过某一特定媒体所展示信息的质的价值。例如，同样的信息发布在《人民日报》的头条，可能比发布在地方报纸的头条上更加可信。由于电视同时运用了图像和声音，对那些需要详细展示的产品而言，电视信息比广播信息更有影响力。而那些顾客在设计和特征上有所参与的产品，互动网站或社交媒体网页比直接邮寄方式的宣传效果更好。在智能手机时代、新媒体不断涌现，新媒体信息比传统媒体信息更有针对性。

通常，广告主想要选择那些能吸引而非仅仅接触顾客的媒体。任何一种媒体，广告内容与其受众的相关性都要比信息到达多少人重要得多。例如，李宁超轻19代跑鞋上市前，不是先在电视上做广告，而是先利用李宁跑步公众号、新浪微博直接向广大粉丝发布信息，并通过粉丝互动，开展一项李宁超轻19代跑鞋开箱讲解活动，将视频上传B站、西瓜视频、好看视频，让顾客参与，引导他们访问微网站，直接查找门店和链接官方旗舰店，在那里可以买到你想要的超轻跑鞋。这一利用恰当媒体吸引恰当受众的做法，令李宁超轻19代跑鞋一上市就大获成功。

当前的媒体评估标准包括排名、读者群、视听率、点击率等。但是，真正的参与发生在顾客内在。仅仅测量有多少顾客接触到了特定的电视广告、视频或社交媒体发布，就已经很难了，更不用说测量顾客对这些内容的投入程度了。销售人员仍然需要了解顾客如何与广告和品牌创意建立联系，成为更广泛的品牌关系的一部分。

高度参与的顾客更有可能接受品牌信息，进而与他人分享。因此，公司不能简单地计算某次媒体投放的顾客印象，即有多少人观看、收听或阅读一则广告，还要追踪由此引发的顾客表达，诸如评论、点赞、晒图或上传视频、在社交网络上分享品牌内容。如今具有更多能力的顾客往往比公司产生数量更多的品牌信息。

例如，近年来，五菱宏光新能源汽车掀起了一阵与新生代沟通的浪潮，给出了一个满分示范，从年轻人热爱的时尚、音乐领域再到牵手国漫电影《新神榜：哪吒重生》，在多元年轻化营销助力下，五菱宏光开拓了与年轻顾客沟通的新玩法。多次轰动全网的五菱宏光MINIEV成了最受年轻人喜欢的新能源汽车，2022年以55.4万辆的销量，成为同类车型销量冠军。

伴生于互联网的新生代，在网络上聚集社区的变化，让汽车品牌营销不能再囿于传统媒体渠道和"双微一抖"。五菱宏光MINIEV的品牌营销社会化传播，不仅仅借助了当下流行的直播和短视频平台，还有B站、小红书、知乎等新生代聚集的社交平台。2021年，在知乎上五菱宏光账号通过话题事件"雪地救援"的运营，话题内容夺得全站热榜第一；B站账号运营短短一年，粉丝增长超 6 万人，播放量达到了 278 万次，弹幕等互动总数达到了 28.9 万次；小红书账号运营不过半年多后，五菱宏光的品牌综合指数排名就从 2020 年 5 月的第 40 名上升至 2021 年 2 月的第一名，粉丝数列汽车品牌第一。

五菱宏光发布新车曝光视频后，还通过跳宅舞来"整活"，视频"【五菱特供】你的女友"一经发布就获得了 43 万次的播放量。有产品卖点，有"整活"玩法，五菱宏光可谓是抓住了营销密码，为新车上线带来了一大波流量。除了通过 B 站动态等形式进行内容营销，五菱宏光还联合汽车 UP 主一起发布视频，吸引更多用户对新款车型产生兴趣。

选择主要媒体类型。媒体发展非常迅速，新媒体不断涌现。目前主要的媒体包括电视，数字、移动和社交媒体，报纸，直接邮寄，杂志，广播，户外广告。每种媒体都有各自的优缺点，具体如表 10-3 所示。媒体策划人员偏爱那些能够快速、有效地将广告创意呈现给目标顾客的媒体组合。因此，他们必须考虑各种媒体的效果、信息传递的有效性和成本。

表 10-3　主要媒体类型简介

媒体	优点	缺点
电视	广泛覆盖大众市场；每次展览成本低；结合画面、声音和动作；感官吸引力强	绝对成本高；易受干扰；展览时间短暂；很难选择受众
数字、移动和社交媒体	选择性好；低成本；直接；互动性强	相对影响小；受众控制展览时间
报纸	灵活；及时；很好地覆盖当地市场；普及；可信度高	有效期短；印刷质量差；传阅性差
直接邮寄	很好地选择受众；灵活；在同一媒体中没有广告竞争者；个性化	每次展览成本相对较高；有"垃圾邮件"印象
杂志	很好的人口和地理选择性；可信、有威望；印刷质量好；时效长、传阅性强	购买广告前置时间长；高成本；不能保证刊登位置
广播	本地接受度高；很好的人口和地理选择性；低成本	只有听觉效果；展览时间短暂；注意力差；听众分散
户外广告	灵活；高重复展览度；低成本；信息竞争少；位置选择性好	受众选择性小；创意受限

虽然现今的媒体组合仍然以传统大众媒体为主，但是随着大众媒体的成本提高和受众减少，企业现在普遍增加了成本更低、针对性更强、互动性也更充分的数字、移动和社交媒体。现在的销售人员综合运用付费媒体、自有媒体等多种媒体，为目标顾客创造和递送以品牌为中心的内容。

除网络、移动和社交媒体的迅猛增长外，有线和卫星电视系统也在繁荣发展。这些系统允许小范围地播出瞄准特定目标顾客的专题节目，如体育、新闻、养生、艺术、家装和园艺、烹饪、旅游、历史、财经等。羽毛球爱好者可以观看羽毛球特别频道，内有羽毛球训练视频、羽毛球比赛转播、羽毛球装备及服饰供应等相关内容。

在努力寻找更便宜、更有效瞄准目标顾客的广告方式的过程中，广告主发现了很多替代媒体。近年来，不管你去哪里或做什么，你可能经常遇到一些形式新颖的广告。

贴在购物车上的小广告牌敦促你购买某品牌的纸尿裤；商店收银台的传送带上也投放了当地某汽车经销商的广告；一辆车身喷有某垃圾袋广告的城市垃圾车；公交车站牌上有附近新楼

盘的广告；走进写字楼的电梯间，你会发现装修公司的广告、家用电器的广告；打开京东、天猫网页，就会出现产品促销广告。

如今，在任何地方你都可能发现广告。出租车上的移动电子信息接收器连接 GPS 定位仪，无论车开到哪里，都能锁定当地的商店和餐馆。飞机场、停车场、加油站、ATM 机、市政垃圾车等都在出售广告位。甚至有一家公司将专供购物中心、飞机场、高速公路服务区的免费厕纸作为广告载体出售，展示广告主的标识、优惠券和二维码。

这些替代媒体看起来有些牵强，有时让顾客感觉太厌烦，他们称其为"广告催吐剂"。然而对许多销售人员而言，这些媒体能够省钱，而且提供了生活、购物、工作和娱乐等地方接触特定顾客的办法。

影响媒体选择的另一个趋势是顾客同时接受多种媒体。例如，人们一边看电视一边用智能手机给朋友发微信或刷抖音或搜寻产品信息已经成为平常事。最近一项调查发现，90%的顾客在看电视时都会一心多用，而"90后""00后"一代的顾客在看电视时平均要进行 3 项额外的媒体活动，包括浏览网页、发微信、刷网络视频等。尽管多重任务往往与他们当时所看的电视节目相关，如查看相关产品和节目信息，但大部分活动与电视内容无关。销售人员在选择媒体类型时，需要考虑媒体之间的相互影响。让媒体之间关联起来，如电视广告下方出现的二维码，扫描二维码可以直接进入产品购物网站，立即下单。

选择特定媒体载体。媒体策划人员还必须在各种媒体和大类别中选择最佳的载体。例如，电视载体包括中央电视台和其他地方电视台；电视频道包括娱乐频道、电影频道、体育频道、生活频道、综艺频道等。杂志载体如《瑞丽》《经理人》等。互联网媒体和移动终端设备媒体包括微信、微博、抖音、小红书及各种视频网站和社交媒体。

媒体策划人员必须计算到达每千人所需的成本。例如，《瑞丽》是一本时尚杂志，主要读者群是白领女性，读者如果有 100 万人，杂志上全页四色的广告费需要 20 万元，每千人成本就是 200 元。同样的广告在读者数量为 60 万人的《都市丽人》杂志上可能只需 10 万元，每千人成本约 166 元。媒体策划人员根据每千人成本给每种杂志排序，倾向于到达目标顾客每千人成本更低的杂志。但如果一位销售人员瞄准的是高端服饰和美容的消费群体，选择《瑞丽》更有效，即使其每千人成本更高。

媒体策划人员必须同时考虑不同媒体的广告制作成本。报纸广告的制作成本很低，而华丽的电视广告则成本较高。许多网络和社交媒体广告制作费用不高，但要制作网上视频和广告片则成本上升很快。

在选择媒体载体的过程中，媒体策划人员还需平衡媒体费用与多个媒体效果因素的关系。首先，媒体策划人员应当评估媒体载体的受众质量。例如，对舒比奇纸尿裤的广告而言，育婴杂志可能有更高的刊登价值，男性生活方式杂志的刊登价值则较低。其次，媒体策划人员应该考虑受众的契合度。例如《瑞丽》的读者比《知音》的读者更留意广告。最后，媒体策划人员应评估载体的编辑质量和权威性，《人民画报》《参考消息》要比《魅力先生》《娱乐圈》等杂志更加可信、更有权威性。

选择媒体时段。广告主还必须决定如何安排全年的广告时间。假如某种产品的销售在 12 月进入高峰并在次年 3 月下降，如冬季的床上用品，公司可以根据季节做广告。例如，减肥产品和服务的销售人员往往在新年伊始加大宣传，瞄准那些在春节期间喜欢吃更多美食的顾客。

而有一些广告主只做节日性的广告，如四方斋粽子只有在端午节来临前做广告，其目的是促进节日销量上升。

如今的网络和社交媒体使广告主能够制作广告，并对事件进行实时回应。例如，五菱宏光在 2021 年上海国际车展亮相的同时，在 B 站发布视频"五菱宏光 MINIEV 敞篷车实车曝光！揭秘如何一键切换敞篷"，该视频获得了超 110 万次的播放量。2021 年元气森林签约了"元气新青年"（谷爱凌、苏翊鸣、徐梦桃）拍摄了《元气冰雪团》纪录片，推出了《元气新青年》纪录片，这些都在 B 站及优酷播放，形成了较大影响，而签约的 3 位元气青年最终获得金牌，可以说在这次冬奥会的整个营销中元气森林大获全胜。

（四）评估广告效果

广告效果评估与广告投资回报已经成为大多数公司的热门议题，尤其是在低迷的经济环境下。即使在经济繁荣、广告预算增长的情况下，与顾客一样，广告主仍然对广告开支精打细算。高层管理者会对销售经理提出这样的问题："我们如何才能知道我们在广告上花对了钱？""我们能从广告投资中获得什么回报？"

广告主应当定期评估两类广告结果：沟通效果、销售和利润效果。衡量一则广告或一场广告运动的沟通效果，就是判断该广告及媒体是否很好地沟通了广告信息。广告测试可以在播出前后进行。在广告推出前，广告主可以向顾客展示广告，询问他们观看完广告的感受，并且测量信息的回忆程度或态度的前后变化。在广告发布后，广告主可以测试广告如何影响顾客回忆或产品认知、了解和偏好，也可以对整个广告运动进行沟通效果的事前评估和事后评估。

广告主对衡量广告和广告运动的沟通效果很在行。但是，广告的销售和利润效果就困难得多。例如，广告运动使得品牌认知度上升 20%，且品牌偏好上升 10%，那么销售和利润又是怎样的呢？除了广告，销售和利润往往受众多因素的影响，如产品特性、价格和可获得性。

衡量广告销售和利润效果的方法之一是与过去的广告费用和销售、利润额做比较，另一种方法是通过实验。例如，为了测试不同广告支出水平的效果，可口可乐公司先在不同的市场调整广告的支出额，然后测量各地销售和利润水平差异。广告主还可以设计更复杂的实验，包含其他变量，如广告本身或使用媒体有所不同。

但是，有众多因素影响广告效果，其中有一些因素可控，有一些则不可控，要精确测量广告支出的效果非常困难。管理者常常依赖大量的主观判断和定量分析来评价内容和广告效果。在内容为王的数字时代尤其如此，大量的广告和其他内容都是实时生成和传播的。于是，与企业在正式发布之前对传统的高预算媒体广告进行仔细测试不同，数字营销内容的运用通常未经测试。因为数字和社交媒体发出内容的数量太大和时机的不确定性，测试和评估非常困难。

七、公共关系的基本内容

（一）公共关系的含义和作用

1. 公共关系的含义

公共关系是一家企业在运行过程中，为了使自己与公众相互了解、相互合作而采取的行为规范和进行的传播行为。这说明了机构要在社会中生存与发展，必须科学地分析和处理它所面临的各种社会关系；企业开展这类活动的根本目的是树立企业的良好形象，创造最佳的运行环境；企业在实现这个目的的过程中，利用传播手段保持企业与公众之间的信息双向沟通，通过持久的努力，向公众及时、准确、有效地传递企业的相关信息，收集、整理、反馈公众的意见和要求，从而争取公众的理解、信任和支持，实现企业的运营目标。公共关系被广泛用于配合市场营销，尤其是开展促销活动。公共关系作为一种促销手段，对顾客而言具有真实感、新鲜感和亲切感，容易被顾客接受。

2. 公共关系的作用

（1）有助于树立良好的企业形象。良好的企业形象对企业的生存和发展具有重要意义。开展公共关系活动可以传播企业的信息，联络与内外公众的感情，通过支持和赞助公益事业，体现企业的社会责任感和企业实力，有助于在公众心目中树立良好的社会形象。

（2）有助于增进企业之间的交往与合作。企业的生存与发展，需要与其他企业进行交流和合作。开展公共关系活动可以增进企业之间的相互了解，使企业在相互信任和支持的基础上，相互合作、共同发展。

（3）有助于提高企业的经济效益。公共关系通过信息传播、形象竞争、感情联络等手段，可以吸引公众的注意力，赢得大量顾客的信任和认同，促进产品的销售，提高经济效益。

与其他促销形式一样，公共关系能够吸引顾客并使得品牌成为其生活的一部分。而且，公共关系以比广告低得多的成本，对公众的认知产生了强烈的影响。如果企业有有趣的品牌故事、事件、视频或其他内容，可能被多家媒体选中报道或被顾客分享，其效果与花费上千万元的商业广告费是一样的，甚至更好。2020年年初，武汉遭遇疫情，全城封城，老百姓生活物资供应面临极大压力，兴盛优选作为一家提供生活用品的社区电商企业，在国家、人民遇到困难时，勇于担当，毅然号召员工逆行驰援武汉。33名员工，11辆货运大卡车，每辆车的车头前装贴着"兴盛优选驰援武汉"横幅，团队浩浩荡荡出发的场景通过湖南卫视现场报道、华声在线网上发文宣传。这一行动迅速在全网传播，给兴盛优选企业打开全国市场带来了巨大的影响，也得到了武汉人民的高度认可，兴盛优选在武汉的市场开发非常顺利，而且下单率稳步上升。

（二）公共关系的活动方式

公共关系从实质上来说，就是运用各种传播手段，来沟通企业与社会公众之间的信息联系，求得公众的了解、理解、支持与合作，以履行公共关系职能，实现公共关系塑造企业形象、促进产品销售的目标。其具体活动方式有以下几种。

1. 加强新闻宣传

企业可以争取一切机会与新闻媒介建立良好的关系，及时向媒介提供企业有价值的相关新闻，扩大企业的影响，加深顾客好的印象，激励销售人员及其他员工的工作热情。

有时新闻故事自然而然就发生了，有时则需要公关人员策划一些事件或活动来制造新闻。德邦物流近年来连续在大学校园为毕业生揽收包裹及开展一系列有趣的互动活动，引来地方电视台报道，社交媒体传播，扩大公司影响。

案例启示

德邦毕业寄，为青春打 Call

2021年6月15日，一面巨型打Call墙空降南京大学仙林校区，引发学生们强势围观。这一天，同样的装置也现身中南大学和河北工业大学。这是德邦快递为今年毕业季搭建的线下互动装置——德邦毕业寄打Call墙。

创意互动，与Z世代毕业生玩在一起

在南京大学仙林校区十一餐厅前的广场上，一面3米多高的打Call墙格外醒目，路过的学生们纷纷驻足。打Call墙以一个从顶部打开的巨型快递箱为造型，正中间立着一块巨大的LED屏，屏幕上飘着多条弹幕，诸如"毕业好慌""我好难""别人家的孩子""啥都不是"，还有围观学生表示：太"扎心"了！

随着一位同学好奇地走近，LED上的"扎心"弹幕突然消失，而一条条鼓舞人心的正能量弹幕从左下方的喇叭处飞出，"自信就会发光""我是你们的意料之外""拔剑吧少年"……这样的互动形式让不少学生感到好奇，纷纷上前体验，并拿出手机拍照分享。

除了体验打Call墙的弹幕互动，学生们纷纷在许愿墙上写下了对未来的期许。此外，活动组织方还在现场向路过的学生派送微笑气球、南大定制打Call贴纸等创意纪念礼。

数年沉淀，助力毕业生轻松离校

实际上，今年的"毕业寄打Call墙"早已不是德邦快递第一次走进高校，向学生们发出互动邀约了。2018年，德邦快递在武汉大学打造的巨型"女生宿舍"快递箱便引发了全网热切关注；2019年的"毕业搬时间魔盒"同样席卷全国多所高校。

多年来，德邦快递发挥大件快递专业优势，面向毕业生提供"预约下单"、"上楼揽收"、"送货上楼"和"定制包装"服务，助力毕业生轻松离校。除此以外，2021年德邦快递还推出"职场新人打气券"100元券包、寄毕业行李"满50元减15元"等一系列促销优惠活动。

在高校现场，趣味打Call互动形式、定制网红抖音打Call箱和创意贴纸、德邦快递超级符号"微笑气球"、各式零食礼品等，吸引了众多学生前来拍照互动。南京电视台、天津电视台、《北京日报》及《潇湘晨报》等多家省级电视台和权威媒体来到活动现场采访报道。

德邦快递相关业务负责人在接受媒体采访时表示："今年德邦快递的毕业季主题是'德邦毕业寄，为青春打Call'，希望能通过趣味互动活动和贴心服务为这届毕业生们加油打气，帮助他们轻松地离开校园。"

资料来源：德邦快递官网的新闻资讯

2. 开展公益性活动

企业可以通过赞助和支持体育、文化教育、社会福利等公益活动，在公众中树立良好的社会形象。例如，在人民遭遇自然灾害时捐钱捐物，支持教育事业，为学校捐建体育场馆，为农村捐建公共设施等。但这些公益活动都必须通过媒体宣传报道出来才能扩大影响，以改善品牌的社会声誉。

3. 及时处理与反馈公众意见

企业应该建立顾客抱怨管理体系，收集顾客对企业产品和服务方面的意见，并及时进行处理，将处理结果通过大众媒介及时向社会公众公布，以求得公众的谅解和支持。现在网络非常发达，公众通过网络、移动和社交媒体传播舆论的速度非常快而且广泛，因此，企业必须关注网络舆论，对于一些负面评论应该进行及时公关处理。

4. 组织专题公关活动与书面公关材料

企业可以通过组织或举办新闻发布会、展览会、庆典、开放参观、演讲、品牌巡回展等专题活动，介绍企业情况，推销产品，沟通感情，增进了解，扩大宣传，强化形象。

公关人员还要准备书面材料来接触和影响目标市场。这些材料包括年报、小册子、公司新闻稿和杂志。还有企业官网上的视听材料和大事记录。企业识别材料也有助于其树立一个公众易于辨别的企业形象。标识、文具、宣传小册子、招牌、名片、建筑物、制服、企业的汽车等，所有这些只要有吸引力、容易区别和记忆，都可以成为营销工具。

5. 建立内部公关制度

企业面对的公众不光包括社会的外部公众，其实还包括企业内部的员工，企业内部各组织机构都是企业的公众。企业必须及时收集员工对企业的意见和建议，建立部门之间的联系制度，协调各部门之间的关系，只有内部和谐，企业才能在社会公众中树立良好的形象。

除以上公关活动方式之外，其实在互联网迅速发展的时代，网络也是一种重要的公共关系渠道。网站、博客、公众号、小程序、优酷、B站等社交网络都成为影响和吸引公众的新途径。公共关系的核心是讲企业故事、品牌故事和引发谈论的能力，这与网络、移动和社交媒体的特点完美匹配、相得益彰。

与其他促销手段一样，在考虑何时及如何使用公共关系时，管理部门应当制定公共关系目标，选择公共关系信息和载体，实施公共关系计划并评估结果。在企业全方位的整合营销沟通中，公共关系应该与其他促销活动紧密配合，融为一体。

小结

扫描二维码获得内容

任务十：小结

复习与思考

扫描二维码获得内容

任务十：复习与思考

模块二　实训操练

实训一：案例分析

一、实训内容

认识整合营销沟通策略在企业营销中的作用。

二、实训准备

1. 授课老师提前布置相关案例；
2. 学生通过网络或实地了解案例的背景资料；
3. 学生独立熟悉案例的内容并进行分析。

三、实训组织

1. 以 4～5 人为一个小组，组织案例讨论；
2. 组长负责记录，每个同学发表个人观点；
3. 组长整理出讨论的核心观点并进行再讨论；
4. 每个小组由一名代表陈述讨论结果；
5. 授课老师总结学生的观点，在全班内再讨论；
6. 授课老师对本次讨论进行点评。

四、实训评价

单位：分

评价对象	评价项目	内容描述	评价要求	分　值	得　分
团　队（60%）	讨论组织	组长负责	组织有序 时间高效	10	
	讨论参与	围绕案例 讨论问题 自由发言	讨论热烈 紧扣问题 有理有节	10	
团　队（60%）	讨论结果	总结归纳 形成结论	原理正确 观点鲜明	20	
	汇报成果	课堂汇报	表述流畅 配合默契	20	
个　人（40%）	小组考勤	组长考勤	按时参加讨论，主动积极	20	
	小组贡献	小组评分	提出独特观点和新思想	20	
最终评分					

参考资料

扫描二维码获得内容

江小白的整合营销沟通策略

实训二：制定整合营销沟通方案

一、实训内容

依据任务七、任务八和任务九中实训二所制定的产品策略、价格策略和分销渠道策略，继续为此企业产品设计整合营销沟通方案。

二、实训准备

1．授课老师布置整合营销沟通策划任务；
2．学生以 4～5 人为一个小组组织策划团队；
3．制订计划，明确小组内分工；
4．进行策划前的市场调查，收集相关信息资料。

三、实训组织

1．授课老师课堂指导策划方案设计；
2．各组对收集的策划资料进行整理和分析；
3．明确策划的主题，充分讨论达成一致；
4．设计可行的多个方案，特别要有创意，又可行；
5．小组对多个方案进行讨论，确定最终方案；
6．将整合营销沟通方案制作成 PPT，准备小组答辩；
7．将沟通方案打印成正式稿，交给授课老师。

四、实训评价

单位：分

评价对象	评价项目	内容描述	评价要求	分 值	得 分
团 队（60%）	任务布置	制定整合营销沟通方案	整合营销沟通策划的任务明确，分工具体，完成任务时间明确	10	
	实训实施	全面整理任务七、八、九实训成果和信息资料，设计整合营销沟通策略	组织有序、个人认真提出整合营销沟通策略，小组讨论，形成小组整合营销沟通方案	10	

续表

评价对象	评价项目	内容描述	评价要求	分　值	得　分
团　队（60%）	实训成果	（某企业）产品整合营销沟通方案	运用多种促销工具，形成线上、线下全媒体的整合营销沟通方案，可行且有创意	20	
	团队协作	课堂汇报	PPT制作精美、内容清晰、表述流畅、团队协作好	20	
个　人（40%）	小组考勤	组长考勤	积极参与战略与策略方案设计	20	
	小组贡献	小组评分	完成分配任务 具有良好协作精神	20	
最终评分					

【附件】你是营销人员：大自然饮料公司的新产品营销计划（9）

扫描二维码获得内容

你是营销人员：大自然饮料公司的新产品营销计划（9）

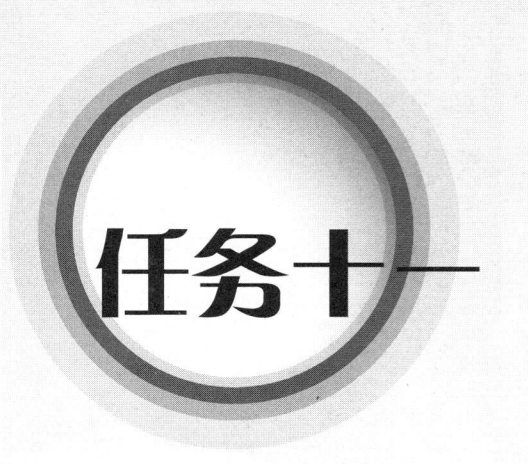

任务十一 制定直复与数字营销策略

任务目标

思政目标

1. 遵守数字营销的法律法规与公共政策;
2. 具备社会责任感和职业道德。

知识目标

1. 了解直复与数字营销的含义,并了解其快速增长为顾客和企业带来的益处;
2. 了解直复与数字营销的主要形式;
3. 认识企业如何运用网络营销战略应对互联网和数字时代;
4. 认识企业如何运用社交媒体和移动营销吸引消费者和创造品牌社群;
5. 了解传统的直复营销形式,评价直复营销面对的公共政策和道德问题。

能力目标

1. 能够将直复与数字营销和其他促销工具进行整合,为企业制定整合营销沟通策略;
2. 能够为传统企业开展网络营销提供方案;
3. 能够为企业制定直复与数字营销策略。

模块一 理论指导

案例导入

美团：直复与数字营销的典范

很多人发现，美国能帮我们做很多事情，如团购电影票、配送外卖等，非常方便。身着黄色服装的美团外卖骑手，黄色的美团单车，还有美团和大众点评的 Logo，这些都会时不时地出现在大街小巷，已经成为我们熟悉的城市风景线。美团作为国内知名的生活服务电子商务平台，拥有美团、大众点评、美团外卖等 App，涵盖餐饮、外卖、打车、共享单车、酒店、旅游、电影、休闲娱乐等生活服务。许多分析人士认为美团是数字时代直复与数字营销的典范。

从创业之初，美团就保持了强劲的增长势头。其年营业额从 2010 年的 2.3 亿元猛增至 2021 年的 1791 亿元。2019—2021 年美团的营收增长了 3 倍。美团发布的 2021 年第二季度财报显示，截至第二季度末，美团平台交易客户数和活跃商家数分别达到了 6.3 亿人和 770 万家。截至第二季度末的过去 12 个月，美团客户年均交易笔数达到 32.8 笔，同比增长 27.8%。

美团取得如此惊人的成功，其秘诀是什么？公司始终坚持"以客户为中心"的价值理念，他们认为"客户需求是公司所有策略、行动的最重要的输入，帮客户解决问题，借此创造价值，公司才有存在的理由"。公司一切决策始于对客户需要的认识，并始终坚持努力满足他们的需要。

公司的使命就是"帮大家吃得更好，生活更好"。为了履行承诺，满足数字时代年轻客户多品类移动购物需求，美团打造了品类专用 App，如主站 App、猫眼电影 App、美团酒店 App、美团外卖 App、美团大众点评 App 等。通过这些细分出的品类专用 App，让客户得到更好的体验。

美团主站 App，服务于广大喜好吃喝玩乐的移动客户，为大家提供相关高品质、低折扣的服务和产品。"服务全、体验方便"是它最大的特点。

猫眼电影 App，是专为电影"发烧"友而设计的。大家看电影会涉及：要看什么电影，要去哪儿看，如何买票，如何选座，如何省钱。这款 App 能解决大家看电影遇到的所有问题。猫眼电影 App 不仅能满足电影爱好者随时随地团购电影票的服务，而且它能实现在线选座，即客户能精确选择某个影院、某个影片、某个时间段及某个座位号。猫眼电影 App 还发展为集电影票预订、电影资讯和影迷互动等于一体的一站式服务平台，能带给客户更好的消费体验，因此也获得了更好的价值回报，2021 年猫眼娱乐营收达到了 33.23 亿元。

美团酒店 App 帮助客户以最快的速度找到某个地点能够团购的酒店，而且显示出这些酒店某些时间段的房态状况，协助他们完成全流程的预订。让客户从手机上就能随时准确看到房态信息，包括需要入住的房间、价格及周边环境，便于及时团购房间，大大提高了酒店入住率。2021 年，酒店及旅游业务收入达 325 亿元，其中，佣金收入为 158 亿元，在线营销服务收入为 167 亿元。

美团外卖 App 既给客户带来了方便，也给商家创造了价值。美团外卖品类包括附近美食、水果、蔬菜、鲜花、蛋糕等，人们可以在美团上下单，无论是早/午/晚餐、下午茶、宵夜，还是

任务十一
制定直复与数字营销策略

中餐、西餐、家常菜、小吃、快餐、饮料等；多品牌商家入驻，如必胜客、肯德基、麦当劳、汉堡王、星巴克、U鼎冒菜、美食天下等。美团外卖还提供送药上门、美团专送、跑腿代购等多种服务。2021年，美团外卖实现交易金额7021亿元，交易笔数达144亿笔，实现营收963亿元，美团外卖骑手成本为682亿元，骑手成本占餐饮外卖收入比例达71%。美团外卖不仅方便了人们的日常生活，同时为商家开辟了"下一家门店"——数字销售门店，还提供了大量外卖骑手的就业岗位，解决了社会问题。

美团大众点评App，帮助信息的提供者和接收者建立一个承载信息的仓库和信息交换的桥梁。帮助本地商家找到了自己的客户群，也帮助客户找到了适合自己的本地商家。它解决了客户和商家之间信息不对称的问题，交易行为则是在解决这一问题之后自然衍生出来的。美团大众点评App不仅吸引客户互动，创造了直接的、个性化的客户关系和令人满意的网上体验，还为商家提供了有价值的信息，以及对目标客户进行了细分，能够根据客户反馈及时调整运营策略，为商家搭建了一个口碑营销的平台。

美团在团购电商领域利用数字营销获得了巨大成功，但也面临严峻的挑战。美团将持续推动服务零售和产品零售在需求侧和供给侧的数字化升级，和广大合作伙伴一起努力为客户提供品质服务。

思考：
1. 美团采取了哪些直复与数字营销手段？
2. 分析美团在数字时代获得成功的根本原因。

任务十中我们已经介绍了促销组合策略中的4种工具，即人员销售、销售促进、广告和公共关系。任务十一则重点关注直复营销及其增长最快的形式——数字营销，包括网络、社交媒体和移动营销。如今，网络使用和网络购物迅猛发展，数字技术快速进步，从智能手机、平板电脑等移动终端设备到移动和社交媒体的广泛应用，直复与数字营销已经成为独立的工具。但无论怎么发展，它都必须与沟通组合中的其他工具进行整合运用。

一、直复与数字营销

（一）直复与数字营销的含义

直复与数字营销是指直接与精心挑选的单个顾客和顾客社群进行互动，以期获得顾客的即时响应和建立持久的顾客关系。数字时代的直复营销与传统的直销最大的区别在于：传统直销利用市场营销人员面对面地推销产品或服务，其市场覆盖范围有很大的局限性，对市场营销人员的要求非常高，而数字时代的直复营销则是依靠互联网、智能手机和社交媒体进行的直接销售，市场覆盖范围广泛，而且互动性更高。企业运用直复营销针对精准界定的细分市场或个人的需求和兴趣量身定制产品或促销内容。借助这种方式，企业可以建立顾客关系、品牌社群和提高销售。例如，美团借助网站和移动应用程序与顾客进行直接互动，帮助他们在网上找到和购买吃、喝、游、玩、行所有的产品和服务。类似地，保险公司通过电话、公司网站、移动应用程序，或者微信等社交媒体与顾客进行直接互动，建立个人与品牌之间的关系，提供保险选择，销售保单或服务顾客。

早期的直复营销是指购物目录公司、直接邮寄公司和电话营销公司通过邮件和电话收集顾客信息并销售产品。现在，在数据库技术迅速发展和新营销媒体，特别是互联网的推动下，直复营销已经有了许多新的模式。

在渠道策略中，我们将直复营销作为直接分销渠道，也就是不包含中间商的营销渠道进行介绍。现在，我们将直复营销归结为营销沟通组合当中的一个要素，即直接与顾客沟通的方法。事实上，直复营销既是渠道，也是沟通手段，它是一种新技术背景下产生的综合营销新模式。

许多企业将直复营销作为其营销产品的补充渠道或补充媒介。例如，许多百货公司、超市除了通过实体店完成大部分产品的销售，还通过公众号、小程序、抖音、快手等社交媒体进行销售。湖南英氏生产的婴儿辅食主要通过大众媒体广告及其零售商伙伴的渠道进行销售，同时开通了抖音、快手直播带货，利用京东、天猫旗舰店进行网络销售。英氏开始利用品牌网站和社交媒体吸引顾客参与多种品牌社群活动，如讨论辅食对婴儿成长的作用，以及哪种辅食宝宝最喜欢，还有什么新的产品需要开发等。英氏通过这些直接互动，不断提升品牌在目标顾客中的影响力，这给公司带来了丰厚的回报，其辅食一年的营收已经达到了10亿元，成为国内婴儿辅食的知名品牌。

（二）直复与数字营销的发展和优势

直复与数字营销已经成为增长最快的营销形式。秒针营销科学院联合全球数字营销峰会（GDMS）及媒介360共同发布《2022中国数字营销趋势报告》（简称《报告》），《报告》对食品饮料、美妆个护、医疗保健等20多个行业的270位成熟及新锐广告主进行了调研，结果显示，2022年中国市场营销投资信心整体向上，企业整体营销费用稳中看涨，增幅为19%。《报告》发现，与企业整体营销预算增长19%一致，2022年中国数字营销增长率也为19%。从媒介资源类型来看，移动端仍是广告主营销投资的主要选择，73%的广告主表示将增加移动互联网的投放。户外和智能电视大屏增加投入的比例较去年上涨显著，分别为25%和19%。相比之下，PC端、直播电视增加投入方面较为乏力。直复与数字营销能够给买卖双方都带来许多好处，因此，其增长空间巨大。

对于买方来说，直复营销方便、简单且私密，可以让顾客随时随地进行网上购物和获取大量相关信息。例如，美团通过网站和移动应用程序提供的信息远远超过我们所能消化和吸收的数量，从国内十大旅游景点排行榜、连锁酒店的排名、网红产品打卡点、卖家和顾客的产品评论，到基于顾客以往搜索和购买经历的推荐。

通过直复营销，顾客能够借助电话或卖方的网站、移动应用程序与企业互动，获得他们想要的信息、产品和服务，然后当场下单。另外，直复营销为顾客提供了更强大的控制权，他们可以自行决定要看什么网站，关注哪些信息。对感兴趣的顾客，数字营销通过网络、移动和社交媒体提供品牌互动和社群，可以让顾客分享其品牌信息和体验。

对于卖方来说，直复营销提供了低成本、高效率的方法帮助企业快速、有效地影响顾客。直复营销通过客户数据库，能够瞄准小的顾客群体，甚至单个的顾客。进行一对一营销，企业可以通过电话或网络与顾客进行直接互动，更好地了解顾客需求，为特殊的顾客提供定制产品和服务。例如，当当网可以先通过顾客以往购书的信息，分析出顾客的职业、专业，然后将新书的信息准确地发送到顾客的邮箱中或手机上，当顾客需要的书暂时缺货时，也可以登记信息，等书到了就可以自动发送信息通知，从而建立了良好的顾客关系。

直复营销为卖方大大节约了渠道成本，现在他们可以通过电话、电视和网络来推销产品和服务，而且当场就可以完成交易，不需要店面和租金，也不需要大量的仓储。市场营销人员也不用上门拜访，只要通过电话或网络就可以拿到订单，然后将订单直接发送到生产厂家，由厂家通过物流进行配送就可以了。

直复营销不仅降低了渠道成本，还大大节约了沟通成本，不再需要大量投入广告、海报，直接可以通过网络发布信息与顾客沟通，而且沟通效果更好，针对性更强；能够提供更大的灵活性，它允许市场营销人员不断调整价格和促销，或做出即刻、及时而又个性化的信息发布。

直复营销为卖方提供了通过其他渠道所无法触及的买家通道。小规模公司可以给当地市场上的顾客邮寄商品目录，以及开通免费电话来处理订单和询价。网络营销是真正的全球媒体，它使得买卖双方仅仅通过单击鼠标就可以在瞬间完成交易。即使很小的商家，你也会发现它们已经站在通往全球市场的路口，跨境电子商务成为国际贸易新模式。

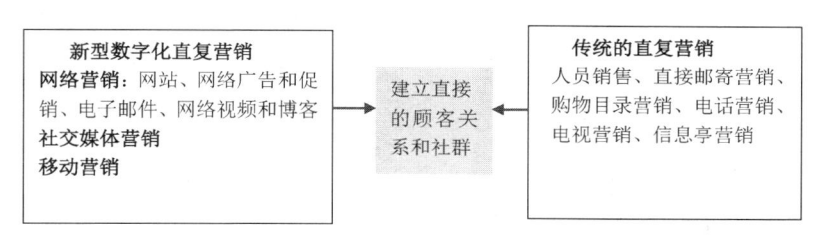

二、直复与数字营销的形式

直复与数字营销的形式如图11-1所示。传统的直复营销形式包括人员销售、直接邮寄营销、购物目录营销、电话营销、电视营销、信息亭营销。新型数字化直复营销形式包括网络营销、社交媒体营销和移动营销。而网络营销形式又可细分为网站、网络广告和促销、电子邮件、网络视频和博客等。

新型数字化直复营销		传统的直复营销
网络营销：网站、网络广告和促销、电子邮件、网络视频和博客 社交媒体营销 移动营销	建立直接的顾客关系和社群	人员销售、直接邮寄营销、购物目录营销、电话营销、电视营销、信息亭营销

图11-1 直复与数字营销的形式

我们首先了解目前备受关注的新型数字和社交媒体营销形式，然后了解目前仍然广泛使用和非常重要的传统的直复营销工具。而且，我们必须始终记住所有这些工具，无论新型数字化营销工具还是传统营销工具，都必须充分融入整合营销沟通计划中，这样才能更好地发挥其作用。

（一）了解网络营销的内容

网络营销是指通过互联网借助公司主页、网络广告和促销、电子邮件、网络视频和博客等方式进行的营销。社交媒体和移动营销也发生在网上，并和其他形式的数字化营销协调配合。然而，因为其特性突出，所以我们将网络营销与社交媒体和移动营销分开介绍。接下来我们先了解我国网络营销的发展现状。

1. 网络营销的发展现状

网络营销是增长最快的直复营销模式。互联网的广泛应用已经对顾客和企业都产生了深远的影响。目前，世界上的大部分交易是在连接着个人和企业的数字网络中进行。人们借助网络可随时随地获得信息、了解品牌、联系彼此。在物联网时代，几乎所有事情、所有人都数字化地彼此连接在一起。数字时代从根本上改变了顾客对于便利、速度、价格、产品信息、服务和品牌互动的看法。由此给市场营销人员提供了一种为顾客创造价值、吸引顾客参与并建立顾客关系的全新方式。

网络的使用和影响在稳定地增长。中国互联网络信息中心（CNNIC）在京发布第 48 次《中国互联网络发展状况统计报告》（以下简称《报告》）。《报告》显示（见图 11-2），截至 2021 年 6 月，我国网民规模达 10.11 亿人，互联网普及率达 71.6%，网民人均每周上网时长为 26.9 个小时，而且主要是使用移动终端设备。全球超过 50%的人正在使用互联网，超过半数是使用移动互联网，随着智能手机的普及，移动互联网成为最受人们欢迎的上网方式之一。

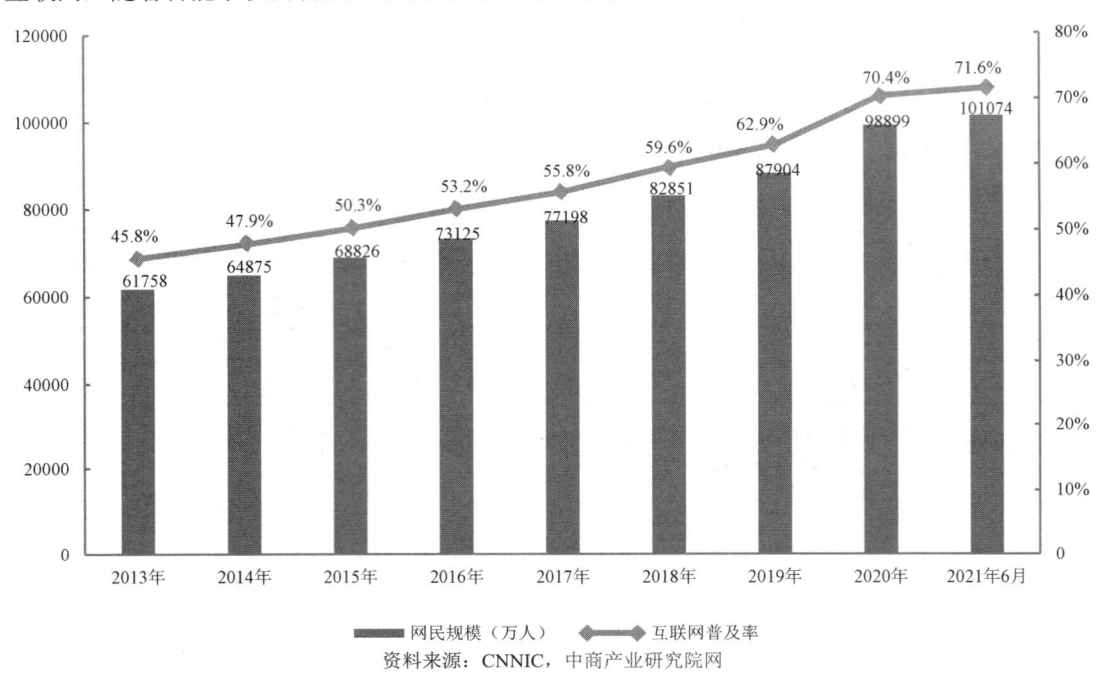

资料来源：CNNIC，中商产业研究院网

图 11-2　中国网民规模及互联网普及率趋势

图 11-3 所示为我国 2017 年 12 月—2021 年 12 月网络购物用户规模及使用情况，显示了我国网购规模持续稳定增长的趋势。截至 2021 年 12 月，我国网络购物用户规模达 8.42 亿人，占网民整体的 81.6%。2021 年我国网上零售总额达到 130 883 亿元，虽然只占社会零售总额的 3%，但每年都呈两位数稳定增长的趋势。更为重要的是，不少顾客即使在实体店内选购产品，也不忘利用智能手机或平板电脑在网上寻找最优惠的价格。如今的全渠道顾客越来越精通于融合线上、线下渠道完成购买，数字渠道在他们的购买过程中将发挥重要的作用。

为了跟上这一生机勃勃的市场，各家公司现在都纷纷开展网络营销。一些网络公司只在网上经营，范围非常广泛，从直接在网上销售产品和服务给最终消费者的天猫、京东到搜索引擎和门户网站，如交易网站（阿里巴巴、京东、唯品会等）、搜索引擎（百度、360 搜索、搜狐等）、内容网站（今日头条、人民网、央视网等）、社交媒体（微信、微博、抖音等）。

如今，已经很难找到还没有建立网站的企业。即使专注线下经营的传统企业，现在也开始建立自己的线上销售、营销渠道和品牌社群。传统实体商店的网上销售比重正不断扩大。

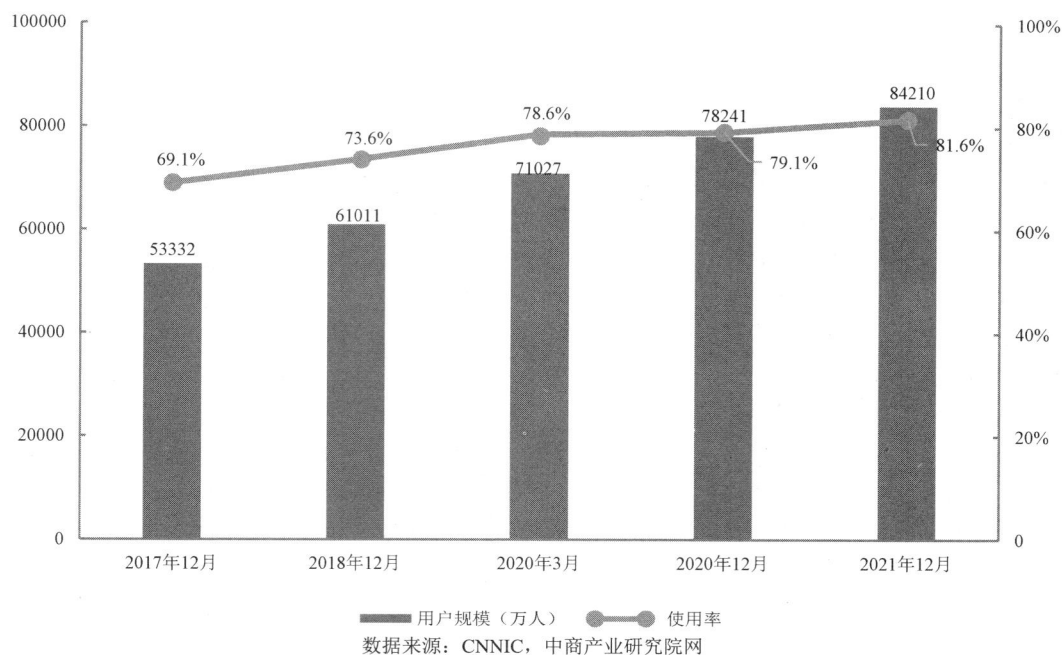

图 11-3　2017 年 12 月～2021 年 12 月网络购物用户规模及使用情况

2021 年，我国 Top100 超市企业线上销售占比进一步提高，近四成样本企业线上销售占比达 6%以上，其中超过 70%的企业线上占比超过 10%。

实际上，多渠道营销企业比单纯线上经营的竞争者更为成功。例如，可孚医疗科技股份有限公司（以下简称可孚医疗）作为全国较早取得医疗器械互联网 B2B、B2C 交易许可证的企业，率先推进工业化和信息化的深度融合，建立起了较为完善的数字化运营体系，为公司预判市场、调整经营策略、精细管理提供了强大的支持。

截至 2021 年年底，可孚医疗共拥有 57 家运营中的线上自营店铺，每年产生上千万条线上销售订单，和大量的产品售前、售中、售后反馈信息。可孚医疗通过将上述信息脱敏、清洗、筛选、整理后，形成系统性、标签化的信息资源，并将其广泛应用在公司内部新产品开发、产品线调整、生产销售库存预警等领域。目前，可孚医疗已逐步形成了覆盖天猫、京东、唯品会、拼多多、苏宁易购等国内主流第三方电商平台的线上全渠道销售网络。

随着线上销售金额及占比的逐年提高，可孚医疗主营业务收入实现快速增长，2018 年、2019 年、2020 年，主营业务收入分别为 108 278.98 万元、145 624.09 万元、232 359.83 万元。同比增幅分别为 27.70%、34.49%、59.56%。

亮眼业绩的背后是多样化的线上销售模式——以自营店铺模式为主，以直发模式和平台入仓模式为辅。2018—2020 年，可孚医疗线上销售比例呈现逐年提高态势，线上销售占主营业务收入的比例分别为 64.95%、71.62%、77.82%，公司积累的订单数和用户数也快速增加。以 2020 年为例，其中，仅天猫好护士器械旗舰店一店的年收入就达 5.35 亿元。

可孚医疗在维持自营店铺发展的前提下，也同步积极拓展平台及销售渠道，加强与阿里健康大药房、药健康大药房旗舰店等平台合作，快速提升直发模式与平台入仓销售。依托丰富的产品品类优势与品牌优势，可孚医疗销售收入借助平台渠道快速提升，双方实现合作共赢。

2. 网络营销的方法

今天，大多数企业都在通过直接或间接的方式进行互联网营销，市场营销人员可以采取多种途径实施网络营销。常见的网络营销方法包括网站和品牌网上社群、网络广告、电子邮件营销、网络视频营销、博客和论坛等。

（1）网站和品牌网上社群。对于许多企业来说，实施网络营销的首要任务就是要建立一个属于自己的网站。由于目的和内容不同，网站的差别也很大。一些网站主要是营销网站，专门吸引顾客，推动他们直接购买或实现其他营销目的。

例如，许多汽车公司都运营营销网站，北京现代汽车就是一个很好的例子。每当有潜在顾客造访北京现代汽车公司的网站时，这家汽车生产商就会立刻努力将询价转为销售，进而建立长期关系。该网站首页上有促销信息，随后提供大量有用信息和互动销售功能，包括对当前现代车型的详细介绍，可以线上提供全景观车视频和各种平面图展示；购车指南，不仅可以询价，还提供购车金融计算方案；品牌天地，介绍公司的使命、品牌设计理念和科技发展及品牌活动，提升顾客的认知。还有不同地区经销商的地址和服务信息、优惠活动、预约试驾等鼓励顾客勇于尝试，惠顾现代汽车的经销商。

与此不同的是，品牌社群网站不是以营销为目的的，其主要目的是展现品牌内容、吸引顾客和建设顾客—品牌社群。这类网站通常提供种类丰富的品牌信息、视频、博客、活动和其他一些有利于建立紧密顾客关系及促进顾客—品牌互动的特色内容。

例如，在知乎的网站上的问答社区是不卖任何东西的，但网站创建了一个巨大的品牌知识社群。在知乎的网站上，知乎凭借认真、专业、友善的社区氛围、独特的产品机制及结构化和易获得的优质内容，聚集了中文互联网科技、商业、影视、时尚、文化领域最具创造力的人群，已成为综合性、全品类，在诸多领域具有关键影响力的知识分享社区和创作者聚集的原创内容平台。知乎包含免费"问答"社区和全新会员服务体系"盐选会员"社区，它凭借免费"问答"品牌在网上社群建立知名度后，通过"盐选会员"建立起了以社区为驱动的内容变现商业模式。截至2020年12月，知乎上的总问题数超过4400万条，总回答数超过2.4亿条。在付费内容领域，知乎月活跃付费用户数已超过250万人，总内容数超过300万条，年访问人次超过30亿。知乎以问答业务为基础，经过近10多年的发展，已经承载为综合性的内容平台，覆盖免费"问答"社区、全新会员服务体系"盐选会员"、机构号、热榜等一系列产品和服务，并建立了包括图文、音频、视频在内的多元媒介形式。

建立网站的目的就是让大家来访问这个网站，为了吸引访客，公司会通过线下的印刷品广告和广播广告及其他网站上的广告和链接，积极主动地推广自己的网站。而对于那些名不副实的网站，精明的顾客很快就会失去耐心并将其抛弃。所以，最关键的是要创建足够的价值和兴奋点，以促使顾客登录网站、长期逗留并不断回访。

最起码，一家网站应当便于使用、外观设计专业且形式上具有吸引力。若一家网站设计前卫，花架子很多，但没有有效的信息，或者使用不方便，没有便于顾客寻找及评价产品的互动工具、与其他相关网站的链接较少、缺乏变换的促销方式，也没有令人兴奋的娱乐功能，这样的网站就没有营销功能。

（2）网络广告。随着顾客上网花费的时间越来越多，公司也将更多的营销预算投入网络广告，以期建立品牌或吸引访客登录官方网站、移动和社交媒体网站。网络广告正成为一种新的主流媒体。在过去的10年中，网络广告的发展速度十分惊人，在整个广告市场的发展过程中，网络广告也比传统媒体广告表现得更有活力，网络广告的发展势不可挡，2020年中国网络广告市场规模达7666亿元，较2019年增加了1202亿元，同比增长18.60%，占五大媒体广告的89.9%（五大媒体广告分别是杂志广告、报纸广告、广播广告、电视广告和网络广告）。

网络广告的主要形式包括展示广告和搜索内容关联广告。两者共同在企业数字营销支出中占到30%的比重，是最大的数字营销预算项目。

网络展示广告可能出现在浏览网页的任何位置，并且与其正在浏览的网站内容相关。例如，当你在携程旅游网上浏览假日套餐时，很可能看到来自神州租车公司提供免费升级服务的广告，或者出现安盛保险公司的广告。近年来，展示广告在吸引和保持顾客关注方面取得了长足的进步。如今的富媒体广告融合了动画、视频、音效和互动。例如，当你在电脑或手机屏幕上浏览与体育相关的内容时，很可能会看到飞科电动剃须刀以明艳的蓝色和绿色为主色调的旗帜广告突然跃上屏幕底部，配着醒目的标题"飞科智能剃须刀"。当你单击/点击之后，页面会出现一帧互动广告，内含15秒展示视频、转换到飞科剃须刀产品微网站的按钮，以及即刻购买的链接。类似地，在浏览三夫户外网站时，你可能会看到来自哥伦比亚品牌颇为吸睛的视频广告：滚动的品牌标志和弹出的广告面板，伴随右上角的视频播放，同时提供产品信息和通往哥伦比亚品牌网站及店铺定位的实时链接。这种内容丰富有趣的动态广告能吸引顾客互动并产生很大的影响。

最重要的网络广告形式是搜索内容关联广告。这类与内容和图片相关的广告链接，会伴随百度、360、搜狗等搜索引擎的搜索结果出现在页面的顶部或旁边。例如，用百度搜索"数码相机"，在搜索结果列表的顶部和侧面，你将看到不太显眼的10个或更多的广告商家。从三星和创维到苏宁易购、京东旗舰店、天猫旗舰店。百度2021年核心业务总收入为951.63亿元，广告收入为740亿元，广告收入占核心业务收入的77.8%。搜索广告是一种可以随时待命的媒介，而且结果很容易度量。

广告主从搜索网站购买搜索词条，仅当顾客从该网站的广告链接点击进入时才需付费。例如，在你的搜索引擎中输入"东鹏"时，出现的不是"东鹏饮料"，而是"东鹏瓷砖"，为什么"东鹏瓷砖"排在前面呢？显然是"东鹏瓷砖"品牌知名度更高，影响力更强，点击排名靠前。东鹏饮料如果希望其品牌排名在搜索引擎中靠前，可以通过购买搜索广告来支持其广受欢迎的顾客忠诚计划。目前，东鹏饮料主要采用的是传统的电视广告和平面广告，它应该投入搜索内容关联广告将顾客带到其销售网站注册，这样可以更有效地获得顾客流量。

（3）**电子邮件营销**。电子邮件营销，依然是一种重要的和逐步发展的数字营销工具。虽然社交媒体近年来发展非常迅速，但电子邮件仍然运用十分广泛。

电子邮件是一种用电子手段提供信息交换的通信方式，是互联网应用最广的服务。通过网络的电子邮件系统，用户可以以非常低廉的价格（不管发送到哪里，都只需负担网费）、非常快速的方式（几秒钟之内可以发送到世界上任何指定的电子邮箱），与世界上任何一个角落的网络用户进行联系。电子邮件可以是文字、图像、声音等多种形式。电子邮件的存在极大地方便了人与人之间的沟通与交流，帮助企业开展营销。电子邮件可能不会像社交媒体或即时通信应用那样快速增长，但是电子邮件将继续存在。

从知乎搜索到的海外营销数据显示，全球电子邮件用户规模2020年达到40.37亿人，2021年增至41.47亿人，2022年达到了42.58亿人，预计2024年将达到44.81亿人，世界上近半数的人将使用电子邮件与他人联系，全球每天有306亿封电子邮件发出。国内电子邮件用户规模也非常庞大，2022年已经达到了2.9亿用户。邮件用户数和发送数逐年上涨，这种变化是企业营销业务天然的优势利好，并且邮件营销在零售、金融、IT技术、出版和媒体等各大行业使用非常普遍。

相关调查显示：超过90%的受访者表示，电子邮件营销在某种程度上对公司的整体成功起着很重要的作用。2020年有39.8%的人认为电子邮件营销对公司成功至关重要；2021年这一数据增长至41.55%。电子邮件已成为互联网环境中传送通信数据的一个重要应用，越来越受到重视。2020年，全球有36.7%的公司增加了对电子邮件的总体投资，其中有7%的公司增加了超过15%的投资预算；有43.1%的公司对电子邮件预算支出保持不变，只有1.3%的公司减少了电子邮件预算支出。

电子邮件是一个不能忽视的营销渠道。电子邮件营销方式正朝着个性化的方向发展。根据产业信息网，智研咨询整理的数据，2021年全球使用电子邮件用户数超过41亿人，大约80%的人通过姓名、公司名称或其他个人资料进行个性化设置，有65%的人按客户群体的服务进行个性化设置，还有40%的人通过地理位置进行个性化设置。

随着个性化和细分工作继续推动优化，对额外版本电子邮件的需求显著增加。从市场营销人员使用的数据来看，有69%的市场营销人员平均至少创建了两个版本的电子邮件：市场营销人员创建了2~3个版本电子邮件的占49.3%；市场营销人员创建了4~6个版本电子邮件的占8.6%；市场营销人员创建了7~8个版本电子邮件的占3.5%；市场营销人员创建了10个以上版本电子邮件的占3.8%。以上数据及信息可参考智研咨询发布的《2022—2028年中国电子邮件行业发展模式分析及未来前景规划报告》。

电子邮件如果使用得当，可以成为最好的直复营销媒介。如今的电子邮件绝对不像以前那种只有文字的邮件一样古板无趣。它们丰富多彩，引人注目，个性化且具有互动性。电子邮件让市场营销人员将具有高度针对性、个性化和有利于建立关系的信息传递给目标顾客。例如，玩具制造商运用电子邮件向订阅者及时发送签到、更新和生日祝福。一位母亲可能会在宝宝生日时收到一封写着"祝您的宝贝生日快乐"的个性化邮件，包含适龄游戏时间、父母小智慧及产品信息的链接。类似地，一个眼镜品牌商向在家中试戴眼镜的顾客发送多封电子邮件。每一封都提供与试戴过程各个步骤相匹配的个性化提示，从最初的注册和订单确认，到帮助选择和归还镜架的说明。整个过程中仿佛品牌商就在你的身边一样，甚至在完成交易后顾客还会收到公司发来的贺信和售后服务邮件。在顾客佩戴一周年后还可能收到这样的邮件"您已经佩戴×××眼镜一周年，请接受我们的祝福！我们衷心地希望您这第一个365天是快乐的。"而且，邮件还会附上公司网站的链接，这样显得更加正式。

不过，随着电子邮件营销越来越广泛地使用，垃圾邮件逐渐泛滥。据调查，全世界发送的邮件中，有七成是垃圾邮件。电子邮件的市场营销人员必须在为顾客增加价值和成为令人讨厌的"入侵者"之间寻求平衡。为了解决这个难题，大多数合法的市场营销人员目前正在实施获得许可的电子邮件营销，仅向那些"需要信息"的顾客发送电子邮件广告。许多公司使用结构化电子邮件系统，让顾客选择他们想要接收的信息。

（4）**网络视频营销**。网络营销的另一种形式是在品牌网站主页或诸如优酷、腾讯、爱奇艺、B站等社交媒体上发布数字视频。一些视频是专门为网站和社交媒体制作的，包括指导操作的视频和公共关系视频，旨在进行品牌促销和与品牌相关的娱乐活动。其他的多是公司为电视和其他媒体制作且在广告运动之前或之后上传到网络上的视频，以提高广告运动的达到率和扩大影响。

优秀的网络视频可以吸引数以千万计的顾客，网络视频的顾客正在激增。2021年我国网络视频（含短视频）用户规模达到了9.44亿人，占网民整体的93.4%，预计2023年全球网络视频用户规模将达到30亿人。2021年优酷日均会员订阅数为5700万人次，第四季度会员数达到了1.047亿人。优酷发布的《2021春节假期在线视频数据报告》显示，1月28日到2月16日，超过23亿人次上网刷剧观影，同比增长20%；人们日均观看时长接近1.5小时，同比增长19.6%，在就地过年的倡议下，上网追剧、看电影成为过年期间的重要活动。腾讯视频全平台日均覆盖人数超过2亿人，全平台人均每日观看时长超过100分钟。爱奇艺，2021年营收达到306亿元，四季度日均订阅会员数达到9700万人次。

市场营销人员希望他们的视频可以像"病毒"一样迅速地传播。"病毒式"营销，即互联网上的口头传播营销，是口碑营销的数字版本，涉及制作视频、广告和其他营销内容。这些内容极具感染力，顾客会主动搜索它们并转发给朋友。因为是由顾客向他人传递这些信息或进行促销的，所以"病毒式"营销的成本很低。而且，由于信息是来自朋友的，因此接收者更愿意查看和阅读。

所有种类的视频都可以病毒式传播，吸引顾客并给品牌带来正面的曝光。例如，美的家电在2021年发布了一则令人鼓舞的视频"美的中国，鼓舞2021"，2020年疫情、火灾、洪水、战争、股市崩盘、奥运会取消、0美元油价、高考推迟、经济凋敝……在经历了时代的瞬息万变中，国人的民族认同感高涨，在这样的社会背景下，美的选择从文化中寻找品牌的精神内核，汲取中国文化力量，传递更具有民族认同感的人文关怀。倡导受众追寻更美的生活，2021年重整旗鼓。美的此则"灵魂鼓舞"视频选择2020年度最火综艺节目"乘风破浪的姐姐"中的阿朵与"苗族鼓舞"这颗文化遗珠加成，为古老的"苗族鼓舞"人文内核赋予新潮年轻的时代生命。视频表达方式打破了常规明星代言式的表达怪圈，没有振聋发聩的口号，没有空洞的态度表演，所有讲述来自阿朵娓娓道来的心路历程，润物无声地鼓舞人心。

美的纯官方账号B站视频播放量上线3日即超过19万人次。阿朵微博账号转发强吸流量，自成微博话题阵地，自发传播流量超200万人次，并在双微平台获得千万网友和粉丝的转发、评论和点赞。观众留言评论与视频弹幕自发互动，实现了打动用户深层内核，相互传递发自内心的鼓舞。美的这则融入民族性内容和人文情怀的广告，以微博和B站两个年轻人大量聚集的场景作为传播主阵地，运用整合营销传播策略，有效地与年轻群体产生了精神共鸣，使受众产生品牌认同和归属感，扩大了品牌社会影响力和美誉度。

许多品牌制作跨电视、网络和移动媒体的多平台视频。例如，李宁2021年"悟·行"主题的一系列视频广告选用了华晨宇和肖战做代言人，广告表达"每一个独立的灵魂，都是世间的行者，不断启程，攀登一座座高峰，抵达一处处远方，且悟且行，永不停息。"这是一种奋发向上的积极的民族精神，也是李宁品牌的文化。视频选择在抖音、B站和新世界上同时播出，激起了"国潮"风，系列视频吸引了广大热爱民族文化正努力奋斗中的年轻人，引起他们的共鸣，转而引发了高点击率和转发率，实施了一次成功的"病毒式"营销活动。2021年，李宁全年营收达到225.72亿元，同比增长56%；净利润同比增长136.14%，达到40.11亿元。

值得注意的是，尽管能够取得以上重大成功，市场营销人员通常无法预知他们的"病毒式"营销信息最终会达到什么效果。他们可以在网上播撒内容"种子"，但是除非内容能够在顾客中引起共鸣，否则这些"种子"的作用不大。

（5）**博客和论坛**。博客和论坛营销是通过在博客、论坛等平台对企业和产品信息进行营销策划和推广的，以提升口碑和美誉度，达成推广目的。"口口相传""有口皆碑"一直以来都是所有品牌追求的结果——"好的口碑引起 7 次销售，坏的口碑丧失 30 个客户"，企业主深知"口碑"对于销售的影响力，也因此尤为注重企业的声誉管理。"网络口碑营销"这个词很火，随着互联网的发展，中国的网络口碑营销被提到了空前的高度。

博客是在线日志，在这里，个人或企业可以写下他们的想法和其他内容，常常是与一些很细小的主题相关的。博客的主题可以是任何内容，如政治、体育、美食、服装、汽车，甚至最近播出的电视剧。许多博主会用微信朋友圈、公众号、新浪微博、百度贴吧、QQ 空间等社交网络来推广自己的博客，以吸引更多的阅读量。这可以让博客，特别是在各种社交网络上有广大忠实关注者的博主，建立巨大的影响力。

大多数市场营销人员已经介入博客领域，通过一些与品牌相关的博客内容来接近顾客社群。例如，在华为云博客中，粉丝和公司员工可以共同"玩转华为云"，用 API Explorer 快速调用华为云 IoT 平台的应用侧 API，完成创建产品、注册设备等操作，并掌握应用侧 API 的调用规范要求。人们可以参与华为云社区明星评选活动，这一活动是奖励在华为云社区博客积极发文和发表优质博文的博主，增加粉丝与华为云品牌的互动。

除了自己的博客，许多市场营销人员还会借用第三方博客来传播营销信息。例如，一些时尚博主拥有的粉丝数量达到数百万之众，甚至比主要时尚杂志的博客和社交媒体账户的粉丝基础还要庞大。例如，2022 年 B 站美妆博主宝剑嫂的粉丝数就达到了 414.6 万名，获得点赞 3527.52 万次。由于粉丝群非常庞大，不少品牌都会与其谋求合作，推广产品。按照 1 万名粉丝对应广告费 250 元计算，如果有 400 万名粉丝，那么发布一条信息或一张图片就需要支付 10 万元或更多的推广费。宝剑嫂已与香奈儿、古驰、玉兰油、美宝莲、雅诗兰黛、欧莱雅、悦木之源等多个知名化妆品品牌展开合作。

作为一种营销工具，博客具有许多独特的优势。它为企业加入顾客的网络和社交媒体谈话提供了一种新鲜的、原创的和个性化的低成本方法。但是，博客空间是杂乱且难以控制的。尽管企业有时可以利用博客来吸引顾客，建立有意义的关系，博客仍然是一种由顾客主导的媒介。无论是否积极参与博客，企业都应该监督和倾听网上顾客的声音。市场营销人员可以利用来自顾客网上谈话的洞察改善自己的营销计划。

网络营销中的另一种形式就是"论坛营销"，企业利用论坛这种网络交流的平台，通过文字、图片、视频等方式发布企业的产品和服务的信息，从而让目标顾客更加深刻地了解企业的产品和服务。最终达到宣传企业的品牌、加深市场认知度的目的。论坛营销的优势表现在：一是垂直度高，针对性强。因为论坛有着非常垂直的板块，针对性极强，能吸引非常精准的流量关注。比如每个行业几乎都会有属于这个板块的专业论坛，找到这样的存在，有针对性地进行营销，效果可以很好。二是成本低，互动性强。它没有广告费用，只需要有人工进行相关的帖子发布和基本运营便可。当然现在还有一些会员机制的功能，可即便加上这些，成本也还是很低的。它还具备和目标粉丝互动的特点，只要大家在发帖后，有网友留言回复即可与对方进行直接的交流。对相关的问题也能第一时间沟通，极好地创造客户黏性。三是隐形传播，选择论坛做营销，是很容易利用帖子的特点来进行隐形传播的，只要帖子的关注度高，就可以显示在顶端从而增加曝光率和关注度，效果极佳。

（二）了解社交媒体与移动营销的内容

社交媒体营销是互联网营销的一种形式，涉及在社交媒体网络上创建和分享内容，以实现营销和品牌宣传目标。社交媒体营销包括发布文字和图片更新、视频和其他内容，吸引观众参与及付费社交媒体广告等活动，社交媒体营销为业务的增长带来了丰厚的市场传播成效，创造品牌粉丝，甚至推动销售和业绩的增长。大多数市场营销人员现在都在试图抓住数字营销趋势，积极参与社交媒体营销。

1. 社交媒体营销参与方式

市场营销人员可以通过两种方式参与社交媒体营销之中：一是他们可以利用现有的社交媒体，也可以创建自己的社交网络。因为利用现有的社交媒体比较简单，因此，大多数品牌在多种现有社交媒体上建立主页。从华为、海尔、李宁、娃哈哈、协和医院，甚至到中国女排协会等品牌网站，你都能发现每一个品牌都有微博、微信、抖音、头条等社交媒体的链接。这些社交媒体可以创造巨大的品牌社群。

一些社交网络规模庞大，2021年微博月活跃用户数达到5.73亿人，日活跃用户数为2.49亿人；微信月活跃用户数达到12.68亿人，小程序的日活跃用户数超过4.5亿人；抖音月活跃用户数达到4亿人；今日头条月活跃用户数在1.5亿人左右，而且每天都呈指数级增长。虽然这些大型社交媒体网络引人注目，但无数小型社交媒体也很活跃。小型社交媒体网络可以迎合各种志趣相投的小群体的需求，为希望定位特殊兴趣群体的市场营销人员提供了理想平台。现在每种兴趣、爱好群体至少有一种对应的社交媒体网络。例如，李宁羽毛球CLUB公众号，就拥有数十万名羽毛球爱好者关注，人们在上面可以接收品牌发布的信息，收到各类羽毛球比赛的日程安排，也可以发表对赛事的评论及个人羽毛球故事趣闻。国内相亲网站——珍爱网，是为男女青年架起的婚恋社交平台，有几亿名单身男女注册，该网站已经为千万对男女青年牵线成功。

2. 社交媒体营销的优势和挑战

使用社交媒体既有优势又有挑战。社交媒体针对性强且高度个性化，让市场营销人员可以与单个顾客和顾客社群共同创作和分享定制化的品牌内容。社交媒体的互动性使之成为企业发起顾客对话和倾听顾客反馈的理想平台。例如，汤姆布鞋（Toms）发起一项为期两周的"无鞋日"活动，为每一位给自己的光脚拍一张照片并在社交网站（Instagram）分享的人捐赠一双鞋，也鼓励顾客这样做。顾客每买一双鞋，公司就向需要鞋子的人免费提供一双鞋，即"买一捐一"，最终，这项活动捐出了29.6万双鞋，吸引顾客主动将公司乐善好施的信息传播给全球数百万人。

社交媒体也是及时的和实时的。企业可以根据品牌突发事件和活动，创造及时和重要的营销内容，随时随地接近和影响顾客。社交媒体的飞速发展引发了实时营销的热潮，市场营销人员引发和加入顾客对话，讨论当前发生的情况和事件。市场营销人员可以密切关注动态，创造相应的内容来吸引顾客参与互动。

社交媒体的成本效益增高。尽管创造和管理社交媒体内容可能代价不菲，但多数社交媒体都是免费或低价的。因此，相对于电视和平面广告等昂贵的传统营销媒体而言，社交媒体的投资回报率较高。社交媒体的低成本使无法承担高预算营销活动的小型企业和品牌也能够方便地使用。

社交媒体最大的优势是拥有其参与互动和社交分享的能力。社交媒体特别适用于建立顾客互动和社群，吸引顾客投入与品牌或其他顾客之间的互动。社交媒体能够比其他任何一种营销沟通渠道更有效地吸引顾客提供和分享品牌内容、体验、信息和创意。

例如，服务型社群——南极圈。南极圈是链接腾讯生态的股权投资机构，腾讯官方认可的离职员工的组织。南极圈通过社群，覆盖超 2 万名腾讯离职员工，链接腾讯系创业企业及一线投资机构，提供孵化、融资、品牌咨询、人力资源、创业培训等多项服务。

南极圈通过 QQ 群、微信群、公众号、"极课堂"线下沙龙等组织，聚集了以腾讯离职员工为主的互联网精英数万人，致力于打造互联网创业服务第一站。

南极圈社群的多个优势在于：拥有稀缺的互联网商务资源，获取腾讯内部商务对接资源的绿色通道近 40 多个，包括第三方互联网商务及流量资源合作伙伴。南极圈还拥有多渠道媒体资源，覆盖超 10 万个相关创业者及投资人覆盖人群的自媒体公众号，科技、创业及投资等相关合作媒体资源覆盖人群超过 300 000 人。南极圈的单篇报道突破 100 万次阅读量，提供订阅号、视频、官网等全渠道媒体 PR 服务；拥有高端人才简历库，每年不定量 20 000 多人的人才库，以年 3000 人的人数递增，覆盖 100 多个主流互联网公司腾讯离职员工，分布在阿里巴巴、百度、华为、新美大、苹果、猎豹、小米、360 等企业，均位居高层；拥有一线实战"明星"导师 200 多位，投资专家 17 位，法律+财务专家 19 位，产品与营销顾问 36 位，分享型企业高管 35 位。目前，南极圈已打造成中国互联网圈内最知名和最具影响力的创业培训型社群。

社交媒体营销也面临诸多挑战。首先，许多企业仍然在探索如何才能更有效地利用社交媒体，而且成果很难度量。其次，社交网络在很大程度上由用户掌控。企业使用社交媒体的目的是使品牌成为顾客谈话及生活的一部分。然而，市场营销人员不能简单生硬地介入顾客的数字化互动，而是需要自然融入。市场营销人员必须通过开发具有持久吸引力的内容，成为顾客网上体验中有价值的部分，切忌粗暴地侵入。

因为顾客对社交媒体内容有更大的控制权，即使看来无害的社交媒体活动也可能事与愿违。某海洋世界推出"海洋世界关怀"的营销活动，希望公众了解其努力在室内和野外保护虎鲸和其他水生物种的行为，但营销活动的结果完全相反。作为这场内容丰富的运动的一部分，在意识到"有些人对人工护理的虎鲸的生存状况有疑问"后，海洋世界邀请微信用户用话题标签"#问问海洋世界"直接向公司提问。但是这一推文标题没有像海洋世界预期的那样引发建设性的提问和回答，而是转变为一场对海洋世界猛烈的抨击。愤怒的微信用户借机利用该推文标题斥责虐待动物的行为，海洋世界成为他们发泄不满的对象。以下是一些代表性的回应："你知道自己囚禁那些无辜的动物、为了娱乐而虐待它们、对公众撒谎来赚得大笔钱，怎么还能安然入睡呢？""你认为将小动物带离它们的母亲是道德的吗？赶紧清空水箱吧！"

显而易见。借助社交媒体，可以密切地接触顾客，但谨记这里是他们的地盘。社交媒体上有数十万人甚至数百万人会看到市场营销人员的意图，他们试图毁灭它，找到它的弱点和愚蠢之处。

3. 整合社交媒体营销

使用社交媒体看起来也许就像在微博或公众号主页上发布信息和促销，或向优酷、B 站上传视频和图片来创造品牌口碑等这般简单。但事实并非如此，大多数大公司现在纷纷设计全面的社交媒体努力来支持或与其他品牌营销战略要素和策略相融合。成功使用社交媒体的公司可不是采用分散的努力仅仅追逐顾客点个赞或发条微信,而是整合范围广泛的多种媒体,创造与品牌相关的社交分享、互动及顾客社群。

整合品牌的社交媒体营销可能是一项艰巨的任务。例如,瑞幸咖啡是近年国内发展较快的咖啡品牌之一,其社交媒体营销也做得非常好。2021年瑞幸咖啡营收近80亿元,门店达到了6024家,通过"门店+自提"多种渠道方便了顾客。瑞幸通过多种社交媒体平台引流,"以老带新",促进产品销售。其主要通过瑞幸咖啡App、小程序、公众号发布信息和店内促销活动。以"以老带新"活动为例,通过老用户邀请新用户的形式,邀请成功之后,双方即可享受相应的优惠。转化路径1:推荐新人领福利,在小程序或瑞幸咖啡App中"我的"界面上方有一个"邀请好友喝咖啡立得20元"的横幅广告,点击进去可以看到分享任务。同样,在公众号里面,中间"最新福利"菜单栏也有一个子菜单栏是"邀请好友得20元"选项。转化路径2:邀请奖励,只要邀请第一位新用户完成首单,就被视为邀请成功,即可获得20元的饮品抵用金,并且与以往不同,在活动规则里可以看到,每个推荐阶梯的奖励其实是一样的,没有任何递增或递减的奖励,福利一直是恒定不变的。还有一点是非常巧妙的,就是当你在这个推荐页面想要返回的时候,会有是否要离开的弹窗提醒,并且重点强调了推荐的福利,增强了用户的记忆点。转化路径3:抵用金,目前的抵用金的金额是比较不错的,抵用金的金额比平常发放得更大,对用户来说,还是愿意参与的,有较大的优惠券力度,用户往往会有动力去分享。转化路径4:领取新人福利,除"以老带新"以外,新用户也可以直接注册领取平台给予的奖励,新人100元抵扣券,该奖励在小程序、瑞幸咖啡App、公众号文章都可以领取,可以说用户涉及的渠道都能看到该奖励并领取。转化路径5:在线上下单之后,去实体店拿取咖啡时,在取餐区会展示带有扫码加入福利社群"立领4.8折券"的二维码餐牌,用户扫码之后,手机会跳转进群链接,用户可以直接领取优惠券。通过多种社交媒体营销,瑞幸咖啡不仅销售额不断上升,而且品牌知名度日益提高,国内影响力直逼星巴克。

4. 移动营销

移动营销,指向移动中的顾客通过他们的移动终端设备递送营销信息、促销和其他营销内容。市场营销人员运用移动营销在购买和关系建立过程中随时随地到达顾客,并与他们互动。移动终端设备的广泛采用和移动流量的迅猛增加使得移动营销成为大多数品牌的不二选择。随着智能手机和平板电脑的使用数量激增,移动终端设备在我国家庭的渗透率接近100%,许多人拥有不止一部移动终端设备。2021年我国手机网民规模为10.29亿人,网民使用手机上网的比例高达99.7%。他们不仅浏览移动互联网,而且是各种移动应用程序的积极使用者。每部智能手机上安装了多种应用程序,安装最多的App有百度、微信、QQ、淘宝、微博、抖音、今日头条、网易云等。

大多数人已经对手机产生严重依赖。一项研究发现,近90%拥有智能手机、平板电脑、电脑和电视机的顾客只有在不用手机的时候才会使用其他设备。2021年我国成年人每天看手机的时间达到3小时16分钟,主要花费在移动应用程序、聊天、发信息和浏览网页上。因此,年轻人甚至不再看电视,手机成了他们的首选屏幕,特别是离开家后,手机几乎成为人们唯一关注的屏幕。

对于顾客来说,一部智能手机或平板电脑就相当于一位便利的购物伙伴,随时随地可以获得最新的产品信息、价格对比、来自其他顾客的意见和评论,以及电子优惠券。一项最近的研究发现，90%的智能手机用户会在购物的时候使用它。即使不在线上下单，在线下也会利用智能手机完成支付或在实体店进行线上查询，对比价格。移动终端设备为市场营销人员提供了一种有效的平台，借助移动广告、优惠券、短信、移动应用程序和移动网站等工具，吸引顾客深度参与和迅速购买。

移动营销的投入在不断提高，虽然国内没有明确的数据表明，移动广告在整个广告投入中增长的具体数据，但我们可以感受到各企业已经纷纷开始进行数字营销转型，加大了移动应用程序、社交网站等的营销力度。格力原来只在实体店进行销售，现在已经有数十个公众号、格力小程序，直接可以在移动终端设备端链接，将移动营销整合到直复营销计划中。

企业用移动营销来刺激顾客当前购买，简化购买过程，丰富品牌体验。这使得市场营销人员在顾客表达购买兴趣或制定购买决策时，可以为他们提供更多的信息、激励和选择。

例如，一家食品公司为了推广其早餐，运用移动广告瞄准精心选择的目标顾客，在顾客开始新一天时影响他们。根据诸如清晨顾客首先会用哪些移动应用程序，他们最喜欢什么新闻应用程序或他们什么时候会查看早餐食谱等特定行为，公司的移动广告有的放矢。公司根据地理位置投放移动广告，运用电子地图导航和交通应用程序甄别特定顾客位置，甚至提供到达附近门店的详细指引。通过这些方法，公司可以根据每位顾客的行为、经历和环境制定移动广告，让顾客早晨醒来开始考虑早餐时就及时出现。

如今的多媒体移动广告可以创造大量的互动和影响。例如，某百货商场围绕一款想象力丰富的移动应用程序发起一场促销活动——"巴西：一场奇妙之旅"。该促销活动以巴西设计师设计的特色服装和店内巴西狂欢文化体验活动为特色。顾客用智能手机扫描店内的条形码，就可以体验一次虚拟的奇妙之旅，了解巴西时装和体验巴西文化，如亚马孙河探险、参加里约热内卢狂欢节，或者观看一场巴西足球赛。

大多数市场营销人员还选择特定的电话和移动服务提供商创建自己的移动网站。还有些公司开发实用的或娱乐性的移动应用程序，吸引顾客和促成购买。例如，星巴克的移动应用程序让顾客把自己的智能手机当作星巴克会员卡便捷完成交易。银行理财的移动应用程序为顾客随时随地提供最新的投资信息，帮助他们监控账户和达成交易，帮助顾客与自己的钱随时保持联系。

大多数人不希望频繁地被广告打扰，所以，市场营销人员必须找到聪明和清晰的方法在手机上吸引顾客。关键在于提供真正有用的信息和交易条件，使顾客乐于参与和使用。许多市场营销人员在顾客许可的基础上提供移动广告。

总之，直复与数字营销包括网络、社交媒体和移动营销，既为企业带来了巨大机遇，也带来了严峻挑战。不能简单地认为互联网和网络营销完全能够替代传统的杂志、报纸甚至商店，成为主导的信息来源和购物场所。对于大多数企业来说，数字化的社交媒体营销仅仅是一种接近市场的重要手段，需要与营销组合中的其他方法相互配合，开展整合营销。

（三）了解传统直复营销的形式

尽管数字营销近年来快速发展并引人注目，但传统直复营销工具仍然非常活跃并且被广泛使用。主要的传统直复营销形式包括面对面的人员销售、直接邮寄营销、购物目录营销、电话营销、电视直销、信息亭营销等。人员销售我们已经在任务十中重点介绍了，这里主要介绍其他几种传统直复营销的工具。

1. 直接邮寄营销

直接邮寄营销是指向特定地址的人们邮寄产品、宣传单、纪念品或其他东西，从而获得对方直接反应的营销活动。例如，我们经常收到物业管理公司发给业主的春节慰问信、节日纪念品，也常收到出版社邮寄过来的订书目录，还有电商平台回馈老客户的赠品。直接邮寄营销随着电子邮件的出现正在不断萎缩，目前，公司邮寄信函或赠品，其目的是通过这种方式与顾客建立情感联系，从而提醒顾客赢得品牌忠诚。

直接邮寄这种方式非常适合一对一沟通。它可以较为精确地选择目标市场，实现个性化、非常灵活，并且结果也易于测量。尽管与电视或杂志这些大众媒体相比，直接邮寄需要花费更高的每千人送达成本，但邮件送达的人群是更理想的潜在顾客。直接邮寄在促销一些特定的商品时，如图书、保险、美食和工业产品，会收到不错的效果。

随着数字营销时代的到来，市场营销人员转而使用诸如电子邮件和移动营销等更新的数字形式，传统直接邮寄方式的运用已经呈现下降的趋势。电子邮件、移动营销和其他新兴的直复营销方式与传统直接邮寄方式相比，传递信息的速度快、成本低。

虽然新型的数字直接邮寄营销逐渐流行，但传统直接邮寄方式仍然存在一定的市场。邮件营销提供了一些数字营销所不具有的独特优势。它为人们提供有形的信息便于持有和保存，还用于派发样品。邮件营销使一切显得更真实，它创造了一种与顾客之间的情感联系，而数字营销往往做不到，如每年邮寄的高考录取通知书，人们拿着纸质通知书阅读，那种喜悦之情难以言表，这与网上体验完全不同。相反，电子邮件容易被屏蔽或删除。借助垃圾邮件过滤，顾客常常忽视公司的信息，有时候不得不邮寄信件。

传统的直接邮寄方式可以成为整合营销活动中有效的组成部分。例如，平安保险公司可能依靠电视和小程序、官网做广告来建立品牌和顾客知晓度。它同时运用大量的传统直接邮寄广告来避免电视广告过度饱和带来的困扰。公司运用直接邮寄广告邀请仔细挑选的目标顾客立刻采取行动，通过登录公司网站、拨打 400-821-9002 电话或下载平安好车主 App，也可与当地平安保险经纪人联系购买车险以节省保费。公司努力使其直接邮寄信件不像电视和数字广告那样容易被潜在顾客跳过。例如，潜在顾客收到一封写有个人地址的信件，信封上面有醒目的"省钱"字样和二维码，吸引他们查看信封里面的内容，或干脆用手机扫描二维码。进入公司网站之后，潜在顾客可以看到更多的信息，并受到激励采取购买行动。

直接邮寄方式必须瞄准目标顾客发送，如果发给没有接收兴趣的人，无论是传统方式还是新型方式，都会被视为"垃圾邮件"，遭遇拒收。因此，市场营销人员必须小心谨慎地瞄准目标顾客，以免浪费自己的金钱和接收者的时间。

2. 购物目录营销

技术的进步及个性化，一对一营销的不断发展，带来了购物目录营销的巨大变化。过去购物目录可能会将成千上万种产品罗列到直接订购的至少 7～8 页、装订成册的印刷品上，如今，没人愿意收到这样的购物目录。人们拿出手机，想要购买哪类产品，只需轻轻滑动，立即有包含上万种图文并茂的产品目录任他们查阅。

随着网络的迅速发展，越来越多的购物目录正在电子化；同时，大部分印刷购物目录商已经把网上购物目录加进了自己的营销组合。网络目录消除了印刷和邮寄成本。如果说印刷目录的空间有限，在线目录空间则是无限的。最后，在线购物目录允许即时更新产品信息，可随时删除或增加产品、价格和促销等信息，促销作用更强。例如，宜家 2020 年停止印刷传统的纸质产品目录。要知道，2020 年前的 70 年中，每年推出新的产品目录一直是宜家的传统，在 2016 年，宜家还印刷了 2 亿份目录并出版。然而随着在线零售业务的崛起，印刷目录的读者数量在不断下降。据悉，宜家 2019 年全球在线零售额增长了 45%。宜家在发现顾客的消费习惯改变之后，决定增加线上服务的投资，并更新其网站和 App，让顾客获得更好的购物体验。宜家的目录应用程序可以让顾客尝试房间设计和色彩搭配，以考察宜家的产品在他们自己的空间里是否合适，并通过社交媒体与他人分享产品和设计创意。

尽管网上购物目录的优点有很多，可为什么国外仍有公司坚持邮寄印刷目录呢？一方面，纸质目录是促进网上销售的最佳途径之一，一项调查发现，约 75%的 Lands'End（美国一家知名的服装目录营销公司）顾客说他们登录零售商网站或移动网站购买之前已经看过了纸质目录。而另一家男装公司发现，首次购买的人中有 30%是受纸质目录启发而来的，而且这些顾客比没有看过纸质目录的顾客多消费 50%以上。另一方面，纸质目录除了可以推动即刻销售的能力，还可以和顾客建立情感联系，翻阅纸质目录对顾客仍然具有电脑或手机页面所不能替代的吸引力。许多公司改良自己的纸质目录，使之不仅仅是罗列产品和价格的大册子。例如，乘坐飞机时，在你座位前方的靠背座位口袋中经常会有旅游目录、美食目录或服装搭配目录这样的杂志，包含各种生活方式图片，介绍全球旅游景点、美食、服装搭配，并配有二维码，更好地激发旅客兴趣和吸引互动。还有一些购物目录营销公司围绕特定的主题发放除购物目录之外的其他目录。一家公司目录以鹰为主题，采用许多图片：有孩子和秃鹰在一起的图片，也有野生动物保护志愿者放飞康复后的红尾鹰的图片。

这份目录包括的产品很少，43 页篇幅的厚册子只在最后四页呈现了产品。公司的营销总监说："这类目录是公司与最亲密的朋友和真正了解品牌的人的对话。"传统的纸质目录只是推销的工具，现在的目录已经成为一种富有感召力的信息来源。我国购物目录营销并没有引起商家的重视，实践中关于这方面的研究很稀有。国外购物目录营销做法值得借鉴，在媒体多元化时代，购物目录营销是公司与顾客建立情感联系的独特方式。

3. 电话营销

电话营销是指使用电话直接向顾客和商业用户销售。近年来由于电话具有方便、快捷等特征，使它得到了快速普及，2019 年我国移动电话用户普及率达 114.4 部/百人，固定电话用户总数为 13.6 部/百人。而电话除了用于和亲朋好友及同事间的一般联系，有越来越多的人开始将其运用到咨询和购物方面，据了解，超 65%的居民都使用电话查询或咨询过业务。

在此背景下，得益于现代生活节奏不断加快、追求高效率等因素，我国电话销售得到了快速的发展。但近年受一些因素的影响，中国寿险电话营销行业规模保费持续下滑。2020 年规模保费较 2019 年同比下滑 22.5%，2021 年，中国寿险电话营销行业累计实现规模保费 123.3 亿元，较 2020 年减少 12.7 亿元，同比下滑 9.3%。2021 年，中国寿险电话营销行业销售人力持续下滑。截至 2021 年 12 月末，中国寿险电话营销总销售人力为 5.2 万人，较 2020 年减少 1.2 万人，同比下降 18.7%。

虽然，中国寿险电话营销保费规模有所下降，但整体发展趋势平稳。参与寿险电话营销的公司共有 21 家，其中中资公司 12 家、外资公司 9 家。寿险电话营销作为一种新型的销售方式，已经成为寿险营销业务发展的重要途径之一。未来，寿险电话营销渠道发展势必成为行业销售渠道创新的重要方向。除了保险行业投入大量人力和设施设备进入电话营销，其实还有许多企业已经开始涉足电话营销，如房产、教育、金融、化妆品、保健、亲情服务、汽车销售、求职网等。甚至一些家电企业也利用电话进行售后服务，如产品使用情况调查、维修电话、售后访问电话。我们对电话营销都很熟悉，其实 B2B 的市场营销人员也在广泛地使用电话营销。市场营销人员使用拨出电话直接向顾客和企业销售，并通过拨入电话接收由电视和平面广告、直接邮寄或购物目录寄发的订单。企业或组织一般都会在官网或社交网站留下接入电话，拨打这些电话都是免费的，顾客可以直接与企业进行互动。

设计合理且定位准确的电话营销具有许多好处，包括便利地购买更多的产品和服务信息。但不请自来的营销电话常常让顾客恼火，几乎每天都有骚扰电话影响人们正常的生活。为此，2018 年 7 月 30 日，工业和信息化部、最高人民法院、最高人民检察院等 13 个部门印发了《综合整治骚扰电话专项行动方案》，通过法律和加强技术手段建设，提升骚扰电话防范能力。我们可以借鉴国外经验，手机用户和固定电话用户通过来电拒绝注册，这样避免了大多数市场营销人员对已经注册的号码进行骚扰。顾客对此当然是非常欢迎的，但对部分电话营销行业构成了损害。但有两种电话营销形式仍然保持了较好的发展势头，即顾客打入电话和企业间的电话营销。

电话营销还是非营利性组织筹集资金的主要工具。禁止拨打骚扰电话的规定显然对一些市场营销人员而言利大于弊。许多市场营销人员将电话中心的活动从常常使顾客愤怒的"突袭式"电话转向管理现有顾客关系。他们正开发"选择加入"电话系统，这一系统可以为那些希望企业通过电话或电子邮件与其联系的顾客提供有用的信息和产品。例如，汽车 4S 店、保险公司，甚至服装品牌经销商，经常会通过电话发送服务短信，提醒顾客接受服务或进行新产品推荐。这种"选择加入"电话系统相比以前那种"突袭式"方式，对市场营销人员而言更有价值。

4. 电视直销

电视直销有两种形式：直接答复的电视广告和互动电视广告。市场营销人员运用直接答复的电视广告节目播放广告，通常是 60~120 秒，在这段时间里介绍产品并劝说人们购买，同时向顾客提供一个免费的电话号码和网址。电视直销也包括关于某个产品 30 分钟或更长时间的广告节目或商业信息片。电视直销广告经常会伴随喧嚣或疑问的语调，如叫卖清洁设备、去污剂、床上用品及各种保健品等。那些充满激情的电视导购员，带有煽动性的推荐话语，会激发电视机前的观众做出冲动性的购买决策。那些电视上叫卖去污剂或床上用品的电视导购员，可能一年能够完成上亿元的销售额，有的电视导购员甚至成了电视购物粉丝追捧的偶像，他推荐的任何产品都会受到粉丝的支持。

家庭购物频道是另一种电视直销的营销形式，即所有电视节目或整个频道都是专门用来销售产品和服务的，如湖南卫视的快乐购电视频道、上海东方购物频道。这是一种典型的家庭购物频道，这个频道全天播放，包括产品推荐广告、促销信息及订购方式。节目主持人可以通过电话与观众聊天，提供从珠宝、灯具、床上用品、服装到电子类的产品，应有尽有。

互动电视是一种更新的直接答复电视广告形式，让观众与电视节目和广告互动。利用互动电视系统、连接网络的智能电视和智能手机、平板电脑等技术，顾客现在可以通过他们的电视终端、手机或其他设备获取更多的信息,还可以直接从电视广告推荐的渠道进行购买。例如,其时装零售商最近发布广告,让拥有某种三星智能电视机的观众与商业信息片远程互动。广告中显示一份简短的菜单,菜单上有"提供产品信息、将信息发送到另一台设备、直接购买"等选项。

在我国,互动电视直销还没有发展起来,而电视屏幕与其他屏幕之间的界限日益模糊,互动电视和商业信息片可以在移动、网络和社交媒体平台播放,这样反而使电视广告增加了更多类似互动电视的移动营销方式。而且,大多数电视广告经常突出网站、移动和社交媒体链接,以便实现多屏幕顾客实时联系,获得和分享关于所做广告品牌的更多信息。

5. 信息亭营销

现在,顾客越来越习惯用数字技术和触摸屏技术购物,许多公司把输入信息和取得这些信息的机器称作信息亭,这些信息亭有点儿像老式的自动贩卖机,但功能要强大得多。人们把它们安放在商店、机场、旅店和大学校园,甚至公园内,这些信息亭并不等同于简单的老式自动售货机。它们可以提供自动搜寻预订酒店、机票或取款等工作,也可以通过身份确认,自动取得预订机票、预订酒店房号等。以前的自动售货机还运用机械投币功能,现在许多智能售货机具有无线付款功能,甚至可以人脸识别付款。

柯达、富士和惠普信息亭允许顾客通过记忆棒、手机和其他数字存储设备上传图片,进行编辑,并完成高质量的彩色打印。希尔顿酒店大堂的信息亭允许客人预订房间、获取房间钥匙、查看预约信息、办理入住和退房手续,甚至可以更改飞机航班座位安排及打印登机牌。国内信息亭营销还处于初级阶段,主要是用于小商品自动售货及医院检查结果打印和机场提供机票、登机牌打印等简单业务。博物馆的信息亭则可以查找各展馆的展品、解说等信息,能够进行展览营销。

三、直复与数字营销中的公共政策问题

直复营销商及其顾客通常乐于建立一种互惠互利的关系,但偶尔也会表现出较为阴暗的一面。有些市场营销人员采取侵犯性甚至卑劣的策略打扰或伤害消费者,使整个行业蒙受不公。直复营销商滥用的范围包括过分打扰顾客、不公正行为甚至是欺骗和欺诈行为。直复营销行业侵犯消费者隐私的问题日益严重。

(一)冒犯、欺诈和欺骗

过度直复营销有时会激怒甚至冒犯顾客。例如,大多数人都不喜欢喧闹、漫长、没完没了的电视直销广告,塞满电子邮箱的无用的垃圾邮件、电脑屏幕上闪烁的烦人的横幅广告和弹出广告。

除激怒消费者之外,一些直复营销商被指控从冲动型或缺少经验的消费者处获取不正当利益。瞄准电视购物爱好者的电视购物频道和商业信息节目被认为是"罪魁祸首"。这些节目往往通过巧舌如簧的主持人讲解、精心策划的表演,以及对大减价、产品经久耐用和购买无比方便等利益的鼓吹,最后的时间限制和煽动那些对购买宣传缺乏免疫力的消费者。

欺骗案,如投资诈骗或虚假慈善捐助,在近几年也开始成倍增长。网络欺诈,包括身份盗

用和金融诈骗，已经成为非常严重的问题。2021年，公安机关共破获电信网络诈骗案件44.1万余起，抓获违法犯罪嫌疑人69万余名，打掉涉"两卡"违法犯罪团伙3.9万个，追缴返还人民群众被骗资金120亿元。

互联网诈骗的常见手段是网络钓鱼，即一种身份盗窃行为，利用欺诈性邮件和欺骗性网站骗取消费者的个人信息。例如，消费者可能收到冒充其借记卡或信用卡所属银行发来的电子邮件，声称他们的账户安全受到威胁，要求他们登录一个指定的网址并确认账号、密码。如果消费者按照指示操作，就会将自己的个人信息泄露给不法分子。虽然许多消费者对这些伎俩越来越警惕，但一旦中招损失惨重。同时，这些不正当的行为损害了合法网络市场营销人员的品牌形象，以及他们在网站、电子邮件和其他数字化交易中建立起来的消费者信任。

消费者还很担心网络的安全性，他们害怕那些不择手段的窥探者会窥视自己的线上交易，窃取私人信息或截获信用卡、借记卡账号。尽管网上购物已经很普遍，仍有许多消费者忧心忡忡，担心自己的信息被盗。在这个大量消费者数据被零售商、电信服务商、银行、房地产公司、医疗部门等泄露的时代，这些担心不无道理。

消费者对网络营销的另一种担忧是，如何保护易受伤害的人或限制未经许可的人登录网站。例如，成年人用品的市场营销人员发现很难限制未成年人进入自己的网站。尽管微信、QQ都采用实名认证，使未成年人在没有家长允许的情况下是不能上网的。但我国未成年网民规模已经达到了1.75亿人，未成年人互联网普及率达到93.1%，我国未成年人互联网使用已相当普及。长期以来未成年人沉迷网络游戏是家长最担心的，国家已经出台了相应的措施进行管制。但事情并没有想象得那么容易。

（二）侵犯个人隐私

今天，侵犯隐私可能是直复营销行业面临的最严重的公共政策问题。消费者经常会受益于数据库营销，他们会收到更多与其兴趣高度相关的产品和服务。然而，许多批评家担心市场营销人员因此会知道太多有关消费者个人生活方面的信息，他们有可能利用这些信息以不公平对等的方式对待消费者。在某种程度上，他们声称数据库的广泛使用侵害了消费者的个人隐私。

在今天这个"大数据"时代，当消费者在社交媒体发布信息、发送推文、访问网站、网购产品、使用信用卡或通过电话时，他们的名字就会进入某些公司的预设数据库。直复营销商通过精密的大数据分析，可以挖掘和利用这些数据精准地销售其产品或服务。大部分市场营销人员已对收集和分析这些细化的消费者信息轻车熟路了。

许多消费者和政策制定者担心，如果公司营销产品或与其他公司交换数据时，没有对信息的使用设置权限，那么现有信息的泄露可能会使消费者面临其个人信息被滥用的处境。例如，消费者通常质疑：网上卖家是否会在访问其网站的消费者浏览器上植入小程序，运用追踪到的信息有针对性地进行广告和其他营销活动？是否应该允许银行将持有信用卡的客户的资料透露给接受信用卡的商户？或者交通部门是否应该出售驾照持有者的姓名、性别、身高、体重等信息，并且允许服饰零售商对特殊体重和身高的目标人群实施定制营销？电信公司是否应该向数据分析公司提供手机使用数据，还有其是否应该向市场营销人员出售客户洞察呢？

事实上以上这些侵犯个人隐私的事件已经非常多了，我们经常接到一些莫名的装修、贷款和房地产推销的电话，而你从未与这些公司或这方面的人打过交道，也从未将电话留给他们。

显然，信息是被曾经有过交易的平台或其他部门泄露了。

（三）应对措施

为了约束过量的直复营销，政府机构正在研究"不可呼叫名单""不可邮递名单""不可追踪名单""反垃圾邮件法"。同时，对于网络隐私和安全问题，政府也在采取积极立法行为对网络、移动运营商获得和使用用户信息进行规范。

近年来，网络安全建设受到国家层面的高度重视，陆续推出了《中华人民共和国网络安全法》《中华人民共和国数据安全法》《中华人民共和国个人信息保护法》等多项法律法规，为中国网络安全产业的发展注入了有力的政策支持。

针对诈骗分子作案手法不断翻新的情况，公安部会同中央网信办、工信部、人民银行等部门，开创性地开展技术拦截、精准劝阻等工作。2021年，国家反诈中心App全网关注、热度不减，这是公安机关坚持提升技术防范能力、加强预警劝阻工作的不懈努力。国家反诈中心App 2021年共紧急止付涉案资金3200余亿元，拦截诈骗电话15.5亿次、诈骗短信17.6亿条，成功避免了2800余万名群众受骗。"公安速度"赛过"诈骗速度"，成功保护了人民群众利益免遭不法分子侵害。

打击治理电信网络诈骗犯罪是一个复杂的过程，涉及互联网治理、金融通信行业监管、法律法规健全完善等方面。为此，公安部不断加强同相关部门的沟通协作，切实推动金融通信、互联网等部门履行监管责任，强化行业治理，从源头上堵塞滋生违法犯罪的漏洞。2022年，公安部会同工信部清理高危电话卡6441万张、虚商卡1641万张，会同人民银行清理风险账户14.8亿个。此外，公安部积极配合全国人大常委会法工委推动反电信网络诈骗法立法程序，联合最高人民法院、最高人民检察院、工信部等部门发布相关法律文件，为打击治理工作提供坚实的法律保障。

近年来，公安机关坚持积极构建覆盖全社会的反诈宣传体系，组织开展反诈宣传进社区、进农村、进家庭、进学校、进企业，提高群众识骗防骗意识和能力。2021年，公安机关共开展主题宣传1.5万场次，发送公益短信36.2亿条，国家反诈中心App累计向群众预警2.3亿次，受理群众举报线索1110万条——警民携手，让电信网络诈骗无所遁形。一些地方政府为了提高民众的防诈意识，利用社交媒体进行各种视频宣传。

除国家法律政策保护之外，市场营销人员应该严格自律，防止侵犯消费者隐私的活动。例如，上海电子商务协会就发布了行业自律公约，对电子商务平台及电子商务经营者提出了严格的要求，其中第五条：保障消费者或合作伙伴的合法权益，提倡"八个不"：不做虚假广告、不销售假冒伪劣产品、不误导消费、不贬低他人产品、不损害其他企业的声誉、不使用虚假证件、不失信失约、不降低质量标准。腾讯公司2022年5月制定了《腾讯游戏隐私保护指引》（以下简称《指引》）。通过《腾讯游戏许可及服务协议》和《腾讯游戏隐私保护指引》向用户说明在使用腾讯游戏时公司收集、使用、存储和共享个人信息的情况，以及用户所享有的相关权利等事宜，《指引》是《腾讯游戏许可及服务协议》的组成部分。每个用户都知晓个人信息的出处。《指引》中明确指出：为更好地保护未成年人身心健康，促使未成年人健康上网，公司可能在国家有关网络游戏防沉迷政策规定的基础上，实施更为严格的防沉迷措施。同时公司不断研究与测试各种保护未成年人的新技术。如为了进一步提高实名认证的精准度，最大限度地防止未成年人冒用他人身份信息，可能在部分游戏或针对部分用户启用人脸识别验证身份的功能。在启用人脸识别功能时，公司会使用腾讯健康系统提供的身份核验功能对用户当前登录并使用的微信或 QQ 账号进行核验，腾讯健康系统需要收集用户的真实身份信息用于身份核验。在启用人脸识别功能时，腾讯健康系统会通过微信或 QQ 平台申请调用用户移动终端设备的相机/摄像头权限，用于完成人脸识别。上述人脸识别验证主要是将用户真实面部信息与公安机关权威数据平台的数据源进行比对，如二者比对结果一致，即成功通过认证，并按用户实际年龄段匹配相应的游戏时限。如比对结果不符或用户拒绝验证，公司将统一视作 12 周岁及以下未成年人，纳入相应的防沉迷监管体系。人脸识别的相关验证数据，在加密后仅用于与公安机关权威数据平台进行比对，公司不会对其留存。用户可以根据本《指引》所述管理自己的个人信息及进行相关的授权。公司采用多方位的安全保护措施，以确保对用户的个人信息保护处于合理的安全水平。行业协会的自律条约及公司的网络游戏管理制度，有效地保护了未成年人的权益和隐私。

小结

扫描二维码获得内容

任务十一：小结

复习与思考

扫描二维码获得内容

任务十一：复习与思考

模块二 实训操练

实训一：案例分析

一、实训内容

认识数字营销给顾客和市场营销人员带来的影响。

二、实训准备

1．授课老师提前布置数字营销案例；
2．学生课后熟悉案例内容并了解案例背景资料；
3．每个小组组织案例讨论，收集相关资料；
4．记录讨论的过程及每位学生的发言。

三、实训组织

1．在授课老师指导下，按小组讨论形式布置座次；
2．每个小组将课后讨论结果进行再讨论，形成最终观点；
3．每个小组由一名代表陈述讨论的最终观点，其他学生补充；
4．授课老师引导各组之间进行观点辩论，激发创新思维。

四、实训评价

单位：分

评价对象	评价项目	内容描述	评价要求	分　值	得　分
团　队 （60%）	讨论组织	组长负责	组织有序 时间高效	10	
	讨论参与	围绕案例 讨论问题 自由发言	讨论热烈 紧扣问题 有理有节	10	
	讨论结果	总结归纳 形成结论	原理正确 观点鲜明	20	
	汇报成果	课堂汇报	表述流畅 配合默契	20	
个　人 （40%）	小组考勤	组长考勤	按时参加讨论，主动积极	20	
	小组贡献	小组评分	提出独特观点和新思想	20	
			最终评分		

参考资料

扫描二维码获得内容

阿里巴巴：在数字化领域持续发力

实训二：制订产品营销计划

一、实训内容

1．在任务十中实训二的基础上，继续为该企业产品设计直复与数字营销策略；

2. 整合任务三～任务十一的内容，形成完整的产品营销计划书。

二、实训准备

1. 认真分析任务三～任务十一中实训二的 9 个实训项目的资料；
2. 调查所研究的企业利用直复与数字媒体进行市场营销的情况；
3. 针对选定的产品重新设计合理、有效的直复与数字营销策略；
4. 针对设计的直复与数字营销策略进行可行性分析。

三、实训组织

1. 小组成员先单独进行直复与数字营销策略设计；
2. 采取头脑风暴法，对个人设计的直复与数字营销策略进行讨论；
3. 将直复与数字营销策略和"4P"策略整合考虑；
4. 设计出可行的、有创意的直复与数字营销方案。

四、实训评价

单位：分

评价对象	评价项目	内容描述	评价要求	分值	得分
团队（60%）	任务布置	制订产品营销计划	产品营销计划的要素明确，任务具体，分工明确	10	
	实训实施	全面整理企业及产品信息，全面整理任务二～任务十的实训二模块成果资料	组织有序，时间管理高效，小组协作良好，资料整理全面，正确运用理论与原理指导实践	10	
	实训成果	产品营销计划书	产品营销计划书结构完整，要素齐全，数据真实、准确，计划可行性强	20	
	团队协作	课堂汇报	PPT 制作精美、内容清晰、表述流畅、团队协作好	20	
个人（40%）	小组考勤	组长考勤	积极参与战略与策略方案设计	20	
	小组贡献	小组评分	完成分配任务 具有良好协作精神	20	
最终评分					

【附件】你是营销人员：大自然饮料公司的新产品营销计划（10）

扫描二维码获得内容

你是营销人员：大自然饮料公司的新产品营销计划（10）

参考文献

[1] 汤定娜，万后芬. 中国企业营销案例[M]. 北京：高等教育出版社，2001.
[2] 方光罗. 市场营销学[M]. 大连：东北财经大学出版社，2002.
[3] 江占民. 现代企业营销渠道[M]. 北京：中国时代经济出版社，2004.
[4] 韩德昌. 市场营销基础[M]. 北京：中国财政经济出版社，2004.
[5] 胡占友. 现代企业营销文案范本[M]. 北京：首都经济贸易大学出版社，2005.
[6] 谢桂华，施斌. 市场营销学（上册）[M]. 北京：中央民族大学出版社，2003.
[7] 柳思维，邹乐群. 市场营销学[M]. 长沙：湖南师范大学出版社，2002.
[8] 陈水芬，余丽，叶枫. 现代市场营销学[M]. 杭州：浙江大学出版社，1995.
[9] 保罗·彼得，杰里·C. 奥尔森. 消费者行为与营销战略[M]. 徐瑾，王欣双，吕作良，译. 8版. 大连：东北财经大学出版社，2010.
[10] 王方华. 市场营销学[M]. 上海：上海人民出版社，2003.
[11] 吴宪和. 市场营销学[M]. 上海：上海财经大学出版社，2002.
[12] 王妙. 市场营销学实训[M]. 北京：高等教育出版社，2003.
[13] 黄彪虎. 市场营销原理与操作[M]. 北京：北京交通大学出版社，2008.
[14] 菲利普·科特勒，加里·阿姆斯特朗. 市场营销原理与实践[M]. 楼尊，译. 16版. 北京：中国人民大学出版社，2015.
[15] 菲利普·科特勒，加里·阿姆斯特朗. 市场营销原理与实践[M]. 楼尊，译. 17版. 北京：中国人民大学出版社，2020.
[16] 彭石普. 市场营销原理与实训教程[M]. 北京：高等教育出版社，2006.
[17] 黄若. 我看电商[M]. 北京：电子工业出版社，2013.
[18] 杨顺勇. 市场营销案例与实务[M]. 上海：复旦大学出版社，2006.
[19] 宋彧. 市场营销原理与实务[M]. 北京：清华大学出版社，2013.
[20] 梁清山. 消费心理学[M]. 北京：北京交通大学出版社，2012.
[21] 王杰芳. 网络营销实务[M]. 北京：科学出版社，2017.
[22] 陈国胜. 数字营销[M]. 大连：东北财经大学出版社有限公司，2022.
[23] 阳翼. 数字营销[M]. 2版. 北京：中国人民大学出版社，2019.
[24] 华红兵. 移动营销管理[M]. 3版. 北京：清华大学出版社，2019.
[25] 魏振锋. 移动营销实务[M]. 北京：电子工业出版社，2021.

反侵权盗版声明

  电子工业出版社依法对本作品享有专有出版权。任何未经权利人书面许可，复制、销售或通过信息网络传播本作品的行为；歪曲、篡改、剽窃本作品的行为，均违反《中华人民共和国著作权法》，其行为人应承担相应的民事责任和行政责任，构成犯罪的，将被依法追究刑事责任。

  为了维护市场秩序，保护权利人的合法权益，我社将依法查处和打击侵权盗版的单位和个人。欢迎社会各界人士积极举报侵权盗版行为，本社将奖励举报有功人员，并保证举报人的信息不被泄露。

举报电话：（010）88254396；（010）88258888
传 真：（010）88254397
E-mail：dbqq@phei.com.cn
通信地址：北京市万寿路173信箱
    电子工业出版社总编办公室
邮 编：100036